음악교육심리학

Psychology of Music Education

승윤희 · 정진원 공저

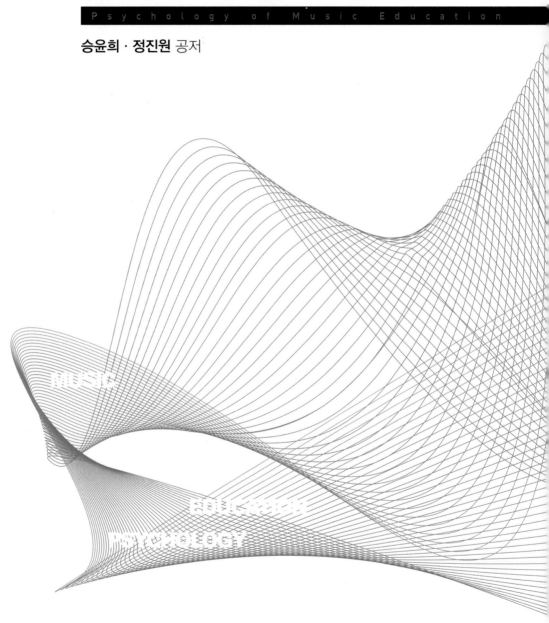

학지사

/ 머리말 /

저자들이 『음악교육심리학』 집필을 시작한 것은 아주 오래전의 일이다. 하지만 책을 쓰는 것보다 더 급한 일, 슬픈 일, 중요한 일, 예상치 못한 일 등 여러 사정이 저자들에게 번갈아 가며 끊임없이 생기면서 그때마다 책 쓰는 작업은 늘 우선순위에서 밀려나곤 하였다. 책이 나오면 교재로 사용하고 싶다고 말씀하시던 교수님들도 처음에는 책의 출판을 격려해 주시고 기다려 주셨지만, 진도가 지지부진해 보이자 조심스레 재촉하시다가 언제부턴가는 물어보시지도 않는 지경에 이르렀다.

그럼에도 불구하고 이 책을 세상에 내놓으려는 저자들의 마음은 변함이 없었다. 사용할 교재가 마땅치 않은 음악교육심리학 분야에, 시간이 오래 걸려도 도움이 되는 책을 쓰고 싶다는 저자들의 바람은 이제 한 단락 마무리 지었지만, 처음 이 책을 의도할 때 구상하고 기대했던 수준에는 턱없이 못 미치는 것이 사실이다. 저자들의 마음에 만족스럽지 않기에 한편으로는 부끄러우면서도 부족한 부분은 앞으로 지속적으로 보완하겠다는 생각이며, 수정 제안이나 참고 의견을 반영하여 다음에는 더 나은 교재가 될 수 있도록 하겠다.

이 책에는 기초적인 심리학 이론부터 구체적인 음악 교수·학습의 원리 및 방법에 이르기까지, 음악심리학과 교육심리학이라는 핵심적인 두 축을 근간으로 하여 많은 내용이 담겨 있다. 책의 내용 중 일부는 저자들이 그동안 썼던 논문과 저서에 이미 실린 내용들로, 이번에 책을 내면서 주제에 맞게 새롭게 정리하고 재구성하였다. 이 책은 총 10장으로 구성되어 있다. 제1장은 음악교육심리학의 성격과 관련 학문을 이해하는 내용으로 구성되어 있으며, 제2장은 소리의 발생과 전달부터 음악적 마음의 기제 내용을, 제3장은 음악의 지각과 인지, 음악 지식, 음악적 사고의 내용을 다루었다. 제4장부터 제9장까지의 내용은 주제별로 제4장은 음악과 정서, 제5장은 음악 능력의 발달, 제6장은 학습이론과 음악교육, 제7장은 동기, 정서와 음악학습, 제8장은 음악활동의 기제, 제9장은 음악 창의성을 심도 있게 다루었다. 마지막으로, 제10장에서는 특별한 요구의 학습자를 위한 교육이라는 주제로 영재학생과 장애학생 관련 음악교육 내용을 다루었다.

이 책에서 다룬 주제들은 음악교육심리학에서 가장 중요하고 핵심적인 내용들이다. 학문적으로 어렵게 느껴질 수도 있는 내용이 쉽고 흥미롭게 읽히길 바라는 마음에서 기존의 음악교육학 분야의 전공서들과는 달리 삽화와 사진 등을 넣어 책 구성을 참신하게 시도해 보았다.

이 책이 학습자의 마음과 음악학습의 과정, 음악 능력과 음악학습에 영향을 주는 여러 요인을 이해하는 내용을 제공함으로써 음악을 잘 가르치고자 하는 실천 방법에 주요 근거로 활용되며, 이 분야의 학문적 관심과 후속 연구를 이끌어 내는 데 조금이라도 도움이 되는 것이 저자들의 바람이다.

마지막으로 이 책이 출판되기까지 오랫동안 믿고 기다려 주신 학지사의 김진환 사장님과 한승희 부장님, 처음부터 끝까지 모든 과정 동안 힘든 내색 한번 하지 않고 꼼꼼하게 책을 만들어 주신 유가현 선생님, 저자들의 머릿속에 있는 이미지를 실제 삽화로 완성해 주신 양천호 선생님, 그리고 뒤에서 도와주신 학지사의 많은 직원 분께 진심으로 감사의 말씀을 드린다.

2021. 8.
승윤희, 정진원

/ 차례 /

제1장

음악교육심리학의 이해

음악교육학은 음악교육 분야에서 수행된 다양한 연구를 축적해 놓은 하나의 지식체계다. 학문으로서의 음악교육학은 음악학을 이루는 하나의 분과 학문이며 교육학, 철학, 사회학, 심리학 등의 학문들과 밀접한 관계에 있는 학문이다. 학교 음악교육에 있어 철학적 연구가 음악교육의 당위성과 지향점의 문제를 다룬다면, 사회·문화적 연구는 음악교육의 실천적 가치와 공동체 삶의 이해 문제를, 심리학적 연구는 인간의 마음(의식)과 행동 이해에 근거하여 음악교육의 구체적인 내용과 방법의 문제를 다룬다. 이러한 주요 논제들은 각각 음악교육철학, 음악교육사회학, 음악교육심리학과 같은 음악교육학의 세부 연구 분야에서 심도 있게 다루어지며 다방면에서 축적된 연구결과들은 음악교육학의 발전에 기여한다. 제1장은 음악교육심리학의 성격과 관련 학문들을 이해하는 내용으로 구성되어 있다.

1. 음악교육심리학의 성격

음악교육심리학의 성격을 이해하기 위해서는 먼저 독립 학문과 복합 학문을 이해할 필요가 있다. 일반적으로 '○학(學)' 또는 '△△학(學)', '□□학(學)'이라 함은 하나의 학문 영역, 즉 독립적으로 조직화된 지식의 체계를 의미한다. 이에 비해 하나의 학문 영역, 즉 개별 학문의 영역을 초월해 두 학문이 상호 공통의 관심사를 연구하는 학문 영역도 있는데 이를 복합학 또는 복합 학문이라 한다.

복합학은 고유의 영역들이 서로 접목된 합성어로 표기된다. 즉, 교육철학은 교육학과 철학이, 교육사회학은 교육학과 사회학이 접목되어 형성된 학문 영역이다. 학문이 발달함에 따라 이러한 복합학은 공통의 관심을 공유하면서 지속적으로 발전하게 된다. 학문으로서의 음악교육학은 '음악'과 '교육'이 만나는 지점에서 새로운 영역으로 형성된 복합 학문이다.

음(音)과 음악이 관계하는 수많은 복합학의 관계를 이해하기 위해서는 먼저 [그림 1-1]을 살펴보자. 이 그림은 1984년에 진동(vibration)-소리(sound)를 중심으로 이와 관련된 학제 간 관계를 나타낸 것인데 복합학의 성격, 인접 학문과의 관련성, 그리고 음악 및 음향이 미치는 넓은 범위를 이해하는 데 도움이 된다. 그림에서 음악교육학은 음악(music)과 교육학의 공통 영역으로 나타난다.

그렇다면 음악교육심리학은 음악학(musicology), 교육학(education, pedagogy), 심리학(psychology)의 세 분야 합성어라고 할 수 있다. 사실음악학, 교육학, 심리학의 이 세 학문은 경영학, 경제학, 무역학과 같이서로 직접적으로 관련이 있는 인접 학문은 아니어서 얼핏 보면 세 학문의 연계성이 막연해 보이기도 한다. 그러나 학교 현장 또는 교육적 행위가 일어나는 곳에서(교육학 관련), 음악 주제(지식)와 음악적 행위를 다

> 복합학은 학제 간(interdisciplinary) 학문으로 불리기도 한다.

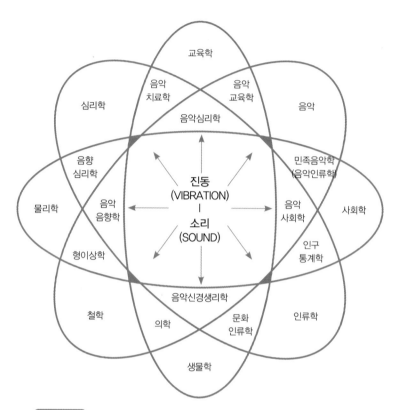

그림 1-1 진동-소리 중심의 학제 간 관계(Hodges, 1996: 3에서 재인용)

루고자 할 때(음악학 관련), 대상(학습자)의 마음과 행동을 이해하고 대상
(학습자)에게 무슨 내용을 어떻게 적용해야 할지를 고민하며(심리학 관
련) 학습 후 가능한 수준의 성취 기준까지 예상해야 한다면, 이 세 학문
은 주어진 상황에서 서로 밀접한 관련이 있다는 것을 쉽게 알 수 있을
것이다.

이러한 면에서 볼 때 음악교육심리학은 음악교육이 실재하는 곳에
서, 보다 나은 음악교육의 실천을 위해 심리학적 지식을 필요로 하는 복
합 연구의 성격을 지닌다. 따라서 음악교육심리학은 독립된 학문이라
기보다는 음악교육학의 지식체계를 구성하는 여러 세부 분야 중 하나
로 이해할 수 있다.

2. 음악교육심리학의 관련 학문

음악교육심리학의 범위 및 연구 영역을 이해하기 위해서는 먼저 관련 학문들을 독립 학문과 복합 학문으로 구분하여 살펴보기로 한다.

1) 음악학, 교육학, 심리학

음악학, 교육학, 심리학은 각기 독립 학문으로서 '음악'을 중심으로, '교육'을 중심으로, '심리'를 중심으로 발전된 하나의 지식체계이다. 이 세 학문은 각 학문의 범위가 상당히 넓고 그 영역이 다양해서 여기에서 학문별 내용을 모두 설명하는 것은 어려운 일이다. 문헌들을 참고하여 각 학문에서 다루는 접근 방법 및 주요 연구 영역을 중심으로 간단하게 정리하면 다음과 같다.

① 음악학

음악학은 음악과 관련된 학문적 연구를 총칭하는 의미로 사용된다. 서양음악사 문헌에서는 음정의 측정 및 비교의 수학적 · 음향학적 기초를 완성한 Pythagoras(BC582?~BC497?)를 최초의 음악학자로 기술한다.

음악학이 독립된 학문으로 인정을 받고 보편적 용어로 사용된 것은 1885년 Guido Adler가 독일에서 『음악학 계간지』를 창간한 것이 결정적인 계기가 되었다. Adler는 창간호에서 음악학을 하나의 독립된 학문으로 간주하고 그 영역(범위), 방법, 목적을 설정하였으며 신생 학문으로서의 음악학을 전문적으로 다루었다. 또한 그는 음악학을 역사음악학과 체계음악학이라는 두 가지로 분류하였다. Adler에 의하면, 역사음악학이란 음악사(史) 관련 주제로 음악 역사, 기보법, 음악 악기 역사, 시대 변천 등을 다루는, 즉 역사적 접근으로 이해 가능한 연구 분야를

당시 Adler는 음악교육학을 체계음악학의 하나의 분과 학문으로 기술하였는데, 여기에서 체계음악학은 이미 복합 학문의 성격을 지닌다. 즉, 음악미학은 음악과 미학(철학)이, 음악심리학을 음악과 심리학이, 음악사회학은 음악과 사회학이 만난 지점에서 형성된 복합 학문이다. 앞으로 설명할 교육학과 심리학의 경우에도 마찬가지로, 하나의 독립 학문은 인접 학문들과 새롭게 형성된 영역의 연구를 근간으로 발전한다.

말한다. 이에 비해 체계음악학이란 음악과 음악예술에 관련된 지식을 더 타당하고 체계적으로 설정하여 지식체계를 객관적·보편적으로 구축하는 작업을 하는 연구 분야를 말한다. 음악미학, 음악심리학, 음악교육학, 음악사회학, 민족음악학(음악인류학) 또는 비교음악학 연구 분야가 여기에 포함된다.

현대로 오면서 음악학의 영역은 확장되었다. 최근 들어, 음악학은 역사음악학, 체계음악학 이외에도 실용음악학(응용음악학)을 추가하여 설명하기도 하며, 음악학자들에 따라 음악학 분류를 다르게 제시하는 경우도 있다.

② 교육학

교육 연구는 그 관점을 크게 두 가지로 구분한다. 하나는 교육 행위에 관한 것이고 다른 하나는 교육 현상에 관한 것이다. 그래서 교육학이란 교육 행위와 교육의 다양한 현상에 관한 여러 영역을 학문적으로 연구하여 이를 이론 체계로 종합한 학문을 의미한다.

교육 행위를 연구 대상으로 한다는 것은 교사의 관점에서 교육의 원리나 절차를 개발하는 것을 말하며, 여기에는 교육을 실천하기 위한 기초 연구, 응용 연구 등이 모두 포함된다. 이에 비해 교육 현상을 연구하는 것은 교육을 객관적인 현실로 관찰하는 입장에서 교육활동이나 교육제도, 그리고 이러한 것들이 개인이나 사회 등에 미치는 영향 등을 이론적으로 설명하는 것이다. 이러한 두 가지 연구 관점은 상호 보완 관계 속에서 연구 성과를 축적함으로써 지속적으로 교육학을 발전시켜 나간다.

교육학을 분류하는 방법은 다양하다. 먼저 장소나 공간으로는 가정교육학, 학교교육학, 사회교육학으로 분류할 수 있고, 학문적 성격에 따라서는 기초교육학(교육철학, 교육사학, 교육심리학 등), 교육방법학(교육행정학, 교육공학, 학습지도 및 교육과정, 초/중등 교육학, 특수교육학 등), 교과교육학(각 과의 교육학)으로 구분할 수 있다.

③ 심리학

심리학이란 생물체의 의식(정신과정)과 행동을 과학적으로 연구하는 학문이다. 현대 심리학은 행동주의적 접근, 인지적 접근, 인본주의적 접근, 신경생물학적 접근, 정신분석학적 접근이라는 다섯 가지 연구 방법으로 분류된다. 이러한 연구 방법들은 인간의 의식과 행동을 연구하는 입장이 다를 뿐 서로 배타적인 것은 아니다.

심리학을 어원상으로 살펴보면, *psyche*의 학문, 즉 '마음의 학문'이다. 과거에는 마음과 정신을 별개의 것으로 생각하기도 했지만 마음과 정신은 모두 인간의 뇌의 작용에 의한 것이다. 느끼고 생각하는 인간 의식의 작용과 개별적 또는 사회적인 행동 연구를 모두 포함하는 심리학은 연구 목적에 따라서는 크게 이론심리학과 응용심리학으로 구분한다.

이론심리학은 일반심리학, 발달심리학, 사회심리학 등 학문적인 지식체계의 수립을 목적으로 하는 연구 분야이다. 이에 비해 응용심리학은 교육심리학, 산업심리학, 임상심리학, 범죄심리학 등 이론심리학이 제공하는 지식을 기초로 하여 실제 문제의 해결 방법을 탐구하는 것을 목적으로 하는 연구 분야이다.

2) 음악교육학, 교육심리학, 음악심리학

앞에서 살펴보았듯이 음악학, 교육학, 심리학은 독립 학문이지만 그 세부 연구 분야들은 사실상 복합 학문의 성격을 지닌다. 즉, 체계음악학의 세부 연구 분야인 음악교육학은 음악학과 교육학의 복합 학문적 성격을, 기초교육학으로 분류되는 교육심리학은 교육학과 심리학의 복합 학문적 성격을, 그리고 음악교육학과 마찬가지로 체계음악학의 세부 연구 분야로 분류되는 음악심리학은 음악학과 심리학의 복합 학문적 성격을 지닌다. 음악교육학, 교육심리학, 음악심리학의 각각의 연구 범위를 간단히 살펴보면 다음과 같다.

① 음악교육학

음악교육학은 음악을 가르치고 배우는 목적과 방법, 다양한 음악 활동과 관련된 모든 문제를 다루는 학문이다. 음악교육학은 넓은 의미의 음악교육과 좁은 의미의 음악교육으로 생각해 볼 수 있다. 넓은 의미의 음악교육은 개인이나 학교가 가르치는 음악이론과 음악실기 등의 교육뿐만 아니라 여러 교육기관에서 가르치는 모든 형태의 '음악'교육을 포함하며, 좁은 의미의 음악교육은 '교과교육'으로 그 범위를 제한하여, 공교육의 과정에서 이루어지는 학교의 음악교육을 의미한다. 학교의 음악교육은 학급별로는 초등 음악교육과 중등 음악교육으로 구분할 수 있으며, 학교 음악교육의 목표, 영역별 지도 내용 및 방법, 평가 등을 다룬다.

② 교육심리학

교육심리학은 심리학의 여러 이론과 원리에 기초하여 교육 현장에서 교육을 이해하고 교육의 목표를 달성하기 위한 효율적인 교수·학습의 방법을 연구하는 학문이다. 다시 말해서 교육심리학은 교육 행위와 교육 현상을 연구 대상으로 하는 교육학과, 여기에 인간의 의식(마음)과 마음을 과학적으로 이해하려는 심리학 이론을 접목시킴으로써 형성된 학문 영역으로, 심리학의 응용 분야이다. 교육심리학은 여러 교육 문제를 긍정적인 방향으로 해결하는 데 유용하다. 초기의 교육심리학이 교수와 학습의 문제, 개인차를 중심으로 연구하였다면, 오늘날의 교육심리학은 성장과 발달, 유전과 환경, 성격의 형성과정, 분류, 진단 및 측정 방법, 동기, 지도와 상담, 특수아의 문제, 측정과 평가 등으로 연구 영역이 크게 확장되었다.

③ 음악심리학

음악심리학은 음악학의 영역 중 인간이 주체가 되어 음악을 감각적으로 수용하는 것에서부터 표현하는 것에 이르기까지의 모든 과정, 즉 음악적 의식(마음)과 음악적 행위에 관련된 측면을 심리학적인 방법론을 사용하여 이해하려는 학문적 성격을 지닌다. 다시 말해서, 음악심리학은 인간의 다양한 의식(마음)과 행동을 과학적으로 이해하려는 심리학적인 이론 및 연구 방법을 학문적인 음악 연구에 접목시켜, 인간의 음악적 마음과 음악적 행위 이해에 집중함으로써 형성된 학문 영역인 셈이다. 전통적인 음악심리학의 영역은 음향심리, 음악 능력의 측정과 예견, 기능음악, 음악 패턴의 문화적 조직, 음악학습, 음악에 대한 정서적 반응 등으로 분류되며(Radocy & Boyle, 1997, 2012), 최근 들어 음악심리학은 '음악의 지각과 인지'로 더 많이 알려져 있다.

3. 음악교육심리학의 범위 및 연구 영역

음악과 음악교육이 인간 내면의 성질, 즉 성품(性品)에 관여한다는 사실을 부정하는 사람은 없을 것이다. 여기에서는 이러한 인식이 언제부터 시작되었는지를 살펴보고, 음악교육심리학의 범위 및 연구 영역을 살펴보기로 한다.

1) 음악교육과 인간 마음의 연구

음악교육이 언제부터 시작되었는가의 질문에 대한 답은 다양한 측면에서 시도할 수 있다. 역사적으로 가장 멀리 거슬러 올라가면 음악교육은 음악의 기원과 함께 한 세대에서 다음 세대로 제사 의식을 전수하거나 음악 행위를 가르친 원시시대부터 시작되었다고 할 수 있다. 이에 비해 교회의 합창단원을 양성하기 위한 전문 음악교육은 중세에 시작되었으며, 공교육으로서의 음악교육은 제도화된 공립학교 내에서 음악교육을 정규 교육활동으로 인정하기 시작한 19세기 중반 무렵부터 시작되었다고 설명할 수도 있다.

　그러나 체계적인 의미의 서양 음악교육의 역사는 고대 그리스 시대부터 시작되었다는 것이 일반적인 견해이다. 그리스 시대의 Plato(427~347 B.C.)는 좋은 음악이 인간과 인간의 마음에 끼치는 긍정적인 영향을 언급하며 음악교육의 중요성을 강조하였다. Plato의 저서 『국가론(Republic)』에 나타난 그의 음악교육에 대한 철학을 보면, Plato는 올바른 음악교육의 결과로 나타나는 개인의 '바르고 아름다운 심성'을 그리스 시대의 교육에서 강조한 것을 알 수 있다. 여기에서의 '바르고 아름다운 심성'은 음악교육을 받았다고 무조건 가지게 되는 심성이 아니라 참된 음악교육, 올바른 음악교육을 받은 사람들이 가지게 되는 심성이나 인간적 품성을 의미한다. Aristoteles(384~322 B.C.) 역시 『정치학(Politika)』에서 음악이 인성에 미치는 영향을 강조하며 인성교육을 위해서는 좋은 음악을 들어야 한다고 하였다(Aristoteles, 2010). 이러한 그리스 철학자들의 사상은 음악이 인간의 인격 형성과 행동에 변화를 주는 교육적 가치를 인정한 것이며, 당시의 시대가 지향한 윤리성과 조화로운 인간 형성을 위해 음악교육의 중요성과 필요성을 강조한 것으로, 이는 현대 음악교육철학에 많은 영향을 주었다.

　그렇다면 음악교육과 인간 마음의 관계를 중요하게 다룬 것은 그리스 시대부터 시작되었다고 할 수 있다. 역사적으로 볼 때 심리학이 철학으로부터 독립된 학문으로 발전한 것을 생각해 보면, 그리스 시대에 철학적으로 추구하던 바르고 아름다운 심성이나 인간적 품성은 현대에 와서는 인간의 마음을 연구 주제로 다루는 심리학과 중요한 관계가 있음을 알 수 있다.

　바르고 아름다운 심성이나 인간적 품성은 철학적인 목표만으로 실현되는 것이 아니라 정서(情緖, emotion)의 발달과 밀접한 관련이 있다. 음악에 반응하고, 음악을 듣고 지각하며, 음악을 느끼고 표현하는 음악 경

Plato는 음악이 질서를 벗어나면 인간의 정서를 해칠 수 있다고 믿었다. 그는 『국가론(Republic)』에서 음악의 윤리적인 측면을 강조하여 음악에는 좋은 음악과 해로운 음악이 있다고 보고, 진정한 음악교육을 받으면 잘못된 것들과 아름답지 못한 것들을 구별하게 되며 좋은 음악을 경험한 사람들은 고상하고 선한 사람이 된다고 주장하였다(Plato, 2007).

잘 자라서 좋은 열매를 맺으렴.

험은 다양한 정서 반응 및 정서적인 경험을 불러일으킨다. 유아기에 나타나는 음악적 반응은 인간 누구나 가지고 있는 음악적 본능이다. 음악적 본능이 환경과 교육을 통해 발현하게 되면 이를 음악 지능이라 부른다. 사람들마다 정도의 차이는 있지만 음악 지능은 교육을 통해 지속적으로 계발될 수 있다. 그리고 개인의 음악 지능은 다른 사람들과의 공감과 소통을 통해 집단과 사회에서 공유하는 음악 문화를 형성하고 사회적으로 의미를 부여하며 공동체 삶을 변화시킨다.

이와 같이 개개인의 음악 지능은 이후 집단의 변화와 성장을 이끌어 낼 수 있는 근원이 된다. 인간은 양질의 음악활동을 통해 정서적인 경험을 하게 되는데, 이는 인간의 표현적 행동에 수반되는 내면적 정서(감정) 때문에 가능한 것이다. 정서는 마음이 움직이고 감동된다는 점에서 정동(情動)이라고도 한다. 정서의 심리적인 체험은 정서의 표현 및 표출로 나타나기 때문에, 긍정적인 정서의 함양과 정서의 올바른 표현 방법을 배우는 것은 궁극적으로 인간을 가장 인간답게 하고 개인의 삶의 질과 공동체의 의식 수준을 높여 주는 데 있어 매우 중요한 역할을 하게 된다. 따라서 음악을 통한 정서의 심리적 체험은 음악 문화의 가치를 향유하면서 개인과 사회를 보다 발전시킬 수 있는 원동력이 된다.

2) 음악교육심리학의 범위

독립 학문으로서의 음악학, 교육학, 심리학과 복합 학문으로서의 음악교육학, 교육심리학, 음악심리학의 관계 속에서, 음악교육심리학이 차지하는 범위를 공통 영역으로 나타내면 [그림 1-2]와 같다.

간단하게 말해서, 음악심리학이 음악과 인간의 마음 및 행동에 관련된 문제를 다루고, 교육심리학이 교육과 인간의 마음 및 행동에 관련된 문제를 다룬다고 한다면, 음악교육심리학은 '음악교육과 인간의 마음 및 행동'에 집중한다. 따라서 음악교육심리학에서는 소리 예술인 음악

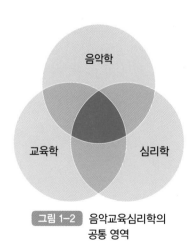

그림 1-2 음악교육심리학의 공통 영역

과 이를 가르치는 음악교육이 인간의 마음, 마음의 상태와 행동에 미치는 영향을 연구한다.

또한 넓은 의미에서의 음악교육심리학 연구는 음악과 음악교육에 관련된 정서, 사회성의 발달, 공동체의 기능적인 음악활동, 그리고 음악과 음악교육을 통해 나타나는 다양한 사회문화적인 현상뿐만 아니라 음악과 음악교육에 미치는 사회문화적인 요소와 현상을 다루는 범위까지 모두 포함할 수 있다. 현대의 모든 학문은 고유성을 유지하면서도 다른 학문과의 연계를 통해 연구 범위를 확장시켜 가며 지속적으로 발전한다. 앞에서 살펴본 바와 같이 복합 학문은 서로 다른 학문의 지식을 공유하는데, 복합 지식은 새로운 연구를 극대화하고 학문의 영역을 발전시키는 원동력이 된다. 따라서 인간의 음악적 마음을 이해하기 위한 연구 영역은 앞으로도 또 다른 학문과의 연계를 통해 더욱 확장될 수 있다.

이와 같이 음악교육심리학 연구의 범위는 매우 광범위하다. 이 중에서 현재까지 가장 많은 연구가 수행된 주제는 음악학습 관련 연구일 것이다. 음악학습 관련 연구는 학교 음악교육에 있어 음악 교수 · 학습 방법의 기초를 제공한다. 구체적으로 음악학습 관련 연구에는 어떠한 내용들이 있는지 살펴보면 다음과 같다.

3) 음악학습 관련 연구 영역

음악학습과 관련된 연구에는 대표적으로 음악 능력의 발달(음악 지각 및 인지 능력의 발달, 음악 발달 단계 이론을 포함하는) 연구와 다양한 심리학 관점의 학습이론에 따른 음악교육적 적용 연구가 있으며, 음악 개념의 형성, 음악 정서 및 사고, 음악 적성, 음악 창의성, 측정과 검사 등 여러 영역의 연구 주제들이 있다. 여기에는 학습자의 잠재된 음악 능력을 최대한 발달시켜 주기 위해 '무엇'을 가르칠 것인가의 학습 내용 선정에서부터 '어떻게' 가르칠 것인가의 원리, 전략 및 방법, 그리고 학습자의 음악 능력이 발달하는 과정을 관찰하고, 확인하고, 지원하는 평가에 이르기까지 다양하고 구체적인 연구 주제들이 포함된다.

이러한 음악학습 관련 연구결과들은 학교 음악교육과정을 연구함에 있어서도 유용한 기초 자료로 활용된다. 예를 들어, 음악교육과정 개발 연구는 초등학교와 중등학교에서 가르쳐야 할 음악 개념 및 음악활동의 내용과 수준을 제시하며 학교 음악교육을 통해 학습자들이 성취할 것으로 기대되는 성취 기준을 명시하게 되는데, 학습 내용과 성취 수준은 학습자의 음악 능력의 발달 단계 등 음악학습에 관련된 연구결과를 참고하여 기술하는 것이 바람직하기 때문이다. 이 분야에 관심 있는 연구자들은 학습자들의 음악 개념 형성 및 음악 사고력의 향상을 위한 교수·학습 방법들을 끊임없이 연구하며 구체적인 학습활동과 필요한 학습 자료의 예시를 안내하고, 음악적 소리가 학습자의 마음에 어떻게 저장되는지, 음악적 소리를 어떻게 표현해야 하는지 등의 원리나 지침을 제공한다.

학습자의 음악적 마음과 음악학습의 과정은 음악심리학, 교육심리학 등의 이론과 연구결과들을 근거로 할 때 비로소 이해와 설명이 가능해진다. 이와 같이 음악학습 관련 음악교육심리학 연구결과는 음악 교수·학습의 기본적인 원리를 제공하며, 음악학습의 모든 과정에 관련된 다양한 질문에 논리적인 추론을 제시하여 심리학적 관점의 이론적 토대를 세워 실제 학교 음악 수업에 도움을 주는 유용한 근거로 활용된다.

제2장

소리와 음악, 마음의 이해

음악은 '소리'를 재료로 하고 음악교육은 '소리 예술'을 가르치는 교육이다. 제1장에서 음악교육심리학이 '음악교육과 인간의 마음 및 행동'에 집중한다고 하였는데, 음악과 관련된 인간의 마음은 음악심리학과 다양한 심리학 분야의 지식을 총동원해 여러 가지 수준에서 복합적으로 살펴보고 이해해야 한다. 사실 이러한 주제를 다루는 것은 범위도 넓을 뿐만 아니라 아주 복잡하고 어려운 과제여서 이 책에서도 극히 일부의 내용만 담을 수밖에 없을 것이다. 대부분의 음악심리학 문헌에서는 '소리의 이해' 내용을 가장 먼저 다루며, 최근 들어 교육심리학 문헌에서는 '학습과 모든 정신작용 기제로서의 뇌 이해' 내용을 중요하게 다루고 있다. 이에 제2장에서는 앞으로 다룰 내용의 기초가 되고 다른 장(chapter)들과의 자연스러운 연계가 될 수 있도록, '소리'와 '뇌'라는 주제를 음악, 음악교육의 관점에서 설명하고자 한다. 이를 위해 먼저 소리의 발생 및 전달과정을 살펴보고, 소리의 요소와 음악의 본유 요소 및 구성 요소를 알아본다. 그리고 우리의 마음과 행동을 주관하는 뇌의 구조와 기능을 설명하고 음악적 마음의 기제를 과학적으로 살펴보기로 한다.

1. 소리의 발생과 전달

소리란 무엇일까? 소리 자체는 물리적인 현상이지만 소리를 정의하는 것은 물리적 특성과 심리적 특성이라는 두 가지 관점에서 생각할 수 있다. 일반적으로 소리의 발생과 전달과정을 이해하는 데에는 이 두 가지 관점이 모두 필요하다.

먼저, 소리는 공기나 물과 같은 매체를 통한 파동(波動, wave motion) 작용에 의해 전도되어 발생하는 것으로 정의할 수 있다. 일반적으로 우리는 물속이나 고체의 내부보다는 공기 중 전달되는 소리에 관심을 가진다. 공기 중에서 소리는 물체의 진동(떨림)에 의해 발생한다. 물체가 진동을 하면, 공기 중의 입자들이 고르게 분포되어 있는 상태에서 공기의 압력 변화(파동)가 생겨 고압력과 저압력이 교대하는 패턴으로 나타나게 된다. 이와 같이 소리는 공기라는 매체를 통한 파동 작용에 의해 발생한다. 다시 말해서, 어떤 물체의 진동(떨림)에 의해 발생한 공기의 압력 변화(파동)를 물리음향적으로 소리라 한다.

> 현악기의 줄을 퉁기면 줄은 진동을 하게 되어 공기 중 입자들의 밀도에 변화를 주게 된다. 진동 시 줄이 공기 중의 입자를 밀칠 때는 공기 입자들의 밀도가 증가하고 반대의 경우에는 공기 입자들의 밀도가 감소한다. 소리는 이러한 공기의 흔들림 현상으로 발생한다. 즉, 공기의 압력 변화는 물리적인 차원이고, 압력 변화의 미세한 차이를 귀에서 지각하는 것은 심리적인 차원이다.

이에 비해 소리는 우리가 '듣게' 되는 청각, 즉 소리를 느끼는 감각의 자극 및 지각 과정으로 설명할 수 있다. 공기의 흔들림으로 인한 파장이 고막을 통해 청각기관으로 들어오면 우리는 이를 소리로 듣고 지각한다. 이때 소리란 단순하게 우리 귀에 '들리는' 것으로 생각할 수 있는데, 소리가 갖는

물리적 특성이 청각기관에서 지각되는 과정을 심리음향이라고 한다.

그림 2-1 물체의 진동과 공기압력의 변화

따라서 소리는 물리음향적 소리와 심리음향적 소리라는 두 가지 차원에서 설명할 수 있다. 나중에 다시 설명하겠지만, 물리적 소리가 발생했다고 해서 반드시 심리적인 소리로 들리는 것은 아니며 마찬가지로 심리적 소리가 반드시 물리적 소리로 존재하는 것은 아니다.

여기에서는 먼저 소리를 지각하게 되는 과정을 이해하기 위해 귀로 들어오는 소리정보의 처리과정을 살펴보기로 하자. 청각은 음파(sound wave, 진동으로 인해 전달되는 파동)가 고막을 진동시킴으로부터 시작된다. 청각기관은 외이(바깥귀), 중이(가운데귀), 내이(속귀)의 세 기관으로 구성되어 있는데, 귀는 고막을 중심으로 외이와 중이로 나누어진다. 중이는 고막의 안쪽에서부터 난원창(oval window)까지를 말하며, 세 개의 작은 귓속뼈(이소골)─망치뼈(추골), 모루뼈(침골), 등자뼈(등골)─로 이루어져 있고 이 중 망치뼈는 고막에 붙어 있으며 등자뼈는 난원창에 부착되어 있다. 이 작은 뼈들은 고막에 의해 진동하게 되며, 이들에 의해 증폭된 진동은 난원창에 연결되어 실제적인 소리의 감각이 이루어진다. 난원창은 달팽이관(혹은 와우각, cochlea)의 입구에 해당한다. 모양이 달팽이처럼 생겨 달팽이관이라고 불리는 이 기관은 내이에 위치하는데, 중이까지는 공기를 통해 진동이 전달되지만 달팽이관 안에서는 액체인 외림프액(perilymph)을 통해 진동이 전달되고 진동은 정원창(round window)으로 퍼져 나간다. [그림 2-2]와 [그림 2-3]은 소리 정보가 귀 안으로 전달되는 과정을 나타낸 것이다.

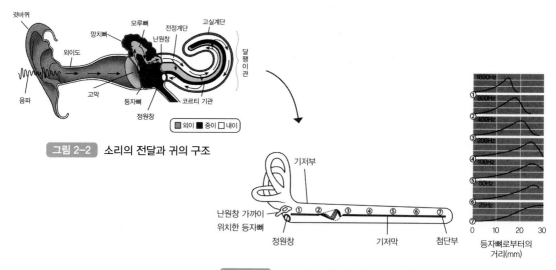

그림 2-2 소리의 전달과 귀의 구조

그림 2-3 소리의 주파수에 따른 기저막의 반응 위치(이배환, 2019: 99)

달팽이관 안에는 기저막(basilar membrane)이라는 것이 있다. 기저막은 난원창 부분에서는 좁고 두껍고 딱딱하며 달팽이관 안쪽으로 갈수록 넓고 얇아지며 유연하다. 기저막은 진동을 감지하여 소리의 높고 낮음을 식별하는 역할을 하는데 기저막 표면의 모세포(hair cell)는 청각수용기 세포로서 소리의 높고 낮음에 따라 반응하는 위치가 다르다. 높은 소리(1,600Hz)는 기저막의 초입(기저부) 가까이 있는 모세포를, 낮은 소리(25Hz)는 기저막의 끝부분(첨단부)에 있는 모세포를 선별적으로 자극하여 수용된 진동 자극을 신경정보로 변환시키는 작용을 한다. [그림 2-3]은 소리의 높고 낮음에 따라 반응하는 기저막 표면의 모세포 위치를 나타낸 것이다.

한쪽 귀에서 비롯된 청각신경은 청각 경로를 따라 좌/우반구의 청각피질로 모두 전달되지만 서로 반대쪽 청각피질로 더 많은 청각신경이 교차되어 전달된다(Guyton, 1991: 183). 따라서 대뇌 좌/우반구의 일차 청각피질은 실제로는 양쪽 귀로부터 모두 소리정보를 받아들이지만 주로 반대쪽으로부터 받게 되는 것이다. [그림 2-4]는 소리정보의 전달 통로를 나타낸다. 소리정보가 최종적으로 전달되는 청각피질은 그림에서 볼 수 있는 것처럼 겉에서 보이는 부분뿐만 아니라, 뒤에서 다시 설명하겠지만 겉에서는 보이지 않는 안쪽 부분까지를 포함한다.

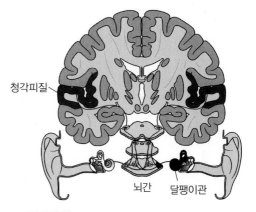

그림 2-4 청각정보의 전달 통로(이배환, 2019: 101)

청각피질은 일차 청각피질과 이차 청각피질이 있는데, 일차 청각피질에는 다양한 주파수의 소리에 대한 지도가 있다. 이를 소리대응 지도(tonotopic map)라 부른다(이배환, 2019: 102). 일차 청각피질 및 이차 청각피질의 위치와 주파수 소리에 대한 지도를 그림으로 보면 [그림 2-5]와 같다.

Georg von Bekesy는 난원창에 가해진 진동 에너지가 기저막을 굽힌다는 것을 발견하였다. 기저막이 움직이는 위치는 소리의 주파수 따라 다르다. 이 이론은 장소부호이론(place code theory)이라고 한다(이배환, 2019: 99)

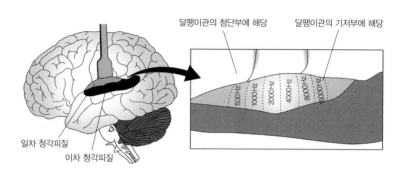

달팽이관의 첨단부에 해당   달팽이관의 기저부에 해당

일차 청각피질
이차 청각피질

500Hz 1000Hz 2000Hz 4000Hz 8000Hz 24000Hz

그림 2-5 일차 및 이차 청각피질의 위치와 주파수의 투사 영역(이배환, 2019: 102)

물체의 진동

공기의 진동
(파동 또는 음파)

고막의 진동

이소골(귓속뼈)

달팽이관 안의 기저막

청각신경

뇌(청각피질)

그림 2-6 소리의 발생과 전달과정

지금까지 공기의 진동을 타고 전도된 소리가 최종적으로 청각 기능을 담당하는 뇌의 영역으로 전달되는 과정을 살펴보았다([그림 2-6] 참조). 다양한 주파수의 소리에 대한 지도가 있는 일차 청각피질은 특정 음이나 소리의 크기와 그 외 다른 성질 등을 감지하며, 이차 청각피질은 말의 의미를 이해하고 음악을 인지하는 데 중요한 기능을 한다(Guyton, 1991: 17).

2. 소리와 음악

음악은 '소리'를 재료로 하지만 모든 소리가 음악이 되는 것은 아니다. 소리 자체는 물리적인 현상이지만, 단편적일지라도 음(音)은 우리의 마음에서 '음악적 소리'로 인식된다. 여기에서는 물리적 현상으로서의 소리, 소리의 요소, 음악의 본유 요소란 무엇을 의미하는지 살펴보고 음악적 소리를 이루는 음악의 구성 요소를 설명하기로 한다.

1) 소리의 요소와 음악의 본유 요소

소리는 여러 가지 특징을 가지고 있다. 소리를 '높다' 또는 '낮다'고 표현할 수도 있고, '크다' 또는 '작다'고 표현할 수도 있으며, '길다' 또

는 '짧다', 그리고 '맑다' '부드럽다' '거칠다' '날카롭다' '새소리 같다' 등
과 같이 다양하게 표현할 수도 있다. 이러한 소리들은 물리적인 특성
에 따라 각기 다르게 지각된다. 즉, 소리의 높고 낮음, 즉 고저는 주파
수(frequency)에 따라, 소리의 강약은 진폭(amplitude)에 따라, 소리의
장단은 지속시간(time)에 따라, 그리고 소리의 특질은 파형(wave form)
에 따라 각기 다르다. 〈표 2-1〉은 소리의 네 가지 요소를 물리적 용어
와 음악적 용어로 각각 나타낸 것이다. 음악에서는 소리의 고저, 소리의
강약, 소리의 장단, 소리의 질이 각각 음고(pitch), 음량(loudness), 음가
(time value), 음색(timbre)이라는 용어로 사용된다.

〈표 2-1〉 소리의 네 가지 요소와 물리적 · 음악적 용어

요소 ＼ 용어	물리적 용어		음악적 용어	
소리의	파장의		음(音)의	
고저	빈도	진동수/주파수 (frequency)	높고 낮음	음고(pitch)
강약	상하 폭	진폭(amplitude)	크고 작음	음량(loudness)
장단	시간	지속시간(time)	길고 짧음	음가(time value/ duration)
질(특색)	형태	파형(wave form)	질/빛깔	음색(timbre)

성경희(1988)는 음악의 재료가 되는 음(音)의 생성과 밀접한 관계가
있는 이 네 가지 요소를 음악의 '본유 요소' 또는 '본유 개념'이라 하였는
데, 이는 음의 물리적 특성에 기초한 것이다. 음악의 여러 구성 요소 중
에서, 음의 생성과 밀접한 관계가 있는 이러한 본유 요소들을 이해하는
것은 시간 예술이자 소리 예술인 음악의 속성을 이해하는 토대가 된다.
〈표 2-1〉에서 나타낸 소리의 네 가지 요소를 물리적 용어와 음악적 용
어로 차례대로 살펴보기로 하자.

(1) 소리의 고저: 진동수/주파수–음고

물체가 진동한 횟수를 의미하는 진동수는 1초당 몇 주기(cycle)의 파장의 반복이 있었는가로 표시한다. 1초 동안의 진동수를 주파수라 하며 그 단위로는 헤르츠(herz 또는 Hz)가 사용된다. 주파수는 소리의 고저를 결정하는데, 주파수가 적을수록 낮은 소리가 나고, 주파수가 많을수록 높은 소리가 난다. 100Hz의 소리보다 1,000Hz의 소리가 더 높은 소리이다. 쉽게 말해서, 피아노의 왼쪽 건반에서 오른쪽 건반으로 갈수록 소리는 높아지고 주파수는 많아진다.

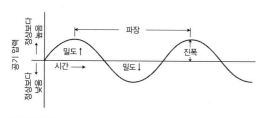

그림 2-7 공기 중 음파 형성의 원리(공기 압력의 변화)

음파를 설명하기 위한 가장 편리한 방법은 단순한 사인곡선을 그려 보는 것이다. 사인곡선에 나타나는 반복되는 두 지점 간의 거리를 파장이라 하며, 파장의 상하 폭을 진폭이라 한다. 파장의 특징을 살핌으로써 소리의 고저와 강약을 알 수 있다.

주파수가 비슷한 두 개의 소리가 중첩되면 소리가 주기적으로 커졌다 작아졌다 하는 현상이 반복되는데 이를 맥놀이 현상이라 한다. 우리나라 에밀레종을 쳤을 때 아기가 우는 듯한 '우우웅 우우웅' 소리가 나는 것도, 종을 쳤을 때 각 부위에서 발생하는 소리의 주파수가 다소 달라서 이러한 현상이 나타나는 것이다. 맥놀이 주파수란 비슷한 두 주파수 간의 차이를 말하는데, 그 차이가 3Hz라면 1초에 3회 웅웅웅 소리가 들린다. 음악가들은 악기를 조율할 때 이런 맥놀이 현상을 활용한다. 맥놀이 현상이 일어나지 않는다면 두 악기의 음고는 동일한 것이다.

오케스트라 연주 직전에 오보에 연주자가 전체 연주자들의 악기 조율을 위해 기준 음을 불어 주는데, 이때 오보에 연주자가 불어 주는 A4 음(가온다 C4 위의 A음)은 1초 동안에 440회 진동하는 주파수 440Hz의 음이다. 주파수 두 배가 되는 소리는 음악에서 옥타브 관계에 있는 음들로, 기준 음에서 옥타브 위의 음은 주파수가 2배가 되며 옥타브 아래의 음은 주파수가 1/2로 줄어든다. 즉, A4 음보다 한 옥타브 위 A5 음의 주파수는 880Hz, A4 음보다 한 옥타브 아래 A3 음의 주파수는 220Hz이다. 주파수–음고에 관한 설명은 다음의 진폭–음량과 함께 더 자세하게 다루기로 한다.

(2) 소리의 강약: 진폭–음량

앞에서도 언급하였듯이 소리를 공기 중에서의 파동으로 정의하는 것은 물리음향적 입장이며, 소리를 자극에 대한 지각으로 정의하는 것은 심리음향적 입장이다. 물리학에서 사용하는 용어인 '물리량'의 사전적 정의는 '물질계의 성질이나 상태를 나타내는 양'을 말한다. 우리에게도 친숙한 대표적인 물리량으로는 길이(기본 단위는 미터), 시간(기본 단위는 초), 질량(기본 단위는 킬로그램), 진동수(기본 단위는 헤르츠) 등을 들 수 있다. 자연 속에서 소리가 갖는 특성과 이를 설명하기 위한 매개변수들을 소리에 관한 물리량이라고 하면, 여기에 해당하는 매개변수들은 주파수, 진폭 등을 들 수 있다. 그렇다면 자연 속에서 갖는 물리적 소리의 특성은 우리의 청각기관에서도 동일하게 유지될 수 있을까? 실제로 어떤 소리의 세기는 물리적으로는 동일하여도 청각기관에서는 주파수에 따라 더 크게 지각되기도 하고 더 작게 지각되기도 한다. 이와 같이 물리적인 소리가 갖는 고유의 특성은 바뀔 수 있는데, 우리의 청각기관에 의해 변화된 소리의 특성은 심리량이라고 할 수 있다.

진폭이란 진동체가 중심으로부터 최대로 움직인 거리를 나타내며 이는 소리의 강약을 결정한다. 한 음원에서 소리가 발생하면 강약으로 그 소리의 정도를 나타낸다. 이러한 강도를 물리음향적으로 표현한 것은 소리의 세기(intensity)라 한다. 공기 중에서 소리의 세기로 표현되는 소리의 강약은 소리를 객관적인 측면에서 설명하는 것으로, 물리적인 측면에서 소리의 강도를 높이려면 음향 에너지의 양인 소리의 세기를 높여야 한다. 일반적으로 소리의 강도 수준(음압 레벨)은 데시벨(decibel 또는 dB)로 표기한다. 이에 비해, 청각기관을 통해 심리적으로 지각하게 되는 소리의 강약은 주관적인 측면에서 이해하여야 하는데, 물리적인 요소에 심리적인 요소까지 합쳐진 주관적인 소리의 강약은 소리의 크기 또는 음량(loudness)이라 한다. 소리의 크기는 어떤 소리에 대해 사람이 청각적으로 감지하는 것, 즉 심리적인 관점에서의 소리에 대한 강약을 표시한 것이다.

개인차가 있기는 하지만 인간은 대략 20Hz에서 2만Hz 사이의 소리와 0dB에서 120dB 사이의 소리를 들을 수 있다. 하지만 물리적 소리의 세기(intensity)와 심리적 소리의 크기(loudness)는 서로 다른 차원의 양을 의미하기 때문에, 심리적인 측면에서 소리의 크기를 나타내는 단위로는 폰(phon)이 사용된다. 즉, 폰이란 청각적으로 느끼는 소리의 크기, 즉 음량을 나타내는 단위이다. [그림 2-8]에서 가로는 주파수(Hz)

물리량과 심리량 사이의 개념 차이를 다른 방식으로 설명해 보자. 물이 '달다' 또는 '짜다'라고 말하는 것을 심리량적인 표현이라고 한다면, 이 물에 들어 있는 성분인 '설탕량'과 '소금량'은 물리량이 되는 것이다(오세진, 2013: 12).

0dB란 소리가 없다는 의미가 아니라 인간이 들을 수 있는 가장 작은 물리적 소리의 세기를 의미한다.

순음(pure tone)이란 하나의 진동수가 갖는 음, 즉 단일 주파수의 소리이다. 플룻과 오르간 음이 순음에 가깝지만 대부분 음악의 음은 진동수가 혼합된 복합음이다.

큰 연주홀에서는 무대로부터 먼 거리의 위치에서 연주를 들 때 소리의 강도가 줄어들면 저음은 지각하기가 어렵다. 오케스트라의 음향은 물리량에 의해서가 아니라 심리량에 따라 얻어지기 때문에 피콜로, 플룻 같은 고음 악기보다 저음 악기인 콘트라베이스가 더 많이 편성된다.

등음량 곡선이란 주파수는 다르지만 심리적으로 동일한 크기(음량)로 지각되는 강도(dB)을 연결하여 나타낸 선이다.

를, 세로는 소리의 강도 수준(dB)을 나타낸 것이며, 가운데의 폰은 청각에서 감지되는 소리의 크기(음량)를 나타낸 것이다. 데시벨과 폰은 주파수 1,000Hz의 음(순음)에서 일치한다. 즉, 1,000Hz 음의 강도 수준이 10dB, 30dB, 40dB, 100dB 등이라면 음량 수준도 10phon, 30phon, 40phon, 100phon 등이 된다. 하지만 물리적인 강도 수준과 심리적인 음량 수준이 동일한 것은 아니다. 1933년에 H. Fletcher와 W. A. Munson은 실험을 통해 주파수에 따라서 강도의 수준이 변한다는 것을 알아냈다. [그림 2-8]에서 볼 수 있는 13개의 선은 주파수에 따라 심리적으로 같은 음량의 소리를 내려면 소리의 강도가 어떻게 변해야 하는지를 나타내는 등음량 곡선(Equal Loudness Contour)이다. 주파수가 1,000Hz 이하로 내려가면 왼쪽의 등음량 곡선의 형태가 올라가는 것을 볼 수 있다. 이는 저음으로 내려갈수록 소리는 더 큰 강도를 가져야 동일한 크기의 음량으로 지각된다는 것을 의미한다. 인간이 들을 수 있는 소리의 한계를 나타내는, 즉 가까스로 들을 수 있는 가장 아래의 점선 곡선에서 보면, 우리는 4,000Hz의 음을 듣기 위해서는 가장 작은 강도 수준인 0dB을 필요로 하지만 100Hz의 음을 듣기 위해서는 거의 30dB

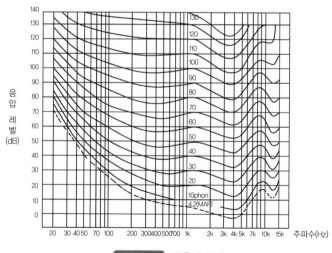

그림 2-8 등음량 곡선

의 강도가 필요한 것을 알 수 있다. 20phon의 소리 크기를 지각하려면, 100Hz에서는 약 40dB, 1,000Hz에서는 20dB, 1만 Hz에서는 30dB 정도의 강도가 필요하다.

(3) 소리의 장단: 지속시간-음가

어떤 소리가 발생하면 소리는 최대 크기부터 점차 감소하여 소멸하는 과정을 거친다. 시간의 경과에 따라 파장의 지속시간이 길면 긴 음이, 지속시간이 짧으면 짧은 음이 된다. 앞의 [그림 2-7]에서 볼 수 있는 것처럼, 주파수(음고)와 진폭(음량)은 시간 속에서 지각된다.

음악에서 시간(time)의 의미는 리듬(rhythm), 빠르기(tempo) 등과 함께 논의해야 한다. '지속시간-음가'를 이야기할 때 '음가(time value)'란 '음의 길이', 즉 음표(또는 쉼표)가 나타내는 길이를 말하는데, 여기에서의 길이는 절대적인 길이가 아닌 상대적인 길이를 의미한다. 예를 들어, ♩=60인 빠르기의 악곡과 ♩=120인 빠르기의 악곡에서 4분음표를 비교해 보자. 이 두 악곡에서 4분음표의 음길이(음가)는 같지만 절대 시간의 길이는 다르다. 박(beat)의 길이는 박을 치는 속도, 즉 빠르기에 따라 결정되기 때문이다. 다시 말해서, 4분음표를 1박이라 할 때, 박과 박 사이의 간격이 좁으면(빨리 치면) 4분음표의 음가를 표현하거나 지각하는 절대 시간의 길이는 짧으며, 박과 박 사이의 간격이 넓으면(느리게 치면) 4분음표의 음가를 표현하거나 지각하는 절대 시간의 길이는 길다. 박, 박자를 포함하는 리듬 양상과 빠르기 양상은 음가의 시간적인 흐름이나 진행을 이해하기 위한 중요한 특징들이다. 이러한 음가의 시간적인 흐름이나 진행은 절대적 길이나 물리적 속도로 규정할 수는 없다.

(4) 소리의 질(특색): 파형-음색

순음(pure tone)이란 소리굽쇠 소리와 같이 일정한 높이를 유지하는 단일 주파수의 소리를 말하며, 복합음(compound tone)이란 두 개 이상

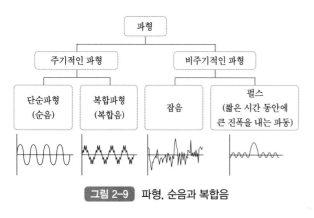

그림 2-9 파형, 순음과 복합음

의 순음이 합성된 소리를 말한다. 자연에 존재하는 거의 모든 소리는 복합음이다. 악기의 음은 기본음과 배음으로 구성된 많은 순음이 합성된 소리이다.

파형이란 파동의 형태를 말한다. 소리의 경우에 파형의 형태가 다르면 그 결과는 음색의 차이로 나타난다. 목소리, 악기 소리를 구별할 수 있는 것은 음색이 다르기 때문이다. 이러한 파형은, 고저(주파수-음고), 강약(진폭-음량), 장단(진동 시간-음가)이 소리의 차이를 측정할 수 있는 어떤 기준으로 제시될 수 있는 것과 다르게, 소리의 차이를 측정할 수 있는 기준으로 제시되기가 어렵다. 음색의 차이는 어떤 기준에 의해서가 아니라 앞에서 설명한 것처럼 '맑다' '부드럽다' '거칠다' '날카롭다' '새소리 같다' 등과 같이 개인의 느낌을 언어적인 묘사로 다양하게 표현하기 때문이다. 만약에 두 악기가 음고, 음량, 음가를 동일하게 소리 낸다고 하더라도 두 악기 소리의 파형은 서로 다르다. 일반적으로 음의 색(color)을 의미하는 음색은 음빛깔 또는 질(quality)이라는 용어를 사용하여 소리의 '특색'을 나타내는데, 이러한 특색은 '독특한 느낌'의 심리적·주관적인 특성을 가진다.

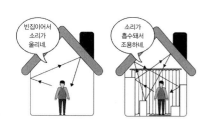

소리가 전혀 흡수되지 않고 완전히 반사되면 흡음률은 0, 소리가 거의 완벽하게 흡수되고 반사되는 소리가 없다면 흡음률은 1이다.

지금까지 설명한 것 이외에도 소리는 다양한 성질을 가지고 있다. 소리가 곧장 앞으로만 뻗어 나가는 것은 아니다. 소리가 자연 소멸될 때까지 앞으로만 뻗어 나가지 않는 물리적인 소리 현상은 반사, 흡수, 굴절, 회절 등의 성질로 설명할 수 있다. 이러한 현상을 간단히 살펴보자.

우리 일상생활에서 소리는 공기 중으로 전달되다가 물체나 지표면에 부딪히게 된다. 이때 소리는 반사되기도 하고 흡수되기도 하는데, 반사와 흡수는 물체나 물질의 특성에 따라 달라진다. 예를 들어, 대리석이나 딱딱한 고체와 같은 매질(소리를 전달하는 물질)에서는 소리가 잘 반사되고, 카펫이나 커튼과 같은 물질에서는 소리가 잘 흡수된다.

이에 비해 소리가 한 매질 속에서 전달되다가 성질이 다른 매질을 만나면 소리의 진행 방향이 꺾이는 현상이 나타나는데 이를 굴절(reflection)이라 한다. 빈 유리그릇에 들어 있는 막대기는 휘어져 보이지 않지만, 유리그릇에 물을 채우고 막대기를 넣으면 물의 수면을 경계로 해서 막대기가 휘어진 것처럼 보이는 현상과 동일한 것이다. 만약 동일한 매질이라 하더라도 위치에 따라 온도가 달라지면 굴절이 일어난다. 지표면의 온도가 대기보다 높은 낮에는 소리의 진행 방향이 위로 휘어지고, 지표면의 온도가 대기보다 낮은 밤에는 소리의 진행 방향이 아래로 휘어지는 굴절 현상이 발생한다.

마지막으로, 문을 닫아도 방 안에서 바깥의 소리가 들리는 경우가 있고 담 너머의 소리가 들리는 경우도 있는데, 이러한 물리적 현상은 회절(diffraction)이라 한다. 소리는 문 사이의 좁은 틈을 통과하면서 일종의 음원처럼 작용하거나, 담장 너머에서 소리가 아래로 휘어져 담장 아래로 내려오는 회절 현상이 일어난다. 회절은 틈의 폭이 좁을수록, 소리의 파장이 길수록 잘 발생한다.

이러한 물리적인 소리 현상을 이해하는 것은 소리 예술인 음악을 이해하는 데 도움이 된다. 연주회장의 천장이나 벽면의 모양, 커튼, 카펫 등은 단순한 장식이 아니라 소리의 모든 방향을 고려해 좋은 음향을 얻기 위한 것이다. 또한 멀리서 들리는 악단의 연주는 큰 파장을 갖는 주파수의 소리에서만 회절 현상이 발생하기 때문에 처음에는 다른 악기보다 낮은 소리의 북이 먼저 들리는 것을 알 수 있다. 물리적 소리의 특성과 현상을 이해함으로써 우리는 음향 및 음악적 현상을 이해할 수 있다.

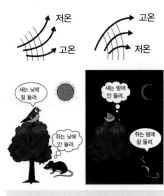

"낮말은 새가 듣고 밤말은 쥐가 듣는다."라는 속담이 있다. 굴절 현상은 이러한 속담에 대한 과학적 근거가 될 수 있다.

베를린 필하모니 연주회장
16개 블록으로 나누어진 포도밭형(vineyard type)의 연주회장이다. 천장에 매달린 10개의 반사판은 추가적인 초기 반사음을 제공하고 136개의 저주파 공명기는 저음을 조절한다.

2) 음악적 소리와 음악의 구성 요소

(1) 음악적 소리

물리적인 소리의 성질을 모두 음악적인 용어로 표현할 수 있다고 하여 모든 소리가 음악적인 현상으로 이해되는 것은 아니다. 어떤 소리가 음악이 되기 위해서는 먼저 시간의 흐름 속에서 이해할 수 있는 소리의 조직, 리듬의 구조를 가지고 있어야 한다. 음악은 '조직화된 소리(sounds)와 쉼(silences)'으로 구성되어 있다고 할 수 있는데 이러한 조직은 다양한 음고, 음량, 음색을 가지고 리듬(음가) 구조 안에서 일어나게 된다(Radocy & Boyle, 2012).

그렇다면 고저, 강약, 질(특색)과 같은 소리의 요소들을 가지고 조직적으로, 즉 일정한 간격이나 길이를 가져 '리듬적'으로 나타나는 소리들은 모두 음악적인 소리가 될 수 있을까? 모든 물리적 소리로부터 혹은 언어적인 소리들로부터 음악적인 소리는 어떻게 구별되는 것인가? 음악이 다른 소리로부터 구별되는 음악의 특징 중에서 가장 중요한 것은, 음악에는 보편적으로 고정 음고(fixed pitch)가 사용된다는 것이다. 고정 음고는 다른 소리로부터 음악적 소리를 구별하여 주는 본질적인 요소가 된다(Radocy & Boyle, 2012). 현대 음악은 자연 소리나 기계 소리 등을 사용하기도 하지만 일반적으로 음악은 고유의 음고체계를 가지고 있다.

인간이 들을 수 있는 소리의 한계에서 음성이나 음악이 차지하는 범위를 대략적으로 나타내면 [그림 2-10]과 같다. 음악에서 사용되는 음역은 보통 주파수로 30Hz에서 3,500Hz 정도에 이르는데, 악기 중에서는 피아노의 음역이 가장 넓다. 피아노의 가장 아래 건반(A0)의 주파수

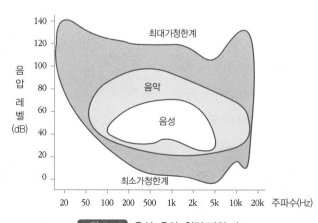

그림 2-10 음성, 음악, 청력 범위 비교

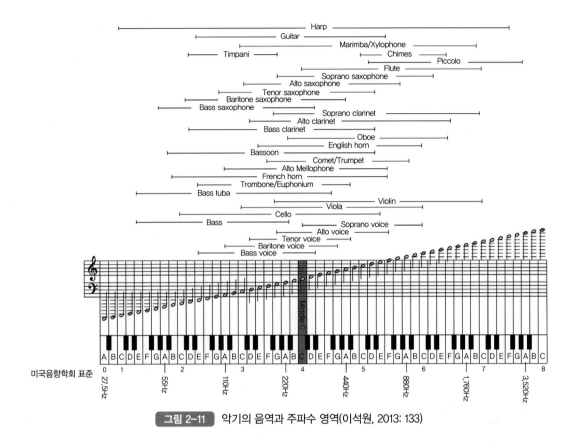

그림 2-11 악기의 음역과 주파수 영역(이석원, 2013: 133)

는 27.5Hz이고 가장 위 건반(C8)의 주파수는 4,186Hz이다. [그림 2-11]
은 피아노의 음역과 악기의 음역을 주파수 영역으로 나타낸 것이다. 그
림에서 보면 피아노 다음으로 음역이 넓은 악기는 하프, 가장 높은 음역
의 악기는 피콜로, 가장 낮은 음역의 악기는 콘트라베이스이다.

(2) 음악의 구성 요소

음악적인 소리인 음(音)들은 악곡 내에서 의미 있는 구조로 이루어져
있다. 음악적 소리로서의 음들을 지각하고 이 음들로 이루어진 음악의
구조를 인지하기 위해서는 음악의 구성 요소에 대한 이해가 필요하다.

앞에서 언급하였듯이 성경희(1988)는 음의 생성과 밀접한 관계가 있
는 음고, 음량, 음가, 음색의 네 가지 요소를 음악을 이루는 기초적인 본
유 요소 또는 개념들로 설명하였는데, 이 외에도 음악 작품을 가능하게
하는 구성 요소들에는 화성(화음), 형식, 짜임새, 양식(style) 등의 구성
개념들이 동원된다. 이에 비해 관습 요소(개념)란 학교 음악교육에서 관
습적으로 간주해 온 개념들로 리듬, 가락, 화성(화음), 형식, 빠르기, 셈
여림, 음색 등을 말한다. 본유 요소(개념)와 관습 요소(개념)를 들여다보
면 음고는 가락과 관계 있고, 음량은 셈여림과 관계 있으며, 음가는 리
듬 및 빠르기와 관계 있음을 알 수 있다. 이러한 본유 요소(개념), 구성
요소(개념), 관습 요소(개념)들은 모두 음악을 구성하고 만드는 본질적
인 요소들이며 동시에 음악적인 개념들이다.

〈표 2-2〉는 이러한 관계를 나타낸다. 이 중에서 셈여림과 빠르기처
럼 '정도'와 '변화'를 나타내는 요소들은 표현 요소라고도 한다.

〈표 2-2〉 본유 요소, 관습 요소, 구성 요소

본유 요소 (개념)	구성 요소 (개념)	관습 요소 (개념)	요소(개념)별 세부 요소
음고		가락	음고/음역, 음의 진행, 가락 패턴, 가락의 성격
음량		셈여림	셈여림의 정도, 셈여림의 변화
음가		리듬	음(쉼)길이, 음의 분할, 박/박자, 강세, 리듬꼴
		빠르기	빠르기의 정도, 빠르기의 변화
음색		음색	목소리, 악기 소리, 그 밖의 소리
	화성(화음)	화성(화음)	음정, 화음의 어울림, 화음의 성질, 화음의 역할, 화음의 진행
	형식	형식	동기와 구조, 반복과 대조, 주제와 변주
	짜임새		단성음악, 다성음악, 화성음악
	양식		시대별 양식, 장르별 양식

3. 인간의 마음과 뇌

최근 들어 인간의 마음과 행동을 이해하기 위해서는 그것을 통제하는 배후 기제, 즉 뇌(brain)에 대한 지식이 모든 분야, 모든 교과 영역에서 강조되고 있다. 뇌에 대한 지식은 음악적 마음과 행동을 이해하는 데 중요한 정보를 제공하기 때문에 여기에서는 마음과 뇌에 관한 내용을 간단하게 살펴보고 음악적 마음의 의미를 기술하기로 한다.

1) 마음의 작용과 뇌의 기능

(1) 마음을 주관하는 뇌

인간의 마음과 행동을 주관하는 곳이 뇌라는 것을 모르는 현대인은 없다. 그러나 고대에는 마음을 주관하는 곳이 뇌가 아니라 심장이나 내장이라고 믿었다. 고대인들은 인간의 영혼이 심장과 내장에 깃들어 있다고 믿었으며, 이 영혼의 주거지가 마음을 주관할 것이라 생각하였다. 고대 이집트인들은 인간이 죽으면 심장과 내장에 깃들어 있는 'Ba'라는 영혼이 몸 밖으로 나왔다가 다시 원래의 몸을 찾아와 환생한다고 믿었기에 왕이나 귀족의 환생에 대비해 몸이 썩지 않도록 정성을 다해 방부 처리를 하여 미이라로 만들었다. 마음과 신체를 분리 가능한 별개의 존재로 보는 이러한 심신이원론(心身二元論, mindbody dualism)은 근세까지 지배적인 견해로 이어져 내려왔다. 그러나 19세기에 들어와 현대 의학과 생물학이 발달하면서 인간의 마음을 주관하는 곳은 뇌라는 것이 밝혀졌으며 마음을 신체 변화의 현상으로 설명하려는 심신일원론(心身一元論, mindbody monoism)이 확고히 자리 잡게 되었다.

지금은 인간의 뇌가 모든 의식, 정신 현상을 만들어 내고 마음과 행동을 주관하고 통제하는 기관이라는 것에 이의를 제기하는 사람은 없

을 것이다. 하지만 인간의 마음을 주관하는 곳이 뇌라고는 해도, 우리는 여전히 슬픈 일이 있거나 마음이 아프다는 표현을 할 때 손을 머리로 가져가기보다는 가슴으로 가져간다. 감정적으로 마음이 아프고 괴로우면 가슴이 아프고 괴롭다고 심정을 표현하지, 머리가 아프고 괴롭다고 심정을 표현하는 것은 아니라는 이야기이다.

이와 같이 일상생활에서 볼 때 감정을 주관하는 것은 아직도 머리가 아닌 가슴에 두려고 한다. 그러나 우리의 현재 의식이나 사고뿐만 아니라 마음속의 감정이나 느낌은 모두 우리의 뇌와 불가분의 관계에 있다. 따라서 인간의 마음을 이해하는 것은 여러 관점, 여러 차원에서의 시도가 있을 수 있지만, 무엇보다도 생물학적인 관점에서 마음과 뇌의 관계를 이해하여야 한다. 이를 위해서는 간단하게나마 뇌의 구조와 기능을 살펴볼 필요가 있다.

(2) 뇌의 구조와 기능

영상과학이 발달되지 않았던 과거에는 인간의 뇌와 마음의 관계에 관한 연구가 주로 실험실에서 이루어졌다. 인간의 뇌를 설명하기 위해 많은 뇌과학자는 인간의 뇌 구조와 기능에 관한 연구를 수행하며 그들의 연구 방법에 따라 뇌 이론 혹은 모델을 제시하였다. 여기에서는 뇌 이론들 중에서 뇌의 전체적인 구조와 기능을 이해하는 데 도움이 되는 대표적인 두 가지 이론을 중심으로 살펴보겠다.

먼저, 인간의 뇌는 세 개의 뇌로 구성되어 있다는 삼위일체 뇌 이론(triune brain theory)을 주장한 Paul MacLean (1913~2007)의 이론이다. 그의 이론은 진화론적인 관점에서 뇌의 형성과 구조를 설명한다. 이 이론에 의하면 인간의 뇌에는 진화과정에서 발달한 세 개의 뇌가 존재한다. 최초로 형성된 뇌는 주로 뇌간(brain stem)으로 이

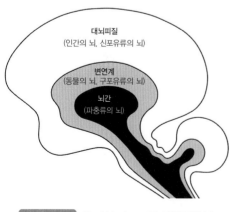

그림 2-12 Paul MacLean의 삼위일체 뇌

루어져 있는데 뇌간은 뇌줄기라고도 한다. 뇌간은 뇌의 가장 밑에 위치해 있으며 가장 오래된 부분으로 파충류(reptilian) 뇌라 불린다. 이 부분의 역할은 신체의 생존과 유지에 관계한다. 두 번째 나타난 부분은 변연계(limbic system)라 불리는 뇌의 중심 부분으로 처음 형성된 뇌의 위 부분에 위치한다. 이 부분은 감성적이고 행동적인 활동을 조절하는 중추적 기능을 담당하는데 자기인식, 특히 신체 내적 상태의 인식과 감각에 대한 인식의 역할에 관계한다. 마지막으로 형성된 뇌는 변연계를 둘러싸고 있는 인지 활동의 중추가 되는 대뇌피질(cerebral cortex)이다. 대뇌피질은 감각, 운동, 언어, 기억 및 고등 정신 기능을 수행하는 부분으로 논리적이고 추상적인 사고와 지적이고 개념적인 사고를 가능하게 해 줄 뿐만 아니라 아이디어의 보존과 산출을 이끌어 내는 능력을 가지고 있다. 진화론적인 관점에서 뇌의 형성과 구조를 설명하는 그의 이론은 인간의 뇌가 발달해 온 단계를 나타낸다. MacLean의 이론은 단순하고 이해하기 쉽다는 이유로 교육적으로 많이 활용되고 있다.

뇌의 각 부위나 영역이 특정한 행동이나 마음의 작용을 주관한다는 것은, 뇌의 구조나 기능을 이해하면 특정 행동이나 마음의 작동 원리를 조금은 이해할 수 있음을 암시한다. 인간의 뇌는 복잡한 상호 관계 속에서 서로 작용한다. 이를 단순하게 설명하자면, 여러 세포 구조로 구성되어 있어 동기, 정서, 학습 및 기억 등에 관여하는 변연계는 수많은 연결 회로에 의해 이성적인 사고의 중추 역할을 하는 대뇌피질의 각 부분들과 연결되어 있다. 이러한 연결회로들을 통해 변연계와 대뇌피질은 서로 상호작용하며 특정 기능을 가진 뇌의 각 부분들의 통합적인 활동으로부터 '마음'이 생기게 되는 것이다.

인간의 대뇌는 좌반구와 우반구로 나뉘어 있으며 좌반구와 우반구는 뇌량(corpus callosum)이라는 신경섬유 다발로 연결되어 있다. 각 반구는 전두엽(frontal lobe), 두정엽(parietal lobe), 측두엽(temporal lobe), 후두엽(occipital lobe)의 네 부분으로 구분되며 겉에서는 보이지 않는 뇌섬

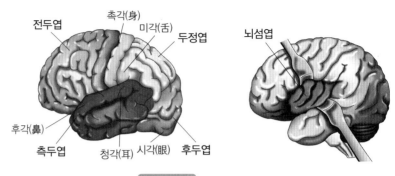

그림 2-13 대뇌피질의 구분

엽(insula)이 있다([그림 2-13] 참조).

이 부분들이 수행하는 기능은 각 부위마다 다르다. 특히 좌반구에는 언어 능력과 관련 있는 특정 부위들이 위치한다. 전두엽 아래쪽에 위치한 브로카 영역(Broca's area)은 언어 기능을 지배하는데, 이곳이 손상되면 남의 말을 이해하고 단어는 쓸 수 있지만 언어를 구사하는 데 어려움을 겪는다. 이에 비해 측두엽 위쪽에 위치한 베르니케 영역(Wernicke's area)이 손상되면 말을 이해하는 데 지장을 받게 되며, 정상인처럼 말은 할 수 있지만 그 내용이 이상하거나 아무런 의미 없는 내용을 나열하게 된다. 대부분의 사람은 언어정보를 처리하는 중추 영역이 좌반구에 있다. 뇌 연구결과들에 의하면 언어 기능 이외에도 좌반구와 우반구의 기능은 서로 다른 것으로 알려져 있다.

〈표 2-3〉 **언어와 연관되는 대뇌반구와 우세한 손의 관계**
(이훈구 외, 2003: 92)

	오른손잡이	왼손잡이
좌반구에 언어 중추 있음	92%	69%
우반구에 언어 중추 있음	7%	18%
양반구에 언어 중추 있음	1%	13%

전 인류의 90% 이상이 오른손잡이라고 한다. 오른손잡이와 왼손잡이는 언어 중추에서 차이가 있다.

여러 뇌 이론 가운데 가장 많이 알려져 있는 이론은 Roger Sperry (1913~1994)의 대뇌 좌/우반구 기능분화에 관한 이론이다. 대뇌 두 반구를 연결하는 뇌량의 절단 수술을 받은 뇌전증 환자들을 연구한 Sperry의 실험은 대뇌의 좌/우반구가 서로 독립적으로 작용을 하며, 이 두 반구를 연결하여 주는 뇌량은 서로 다른 반구로의 정보 전달에 중요한 역할을

한다는 것을 증명하였다. 그의 연구는 분할 뇌 이론(split-brain theory)
으로 알려진 대뇌 좌/우반구 기능분화 연구에 근원이 되었다. Sperry는
"우반구는 특히 시각-공간 능력에서 있어 우수하며 이는 좌반구보다
우세하다."라고 보고하였는데, 그의 연구는 좌반구가 우성 뇌라는 전통
적인 사고를 바꾸어 놓는 근거를 제시하였다고 할 수 있다. 이후에 지속
된 신경과학 연구결과에 따르면, 현대에는 일반적으로 대부분의 사람
이 좌반구에서는 언어적·연속적·논리적·직선적·분석적 그리고 순
차적인 과정에서 우수한 기능을 보여 주며, 우반구에서는 비언어적·
유추적·은유적·전체적·직관적·시각-공간적 그리고 종합적인 작
용에서 우수한 기능을 보여 준다. [그림 2-14]는 좌/우반구의 기능 차이
를 나타내는 그림이다.

　이러한 뇌 이론들을 보면 뇌과학자들은 그들의 연구를 한 가지 관점
에서 주장하는 것을 알 수 있는데, 그것은 인간의 뇌가 세상에 알려진
그 무엇보다도 가장 복잡한 기관이기 때문이다. 많은 뇌 연구가 뇌의
각 부분 또는 영역에 따라 그 기능을 달리한다는 기능분화이론을 기초

Sperry는 뇌량(corpus callosum)
절단술을 받은 환자를 대상으로 인
간의 좌우 대뇌의 기능에 관한 연
구를 수행했다. 이 연구로 1981년
그는 동료들과 노벨 생리학·의학
상을 수상했다.

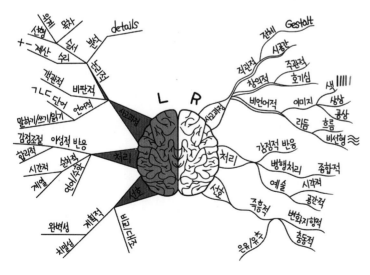

그림 2-14　좌/우반구의 기능 차이

로 하고 있지만 뇌의 전체적인 본질에 대한 연구도 계속되어 왔다. 지금까지의 뇌 연구결과에 의하면, 인간의 뇌는 부분적으로 그리고 전체로서 동시에 작용한다. 좌/우반구가 각각의 다른 방법으로 정보를 처리하지만, 대부분의 활동에 있어서 각각의 뇌 반구는 동시에 서로의 기능을 공유하는 좌우 동형적 활동을 보여 준다는 것이 일반적인 견해이다.

2) 음악적 마음의 기제

앞에서 공기의 진동을 타고 전도된 소리는 최종적으로 청각 기능을 담당하는 뇌의 영역으로 전달된다고 하였다. 하지만 청각 기능을 담당하는 뇌 영역, 즉 측두엽에서만 음들을 지각하게 되고 음악적 구조와 의미를 인지하게 되는 것은 아니다. 음악적인 소리인 음들을 지각하고 인지하는 '마음'은 어디에 있을까?

Sperry의 분할 뇌 이론이 발표된 이후, 음악정보의 처리는 우반구가 우세한 것으로 인식되어 온 것이 사실이다. 좌/우반구 기능분화 연구에서 음악은 본래 '리듬'으로 표시되어 있었는데 여기에서의 리듬은 우리가 생각하는 음악의 구성 요소나 개념 중 하나인 리듬을 의미하기보다는 대체로 음악을 의미했던 것으로 보인다. 그러나 음악정보를 처리하는 마음이 우반구의 작용으로만 생겨나는 것은 아니다. 언어정보를 처리하는 중추 영역이 좌반구에 있다는 사실만큼, 음악정보를 처리하는 중추가 우반구에 있다는 것을 증명하는 연구결과는 어디에도 존재하지 않는다.

음악을 도구로 하여 뇌의 기능과 작용을 연구하는 심리학 및 신경과학 분야의 연구는 음악정보의 수용과 지각에 있어 대뇌 좌/우반구의 기능의 차이에 많은 관심을 두어 왔다. 이러한 연구들은 대부분 인지적 영역에서 이루어졌다. 수십 년 동안의 실험들에서 리듬, 가락(음고), 화음(화성), 음색, 셈여림 등과 같은 음악의 구성 요소들이 좌/우반구 기능의 차

오히려 리듬 지각은 우반구보다 좌반구가 우세하다는 연구결과가 많다.

좌반구에 위치한 브로카(Broca) 영역은 언어 기능을 담당한다고 알려져 있지만 실제로 브로카 영역은 거의 한 세기 동안 믿어 온 것처럼 언어에 특화된 기능만을 하는 것은 아니다. 브로카 영역은 언어적 문구 처리뿐만 아니라 음악적 문구 처리에서도 활성화된다(Koelsch et al, 2002; Maess, Koelsch, Gunter, & Friederici, 2001).

이를 연구하기 위해서 음악자극(musical stimuli)으로 사용되었다. 그러나 각각의 음악의 구성 요소를 음악자극으로 사용하여 음악정보의 지각과 대뇌 기능의 분화를 연구한 실험들을 조사·분석해 보면 일관성 있는 결과를 발견하기 어렵다. 연구자들은 일관성 있는 연구결과를 얻기 어려운 가장 중요한 요인은 피험자들의 음악적 배경이라고 주장한다.

피험자들의 음악적 배경에 따라 대뇌의 음악정보 처리 기능이 다르다는 것을 입증한 연구들 중에서 몇몇 선율 지각 연구를 소개하면 다음과 같다. Thomas Bever와 Robert Chiarello(1974)는 선율 지각에 있어 음악가들은 연속적이고 분석적인 정보처리방법, 즉 좌반구 사용을 하는 반면에 비음악가들은 선율을 분석하지 않고 전체적인 음악의 형태에 중점을 두는 정보처리방법, 즉 우반구 사용을 한다는 연구결과를 보고하였다. M. Wagner와 R. Hannon(1981)의 연구에서는 선율 인식에 있어 음악 전공 학생들은 오른쪽 귀를 사용하여(좌반구) 더 잘 듣는 반면에 음악 비전공 학생들은 왼쪽 귀를 사용하여(우반구) 더 잘 듣는 것으로 나타났다. E. Rainbow와 C. Herrick(1982)의 연구에서도 두 그룹 간의 선율 지각 전략이 다른 것으로 보고되었는데, 이 연구에서 음악 전공 학생들은 선율 지각에 있어 양반구를 사용하는 반면에 음악 비전공 학생들은 우반구를 사용하는 것으로 나타났다.

또한 최근에는 뇌영상 과학의 발달로 음악자극에 대한 뇌 활성화의 차이를 직접 볼 수 있는데, [그림 2-15]는 음악 전공 그룹과 음악 비전공 그룹의 뇌 활성화 차이를 나타내는 fMRI 실험 연구결과의 일부이다. 이 연구에서 피험자들에게 들려준 음악은 고전 및 낭만 시대 피아노 음악의 시작 부분이며, 두 가지 음악—원음악(original version)과 몇 개 음을 의도적으로 조작한 음악(altered version)—을 들려주고 두 집단 간 각각의 뇌 활성화 양상의 차이를 비교하였다. 연구결과는 [그림 2-15]에 나타나듯이 음악 비전공 그룹에 비해 음악 전공 그룹에서는 뇌 활성화의 양상이 좌/우반구에 걸쳐 넓게 분포되어 있는 것을 알 수 있다.

이 연구에서 음악 비전공 그룹은 음악을 들을 때 우반구 사용에 의존하는 것에 비해, 음악 전공 그룹은 양반구를 모두 사용하는 것으로 나타났다.

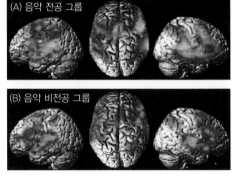

(A) 음악 전공 그룹

(B) 음악 비전공 그룹

연두색은 원음악을 들을 때의 활성화 양상을, 빨간색은 조작된 음이 포함된 음악을 들을 때의 활성화 양상을, 노란색은 두 경우가 중복되는 부분을 나타낸다. 음악 전공 그룹은 음악 비전공 그룹에 비해 두 조건 모두에서 뇌 활성화 양상이 좌/우반구에 걸쳐 넓게 분포되어 나타나는 공통점을 보인다.

그림 2-15 음악 전공 그룹과 음악 비전공 그룹의 뇌 활성화 차이
(Seung, Kyong, Woo, Lee & Lee, 2005)

대뇌 좌/우반구의 기능분화를 설명하는 많은 문헌에서, 음악은 우반구의 작용이라고 기술해 왔지만 실제로 음악가들은 음악정보를 처리함에 있어 좌반구와 우반구를 모두 사용한다는 것이 최근 수십 년 동안의 실험을 통해 과학적으로 밝혀진 사실이다. 또한 음악가들이 비음악가들에 비해 좌/우반구를 모두 사용하는 것은 장기간의 음악교육의 결과라는 것이 일반적으로 인정되는 견해이다. 음악정보 처리 시 음악가들이 전뇌(whole brain)를 사용한다는 것은, 비음악가들에 비해 음악가들은 좌/우반구 사고방식의 통합이 자동적으로 이루어진다는 것을 의미한다. 장기간의 음악교육이 전뇌 계발에 긍정적인 영향을 준다는 뇌 연구 결과들은 오래전부터 보고되었다. Sperry의 연구가 당시에는 많은 성과를 이룬 것이 사실이지만, 현대 뇌영상 과학 연구에 의하면, 음악적 마음은 우반구의 작용만도 아니고 좌반구의 작용만도 아닌, 전뇌의 작용에 의해 생겨나는 것이다. 이에 관한 내용은 제3장에서 다시 다루기로 한다.

제3 장

음악의 지각과 인지, 음악 지식, 음악적 사고

음악적 소리정보는 다른 소리정보와는 구별된다. 모든 소리정보가 동일한 경로를 거치며 동일한 과정으로 처리되지는 않는다. 같은 청각정보여도 언어정보를 처리하는 과정과 음악정보를 처리하는 과정은 다르다. 음악 지각 연구는 음악적 소리정보가 어떻게 처리되는지에 관심을 가지며 음악 인지 연구는 음악정보가 어떻게 기억 및 저장되며, 장기기억에서 현재의 기억으로 인출되는지를 설명한다. 음악을 어떻게 지각·인지하는가에 관한 이해와 추론은 음악심리학뿐만 아니라 지각심리학, 신경과학, 인지과학 등에서 수행된 연구 내용이 매우 광범위하다. 이 장에서는 시지각 구성의 원리에 따른 음악 지각 연구와 정보처리이론에 따른 음악정보 처리과정을 살펴보고, 개인에 따라 다를 수 있는 인지의 다의성과 인지 양식의 차이를 설명한다. 또한 음악을 감지하고 인지하는 의식활동에서 추론되는 음악 지식의 저장 방식과 음악적 사고의 유형을 기술한다.

1. 지각 구성의 원리와 음악 지각 연구

감각(感覺, sensation)과 지각(知覺, perception)은 이를 연구하는 학자들마다 조금씩 다르게 정의한다. 일반적으로 감각은 여러 감각기관으로 들어오는 감각 자료에 대응하는 주관적 느낌을 지칭한다. 예를 들어, 단순히 '맛이 달콤하다'거나, '냄새가 좋다'거나, '소리가 웅장하다' 등은 감각의 범주에 들어간다. 이에 비해 지각은 이러한 감각 자료들을 조직하고 해석하여 외부의 대상을 인식하는 것을 의미한다. 앞에서 든 예시들의 경우, 이것은 '초콜릿 케이크다' '레몬향 냄새이다' '관현악 음악이다'라고 할 때는 외부 대상에 대한 인식과정을 거쳐 해석이 내려졌기 때문에 지각의 범주에 넣는다. 하지만 순식간에 일어나는 감각과 지각의 단계를 엄밀하게 구분하기는 어렵다. 이러한 감각과 지각의 구분보다 지각 연구에서 다루는 주요 문제 중의 하나는 여러 감각정보로부터 의미 있는 형태를 이끌어 내는 원리를 밝히는 것이다. 인간의 뇌는 감각정보를 아무 관련 없이 받아들이지 않고 패턴이나 관계를 조직하며 받아들이는 경향이 있다. 이 과정에서 하나의 대상을 다른 사물의 영상으로부터 분리할 수 있으면 그 대상을 인식할 수 있게 된다. 다음은 지각 구성의 원리를 설명하는 내용이다.

1) 시지각 구성의 원리와 청지각의 이해

지각 연구에서 가장 많이 이루어진 연구는 형태, 즉 모양을 지각하는 시지각 연구이다. 형태심리학(Gestalt psychology)과 시지각 구성의 원리는 시지각의 이해에만 한정되는 것이 아니라 청지각 구성의 원리에도 적용할 수 있어, 시지각 구성의 원리를 이해하는 것은 청지각의 이해에도 도움이 된다.

Maximilian Wertheimer(1880~1943)
독일의 심리학자. 형태심리학의 창시자

(1) 형태심리학과 시지각 구성의 원리

형태심리학은 의식의 활동성과 지각의 전체성을 강조한 심리학적 사조이다. 독일어 'Gestalt'는 보통 '형태'로 번역되지만 전체적인 모양을 의미한다. 'Gestalt'는 원자론(atomism)에 반대하는 전체론(holism) 입장에서의 '조직된 전체'라는 뜻이다. 이러한 전체는 부분들의 단순한 산술적 총합이 아니라 그 이상의 것이며, 각 부분들은 전체의 관계 속에서만 의미를 갖게 된다.

형태심리학은 시각적 요소들이 서로 묶이어 '형태'를 구성하는 원리를 밝힘으로써 대상 분리의 기초가 되는 지각 작용의 본질이 무엇인가에 대해 설명한다. 형태주의 심리학의 지각 구성 원리 중에서 가장 중요한 것은 전경(figure)과 배경(ground)의 구분이다. [그림 3-1]의 (a)는 전경과 배경을 설명할 때 가장 자주 사용되는 예로, 어느 것이 전경으로 보이느냐에 따라 흰 컵 또는 두 사람이 마주 보는 얼굴 모양으로 보이는 그림이고, (b)는 위에서 아래로 또는 아래에서 위로, 시선의 방향을 바꿈에 따라 전경과 배경이 달라지는 물고기와 새의 그림이며, (c)는 전경과 배경의 구분에 의해 실제로는 없는 마름모의 윤곽이 뚜렷하게 나타나는 그림이다.

이러한 그림들은 전경과 배경을 구성하는 지각 원리가 얼마나 중요한가를 보여 주고 있다. 형태주의 심리학자들은 이러한 시지각 구성이

(a) 루빈의 컵　　　　(b) 물고기와 새　　　　(c) 주관적 윤곽

그림 3-1 전경과 배경의 구분

경험과 무관하게 일어나며 유전에 의해서 결정되는 내재적인 지각 구성의 법칙에 따른다고 생각하였다(이훈구, 2003: 157).

지각 구성을 좌우하는 법칙들로 형태주의 심리학자들은, ① 근접성의 원리, ② 유사성의 원리, ③ 연속성의 원리, ④ 공통방향의 원리, ⑤ 완결성의 원리(폐쇄성의 원리) 등을 들고 있다([그림 3-2] 참조). 근접성의 원리란 시간과 공간 차원에서 서로 근접해 있는 자극 요소들이 함께 묶여 지각된다는 원리이며, 유사성의 원리란 서로 유사한 자극 요소들이 함께 묶여 지각된다는 원리이다. 또한 연속성의 원리란 연속선상에 있는 자극 요소들이 함께 묶여 지각된다는 원리이며, 공통방향의 원리란 움직임의 방향이 같은 자극 요소들이 함께 묶여 지각된다는 원리이다. 마지막으로, 완결성의 원리란 불완전하게 빠져 있는 부분들이 채워져서 지각된다는 원리이다.

(2) 청지각 구성의 원리와 선율 지각

음악이 어떻게 지각되는지에 관하여 형태심리학에서 설명하는 시지각 구성의 원리는 청지각 구성의 원리와 선율 지각의 이해에 많은 도움을 준다. 의미 있는 형태를 이끌어 내는 시지각 구성의 원리에 기초하여 선율이 청각적으로 지각되는 과정을 설명하면 다음과 같다.

① 근접성의 원리와 선율 지각

'시간과 공간 차원에서 서로 근접해 있는 자극 요소들이 함께 묶여 지각된다'는 원리에 따르면, 청각정보로서의 '음'들은 시간적·공간적으로 멀리 있을 때보다 가까이 있을 때 하나의 선율 단위로 쉽게 지각된다. [악보 3-1]에서 볼 수 있듯이 (a)와 (b)는 모두 같은 음으로 이루어진 선율이다. (a)의 음들은 시간적으로도, 공간적으로도 (음악에서는 음역으로 보아) 가까이 있어 하나의 선율로 쉽게 지각되지만, (b)의 음들은 시간적으로도, 공간적으로도 멀리 있어 얼른 연속적인 선율 단위로 지각

① 근접성의 원리

② 유사성의 원리

③ 연속성의 원리

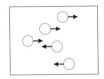
④ 공통방향의 원리

⑤ 완결성(폐쇄성)의 원리

그림 3-2 형태 구성의 원리

형태심리학의 원리에 따르면 선율 지각은 전체의 관계 속에서 이루어진다.

악보 3-1 근접성의 원리 예시

되지 않는다.

　우리의 귀는 이렇듯 서로 근접한 자극 요소들을 함께 묶어 지각하는데, 작곡가들은 이를 이용하여 특별한 음향을 얻어 내기 위한 의도를 하기도 한다. [악보 3-2]는 P. I. Tchaikovsky(1840~1893)의 교향곡 6번〈비창〉 4악장의 주제이다. 실제 악보는 왼쪽에 있는 (a) 악보이지만 우리에게 들리는 주제는 오른쪽에 있는 (b) 악보의 선율로 들린다.

　현대 오케스트라 악기 배치는 제1, 제2 바이올린이 지휘자의 왼쪽에 위치하지만 Tchaikovsky의 〈비창〉이 연주되던 당시의 러시아 오케스트라의 악기 배치는 제1 바이올린과 제2 바이올린이 무대 위에서 서로 마주 보며 앉는 것이 통상적이었다. Tchaikovsky는 실제 연주회장에서의 입체적인 음향 효과를 내기 위해 (a)와 같이 작곡했다고 추측할 수 있다(이석원, 2013: 200).

악보 3-2 Tchaikovsky 〈비창〉 4악장 주제

② 유사성의 원리와 선율 지각

'유사한 자극 요소들이 함께 묶여 지각된다.'는 원리에 따르면, 반복되는 음들이나 같은 악기에 의한 음들은 하나의 선율 단위로 쉽게 지각된다. 우리는 여러 악기가 같은 음역에서 함께 연주되더라도 각 악기의 주제 선율을 어렵지 않게 구분할 수가 있는데, 이는 음색이 같은 악기의 음들을 한 단위로 묶어서 지각하기 때문이다. [악보 3-3]과 같이 좁은 음역 안에서 플루트와 바이올린이 함께 연주할 때 우리는 악보를 보지 않아도 청각정보로 들어오는 유사한 음들을 지각하여 두 악기의 선율을 구분할 수 있다.

악보 3-3 유사성의 원리 예시

③ 연속성의 원리와 선율 지각

'연속선상에 있는 자극 요소들이 함께 묶여 지각된다.'는 원리에 따르면, 상행하고 하행하는 음들은 음들의 자연스러운 진행에 따라 하나의 선율 단위로 묶이어 지각되는 것을 알 수 있다.

악보 3-4 연속성의 원리 예시

시지각 구성의 원리를 선율 지각에 적용하는 것은 선율 지각에 대한 이해를 어느 정도 가능하게 하지만, 시지각 원리가 청지각 방식을 모두 설명하는 것은 아니다. 왜냐하면 시지각 자극 요소들은 공간 차원에서 한눈에 보이지만, 청지각 자극 요소들은 시간 차원에서 그 흐름이 진행되며 들리기 때문이다. 제2장에서도 살펴보았듯, 음악에서는 '시간'의 개념이 매우 중요하다.

④ 공통방향의 원리와 선율 지각

'움직임의 방향이 같은 자극 요소들이 함께 묶여 지각된다.'는 원리에
따르면, 같은 방향으로 진행되는 음들이 함께 묶여 하나의 선율 단위로
지각되는 것을 알 수 있다.

악보 3-5 공통방향의 원리 예시

⑤ 완결성의 원리(폐쇄성의 원리)

'불완전하게 빠져 있는 부분들이 채워져서 지각된다.'는 원리에 따르
면, 음이 순차적으로 진행하거나 음계의 진행에서 간혹 음이 하나씩 빠
져 있더라도 그 부분이 자연스럽게 채워져서 하나의 선율 단위로 지각
되는 것을 알 수 있다.

악보 3-6 완결성의 원리 예시

이상으로 시지각 구성의 원리를 선율이 지각되는 과정에 적용하여
살펴보았다. 각 부분은 전체의 관계 속에서만 의미를 갖게 된다는 지각
의 전체성에서 보면, 하나의 선율은 여러 개의 음으로 이루어진 음들의
합 이상의 의미를 가진다. 각각의 음들은 전체 선율 구조 안에서 맥락적
인 의미를 가지는 것이지 단음 자체만으로는 아무런 의미를 가지지 않
는다. 즉, 음악을 지각하는 것은 각각의 음을 따로따로 듣는 것이 아니
라 음들을 일정한 원리에 따라 조직적으로 모아서 듣게 되는 것이다. 음

악에서 각각의 음들은 개별 음으로서가 아니라 전체의 관계 속에서 의미를 가진다.

2) 음악 지각 연구

심리학에서 지각 연구에 관심을 가지는 이유는 지각과 인지의 연계의 중요성 때문이다. 여기에서는 정보의 흐름이 진행되는 과정을 비교하고 유아와 성인을 대상으로 한 음악 지각의 실험 연구결과를 소개한다.

(1) 상향처리와 하향처리

심리학에서는 지각을 설명하는 이론 또는 접근을 상향처리(bottom-up process)와 하향처리(top-down process)로 구분한다([그림 3-3] 참조). 상향처리란 감각적인(물리적인) 자극을 지각하여 원리나 개념을 체계화하는 과정으로, 아래에서 위로의 방향으로 지각이 일어나는 과정을 말한다. 즉, 상향처리는 감각정보를 분석하여 지각을 구성하는 과정을 설명하는 것으로 자료

상향처리(아래에서 위로)

감각자극을 지각하여 원리나 개념을 체계화하는 과정
(정보의 흐름이 감각 정보로부터 장기기억으로 진행)

하향처리(위에서 아래로)

기존 지식과 정보들을 이용하여 지각된 감각 자료를 처리하는 과정
(정보의 흐름이 장기기억으로부터 감각 방향으로 진행)

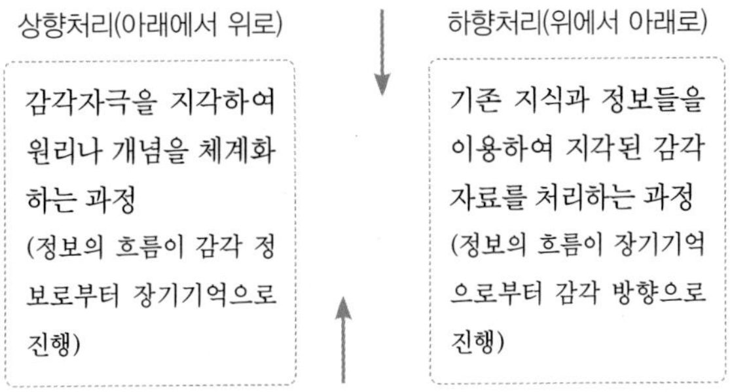

그림 3-3 정보처리의 흐름

주도적 처리(data-driven process) 또는 자극 주도적 처리(stimulus-driven process)라고 한다. 하지만 우리는 형태나 대상을 지각할 때 감각정보에만 의존하지는 않는다. 이전의 정보나 동시에 제시되는 정보의 맥락, 대상에 관한 지식 등도 지각에 영향을 미치게 되는 것이다. 다시 말해서, 상향처리만으로 지각과정을 모두 설명할 수는 없다.

이에 비해 하향처리란 기존 지식과 정보들을 이용해서 지각된 감각 자료를 처리하는 과정으로, 위에서 아래로의 방향으로 자극을 처리하는 과정을 말한다. 자극이 주어지는 맥락이나 지식 등의 영향을 받는 하향처리는 개념 주도적 처리(conceptually-driven process)라고도 한다. 하향

처리적 접근은 지각에서 고차적인 사고가 중요한 역할을 수행하는 것을 명시하기 때문에 이러한 견해는 지적인 지각으로 알려져 있기도 하다. 하향처리적 접근은 우리가 지각하고 있는 동안에도 고차적인 구성적 처리가 작동되고 있음을 주장한다. 구성적 지각의 핵심적인 특징은, 성공적인 지각은 이전 경험으로부터 얻은 지식과 감각정보를 결합하는 데 있어서 지능과 사고를 필요로 한다는 것이다.

극단적인 하향처리 입장은 감각자료의 중요함을 철저하게 과소평가하며, 극단적인 상향처리 입장은 지각에 어떠한 이전 경험이나 지식의 영향도 허용하지 않으려 한다. 이러한 극단적인 견해는 지각을 설명하는 데 이상적이지 않다. 어떤 수준에서는 하향식인 구성적 지각이론과 상향식인 직접지각이론이 모순되는 것처럼 보일 수도 있다. 그러나 이러한 양립할 수 없는 이론적 접근들 대신에 상호 보완적인 접근을 고려함으로써 지각에 대해 보다 깊은 이해를 얻을 수 있다. 우리는 아마도 우리가 지각하는 것을 이해하기 위해 감각적 자극정보와 과거 지식으로부터의 정보를 결합하여 사용할 것으로 예상된다. 의미 있는 지각력을 형성하는 데 상향처리와 하향처리는 상호작용한다는 것이 일반적인 견해이다.

(2) 음악 지각의 실험 연구

① 유아 대상

지각 구성의 원리와 함께 지각 연구에서 주요 주제 중의 하나는 '어떤 지각과정이 상향처리이고 어떤 지각과정이 하향처리인가'에 관한 것이다. 심리학의 지각이론에 따라 음악의 지각 과정을 설명하면, 인간은 선천적으로 가지고 있는 기제를 반영하는, 즉 내재적 법칙에 의존하는 청지각 능력이 있으며, 이에 의한 선율 지각의 과정은 아래에서 위로 일어나는 상향처리로 이해할 수 있다. 상향처리는 경험이나 학습, 노력과 무

관하다. 상향처리의 예시는 유아들을 대상으로 실시한 음악 지각 연구
들을 통해서도 알 수 있다.

　유아를 대상으로 하는 음악 지각 실험연구들은 주로 유아
들의 반응을 관찰함으로써 이루어진다. 연구결과에 의하면
생후 5개월 된 유아들은 길고 짧은 리듬의 변화를 구별한다
(Gabriel, 1981). 또한 유아들은 불협화음보다 협화음에 대한
선호를 가지고 있으며(Trainor & Heinmuller, 1998; Zentner &
Kagan, 1996), 선율의 윤곽을 지각하고 서로 다른 선율을 구

별할 수 있고(Dowing, 1988, 1999), 선율 윤곽의 변화를 알아차릴 수 있
으며(Trehub, Schellenberg, & Hill, 1997), 프레이즈 사이를 끊어서 음악
적으로 적절하게 분할된 음악과 프레이즈 중간을 끊어서 적절하지 않
게 분할된 음악을 듣고 음악적으로 적절하게 분할된 음악을 선호하는
것(Krumhansl & Jusczyk, 1990)으로 나타났다. 선율을 지각하고 기억함
에 있어서 유아와 성인은 질적으로 상당히 유사한 특성이 나타나는데
(Dowling, 1999), 언어와 마찬가지로 유아들을 대상으로 하는 이러한 연
구결과들은 선천적이고 내재적인 보편적 법칙에 의해 좋은 음의 진행
과 음들의 관계, 즉 음악을 지각할 수 있는 상향처리적 지각 방식을 확
인해 주는 것이다.

　그러나 시지각 관련 연구에 비해 청지각과 관련해서 상향처리와 하
향처리에 집중한 연구는 아직 충분한 연구결과들이 축적되지 않은 상
태이다. 어떠한 음악 지각이 상향처리이고 어떠한 음악 지각이 하향처
리인지를 밝히는 연구들은 음악 지각에 관심이 있는 심리학자들과 신
경과학자들에게 흥미로운 주제이다. 그리고 유아를 대상으로 한 음악
지각 실험 연구는 이 시기의 초기 음악 발달 연구와 무관하지 않다. 유
아/아동기의 음악 발달 및 음악 능력은 제5장에서 다루기로 한다.

② 성인 대상

과거에는 대부분의 연구가 이분적 듣기검사(dichotic listening test)를 통해 대뇌 좌/우반구의 기능적 차이를 보여 주는 지각 능력의 분석에 중점을 두었다. 이 검사는 양쪽 귀에 서로 다른 음악자극을 동시에 들려준 후에, 양쪽 귀에 서로 같은 음악자극의 예들을 들려주어 이전에 들었던 음악자극을 인식하여 고르도록 하는 방법이다. 예를 들어, 피험자에게 왼쪽 귀에는 A의 선율을, 오른쪽 귀에는 B의 선율을 들려주고, 선율 A, B, C, D 중에서 들은 선율을 고르라고 했을 때, 피험자가 A를 들었다고 인식한다면 왼쪽 귀, 즉 우반구가 그 자극의 인식에 우세한 것이다. 이후에는 이러한 방법보다는 영상과학 기술의 발달로 EEG, PET, MRI, fMRI 등의 방법이 사용되었다.

초기의 신경과학자들은 뇌 손상을 입은 환자들을 대상으로 하여 손상된 부분과 음악을 이해하거나 활동할 수 있는 능력 간의 관계를 관찰함으로써 음악과 뇌에 관한 연구를 하였다. 1970년 이후에는 과학 기술이 발달함에 따라 새로운 실험 연구 기술들이 개발되어 정상인을 피험자로 하는 연구가 가능하게 되었다. 음악 지각을 연구하는 실험에서는 선율(음고), 리듬, 화음, 음색, 셈여림 등과 같은 음악의 구성 요소들이 음악자극으로 사용된다. 심리학 분야뿐만 아니라 신경과학 연구에서 사용된 이러한 음악자극들은 대부분 상당히 단편적인 것이어서 때로는 음악적으로 아무 의미가 없는 경우도 많지만 그동안 이 분야에서 누적되어 온 연구결과들은 인간이 음악을 어떻게 지각하는지에 대한 유용한 자료를 제공한다. Anne Gates와 John Bradshaw(1977)에 의하면, 좌반구는 음악의 연속적이고 분석적인 면들을 처리하는 데 있어서 더 중요한 역할을 하는 반면, 우반구는 음악의 정서적인 면에 관계하는 전체적인 소리 형태, 음향을 받아들이는 데 있어서 더 중요한 역할을 한다.

지난 수십 년 동안 다양한 음악의 구성 요소들을 음악자극으로 사용한 연구에 있어서 동일한 음악자극을 사용한 경우에도 좌반구 우세, 우반구 우세, 또는 좌/우반구 차이 없음 등 그 결과는 서로 일치하지 않는 것으로 나타났다. 실험마다 연구결과가 일치하지 않는 가장 중요한 요인은 피험자들의 음악경험 또는 음악적 배경으로 알려져 있다. 음악가들이 성장해 온 음악적 배경과 장기간의 음악교육의 결과는 음악 지각에 영향을 미칠 수 있다는 것이 연구자들의 일관된 견해이다. 제2장에서도 살펴보았지만, 실제로 많은 연구들이 대뇌의 음악정보 처리 기능은 피험자의 음악적 배경에 따라 다르게 나타난다는 것을 입증하였다. 이러한 연구결과들은 음악 지각에 있어서 음악가들은 비음악가들에 비해 대뇌의 좌/우반구를 모두 사용할 수 있는 능력을 가지고 있음을 나타내는 것이다.

하지만 음악자극의 요소에 따라 어느 정도는 대뇌의 기능 차이를 알 수 있는 일관된 실험결과도 나타난다. 예를 들어, 화음 지각의 경우에는 좌반구보다 우반구의 기능이 더 우세한 것으로 알려져 있다. 또한 절대음감과 같은 특정한 음악 능력의 수행은 좌반구와 중요한 관계가 있다. 절대음고 지각 능력이 좌반구와 밀접한 관계가 있는 것은 우리가 특정 음을 기억할 때 음과 언어를 연계해서 기억하기 때문인 것으로 보인다. 이와 같이 특정한 음악정보나 음악 능력에 있어 좌/우반구 기능의 차이가 있는 경우도 있지만, 음악을 이해하는 데에 있어 좌/우반구는 모두 중요한 기능을 수행한다.

요약하자면, 음악을 지각/인지하는 것은 분석적이고 종합적인 사고 방식을 모두 사용하는 복잡한 정신과정을 요구하는 작업이다. 이러한 음악의 지각과 인지 과정에 좌반구와 우반구 중 어느 하나만이 관여한다는 것은 사실 불가능한 일이다. 음악정보를 지각하고 처리하는 과정에는 좌/우반구가 모두 관여하는 전뇌(全腦, whole brain)의 작용이 요구된다.

> 절대음감을 지닌 사람은 기준 음(흡) 없이 어떤 음을 듣고 정확한 음고를 지각하는 것에 비해, 상대음감을 지닌 사람은 기준 음과의 비교를 통해 음고를 지각한다. 그래서 절대음감은 '이 소리는 ○음'이라는 언어적인 정보와 함께 저장되는 것이다.

2. 정보처리의 이해와 음악정보의 처리 및 음악 인지

감각과 지각의 단계를 엄밀하게 구분할 수 없듯이 지각과 인지의 단계를 명확하게 규정할 수는 없지만, 인지는 선택적 주의에 의해 수용된 지각정보에 의미를 부여하여 지식을 획득하는 과정이다. 인지과정에는 기억과 기억의 인출, 추론과 판단, 이전의 경험에 비추어 새로운 지식을 해석하고 지식을 활용하는 모든 사고의 과정이 포함된다. 음악교육에서도 학습의 과정을 이해하기 위해서는 감각, 지각, 인지 과정에 대한 이해가 매우 중요하다. 또한 음악정보 처리과정, 음악적 기억 및 지식, 음악적 사고 등은 음악학습의 과정 및 단계, 교수 · 학습 방법에 관련된 이론적인 기반을 제공한다. 이러한 주제들은 모두 음악교육과 밀접한 관계가 있기 때문에 하나씩 차례로 살펴보기로 하자.

1) 정보처리의 이해

인지심리학에서는 널리 알려진 정보처리모형을 제시하여 인간의 마음이 하나의 정보처리기관이라는 가정 아래 자극정보가 입력되어 산출되기까지의 과정을 설명한다. [그림 3-4]에서 볼 수 있듯이 정보처리모형에 의하면 외부에서 수용된 자극정보는 감각등록기(sensory register)라는 곳에 등록된다. 감각등록기에는 모든 감각기관을 통해 입력된 자극정보가 전달되는데, 이 자극정보들 중에서 일부는 단기기억(short-term memory: STM)으로 넘겨지고 나머지는 유실된

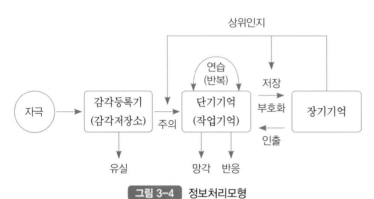

그림 3-4 정보처리모형

다. 단기기억 내의 정보는 짧은 시간 동안밖에 지속될 수 없기 때문에 반복이나 연습과 같은 과정을 거치지 않으면 곧 망각되지만, 단기기억 내에 있는 어떤 정보들은 능동적인 구성과 부호화 과정을 거쳐 장기기억(long-term memory: LTM) 구조 내에 저장된다.

심리학에서는 기억을 단기기억과 장기기억의 두 유형으로 구분하여 설명한다. 현재의 의식 속에서 작용 중인 기억을 단기기억이라고 하며 현재 사용되고 있지는 않지만 기억 속에 저장되어 인출 가능한 모든 것을 장기기억이라고 한다.

단기기억은 작업기억(working memory: WM)이라는 용어로 표현되기도 하는데, 이것은 흔히 목수의 작업대에 비유된다. 작업대 위에서 현재 사용 중에 있는 공구처럼 현재의 의식 속에서 작용 중인 기억은 단기

기억에 해당되며, 선반에 보관되어 있는 공구처럼 현재의 의식 속에는 없지만 어딘가에 저장되어 필요시 인출 가능한 기억은 장기기억이라고 한다. 좁은 작업대 위에 공구가 너무 많아지면 어떤 공구들은 작업대 밑으로 떨어지게 된다. 여기서 제한된 면적을 가진 작업대는 단기기억의 한정된 용량에 해당하며, 공구가 밀려 떨어지게 되는 것은 단기기억에서의 망각을 의미한다. 단기기억은 용량이 한정되어 있는 것 이외에도 시간적으로도 제한을 받는다. 단기기억은 지속시간이 짧기 때문에 그 내용이 즉각적으로 반복되지 않으면 기억에서 곧 망각되어 버린다. 인지심리학에서는 현재 의식을 주관하는 뇌의 용량은 제한적이어서 감각기관을 통하여 입력되는 모든 정보 가운데 제한된 양의 정보만이 주의 (attention)에 의해 선택되어 처리된다고 가정한다. 이것은 컴퓨터의 기억 용량은 매우 크지만 중앙처리기에서 한순간에 처리될 수 있는 정보의 양은 제한되어 있는 것과 같다. 우리가 현재의 의식 속에서 기억할 수 있는 정보의 양은 7±2 항목에 불과하다. 다시 말해서, 이 7±2 항목의 정보의 양은 단기기억에서의 기억 용량의 한계를 말하는 것이다.

단기기억에서 선택적 주의에 의해 지각된 정보는 부호화되어 장기기억으로 저장된다. 부호화는 새로운 정보가 기존의 정보에 다양하게 통합되는 변환과정을 의미한다. 정보를 부호화시켜 저장하는 방법은 후에 기억을 재생하는 능력과 밀접한 관계를 가지게 된다. 부호화 과정에서는 여러 가지 다양한 부호가 사용될 수 있다. 일반적으로 장기기억은 의미부호(意味符號, semantic code)에 크게 의존한다고 알려져 있지만 의미부호 이외에도 청각 및 시각 부호는 물론 미각, 후각, 촉각도 마찬가지로 장기기억의 주요 부호로 사용될 수 있다.

정보처리모형에 의하면, 장기기억은 거의 무제한의 기억 저장 용량을 가지고 있어 장기기억에 저장된 것은 영구적으로 지속될 수 있다. 장기기억은 흔히 도서관의 장서보관 체계나 사무실의 서류 분류함에 비유된다. 도서관의 책이나 사무실의 서류는 일련의 분류과정을 거쳐 보

> 인지심리학자 G. A. Miller는 인간의 단기 정보처리 능력의 항목 개수는 7±2(5~9)라고 하였다. 이는 마법의 숫자 7(magic number 7)로 알려졌다.

관되어야 하며, 새로운 책이나 서류의 내용이 이전의 분류체계에 맞지 않는다면 새로운 유목을 설정하여 분류하여야 한다. 후에 이것은 분류번호나 색인에 따라 찾을 수 있다. 만일 마구잡이로 분류하든가 또는 분류하지 않은 채 보관하게 되면 필요시에 이를 찾아 활용하는 데 큰 어려움을 겪게 된다. 따라서 어떤 것이 잘 기억나지 않는다면 그것은 장기기억 체제에서 사라져서가 아니라 처음부터 허술하게 부호화되어 장기기억 내에 저장된 사실이 없었거나 또는 적절한 인출 단서가 부족하여 장기기억 내에 그 정보가 존재하기는 하지만 인출에 실패했기 때문이라고 하겠다.

인간의 마음에서 정보가 어떻게 처리되는지에 대한 모형을 제시하기 위해 정보처리 심리학자들은 컴퓨터가 자료를 기억할 때 거치는 단계들에 비유해 인간의 인지과정을 설명한다. 하지만 인간의 기억구조와 컴퓨터의 정보처리 구조는 여러 면에서 다르다. 실제로는 상당히 복잡하고 미묘한 정신적 과정들이 관여하게 되는 인간의 마음을 이렇게 단순화한 정보처리 과정으로 제시하는 것은 사실 무리가 있다. 그러나 컴퓨터 과학에서 유래된 개념과 용어로 정신적 과정을 설명하는 인지심리학의 정보처리이론은 인간의 지적 과정을 이해하는 데 많은 진전을 가져다주었다.

2) 음악정보의 처리와 음악 인지

음악적 소리가 어떻게 지각되는지는 앞에서 형태심리학의 지각 구성의 원리에 따른 청지각 구성의 원리를 들어 어느 정도 설명하였다. 여기에서는 정보처리이론에 따라서 음악정보가 어떻게 처리되어 기억 및 저장되며, 장기기억에서 현재의 기억으로 인출되는지를 설명한다.

(1) 음악정보의 처리

① 음악정보의 기억과 저장

　정보처리이론은 외부에서 들어온 정보가 입력되어 인출되기까지 머리 속에서 일어나는 모든 정신적인 사건을 정보처리의 용어로 그 내적 과정을 추론하여 설명한다. 여기서는 청각을 통해 지각된 음악정보가 내부에서 어떻게 처리되는지 기억과 저장 과정을 중점으로 살펴본다.

　지각된 음악정보는 다른 정보와 마찬가지로 부호화되어 장기기억이라는 인간의 의식 속에 저장되는 과정을 거친다. 물론 이 과정에서 지각된 모든 음악정보가 장기기억 속에 저장되는 것은 아니며 많은 부분이 망각을 통해 현재 의식인 단기기억 밖으로 소멸된다. 주의나 의미부여 등은 이 과정에서 중요한 역할을 하는 요소가 된다.

　지각된 음악정보에 청각부호가 사용되어 장기기억 속으로 내재될 경우 음악정보는 정확한 소리로서가 아니라 그 자체의 성질로 저장된다. 예를 들어, 장3도와 단3도는 음정구조가 달라 그 울림이 서로 다른 느낌을 준다. 우리는 음정들을 그 구조에 따라 질적으로 서로 다르게 울리는 소리로 듣는데, 각각의 음정들은 그 고유의 성질 혹은 색채를 지니고 있다. 다시 말해서, 장/단 3도의 지각 차이의 이유는 장3도가 단3도보다 음정 간격이 반음만큼 넓게 들리기 때문이 아니라 장3도와 단3도의 소리 성질은 서로 다르게 들리기 때문이다. 이러한 음정의 성질을 감지하는 것은 청각적인 기억과정에 있어서 중요한 요소가 된다. 음악정보가 성질로서 기억되는 예는 옥타브(octave) 지각에서도 알 수 있다. 옥타브 관계에 있는 음정들은 서로 공통적 특성을 지니고 있는 것으로 지각되는데, 이러한 지각 현상은 옥타브 동질성(혹은 옥타브 동치성, octave equivalence)으로 불린다. 즉, 각각의 음고(A, B, C 등)는 그 음이 가지고 있는 고유의 특성이 있으며 이것은 옥타브 영역이 다른 경우에도 같은 성질의 음으로 지각된다. 또한 하나의 음고가 그 음이 가지고 있는 성질

'부호화'된다는 것은 새로운 음악정보가 지각되었을 때 이 새로운 음악정보가 기존의 음악정보에 다양하게 통합되는 변환과정을 말하며, '저장'된다는 것은 단기기억 내에 있는 지각된 정보들이 반복과 연습에 의해 장기기억이라는 의식체계 속에 내재됨을 의미한다.

로 기억되는 것은 절대음고 지각의 경우에서도 알 수 있다. 절대음감은 음고의 높이에 대한 지각력이 아니라 각 음고의 성격을 감지하는 능력이라고 한다. 이것은 음고 속에는 높이의 개념만이 존재하는 것이 아니라 성격의 개념도 내재하는 것임을 알 수 있다(이석원, 1994; Burns, 1999; Lipscomb & Hodges, 1996).

　이렇듯 음악정보가 지각되었을 때 정확한 음고가 아닌 성질로 기억된다는 예는 선율의 경우에서도 볼 수 있다. 이 경우에는 음고들의 관계가 중요한 요소가 된다. Jay Dowling의 연구에 의하면 우리가 선율을 기억하는 것은 그 선율을 구성하고 있는 정확한 음정들을 익혔기 때문이 아니라 우리의 뇌가 음정들 간의 관계를 기억하고 있기 때문이라고 할 수 있다. 앞에서 형태심리학의 원리에 따라 설명한 선율의 지각과 마찬가지로 선율의 기억은 선율을 구체적이고 개별적인 음들로서가 아니라 상행하고 하행하는 소리들의 형태(pattern)로 기억한다는 것이다. 이것은 익숙한 노래의 첫 음을 피아노의 어느 음에서 시작해도 부를 수 있는 이유를 설명해 준다. 이러한 윤곽(contour)정보는 음악을 기억하는 데 기초가 된다.

　스키마(schema)는 기억과 저장의 단계에서 중요한 역할을 한다. 따라서 음악정보를 처리하기 위해서는 음악적 스키마가 필요하다. 음악적 스키마는 음악적 경험, 음악적 상황, 음악적 개념 등에 대한 표상(representation)을 의미하는 것이다. 여기서 표상이란 정보처리의 산물로서 나타나는 사물이나 사건에 대응하는 심적 구조물을 일컫는다. 간단히 말해서, 음악적 스키마는 이미 우리의 마음에 형성된 음악적 사고의 구조를 의미한다고 하겠다. 이러한 음악적 스키마는 다양한 음악경험으로 형성된다. 음악학습을 통해 음악을 이해하는 능력이 향상되었다면 그것은 음악경험에 의한 지식들이 상호 연결되어 기존의 스키마가 재구성되고 통합된 상태, 즉 음악적 사고의 구조가 조직적이고 체계적인 인지구조로 변화되었다는 것을 의미한다.

스키마의 단어적 의미는 개요, 윤곽, 구조, 뼈대 등으로 이해할 수 있다. 인간의 사고과정에서 스키마는 행동을 위한 지침, 정보를 해석하기 위한 구조, 문제해결을 위한 조직화된 체제 등으로서 필요하다.

　　음악적 스키마는 음악정보가 기억 · 저장되는 과정을 용이하게 해 준다. 앞에서 현재의 의식 속에 기억할 수 있는 정보의 양은 7±2 항목에 불과하다고 하였다. 이 7±2 항목의 정보 양은 단기기억에서의 기억용량의 한계를 말하는 것으로 이것은 음악정보에 있어서도 7±2 항목이 넘어가면 기억의 용량이 초과하게 되는 것을 의미한다. 만일 10개 이상의 음으로 구성된 선율을 하나의 프레이즈로 기억하고자 할 때, 개개의 음을 하나의 항목으로 기억하려 하면 이것은 단기기억의 용량을 초과하게 되어 장기기억 체계 속으로 부호화될 수 없게 된다. 그러나 무지개 빛깔을 빨강, 주황, 노랑, 초록, 파랑, 남색, 보라의 일곱 가지 항목으로 외우는 것보다 '빨주노초파남보'의 단일 항목으로(어떤 사람들은 보남파초노주빨의 단일 항목으로) 외우는 것이 쉽듯이, 10개 이상의 음을 묶어 하나의 선율로 기억하면 이것은 단일 항목으로 장기기억 속에 쉽게 저장될 수 있다. 주어진 정보가 어떻게 재부호화되는가에 따라 기억 단위의 크기는 달라진다.

> 두 도막 형식의 악곡은 4개의 프레이즈로 구성되어 있다. 이를 4개의 항목(단위)으로 기억하면 악곡을 쉽게 기억할 수 있을 것이다. 하지만 아무리 외워도 악곡이 잘 외워지지 않는다면, 악곡의 단위를 프레이즈가 아니라 마디로 짧게 나누어 기억 용량이 초과된 것은 아닌지 의심할 수 있다.

　　이와 같이 주어진 정보를 재부호화하여 하나의 항목으로 만드는 것, 즉 정보를 축소화시켜 하나의 의미 단위로 묶는(chunking) 능력 때문에 우리는 제한된 단기기억 용량에서도 많은 정보를 취급할 수 있게 된다. 따라서 이러한 능력이 클수록 많은 정보를 받아들여 정보처리 과정을 용이하게 할 수 있게 된다. 여러 음을 하나의 항목으로 묶을 수 있는 능력, 즉 음악정보를 축소화하는 능력은 음악적 스키마에 의존하게 된다. 이것은 음악수업에서 학습자가 과거의 음악경험으로 인해 음악정보를 친숙한 것으로 인식할 때 가능하며 학습자의 음악적 스키마 수준에 따라 음악정보를 축소화시키는 능력은 다르게 나타나게 된다. 음악적 스키마가 확장됨에 따라 음악의 구조적 이해는 깊어진다.

> 커다란 단일 항목은 이보다 작은 하부 항목들로 구성된다. 예를 들어, 시간 속에 흘러가는 여러 음으로 구성된 선율을 하나의 항목으로 정보를 축소화시키는 능력은 동기, 반복, 동형진행과 같은 선율적인 방법이나 리듬적인 방법에 의해 몇몇의 음으로 구성된 하부 항목으로 정보를 축소화시키는 능력이 성취된 이후에 가능하다.

　　음악정보를 기억 속에 저장하기 쉽도록 개별적인 음이 아닌 관계 속에서의 음의 질서를 알게 하기 위해서, 음악학습은 음악구조의 원리를 이해하도록 하는 내용으로 구성되어야 한다. 이러한 학습은 선율이나 리듬 패턴(구조)의 이해를 통해 정보를 축소화시켜 기억하는 기술을 습득하도록 도와주며, 조성 내에서의 구조나 질서를 감지하는 능력을 키워 주어 보다 많은 음악정보가 저장되어 이후에 새로운 음악정보와 통합되는 과정을 용이하게 해 준다. 또한 내청(inner hearing), 즉 음악을 마음으로 듣는 것은 음악정보를 저장하고 재구성하기 위한 좋은 방법이 될 수 있다.

② 음악정보의 인출

정보처리이론에 따르면 정보가 입력되어 출력되기까지의 지각과정, 부호화과정 및 저장과정, 기억의 재생과정 등이 비교적 분명하게 제시되어 있지만 실제로는 일순간에 서로 연결하여 일어나는 이 세 과정을 구분하여 설명하기란 쉽지 않다. 그러나 정보처리의 이론적 모형에서 보면 이들 세 과정은 모두 단계적으로 거치게 되는 것임을 알 수 있다.

장기기억에서는 단기기억에서처럼 정보가 망각되어 기억 내용이 저장체계 밖으로 밀려난다는 것은 가정되지 않는다. 정보의 인출과정에서 인출에 실패하는 것, 즉 무엇인가를 기억할 수 없는 것은 정보처리 과정의 단계 중에서 무엇인가 잘못되었음을 의미한다. 이것은 부호화 과정에서 분류가 잘못되었거나, 저장과정에서 잘못 저장되었거나 아예 저장된 사실이 없거나, 또는 인출과정에서 적절한 암시가 주어지지 않았기 때문이다. 음악정보가 필요시에 인출이 불가능하다면 그것은 음악학습이 학습자의 주의를 끌지 못했거나 정보가 의미를 부여받지 못해 장기기억의 체제 속으로 저장되지 못했거나, 아니면 저장은 되었지만 저장고를 여는 열쇠가 맞지 않아 인출에 실패한 것으로 이해할 수 있다.

음악정보는 청각부호뿐만 아니라 의미부호, 시각부호 등 다양한 방법으로 부호화되어 저장된다. 정보가 다양한 부호로 기억·저장되는 것은 기억의 인출에 있어서도 다양한 재생이 가능하게 되는 것을 의미

예를 들어, '박' '박자'를 학습하는 경우에, 일정 박의 개념과 함께 기본 박이 2개씩, 3개씩 또는 4개씩 그룹화된 개념은 강약의 흐름을 신체 동작으로, 청각적·시각적인 방법으로, 그리고 언어적·상징적인 방법 등으로 다양하게 설명해야 한다.

한다. 왜냐하면 일반적으로 하나의 기억 요소는 연결 또는 연합을 많이
가질수록 쉽게 기억되기 때문이다. 교육이론에 의하면 학습은 다양한
표현 및 표상 양식을 통하여 개념이 형성될 때 가장 효율적이다.

(2) 음악의 지각과 인지의 다의성

① 아동의 리듬 지각: 형상적 그림과 박자적 그림
음악 지각은 앞에서 언급한 것과 같이 일반적인 시지각 구성의 원리
에 따라 청지각의 구성 원리를 일부 설명할 수 있고 상향처리적 과정에
따라 유아들의 경우도 성인과 동일한 방식으로 음악을 지각하는 부분
을 일부 설명할 수 있지만, 그렇다고 이러한 음악 지각 연구결과들이 인
간은 누구나 동일하게 음악을 지각한다는 것을 의미하는 것은 아니다.
음악심리학자 Jeanne Bamberger는 4학년 음악수업에서 아동들이
음악의 리듬을 그림으로 표현하는 것을 연구하였는데, 아동들이 리듬
을 듣고 그것을 그림으로 표현함에 있어 기본적으로 표현의 구분이 있
다는 것을 발견하였다. Bamberger에 의하면 리듬을 듣고 이를 표현한
아동들의 그림은 형상적(figural) 그림과 박자적(metric) 그림으로 구분
된다. 형상적 그림이란 리듬을 듣고 리듬의 전체적 흐름을 모양, 형태로
표현한 것을 말하며, 박자적 그림이란 리듬을 친 숫자나 그 길이를 정확
하게 표현한 것을 말한다. 'class piece'라고 불리는 Bamberger가 사용
한 리듬은 두 번 연속되는 짧은 리듬 패턴으로 되어 있다. [그림 3-5]는

그림 3-5 형상적 그림과 박자적 그림

class piece를 듣고 이를 표현한 아동들의 형상적 그림과 박자적 그림을 나타낸 것이다(Bamberger, 1994).

형상적 그림을 그린 아동들은 그들의 주의를 리듬을 듣고 이를 프레이즈나 음형의 단위들로 그룹화시키는 데에 두었다. 형상적 그림은 자세히 보면 표준 음악 악보에는 표현할 수 없는 음악구조의 기능적인 면이 나타나고 있는 것을 발견할 수 있다. 이에 비해 박자적 그림을 그린 아동들은 손뼉으로 쳐 준 리듬을 듣고 그들의 주의를 리듬의 상대적인 지속시간(음가)을 재는 데에 두었다. [그림 3-5]에서 보면 긴 음표는 큰 원으로, 작은 음표들은 작은 원으로 표시되었는데, 이것은 악보에 쉽게 옮겨 적을 수 있는 것이다. 언뜻 보기에는 박자적 그림이 더 정확한 리듬을 표현하는 것 같지만 자세히 보면 형상적 그림이 더 음악적이다.

[그림 3-6]에서 보듯 형상적 그림에는 표현되지 않은 박(ghost beat)이 있어 형상적 그림을 악보로 표기하기에는 문제가 있을 수 있으나, 형상적 그림에서는 리듬을 '음악적으로' 듣는 프레이즈의 감각이 발견된다. 즉, 두 번 반복되는 리듬 패턴을 음악적으로 감지하는 프레이즈의 감각이 엿보이는 것이다.

그림 3-6 형상적 그림의 구조

아동들의 형상적 그림은 박자적 그림과는 분명한 차이가 있다. Bamberger의 실험에서 리듬 패턴을 듣고 이를 형상적 그림과 박자적 그림으로 그린 두 그룹의 아동들은 서로의 그림을 이해하지 못하고 서로 다른 리듬을 표현한 것이라고 생각하거나 틀리게 나타낸 것으로 여겼는데, 이것은 리듬을 듣는 방식에 개인적인 차이가 있음을 의미한다. 이는 리듬 인지 다의성의 한 예라고 할 수 있다.

② 아동의 리듬 지각과 인지 방법의 유형

음악 인지의 발달은 그 표현이 점차로 성인의 방식을 닮아 가게 되지만 아동기의 인지과정에 나타나는 음악 인지의 표현 방식은 성인이 생각하지 못한 아동들의 창의적 표현이 있음을 알 수 있다. 음악 교사들은 아동의 다양한 리듬 표현의 의미를 이해할 필요가 있다. 음악에 반응해 그 흐름이 감지되는 것을 표현한 아동들의 음악적 표현이 교사가 원하는 정확한 수학적 리듬의 표현과 다르다고 이를 잘못된 것으로 간주하여 기계적 음가만을 강조하는 음악수업을 한다면, 음악적 리듬을 감지하는 아동의 음악 능력은 향상될 수 없을 것이다.

[그림 3-7]은 Bamberger가 'target rhythm'이라고 부른 리듬 패턴

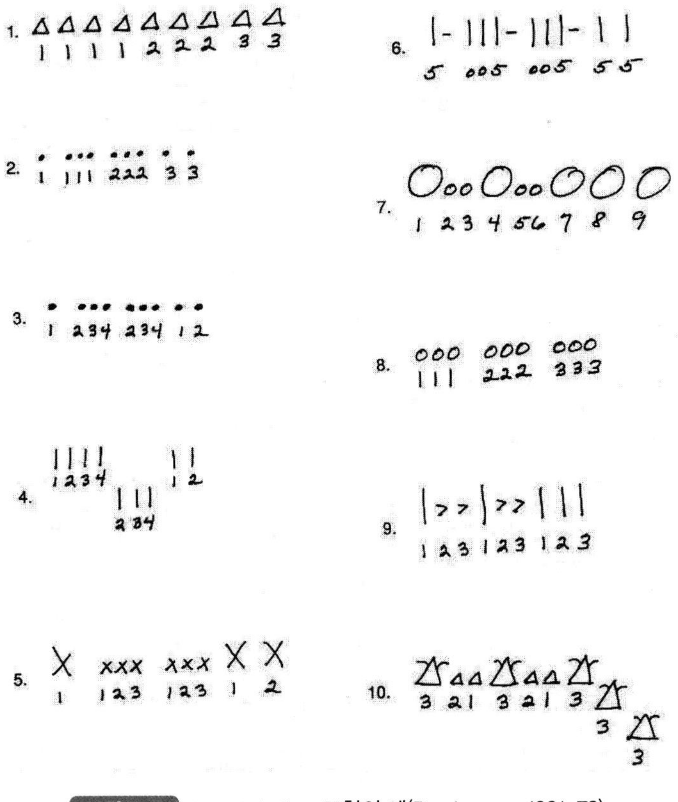

그림 3-7 target rhythm 표현의 예(Bamberger, 1991: 72)

(♩♫♫♩♩♩)을 아동들이 그린 열 가지 표현이다. 아동들의 표현은 매우 다양한 그림과 숫자로 나타난다.

열 가지 그림을 주의 깊게 들여다보면 아동들의 인지 방식을 이해할 수 있게 되는데, Bamberger는 『The Mind Behind the Musical Ear』(Bamberger, 1991)에서 대화식 방법을 통해 아동들이 표현한 그림과 숫자에 대한 그들의 인지 방식을 자세히 설명하고 있다. 아동들이 리듬을 이해하기 위해 사용한 인지적 전략이나 방법들을 조사하고 분석한 Bamberger의 연구는 상당히 흥미로우며 그녀의 연구는 음악 교육을 위한 중요한 시사점들을 제공하여 준다.

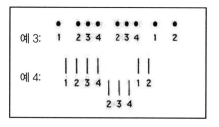

그림 3-8 예 1, 2, 3

[그림 3-8]에서 보면, 예 2와 3은 그림의 간격이 동일한데(그림 표현에서 점 사이의 간격은 시간적인 길이를 의미하는 것으로 보임), 그 밑에 쓰인 숫자를 보면 예 2는 1 111 222 3 3으로, 예 3은 1 234 234 1 2로 표현되어 있어 이 두 가지 그림은 인지 방식에 있어 약간의 차이가 있음을 알 수 있다(1 234 234와 같이 234 숫자가 반복된 것은 이 리듬의 반복을 의미하는 것으로 해석할 수 있음). 반대로, 예 1과 2를 비교하여 보면 그림의 간격은 다르지만 숫자의 표현은 동일하게 나타난다. 이와 같이 그림 표현은 다르지만 숫자 표현이 동일한 경우는 [그림 3-9]의 예 3과 예 4에서도 나타난다. 예 1~4는 리듬의 그룹화 양상(4개-3개-2개)이 동일한 것으로 보인다.

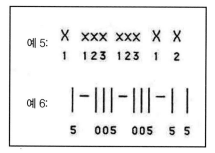

그림 3-9 예 3, 4

[그림 3-10]의 예 5는 그림의 간격으로 보아서는 예 2, 3과 유사하지만 'X'와 'x'로 크기를 구별함으로써, 즉 4분음표는 X로, 8분음표는 x로 구별하여 리듬의 차이를 나타내고 있다. 그러나 1 123 123 1 2로 묶이는 구조에서 3이 'X'가 아닌 'x'로 표현된 것은 123을 그룹화시켜 3을 그 마지막 음으로 인지한 이유라고 이해할 수 있다. 이러한 그림 표현에서 나타나는 그룹화 구조는 예 2, 3, 6과 유사하지만 모두 동일한 인지 방식

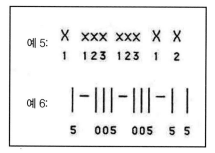

그림 3-10 예 5, 6

에 의한 것이라고 해석하기보다는 숫자 표현에서 나타나듯이 차이가
있음을 알 수 있다.

[그림 3-11]의 예 8은 그림의 간격과 111 222 333의 숫자
의 구분으로 보아 이것을 해석하면 ♫♪/♫♪/♫♪ 과 같은 리
듬 구조를 나타내는 듯이 보인다. 앞에서도 설명하였듯이 아
동의 형상적 그림에는 표현되지 않는 박으로 인하여 형상적
그림을 악보로 기보하기에는 문제가 있을 수 있는데, 이 경우에는 아동
의 형상적 그림과 ♪♫♪♫♪♪♪의 target rhythm은 전혀 다른 리듬으로
보인다.

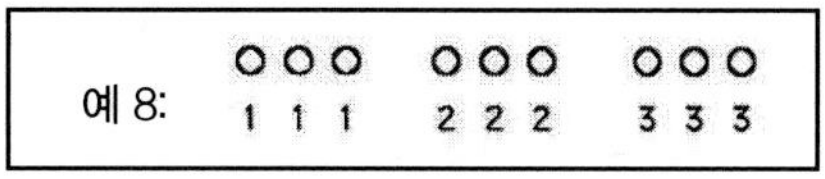

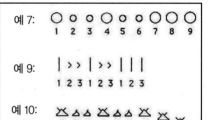

그림 3-11 예 8

[그림 3-12]에서 보면, 예 7, 9, 10은 그림의 크기와 형태로
보아 그 표현이 유사한 것으로 보인다. 그러나 이 경우에도
숫자적으로 나타나는 표현은 아동들의 인지 방식이 차이가
있음을 암시한다. 예 7에서는 숫자가 123456789와 같이 구
조적 구분이 없이 나타난다. 이것은 다른 그림과는 분명하게
다른 것으로, 예 7을 그린 아동은 9개의 음을 소단위로 그룹
화하지 않고 결국 하나의 프레이즈로 들었을 것이라는 추측
이 가능하다. 예 9는 123 123 123으로, 예 10은 321 321 333
으로 리듬이 그룹화되는데, 이 두 경우에 마지막 3개의 리듬에서 숫자
의 차이가 나타나며, 예 10의 마지막 3개의 리듬 표현에서 그림이 점점
밑으로 내려간 표현은 흥미롭다.

예 7, 9, 10은 리듬의 그룹화 방식이 같은 것으로 보인다. 이것은 예
3, 4의 방법과는 다른 방법으로 그룹화가 이루어져 있음을 알 수 있다.
예 3, 4의 그림과 예 9, 10의 그림을 target rhythm에서 그룹화시킨 구조
를 살펴보면 [그림 3-13] [그림 3-14]와 같다.

열 가지의 다양한 예에서 볼 수 있듯이, 아동들이 리듬을 표현한 그
림과 숫자를 보면 모두 같은 리듬을 듣고 표현한 것이라는 사실이 믿기
지 않을 정도로 그 방법은 다양하다. 이러한 아동들의 그림은 리듬을 들

그림 3-12 예 7, 9, 10

그림 3-13 예 3, 4의 그룹화

그림 3-14 예 9, 10의 그룹화

고 각각 다르게 인지하는 아동들의 리듬 인지의 다의성을 잘 보여 주고 있는데, 간단한 리듬을 듣고도 다양한 그림과 숫자의 표현들이 가능해지는 것은 실험에서 사용된 target rhythm의 구조에서도 그 이유를 발견할 수 있다. class piece(♩♩♫♩♩♩♫♩)는 전체 8박의 두 번 반복되는 리듬 패턴으로 구성되어 있어 4박자 구조에서 인지되기 쉬운 반면에, target rhythm(♩♫♩♫♩♩♩)은 3박자 구조로도, 4박자(혹은 2박자) 구조로도 묶이지 않는 7박으로 되어 있어 이 경우에 리듬을 인지하는 아동들의 방식은 훨씬 다양하게 나타난 것으로 이해할 수 있다.

아동의 그림에 나타난 음악적 이미지와 음악의 이해를 분석하기 위해 오지향 (2010)은 아동들에게 4곡의 표제음악을 감상하게 한 후 그림을 그리고 설명하도록 하였다. 분석 결과, 아동들의 그림은 모두 달랐지만 아동들은 표제음악을 듣고 음악적 이미지를 비슷한(공통적인) 색, 선, 주제를 사용하여 시각적 상징으로 표현하였으며, 연령이 높아질수록 음악에서 지각된 주요 요소들을 연결하여 음악의 특징을 창의적으로 상징 표현한 것으로 나타났다. 오지향은 음악적 이미지를 시각적으로 표현하게 하는 것은 음악을 개인적으로 재구성하고 재창조하는 중요한 수단으로 볼 수 있다고 하였다.

③ 음악 인지의 다의성

일반적으로 악곡은 이해할 수 있는 음악의 구조와 질서를 가지고 있다. 그러나 많은 경우에 음악을 지각/인지하는 과정에서 심리적인 반응이나 경험에 따라서 악보에 표기된 것과는 다르게 음악이 감지되기도 한다. 시각적으로 이해할 수 있는 음악의 구조와 질서를 가지고 있다 하더라도 이것이 청각적인 인지과정이 요구될 때는 음악경험과 학습의 정도에 따라 개인의 인지 전략은 다양하게 사용될 수 있어, 여기에는 청각정보에 대한 음악 인지의 다의성이 발견된다. 단순한 리듬 인지의 경우가 아니라 여러 음악 요소의 영향을 받는 복잡한 음악 인지의 경우에는 더욱더 청각적인 다의성을 가질 수 있다. 또한 프레이즈의 표현에 있어 예상되는 박에서 프레이즈가 시작되지 않는 경우나 프레이즈의 구분에 작곡자의 의도가 분명하게 드러나 있지 않은 경우, 또한 익숙하지 않은 악곡을 듣는 경우 등에는 음악을 그룹화시키는 데에 개인의 음악적 스키마에 의존하는 심리적 요소의 영향은 더욱 크게 나타나게 된다.

음들을 그룹화시켜 선율을 지각하는 것은 부분적으로는 시지각 구성의 원리를 설명하는 형태심리학의 원리에 따라서 경험과는 무관하게 그 설명이 가능하지만, 다양한 음악경험은 음악의 구조화 원리들의 특성을 학습할 수 있게 하고 음악을 이해하는 능력을 가지게 한다.

물리적인 소리정보는 청자의 의도에 따라 어느 쪽으로든 정보처리가 가능하다. 음악적 자극은 일정한 방식 안에서 객관적으로는 그룹화될 수 있지만 실제로는 그렇게 지각되기까지 절대로 그룹화되지 않는다. 왜냐하면 지각과 인지적 그룹화는 결국 심리적인 현상이기 때문이다. 음악의 인지에 있어 인지의 주체는 청자 자신이며 음악 인지는 청자의 주관적인 경험에 의하여 의미를 가지게 되는 것이라는 사실을 인식하는 것이 중요하다.

> 사이렌 소리를 '삐뿌삐뿌'로 들을 수도 있고 '뿌삐뿌삐'로 들을 수도 있는데, 청자의 의도에 따라 어느 쪽으로든 들을 수 있다. 또한 일정하게 반복되는 소리도 청자의 의지대로 2개(번)씩, 3개(번)씩 등으로 그룹화 시킬 수 있다.

음악 듣기는 모든 음악활동에서 기본적으로 요구되는 음악 능력이다. 아동들이 음악을 이해하는 것을 돕기 위해 음악 교사는 음악의 구조를 체계적으로 가르치며 아동들에게 음악을 듣는 방법을 가르쳐 주어야 하지만, 인지 방식에는 하나의 방법만이 유일하게 옳은 것은 아니다. 아동들뿐만 아니라 음악경험이 많은 성인들도 음악을 들을 때 저마다 다른 방식으로 듣는다.

일반적으로 인정되는 음악의 해석이나 음악구조의 그룹화 방법은 음악을 들을 때 도움이 되지만 교사가 한 가지 인지 방법을 강요하거나 감상 수업에서 교사와 같은 방식의 인지 방식을 강요하는 것은 바람직하지 않다. 개인의 음악적 스키마 정도에 따른 인지의 다의성과 그 가능성에 대한 교사의 이해가 수반된다면 교사는 아동들의 음악적 잠재력과 창의성을 더 잘 계발시켜 줄 수 있을 것이다.

(3) 인지양식의 차이와 교수 스타일

아동의 음악 인지의 다의성과 함께 이해해야 할 것은 개인마다 다를 수 있는 인지양식의 차이이다. 실제로 아동들의 리듬 인지의 표현 방식뿐만 아니라 교사의 교수 방식에도 개인마다 많은 차이가 있음을 알 수 있다. 동일한 교재의 내용을 가르치더라도 어떤 교사는 분석 중심으로 가르칠 수 있으며 어떤 교사는 창의 중심으로 가르칠 수 있는데, 교수 방식은 교사 개인이 가지고 있는 인지양식이나 뇌 선호와 중요한 관계가 있다(Connell, 2005).

① 인지양식의 이해

인지양식이란 "지각, 기억, 판단의 일반적 구조를 조직하는 양식" 또는 "특수한 과제나 문제해결에서 이에 접근하는 방식"을 의미한다(서울대학교 교육연구소 편, 2014: 543). 인지양식은 한 개인의 인지양식이 좋은지 그렇지 않은지의 관점에서 논의되는 것이 아니라, 과제나 문제해결을 위해 어떠한 방식으로 접근하는지, 구체적인 과제나 문제해결 상황에서 요구되는 특성에 따라 어떠한 방식을 사용하는 것이 보다 적절한지의 관점에서 논의된다.

R. J. Sternberg는 기존의 양식에 관련된 연구들을 종합적으로 분석하여 사고양식(thinking style) 이론을 발전시켰다. 사회지능(social intelligence), 실제지능(practical intelligence), 감성지능(emotional intelligence), 다중지능(multiple intelligences) 등의 구성 개념이 인간이 무엇을 할 수 있는가에 대한 우리의 개념을 확장시킨 것이라면, Sternberg의 사고양식 이론은 개인이 무엇을 하기를 더 선호하는가, 즉 자신이 가진 능력을 사용하는 방법에 대한 우리의 생각을 확장시킨 개

넘이다(Sternberg, 1997).

Sternberg에 의하면, 사고양식이란 '개인이 선호하는 사고의 방식'이다. 그것은 능력 그 자체가 아니라 개인이 가진 능력을 사용할 때 선호하는 방식(방법)에 관련된 것으로 양식과 능력의 구별은 중요하다. 그에 의하면, 무엇을 얼마나 잘 할 수 있는지의 문제는 능력과 관련된 것이고, 무엇을 어떻게 하기를 선호하는지의 문제는 양식과 관련된 것이다. 이러한 개인의 인지양식(사고양식)은 뇌 선호를 반영한다.

② 인지양식(사고양식)과 음악 교수 스타일

교사 개인의 교수 스타일은 대부분 교사 자신의 정보처리 방식, 사고방식을 반영하는 것이다. 학습자의 학업성취에 영향을 주는 문제로는 동기, 정서, 지적 능력 등과 같은 학습자 개인의 요인과 학습자의 인지양식도 중요하지만, 교사 개인의 인지양식이나 뇌 선호의 문제도 중요하다.

초·중등교사들을 대상으로 간단한 인지양식 검사를 실시한 후, 검사결과와 교사들이 작성한 음악수업계획안의 내용 분석을 통해 교사들의 뇌 선호와 교수 스타일의 차이를 비교한 연구(승윤희, 2019)의 결과를 보면 다음과 같다. 이 연구에서는, 첫째, 뇌 선호 검사 결과, 초등교사들은 강한 좌뇌형부터 강한 우뇌형에 이르기까지 뇌선호 양상이 다양하게 나타난 것에 비해, 중등교사들의 뇌 선호는 양뇌형을 중심으로 보통의 좌뇌형과 보통의 우뇌형이 대칭되는 양상으로 나타났다. 중등교사의 뇌 선호가 양뇌형에 집중된 것은 음악교육이 전뇌 계발에 긍정적인 영향을 미친다는 신경과학 분야의 연구결과들을 근거로 장기간의 음악교육의 결과라고 해석할 수 있다. 둘째, 가창 중심 음악 수업계획안의 내용 분석 결과, 학습목표, 중점지도 내용 및 활동, 가창수업 전략에서 초·중등교사들의 교수 스타일은 교사들의 뇌 선호를 반영하는 것으로 나타났다. 이 연구에서는 교사 개인의 인지양식은 뇌 선호를 반영하며,

이는 음악 교수 스타일에 중요한 영향을 미칠 수 있음을 시사하였다.

Sternberg는 연구를 통해서 학습자의 사고양식과 교사의 사고양식이 부조화될 때보다 조화를 이룰 때 학습자들은 학습을 더 잘 수행하고 교사들에게 더 긍정적으로 평가받는다는 사실을 발견하였다. 다시 말해서, 실제의 학업성취 수준에 관계없이 학습자의 양식이 교사의 양식에 가까울수록 학습자들은 학습을 더 잘 수행하는 것으로 나타났다 (Sternberg, 1997).

음악수업에서 교사의 인지양식이나 뇌 선호에 따라 교수 스타일이 다를 수 있다는 것은, 결국 학습자의 학습양식과 교수의 인지양식이 서로 일치할 수도 있지만 일치하지 않을 수도 있다는 중요한 시사점을 제공한다. 교수 스타일마다 각각의 강점이 있지만 교사 개인의 교수 스타일은 학습자의 반응양식과도 서로 연계되는 상호작용의 문제로 인식할 필요가 있다. 음악수업은 교사 개인의 인지양식이나 어느 한쪽의 뇌 선호에만 의존하는 수업이 아니라 느낌과 사고, 분석과 종합, 반복과 통찰, 모방과 창조 등을 모두 다루는 수업이어야 하며, 교사의 교수 스타일은 개인이 선호하는 교수 스타일뿐만 아니라 다양한 교수 스타일이 하나의 스펙트럼처럼 연속성을 이루어야 한다.

3. 음악 지식과 음악적 사고

음악 지식의 습득과 음악적 사고의 형성은 음악을 감지하고 인지하는 의식활동의 결과로 나타나는 것이다. 여기에서는 음악 지식이 기억 속에 저장되는 방식과 음악 지식을 활용하는 의식활동인 음악적 사고의 유형을 살펴보기로 한다.

1) 음악 지식

음악 지식이 장기기억이라는 인간의 의식 속에 보관되어 있으면 음악 지식은 '저장'되어 있는 것이다. 얼마 전까지도 음악 지식은 인지 영역의 능력으로 간주되어 왔다. 전통적인 의미에서의 지식은 '객관적으로 존재'하고 '사실적으로 증명'되는 내용에 관한 앎이나 경험을 통해 얻어진 '분명한 인식이나 이해'를 의미한다. 이러한 지식은 과거에는 언어와 같은 상징적 방식으로 표현되는 인지적 영역에서의 능력으로 간주되어 왔다.

그러나 반드시 객관적 사실로 존재하고 사실적으로 증명이 되는 내용만이 지식에 포함되는 것은 아니다. 지식은 언어와 같은 상징 이외에도 다양한 형태의 지식으로 존재한다. E. W. Eisner는 이를 표상 방식 (forms of representation, 또는 표현 방식)이라고 하였으며 표상 방식에는 언어, 그림, 음악, 수학, 무용과 같은 다양한 방식이 존재한다고 하였다. 이러한 표상 방식들은 각각 다른 감각체계를 통해서 들어온 정보들이 서로 다른 심리적인 경험을 거쳐 표현되는 것으로, 하나의 표상 방식이 다른 표상 방식으로 변형되어 전달된다면 그것은 동일한 것을 나타내는 것이 아니다(Eisner, 1994). 언어/수학적 의식뿐만 아니라 음악적 의식, 미술적 의식 등의 경험 기회를 강조한 Eisner의 주장에 의하면, '의식과 판단'은 다양한 의식과 판단의 형태로 가능하다.

이와 같이 다양한 형태의 지식을 Eisner는 다양한 방식의 표상 (representation)으로 설명하였는데, 심리학에서는 '지식이란 무엇인가'의 연구보다는 지식은 장기기억 속에 '어떻게 기억되는가' '어떠한 양식으로 저장되는가'에 관심을 가진다. 심리학에서는 지식(정보)이 어떠한 방식 또는 어떠한 양식으로 기억에 저장되는지를 '표상'이라는 용어로 설명한다. 표상과 지식은 같은 의미로 사용되기도 하지만, 표상은 주로 지식이 기억 속에 저장되는 방식 또는 양식을 강조한다(Mandler, 1998:

지식의 사전적 의미를 살펴보면, 어떤 사물에 대한 명료한 '의식과 판단', '인식'에 의하여 얻어지고 '객관적'으로 '확증'된 성과, 사물에 관한 '사실적/경험적 인식', 원리적/통일적으로 조직되어 '객관적 타당성'을 요구할 수 있는 '판단의 체계' 등으로 정의되어 있다.

257). 따라서 Eisner의 주장을 인용하자면, 음악적 의식과 음악적 판단은 다른 형태의 의식이나 판단과는 구별되는 것이어야 한다. 그리고 이러한 음악적 의식과 음악적 판단에는 인지 영역만 관여되는 것이 아니라 정서 및 활동 영역이 모두 관여되어 있다. 이는 곧 음악 지식에 있어 인지, 정서, 활동을 구분하는 것은 적절하지 않으며, 음악 지식이란 음악적 사고, 음악적 느낌, 음악적 표현을 모두 포함하는 개념으로 이해해야 하는 것을 의미한다.

그렇다면 음악 지식은 어떻게 저장될까. 음악 지식은 다양한 양식으로 저장된다. 음악 지식의 표상을 간단히 설명하면 다음과 같다. 첫째, 음악 지식은 언어적(상징적) 양식으로 저장된다. 인지심리학자들은 사실적 정보에 관한 지식들이 장기기억 속에 저장되는 방식을 의미망이나 명제망 같은 망(networks) 모형으로 설명하는데, 개념 지식이나 서술적 지식 등은 모두 언어적 양식이다. 반복을 통해 체득되어 자동화의 특성을 가지는 절차적(방법적) 지식의 경우에도 모두 비언어적인 것은 아니다. 음악에 관련된 사실적 정보는 장기기억 속에 언어적(상징적) 양식으로 저장되어 있다.

둘째, 음악 지식은 마음속 이미지라 할 수 있는 심상적 양식으로 저장된다. 이러한 음악 지식에는 음악적 영상이나 모습, 그림을 기억하는 시각적 심상과 음악적 소리를 기억하거나 상상할 수 있는 청각적 심상이 있다. 심상적 양식은 실제 대상을 사진 찍거나 녹음한 것과 같이 정확성을 가지는 것이 아니라 지각적으로 유사성을 가지는 음악 지식이다.

셋째, 음악 지식은 서로 연결되어 있는 수많은 층의 정보처리 단위들로 구성된 연결망 양식으로 저장된다. 이러한 음악 지식은 화음이나 조성 지각과 같이 비명제적·비언어적 음악정보를 반복해서 들을 때 지각적으로 학습되는 지식이다. 청각적인 음악정보가 여러 번 반복적으로 지각되어 개인의 기억 속에서도 청지각적으로 활성화되었다면 이러한 연결 표상은 더욱 견고해진다.

넷째, 음악 지식은 음악 연주와 같은 활동적(표현적) 양식으로 저장된다. 활동적 양식으로 저장되는 음악 지식은 시간의 흐름 속에서 연주가 진행됨에 따라 역동적으로 나타나는 활동성 자체에 의미를 둔다. 이러한 음악 지식은 언어적 · 심상적 및 연결망 양식으로는 설명할 수 없는 역동적 양식으로, 음악 연주의 역동적이고 매 순간 변화하는 음악정보처리의 과정에 필요한 표현적 지식, 실행적 지식을 잘 설명해 준다.

2) 음악적 사고

음악적 사고를 연구한 문헌들을 보면, 음악적 사고란 인식하고, 분별하고, 구분하고, 비교하고, 발견하고, 종합하는 등의 사고 행위를 통해 음악의 구성 요소들에 대한 개념을 획득하고 상호 연계성 및 총체성을 알게 되는 '지적 사고 행위'이다. 이러한 음악적 사고와 핵심적인 사고의 기술(skills)은 인지적 영역에서 설명한다. 또한 음악적 사고를 음악적 인식력(music cognition)과 동일한 것으로 보고 분석, 평가, 확인, 예측, 추론 등의 인지 능력을 포함하는 것으로 기술하기도 한다. 음악적 사고에 대한 분명한 개념이나 정의를 내리지 않는 경우에도 많은 문헌에서 음악적 사고는 주로 인지적 영역에서 설명하려는 경향이 있다.

음악적 사고의 유형에는 논리적 사고, 수렴적/확산적 사고, 비평적 사고, 상위인지, 창의적 사고 등이 포함된다. 이러한 사고의 유형들은 대체로 언어와 관련이 있는 인지적 사고의 유형들이다. 이 밖에 음악적 사고의 유형에 비추론적(직관적) 사고를 포함하기도 하지만, 여전히 음악적 사고는 논리적 사고를 기초로 하는 지적 작용이라는 견해가 지배적이다. 이와 같이 음악적 사고의 유형들은 비추론적 사고를 제외하면 대체로 언어에 의존하는 사고로 인식되어 왔다. 언어나 개념의 도움을 얻어 일어나는 사고의 유형들과, 비추론적 사고라 하더라도 이전의 경험에 비추어 어떤 기대를 가지게 되는 사고는 '하향처리 접근'으로 설명할 수 있다.

이에 비하여 예술적 사고의 유형에 통찰적 사고(insightful thinking)를 포함시키는 문헌도 발견된다. 예술 성향(arts orientation)과 창의성에 관한 연구를 해 온 J. Wakefield(1992)는 예술 영역에 있어 문제 발견과 해결 과정에 작용하는 인지 기술의 분류를 통찰적 사고, 논리적 사고, 확산적 사고, 창의적 사고의 네 가지 사고 유형으로 설명하였다. Wakefield는 인지 기술의 분류에서 '통찰적 사고'라는 용어를 사용하였지만, 일반적으로 통찰(insight)은 '통찰적 사고'라는 표현보다는 통찰하는 능력, 즉 '통찰력'이라는 표현으로 더 익숙하다. 통찰적 사고라는 용어에 익숙하지 않은 이유는 통찰이 일반적인 사고의 유형과는 달리 사고의 흐름 없이, 즉 사고의 도약을 통해서 이루어지기 때문으로 보인다.

그렇다면 통찰은 아래에서 위로의 자료 주도적 상향처리에 의한 인지일까, 아니면 위에서 아래로의 개념 주도적 하향처리에 의한 인지일까? 문제에 직면하였을 때 즉각적으로 의미가 재구성되는 어떤 순간, 즉 '아하!'의 순간에 지각의 역할로 통찰이 발생한다는 형태주의 심리학자들의 주장대로라면 통찰은 상향처리로 설명되지만, 통찰이 형태주의 심리학자들의 가정과는 다르게 하향처리임을 주장하는 연구결과들에 의하면 통찰은 하향처리로도 설명될 수 있다(임웅, 2009).

이에 비해 직관은 판단, 추론 등의 사고 작용을 거치지 않고 대상을 직접적으로 인식함을 의미한다. 직각(直覺)과 유사한 의미로 사용되는 직관은 감각의 작용에 의존하여 사고가 이루어지는, 즉 언어나 개념의 도움 없이 즉각적으로 일어나는 사고이다. 통찰과 직관의 공통점은 즉각적으로 일어난다는 점이며, 차이점은 통찰은 문제해결까지 단번에 이루어지는 것에 비해 직관은 대상을 보거나 들어서 직접적으로 파악하여 인식하지만 문제해결까지 포함하지는 않는다는 점이다. 이러한 직관적 사고는 아래에서 위로 일어나는 상향처리로 설명할 수 있다.

통찰이 상향처리로 일어나는지 또는 하향처리로 일어나는지를 규명하는 작업과는 상관없이 음악적 사고의 유형을 이야기할 때, 통찰적 사고나 직관적 사고는 다른 유형의 사고들과 함께 음악적 사고의 주요 유형으로 기술될 필요가 있다. 언어나 개념의 도움을 받지 않고 음악을 즉각적으로 느낄 수 있고, 사고의 도약을 통해서 음악적인 문제를 해결하거나 음악적인 창의성이 발현될 수 있다면, 통찰적 사고와 직관적 사고는 언어적·논리적 사고와 동일하게 중요할 뿐만 아니라 언어적·논리적 사고를 기초로 하여 일어나는 사고와는 구별되는 사고로 간주해야할 것이다.

음악의 지각과 인지의 경계를 분명하게 규정지을 수는 없겠지만 지각과 인지의 연계를 고려해 볼 때, 음악적 사고는 다른 종류의 사고와 마찬가지로 상향처리 방식과 하향처리 방식 모두에 의존한다고 보는 관점이 타당하다. 음악적 사고과정에서는 상향처리 방식과 하향처리 방식이 서로 상호작용하며, 이러한 상호작용이 일어날 때 우리는 음악을 가장 잘 이해하게 될 것이다. 이제까지 문헌에 기술된 음악적 사고의 유형 분류는 대부분 하향처리적 접근에 따른 사고의 유형을 제시한 것이다. 그러나 상향처리적 접근에 의존하는 음악의 지각과정과 상향처리적 접근에 따라서 일어나는 음악적 사고의 유형을 살펴보면, 음악적 사고는 양방향 처리에 의한 사고라는 것이 전혀 근거 없는 주장은 아니다.

상향처리와 하향처리는 의미 있는 지각력을 형성하는 데 상호작용한다. 개념 주도적 하향처리에 의한 음악적 사고뿐만 아니라 음악 자체를 있는 그대로 지각하는 자료 주도적 상향처리에 의한 음악적 사고도 중요하며, 음악을 이해하는 데 있어 상향처리에 의한 음악적 사고는 더 본질적인 역할을 할 수 있다.

일반적으로 연령이 낮은 아이들일수록 상향처리에 의존하고 연령이 높아짐에 따라 하향처리에 의존하게 되지만, 음악적 사고는 상향처리와 하향처리 그리고 이들의 상호 보완 작용의 과정 속에서 계발되는 것이다. 따라서 음악의 지각을 상향처리 하는 어린 학습자들에게 무조건

언어의 사용 이전에도 사고는 가능하다. 언어가 사고에 영향을 주는 것은 분명하지만, 사고가 언어에 의존한다는 입장은 아마도 사고의 증거를 얻기 위해 언어의 사용이 불가피한 데에서 오는 착각일 수 있다. 언어의 효과는 생각을 소통하는 것이지 사고의 유형을 결정하는 것은 아니다(Anderson, 1980). 따라서 음악적 사고를 인지 영역에 제한할 필요가 없으며, 사고의 기초가 되는 어떤 유형이 있는 것이 아니라 각각의 사고 유형은 그 자체로서 때로는 상호 보완적인 관계에서 중요한 기능을 수행하는 것으로 보는 것이 더 타당하다.

개념 주도적인 하향처리 방식의 음악의 지각을 강요하는 수업은 바람직하지 않으며, 상향처리 방식에서 차츰 하향처리 방식을 함께 사용할 수 있도록 유도하는 것이 바람직하다.

종합해 볼 때, 음악적 사고는 지각과 인지, 인지와 정서의 통합적 사고이며, 음악적 사고과정은 지적 과정뿐만 아니라 정서적 과정을 필요로 하는 복합적인 사고과정이다. 이러한 음악적 사고에 언어적 · 논리적 사고가 반드시 기초가 될 필요는 없어 보인다. 느낌이 은유를 통해 전달된다면, 그러한 전달은 단순하게 우리가 어떻게 느끼는지가 아니라 다양한 정서적 상태에서 우리가 어떻게 생각하고 행동하는지의 결과이다(Wakefield, 1992: 36). 음악적 사고에는 통찰적 사고, 직관적 사고, 느낌적 사고 등을 포함하는 다양한 사고의 유형이 존재하고 특정 사고가 어떤 사고에 기초가 된다기보다는 각각의 사고 유형이 모두 동일하게 중요하다고 인식할 필요가 있다.

음악적 사고는 여전히 인지적 영역의 능력으로 인식되거나, 음악적 사고와 음악적 느낌은 별개로 논의되는 경향이 있다. 하지만 느낌과 비언어적 사고는 의식활동에서 중요한 역할을 한다.

제4장

음악과 정서

음악적 경험은 어떠한 방식으로든 듣는 사람에게 정서적인 반응을 일으킨다. 음악을 들었을 때에 경험하게 되는 청자(listener)의 정서 반응을 지칭하기 위하여 느낌, 분위기, 감정, 기분 등 다양한 용어를 사용하지만 그 차이를 분명하게 구별하기는 어렵다. 그럼에도 음악과 인간의 정서 또는 감정 간의 관련성은 철학, 음악학, 심리학 그리고 음악교육학 영역에서 중요한 주제로 연구되어 왔다. 특히 음악경험을 통해서 학생의 음악적 발달뿐 아니라 음악의 의미와 아름다움을 발견하고 삶의 전반에서 음악을 가치 있게 경험하도록 이끄는 것을 목적으로 두고 있는 음악교육에서, 음악과 정서 간의 관계를 이해하는 것은 유의미한 음악적 경험을 제공하고 학생과 상호 소통하기 위한 출발점으로서 더욱 중요하다. 이 장에서는 음악을 경험할 때 나타나게 되는 인간의 정서적 반응의 다양한 측면과 이러한 반응에 영향을 미치는 음악 내적 · 외적 요인들 그리고 음악교육에서 고려하고 있는 정서 발달 측면의 논의들을 살펴보고자 한다.

1. 인간의 정서

음악은 다양한 맥락에서 경험된다. 또한 음악적 경험은 청자에게 다양한 방식의 정서적인 반응을 불러일으킨다. 그러나 음악적 경험에 분명히 존재하는 정서 반응의 본질이나 의미가 무엇인지는 항상 분명한 것이 아닐 수도 있다. 그럼에도 불구하고 음악을 통해서 경험하게 되는 정서의 변화는 인간이 음악에 집중하게 되는 본질적인 요인이기에 정서적 반응에 대한 연구는 음악과 관련된 다양한 학문 영역에서 지속적인 관심의 대상이 되어 왔다. 음악미학이나 음악철학에서 음악과 인간 감정의 문제는 인간의 삶 안에서 음악이 갖는 의미들을 밝히는 중요한 과정으로 인식되고 있으며, 음악심리학에서는 자극 또는 정보로서 음악이 청자의 인지체계 안에서 어떻게 받아들여지는지를 밝혀내기 위한 중요한 단서가 되어 왔다. 또한 음악치료학(music therapy)이나 상업음악(business music)의 영역에서는 음악을 들으면서 나타나는 청자의 심리적 변화와 그에 따른 생리·행동적인 변화에 관심을 두고 있다. 인간의 잠재적 음악성 계발과 보편적 차원의 음악성 발달을 주요하게 다루는 음악교육 영역에서도 음악에 대한 인간의 정서적 반응은 다양한 음악적 발달과 변화를 일으키는 시작 지점으로서 중요한 의미를 갖는다. 다음에서는 음악과 관련된 정서의 다양한 차원과 관련 개념들을 탐색해 보도록 한다.

1) 정서의 다양한 차원

인간의 정서는 다양한 차원으로 발현된다. 인간의 미묘한 심리적 상태를 표현하기 위해서 느낌(feeling), 감정(emotion), 정동(affect) 등의 단어를 사용하고 있지만 각 단어들의 의미 차이를 명확하게 구분하는 것

이 장의 주제로서 '정서'는 잠정적으로 인간의 내적 반응을 총칭하는 포괄적인 개념으로 적용하고자 한다. 특정 경험 안에서 나타나는 인간 내면의 반응은 복잡하고 다양하다. 이를 구별하여 지시하기 위해서 느낌, 감정, 정감, 감지된 분위기 등의 다양한 차원의 용어들이 사용되고 있지만 그 의미를 명확하게 구별하기는 어려우며, 동일한 용어가 맥락에 따라 미묘하게 다른 의미로 적용되기도 한다. 용어 사용의 혼재에도 불구하고 음악에 대한 내적 반응의 차원을 구별하여 탐구하려는 연구들은 지속되고 있다.

'emotion'과 'affect'의 우리말 번역은 종종 다른 방식으로 나타나는데, 'emotion'을 '정서'로, 'affect'를 '감정'으로 번역하는 경우도 있으며, 'affect'를 '정서'로 번역하면서 '느낌'과 '감정'을 아우르는 넓은 의미로 해석하는 경우도 있다. 그러나 심리학에서는 'emotion'은 어느 정도 일관성을 가지고 유지되는 정신과 마음의 상태로 기쁨, 슬픔, 노함, 분노, 환희 등의 상태의 속성에 초점을 둔다면, 'affect'는 '느껴지는 것'의 의미로 경험 속에서 일어나는 또는 경험에 의하여 유발되는 내적 상태의 '변화'에 초점을 둔다. 'affect'는 (신체적이든 정신적인 것이든) 쾌감, 고통, 기쁨, 슬픔, 흥분, 안정 등의 정감이 생성, 상승, 이행 및 하강하는 변화의 역동성을 감지하는 상태로 해석되며(Massum, 1997), 심리학과 철학의 관점에서 'emotion'과 'affect'는 더욱 다양하게 해석·논의되고 있다.

은 어렵다. 느낌(feeling)은 어떤 경험에서 비롯되는 즉각적이며 순간적인 반응을 의미한다. 느낌은 보통 유쾌나 불쾌와 같은 심리적 경향성을 내포하는데, 동시에 경험에 대한 신체적 반응을 유발하기도 한다. 많은 경우에 느낌은 촉감, 후각, 미각 같은 물리적 감각(sense)과 밀접하게 연결되어 있으며, 시각이나 청각적 감지에서처럼 정신적이거나 추상적인 반응까지도 포함할 수 있다. '음악에 대한 느낌'이라고 한다면 특정 음악을 듣고 '내가 느끼게 된' 상당히 구체적인 심리적 상태의 변화를 의미하며, 이런 느낌은 때때로 즉각적인 반응 행동(탄식, 탄성, 몸짓 등)을 이끌어 내기도 한다(Sparshott, 1994: 24).

음악경험에 대한 연구에서 가장 보편적으로 사용되는 용어는 'emotion'으로, '감정' 또는 '정서'로 번역된다. 'emotion'은 일시적으로 통상적인 심리 상태로부터 일탈되는 현상을 의미하는데, 사건이나 대상에 대한 인지(cognition)를 전제로 한다는 점에서 감정(emotion)을 일으키는 원인을 경험한 경험자에게 나타나는 결과라고 볼 수 있다. 그러나 감정은 정신적 상태 자체를 중시하기 때문에 느낌보다 지속적이며 집중적이다(Cabanac, 2002). 감정은 느낌, 생각, 행동 반응을 포용하며 비교적 지속적인 심리 상태에 대하여 기쁨, 슬픔, 분노, 공포, 슬픔, 연민과 같은 명명을 부여한다는 측면에서 인지적 경향을 띠기도 한다.

느낌(feeling)과 감정(emotion)에서는 인과적 요인이 대체로 구체적인데 비해서 '정동(affect)'은 원인보다는 변화 양상 자체에 의미를 둔다. 심리학 용어로서의 '정동(affect)'은 '느낌' '감정' '분위기'를 모두 포용함과 동시에 그 기반에 깔려 있는 정신경험의 과정과 그 과정에서 나타나는 개인 '정서 상태의 변화'에 초점을 둔다. 이러한 의미를 반영하여 'affect'를 감정(emotion)과 구별되는 의미로 사용하기도 한다. 그러나 정서적 음악경험과 관련된 연구들에서는 'emotion'과 'affect'를 흔히 혼용하여 적용하기도 한다.

이상과 같은 음악에 대한 정서 반응의 모호한 개념 구분에도 불구하

느낌을 인지와 신체 감각의 중간쯤의 과정으로 보는 Sparshott의 생각은 느낌이 경험을 몸에 인식시키면서 감정과 의식으로 확장한다는 Damasio(2000)의 주장과 종종 연결 지어 언급되곤 한다.

'emotion'의 의미는 매우 다양하게 적용되고 있는데 우리말에서는 맥락에 따라 감정, 정서, 정감, 감성 등으로 번역된다.

고 음악경험에서 감정(emotion) 반응은 핵심적인 요인이다. 음악적 경험에서 감정적 측면은 과거나 현재의 상황에 대한 지각, 기억의 요인들이 음악과 복합적인 작용을 일으키면서 발생하는 것으로 인식되고 있다. 음악에 대한 감정에 대한 이해는 음악 자체의 표현적 측면과 음악에 대한 청자의 반응을 연결하는 지점으로서 음악철학, 음악심리학뿐 아니라 음악교육학에서도 다채롭게 연구되고 있다.

2) 음악교육에서의 정서

음악에 대한 정서적 측면은 음악교육에서도 중요하게 고려되고 있다. 학생들이 음악에 대하여 행복감, 편안함, 즐거움과 같은 긍정적인 정서를 느낄 수 있다면 음악에 대한 참여도뿐 아니라 인지적인 성과를 향상시킬 수 있으므로 음악에 대한 학생들의 정서적 반응의 양상을 이해하는 것은 중요하다. 그러나 이러한 중요성에도 불구하고 음악학습 과정에서 나타나는 정서 반응을 직접적으로 다루는 연구는 많지 않다. 이는 정서적 반응이라는 것이 극히 개인적일 수 있기 때문이며, 같은 조건하에서도 사소한 요인들로 인해서 일관된 반응을 얻기 어렵기 때문이기도 하다. 그러나 음악교육 영역에서도 음악에 대한 학습자의 반응을 정서적인 요인들과 관련지어 탐구하는 연구들은 지속적으로 수행되어 왔다.

학습자의 정서적 측면과 관련된 음악교육에서의 연구들은 음악에 대한 정서 변화의 본질을 규명하기보다는 학습자에게 나타나는 비교적 객관적인 설명이 가능한 음악에 대한 정서적 경향성에 집중해 왔다. 이와 같은 연구들은 음악과 관련된 정서 변화의 본질을 분석하기보다는 음악적 반응이나 행동에서 나타나는 정서와 관련된 행동 양상에 초점을 둔다. 음악과 정서에 대한 심리학적 탐구에서와 마찬가지로 음악교육 연구에서도 느낌(feeling), 감정(emotion), 기분(mood), 감

실험 전후의 경험이나 실험 환경, 실험 중 대상의 의식을 흐트러뜨리는 요인 등 결과에 영향을 미치는 변인을 통제하는 것은 정서 연구에서 가장 어려운 부분이다.

음악교육에서는 느낌, 감정, 정동, 정서 등의 개념 외에 미적 차원의 심미(審美)적 경험에서 나타나는 정서 반응을 '심미적 반응(aesthetic response)'으로 구별하여 설명하기도 한다. 이는 미적 경험의 의미 규명보다는 미적 경험이 일어났을 때의 정서 반응이 여타 음악적 경험에서 나타나는 정서 반응과는 질적 차이를 보일 수 있다는 것이다.

〈표 4-1〉 음악에 대한 정서 반응 연구에서 나타나는 용어

용어	의미
느낌 (feeling)	대상에 대한 물리적 인식, 이를 토대로 경험에 대한 인식을 연결 짓는 것. 반응을 유발하는 대상이 분명하여 '○○에 대한 느낌'으로 인과가 분명함
감정 (emotion)	일시적으로 통상적인 심리 상태로부터 일탈되는 현상. 과거나 현재의 상황에 대한 지각, 기억의 요인들 간의 복합적인 작용을 통하여 발생. 경험의 결과로 일정 기간 유지되는 정서의 상태에 집중
기분 (mood)	지속적으로 감도는 정감(情感). 복합적인 현상에 대하여 경험 주체가 지각 가능한 심리적인 변화로 나타남. 정서 변화의 구체적인 이유나 원인을 규명하지 않으며, 경험의 매우 사소한 특징에 대한 즉각적인 감지를 통해서도 발생
정동 (affect)	특정 느낌이나 감정의 상태보다는 경험으로부터 유발되는 내적 반응의 '변화' 또는 내적 움직임의 측면에 초점을 둠. 내면의 변화에는 느낌의 변화, 감정의 변화 등이 모두 포함될 수 있다는 점에서 느낌과 감정을 포괄하는 개념으로도 사용됨
감수성 (sensitivity)	음악적 자극에 대한 신속한 지각과 그에 반응하는 성향을 의미하며 개념상 인지적인 부분과 정서적인 부분을 모두 포함함. 음악에 대한 경험적 연구에서는 음악자극의 속성을 즉각적으로 인지하고 그에 대하여 정서적으로 반응하는 경험 주체의 성향을 지칭하기도 함
선호 (preference)	'태도'나 '취향(taste)'에 비해 보다 명백한 선택 행동으로 나타나는 정서 반응. 반복적 선택으로 나타나는 음악 선호는 음악의 어떤 특성이나 요인으로부터 유발된 정서적 경험이 긍정적이기 때문인 것으로 유추할 수 있음
취향 (taste)	음악을 포함하여 정신적 · 물리적인 대상 또는 사건이나 현상을 선호하는 지속적인 경향. 반복적으로 나타나는 음악에 대한 정서적 반응과 반응을 일으키는 음악적 요인과 제시 방식 등에 대한 판단과 평가가 개입됨

수성(sensitivity), 선호(preference), 취향(taste) 등의 용어들을 적용하면서 음악에 대한 정서 반응 변화와 그에 따른 행동 특성을 탐구하여 왔다(Abeles & Chung, 1996). 느낌이나 감정, 기분 등이 음악에 대한 반응의 심리적 측면에 주목한다면 음악 자체를 민감하게 받아들이는 학습자 성향으로서의 감수성이나, 음악에 대한 선택적 경향에 주목하는 선호, 취향은 음악에 대한 행동적 반응을 내포한다. 〈표 4-1〉은 음악에 대한 정서적 반응과 관련된 용어와 그 의미를 정리한 것이다.

2. 음악과 감정에 대한 다양한 관점

인간 감정(emotion)의 문제를 음악과 연결 지어 논의하는 것은 이미 그리스 시대부터라고 볼 수 있다. Aristotle은 작곡가, 연주가 등 음악을 만들어 내는 사람의 기질이나 감정이 음악에 담기어 듣는 사람에게 전달되면서 이러한 감정 상태가 전이 또는 모방될 수 있다는 이론을 제시한 바 있다(Aristotle, 1951). Aristotle 이후에도 음악이 듣는 사람에게 미치는 감정적인 영향은 지속적으로 관심의 대상이 되어 왔지만 이 문제를 비교적 논리적으로 탐구하기 시작한 것은 20세기에 들어와서라고 볼 수 있다. 다음에서는 음악과 감정 유발의 관련성에 대한 주요 관점들을 살펴보면서 음악경험에서 나타나는 감정적인 반응의 특성을 알아보도록 한다.

음악과 정서에 대한 연구에서는 'emotion'이 가장 보편적으로 사용된다. 그러나 그 의미에 있어서는 느낌과 정동의 차원을 포용적으로 다루고 있다.

Aristotle의 감정 모방론은 Plato로부터 유래한다고도 볼 수 있다. 물론 Plato에 있어서 음악이 내포하는 감정의 원천은 자연의 일부로서 소리가 지니고 있는 우주적 조화로움의 정도에 기반한다는 점에서 차이를 보인다.

1) 철학적 관점

음악이 듣는 사람에게 어떠한 내적 변화를 일으킨다는 것은 당연하게 받아들여진다. 그렇지만 그러한 반응의 본질이 무엇인지, 또한 반응을 일으키는 기제가 무엇인지에 대한 정확한 설명은 자주 회피되곤 한다. 그 이유는 음악을 듣는 것으로부터 일련의 정서적 반응이 일어나는 과정에는 매우 다양한 요인이 관여할 수 있으며, 무엇보다도 반응 유발의 원천이 되는 음악의 성격 또한 다양하기 때문이다.

철학적 탐구에서도 감정(emotion)은 인간의 내면을 이해하는 중요한 통로였으며 이미 그리스 시대부터 음악은 인간의 감정에 직접적인 영향을 미치는 요인으로 이해되어 왔다. Aristotle(1951)은 음악을 인간 기질을 담고 있는 '모방의 형식(music as form of imitation)'으로 보았다. 음악의 리듬과 멜로디는 분노, 온유, 용기, 흥분과 같은 인간의 기질을 모방(mimesis)하는데, 음악의 인간 기질 모방성은 리듬, 멜로디의 움직임으로 인해 발생하는 '운동력(pressure of movement)'으로부터 유래한다고 보았다. 이와 같이 음악은 소리의 움직임을 통해서 특정한 기질적인 인상(부드러운 vs. 거친, 공격적인 vs. 설득적인, 경쾌한 vs. 침울한 등)을 모방하며, 이러한 인상은 듣는 사람의 마음에 기질의 흔적을 남기게 되고, 만일 특정한 기질의 흔적이 반복하여 지속적으로 남게 된다면 그 기질은 음악을 듣는 청자의 마음, 즉 청자의 감정이나 정서에 변화를 주게 된다는 것이다. 이후 음악이 인간의 감정에 미치는 영향은 르네상스 미학에서도 나타나는데, Vincenzo Galilei(1581)는 음악이 다른 예술의 형태보다도 더욱 효과적으로 인간의 열정을 표현할 수 있으며, 이러한 열정의 전달이 음악의 존재 이유라고 강조하기도 하였다(Herman, 1973).

현대 음악철학에서는 음악이 인간 정서에 반응하거나 영향을 미친다는 점을 전제로 놓고, 그 음악이 감정 반응을 일으키는 원리에 대한 사유에 초점을 두어 왔다. 이에 대한 이론들은 크게 '외형적 주정주의(appearance emotionalism)' 관점과 '과정이론(process theory)' 관점으로 나누어 볼 수 있다. 문학의 주정주의에 근간을 두고 있는 외형적 주정주의 관점은 음악은 감정을 느끼게 하는 것이 아니라 감정을 표현하는 것이며, 음악의 감정 표현력은 감정과 관련된 인간의 표정, 몸짓, 걸음걸이, 억양과 같은 행동의 모습과 관련이 있다고 보는 것이다(Davies,

외형적 주정주의 관점으로 본다면 음악은 실제적인 감정의 발동 없이 표현할 수 있으며 음악을 듣는 청자는 음악에 표현된 감정을 실제로 느끼는 것이 아니라 그러한 감정이 표현되었음을 알게 되는 것이다.

2006). 이러한 표현성이 완벽하게 객관적일 수는 없지만 문화적 차원에서 어느 정도의 공유치를 가지고 있기 때문에 특정 음악으로부터 알아챌 수 있는 감정은 어느 정도 유사할 수 있다고 설명한다. 이에 비하여 과정이론은 음악적 경험에서는 음악에 표현된 감정에 대한 인식과 실제로서의 감정 유발이 상호 관련적으로 발생한다고 본다(Robinson, 2005). 청자는 음악에서 나타나는 표현적 특성을 '인지'함과 동시에 그에 대한 즉각적인 반응을 일으키게 되면서 스스로 어떠한 감정 상태에 이르게 되는데, 이때의 감정 상태는 음악의 전개에 따라 변형, 혼합, 갈등, 모호함을 유발하면서 어떤 감정에서 또 다른 감정으로 이동하는 과정의 경험을 일으킨다고 본다.

> 20세기의 음악철학자 Kivy(1980)는 '윤곽이론(contour theory)'과 '관습이론(convention theory)'을 음악 표현성의 두 가지 요인으로 설명하였다. 감정 표현의 외형적 특징을 닮은 음악 표현으로 정서적 의미를 전달할 수 있으며 동시에 정서에 대한 표현성은 관습을 통해서 형성된다고 보았다.

2) 기대이론의 관점

L. Meyer(1956)의 이론을 모태로 하는 일련의 '기대이론(expectancy theory)'은 음악경험에서 나타나는 정서경험에 대한 이후의 연구에 많은 영향을 끼쳤다. 기대이론은 정서경험의 동인을 음악이 구성되는 특징에 두고 있지만 기대이론에서 음악적 요인들은 지시적(referential)인 방식으로 작용하지 않는다. 최초의 기대이론에서 Meyer(1956: 35)는 음악과 정서의 관련성을 음악이 지닌 표상적(representational) 상징성으로 설명하였다. 그는 "하나의 음악적 사건은 그것이 또 다른 음악적 사건을 지목하며, 청자로 하여금 또 다른 음악적 사건을 기대하게 함으로써 '의미(meaning)'를 생성하게 된다."라고 주장하였다. 결국 다양한 방식으로 전개되는 음악적 사건들이 갖는 의미는 청자의 음악에 대한 '기대(expectation)'를 전제로 존재하게 되는 것이다. 음악이 청자가 가지고 있는 음악적 기대들과 부합하거나 엇나가면서 복잡하고 미묘한 정서 반응을 일으키게 된다는 것이 기대이론의 주장이다.

그렇다면 인간의 '기대'가 어떻게 감정을 유발하는 것일까? 이에 대하

> Meyer는 연구의 시작에서 '무엇이 음악을 위대하게 만드는가'에 중점을 두었다. 그는 예술적 가치를 인정받아 온 일련의 음악작품에 대한 분석을 통해서 음악은 구조적으로 목적 지향적인 성향(상승-하강, 긴장-해결, 반복-변화, 이탈-회귀)을 띠게 되는데, 음악작품의 목적 지향성에 대한 청자의 인식과 기대가 음악 안에서 어떻게 전개되는가에 따라 작품의 예술적 가치에 대한 평가를 내리게 되며, 동시에 그 기저에 음악경험에 대한 정서적 반응이 작용하는 것으로 보았다. 기대이론에 이어 Meyer는 음악의 의미 발생을 상징성과 본질의 유사성 양면에서 해석하는 '정보이론(information theory)'으로 확대하였다.

여 G. Mandler(1984)는 음악과 관련된 기대와 그에 따른 정서 반응은 기대치 못한 상황에 반응하는 인간의 생물학적 본능의 한 예라고 주장한다. 일어나지 않은 일을 예상하는 능력은 인간이 생존을 위해서 보유하고 있는 본질적인 능력이다. 인간의 많은 행동의 기저에는 곧 발생할 것으로 예상되는 어떤 상황들에 대한 의식들이 자리잡고 있다. 만일 원시시대에 이러한 예상이 어긋난다면 자칫 생존에 영향을 미칠 수 있는 결과를 초래할 수 있었을 것이다. 따라서 인간의 본능상 예상치 못한 현상을 경험하는 것은 인간의 의식에 영향을 미치는 원인이 된다고 볼 수 있다. 의식의 상승이 직접적으로 정서적 반응을 일으킨다고 볼 수는 없겠지만, 상승한 의식은 심장박동, 호흡 또는 몸의 떨림과 같은 일련의 신체반응을 동반하게 되는데, 감정은 이러한 반응의 결과로도 유발될 수 있다는 것이다.

음악적 경험의 과정에서 발생하는 정서의 실체가 무엇이든, '기대이론'에 따르자면 정서는 음악이 의미 있는 사건으로 경험될 때 발현된다. 음악적 의미는 청자가 어떤 방식으로든 음악적 사건을 감지하고 나아가 그 사건을 기반으로 어떠한 '기대'를 갖게 될 때 발생한다. 청자가 무엇을 들을 수 있고 그로부터 어떤 예상이나 기대를 할 수 있는가가 정서적 반응의 원동력이라는 점은 음악교육적으로도 의미 있는 지점이다.

3) 정신분석학적 관점

음악에 대한 정서 반응에 대한 정신분석학적 관점은 음악 자체의 정서 표현성보다는 음악을 들으면서 청자가 정서적 경험을 할 때 발생하는 내적 변화에 초점을 둔다. 정신분석학자 Pinchas Noy는 20세기 전반에 이루어진 음악의 의미에 대한 이론들을 연결하여 음악과 인간 내면의 관계를 정신역학적 관점에서 해석하였다(Noy, 1982).

Noy는 음악이 인간 내면에 미치는 영향력은 언어 사용 전 시기인 유아기에 경험하는 소리를 통한 소통경험과 관련이 있다고 보았다. 소리는 인간 소통의 중요한 원천이고 언어체계가 완전하게 발달하지 못한 유아기에는 본능적으로 생존, 존재와 관련된 사건을 소리와 민감하게 연결 짓게 되는데, 이러한 경험들은 무의식의 세계에 각인되어 내재되고 이후 음악에 대한 무의식적 반응 기반으로 작용한다고 해석한다. 음악이 청자에게 유발하는 반응에 대해 Noy는 그간 제시되어 온 음악미학적 관점을 청자가 음악의 표현성을 인지하는 원리로 수용하고 있다. 그러나 그는 청자가 직접적으로 느끼는 정서적 반응의 본질은 음악적 자극을 통해서 활성화되는 무의식적 자아와 관련되어 있다는 점을 분명히 하고 있다(Noy, 1982: 179-180). Noy에 따르면 음악은 휴면 상태인 뇌를 활성화하면서 음악을 듣는 것을 즐겁게 만들며, 청자가 조성의 발전, 선율의 변화 등을 발견하게 될 때 자신을 행위의 중심으로 인식하면서 음악을 자아의 의미와 존재의 역동성을 일깨워 주는 원천으로 인식하게 된다고 보았다.

정신분석학적 이론들은 음악과 감정의 관계는 복잡하며, 음악이 감정에 영향을 미치는 과정은, 음악이 무의식적인 중요성을 띠게 되고, 이것이 충동적인 힘에 영향을 끼치며, 이어서 자아 작용(ego function)으로 전환하게 되는 몇 가지의 단계를 거친다고 주장한다. 이때의 자아 작용이 어떤 것이냐에 따라 다시 몇 개의 학설로 나누어지게 되는데, 음악을 본능적인 충동에서 유래하는 활동으로 보는 리비도이론, 음악을 구조적인 첫 번째 기능과 사회적인 변화와 출동을 일으키는 두 번째 기능의 두 층으로 보는 이론, 음악이 청자에게 일으키는 영향을 능동적인 요인과 피동적인 요인으로 보는 Noy의 이론 등이 있다(Noy, 1966; 1967a; 1967b; 1967c; 1967d). 이러한 정신분석학적 이론들은 일반적으로 음악에 대한 정서적 반응을 음악적 경험 안에서 펼쳐지는 인간의 무의식적 영역에서 발생하는 현상으로 보려는 공통적인 경향을 가지고 있다.

Noy는 음악의 표현성에 대한 이론을 폭넓게 수용한다. 음악에는 지시적 측면, 내러티브적 서사성뿐만 아니라 음악적 소리의 특성에 의해서 직접적으로 유발되는 반응까지 다양한 정서 유발 가능성이 있다고 보았다. 정신분석학자로 Noy가 초점을 둔 것은 음악의 표현성과 상호작용하는 인간의 내적 자아의 반응과 그에 따라 구축되는 개인에게 있어서의 음악의 의미이다.

자아 활성화에 기여하는 음악의 의미에 대한 정신분석학적 접근은 음악치료학의 분야에서 많은 관심을 모아 왔다.

4) 신경생리학적 관점

음악과 정서 간의 관계성 해석에서 인지적 측면에 대한 연구가 이어
지면서, 음악적 반응을 신경생리학적 관점(neurophysiology theory)에서
규명하려는 시도들이 확장되어 왔다. J. C. Roederer(1974) 이후 활기를
띠기 시작한 음악 반응에 대한 신경생리학적 접근은 음악경험에 대한
보다 객관적이고 과학적인 이론의 정립을 목적으로 하였다. Roederer
는 음악이 의미를 전달하고 감정적인 반응을 일으키게 되는 현상에 대
한 두 가지의 가능성 있는 설명을 제시하였다. 첫 번째 설명은 Meyer
의 이론과 상당히 비슷하지만, Roederer의 경우 신경생리학적 근거를
들어 설명하고 있다. Roederer에 의하면 인간의 신경구조는 입력된 최
소한의 정보에 의존하는 경향이 있기 때문에 상당 부분을 과거의 경험
에 바탕을 둔 '예측(prediction)'에 의존하게 된다. 따라서 기대치 못했던
음악적 사건이 일어나게 되면 이 새로운 정보를 처리하기 위하여 더 많
은 신경계의 활동이 필요하게 되고, 이때 이른바 '음악적 긴장(musical
tension)'이라 부를 수 있는 신경계의 긴장이 발생하게 된다. 이러한 부
가적인 반응은 무의식적으로 진행되기 때문에 익숙한 작품을 들을 때
도 청자는 비슷한 흥분을 경험하게 된다고 Roederer는 주장하고 있다.
두 번째로 음악작품을 들을 때 발생하는 감정적인 반응은 음악이 처리
되는 과정에서 발생하는 변연계(limbic system)의 작용과 관계 있다고 보
았다. 이 변연계의 작용은 앞서 설명한 신경계의 흥분과 연관성이 있
다. 변연계의 주된 역할은 신경계의 자가보존 기능을 유지하는 것인데,
신경계의 흥분 정도에 따라 주어진 환경에 대하여 보상이나 징계의 기
능을 하게 된다. 음악을 듣는 동안 진행되는 대뇌 변연계의 이러한 보상
과 징계의 과정은 음악적 경험에서 나타나는 정서적 반응의 근거가 된
다고 설명하고 있다.

이와 같이 신경생리학적 관점은 음악경험으로부터 야기되는 인지

적·정서적 반응을 뇌, 그리고 자극에 대한 뇌의 작용으로 보고 연계적으로 설명하려는 총체적인 노력을 시도해 오고 있다. 느낌(feeling)을 자극에 대한 반응에서 발생되는 뉴런 간의 신호 작용으로 보면서, 인식을 경험의 과정에서 일어나는 느낌(feeling)–신체(embodiment)–의식(conscious) 연결로 접근하는 A. Damasio(2000)의 신경생리학적 접근은 음악적 경험에 대한 철학적 논의에서도 관심 있게 다루어지고 있다.

> Damasio는 자극의 신경적 처리의 과정에서 유발되는 '느낌(feeling)'을 감정 발생의 원인으로 본다. 또한 감정이 행동뿐만 아니라, 의사결정을 안내하고 정향한다고 보는 '신체표지가설(somatic marker hypothesis)'을 통해서 인간의 인식은 근본적으로 감정적 입력을 필요로 한다고 주장한다. Damasio가 특별히 음악적 경험이나 정서에 초점을 둔 것은 아니지만 Reimer와 Elliott 모두, 음악과 느낌(feeling), 음악과 몸(body)의 관계성에 대한 해석에서 Damasio의 이론을 언급하고 있는 것은 흥미로운 점이다.

3. 음악으로부터의 정서 유발

음악에 대한 정서 반응의 동인이 음악이라는 점에서, 음악의 어떤 속성이 청자의 정서 반응을 유발하는가에 대한 연구는 청자의 정서경험의 본질에 대한 연구와는 또 다른 관점에서 음악의 표현성(expressivness of music)을 탐색하여 왔다. 음악에 대한 청자의 정서적 반응은 극히 주관적인 것이지만, 정서 반응의 시작점을 제공하는 음악의 구성 특징이나 내적 속성은 문화와 경험을 가로질러 정서 반응을 일으키는 요인으로 작용한다는 것이 이러한 연구들의 견해이다. 다양한 음악적 특징의 조합으로 진행되는 음악경험은 청자에게 정서적 반응의 실마리를 제공하며, 청자가 자신의 경험과 음악적 특징들을 다양한 방식으로 연결 지으면서 개인적 경험으로서의 정서적 반응이 유발된다고 볼 수 있다. 다음에서는 음악경험에서 정서적 반응을 유발하는 음악적 요인들과, 음악이 정서적 경험으로 연동될 때 나타나는 유형적 특징을 살펴보기로 한다.

1) 감정 유발 요인으로서의 음악적 특징

음악이 청자에게 정서적 반응을 일으킨다면 그것은 소리를 통해서 일 것이다. 소리가 음악으로 탄생하기 위해서는 음악적 의미를 담을 수 있는 소리의 조직이 우선적인 조건이다. 음악의 재료인 소리의 특징은 진동으로서 낱소리가 갖는 지속시간(duration), 음량(loudness), 음고(pitch), 음색(timbre) 등의 분절적인 특징(segmental)과 이런 소리들이 음악으로 구성되면서 형성되는 구조적 특징(suprasegmental 또는 structural)으로 생각해 볼 수 있다. 음악의 표현성에 대한 연구에서는 음악을 구성하는 소리의 분절적 특징과 함께 음악의 구조적 특징이 모두 음악의 표현성에 기여한다고 본다(Scherer & Zentner, 2001).

특정 음악 구성 요소가 특정한 감정에 더욱 영향을 미칠 수 있다고 보는 연구는 다양하다. 청자의 감정 유발에 영향을 미치는 가장 대표적인 음악적 요소 중에 하나는 빠르기이다. 느린 빠르기로 연주되는 가락은 '슬픔' '침잠'과 같이 에너지가 적게 실리는 감정들과 관련되며, 빠른 빠르기의 음악들은 '격동' '분노' '환희'와 같이 많은 에너지를 함축하는 감정들과 관련된다고 보아 왔다.

음악이 불러일으키는 감성적인 반응을 과학적으로 추적하기 위하여 '형용사 분류표'를 처음 적용했던 K. Hevner(1936)는 청자에게 감성적 반응을 불러일으키는 주요 요인을 빠르기로 보고 선택된 음악적 예들을 느리게(63~80 bpm) 또는 빠르게(102~152 bpm) 변화하여 들려주고 선택된 형용사들의 양상을 비교하였다. 느린 빠르기로 연주되었을 때는 '잔잔한' '고요한' '조용한' '슬픈' '부드러운' '꿈꾸는 듯한'과 같은 일관성 있는 형용사들이 선택된 반면, 같은 선율을 빠르게 연주했을 때는 '즐거운' '행복한' '흥분되는' '역동적인' 등과 같은 형용사들이 선택되어 빠르기에 따라 음악이 표현하는 감정은 매우 다르게 받아들여지는 것으로 나타났다.

빠르기가 음악에 표현된 감정을 해석하는 데 미치는 영향은 서양 조성 음악이 따라 온 오랜 기간의 관습적인 표현에 의하여 학습된 양상일 수 있지만, 동시에 일상의 감정적인 경험에서 느끼는 호흡이나 맥박, 신

소리로서 경험되는 음악의 다양한 요소는 청자에게 특정한 정서적 반응을 불러일으키거나 혹은 적어도 감정을 암시하는 '코드(code)'로 작용하는데, 이러한 암시성을 기반으로 작곡가와 연주가들은 청중과 정서적 교감을 시도할 수 있을 것이다(Juslin & Laukka, 2003).

체가 자연적으로 경험한 소위 '페이스(pace)'의 속성과 유사한 기억을 떠오르게 하기 때문일 수도 있다. 사실, 빠르기와 음세기 그리고 음의 높낮이로부터 특정 감정의 표현을 읽거나 느끼는 것은 단지 서구음악 문화권의 음악과 청자에게서만 발견되는 것이 아니며 다양한 문화권의 음악과 청자들에게서도 나타난다는 것이 과학적으로 확인되어 왔다. 빠르기 외에도 악곡의 조성(tonality)이나 모드(mode), 셈여림(loudness), 가락(melody), 음색(timbre) 요소는 음악에 감정적 표현성을 부여하는 중요한 특징으로 여겨진다(Gabrielle & Stromboli, 2001).

음악의 구조적 특징과 청자의 감정 해석, 또는 감정 반응에 대한 연구에서 특정 음악 요소와 특정 감정의 관계성은 두 가지의 관점에서 논의되고 있다. 첫 번째는 음악의 표현적 특징들이 인간의 감정 표현 방식과 공통점을 갖는다고 보는 견해이다. 예컨대, 감정 변화에 따라 나타나는 목소리의 음색, 말의 빠르기, 어조의 고저 등의 외적 양상이 음악의 외적 특징과 닮아 있을 때 유사한 정서적 반응이 나타난다고 보는 것이다. 인간의 감정 표현 방식과 그것을 해석하는 체제에는 빠르기와 강세, 소리의 높낮이 등의 특성을 조절하여 감정을 소통하는 체제가 있는데 이 체제가 언어뿐 아니라 음악적 경험에도 동일하게 작용하고 있다고 보는 것이다(Juslin & Laukka, 2003; Thompson & Balkwill, 2010).

두 번째로는 음악의 표현적 특징과 감정 반응 간의 관련성이 문화적으로 습득되는 것인지 혹은 관습적 경향을 뛰어넘는 본질적 연관성인지에 대한 것이다. 이러한 연구에서는 서양 조성음악의 음악적 변인들이 비서양 문화권 청자에게도 유사한 감정 해석이나 반응을 일으키는지에 초점을 둔다. 이러한 연구들의 결과에서는 음악이 불러일으키는 감정 반응 양상은 대체로 관습적으로 현성된다는 점을 인정하면서도 어떤 요인들은 문화나 관습과 상관없이 공통적인 반응을 일으키는 것으로 나타난다.

그 밖의 음악 요인이 청자의 감정에 미치는 영향은 연구 방식이나 결과에 있어서 광범위한 분포를 보인다. 이들 연구(Nielzen & Cesarec, 1982; Vieillard, Peretz, Gosselin & Khalfa, 2008; Wedin, 1972)에서 비교적 일관성 있게 나타난 연관성은 조성적 특징에서 장조는 긍정적 반응(기쁜, 유쾌한, 밝은, 흥겨운 등) 그리고 단조는 부정적 반응(슬픈, 우울한, 몽롱한 등)과 관련이 있으며, 빠르고 강한 음악들은 역동적 반응(힘찬, 장중한, 생동감 있는 등), 느리고 조용한 음악은 비역동적인 반응(부드러운, 나른한, 평온한, 몽롱한 등)과 일관성 있는 상관관계를 보였다. 그러나 흔히 언급되는 음악과 관련된 검정들, 예컨대 사랑, 분노, 절제, 고통 등과 같은 복잡한 감정들과 관련된 특정 음악 요소의 관련성은 모호하다.

Balkwill과 Thompson(2003)은 서양의 청자들에게 인도의 라가(ragas) 음악을 들려주고 음악에 표현된 감정을 해석하도록 하였다. 인도의 라가음악은 특정 감정을 표현하기 위하여 특정한 방식의 모드와 연주 방식을 사용하는데, 청자들은 인도 음악에 익숙하지 않았음에도 불구하고 몇몇의 모드에 대해서는 공통적인 감정 반응을 보였다.

2) 감정 언어로서의 음악

빠르기나 강세, 음의 높낮이 등이 음악을 구성하는 요소임에는 분명하지만 이러한 기본적인 요소만으로 음악의 정서 표현성을 구체적으로 설명하기 어렵다. 그러나 음악과 정서 또는 감정의 관계를 설명하는 다양한 이론 가운데서 Deryck Cooke(1959)은 음들의 구성 방식을 통하여 작곡가는 상당히 구체적인 수준으로 감정 표현의 의도를 청자와 교류할 수 있다는 이론을 제시하였다. Cooke은 음악이 다양한 유형의 선율(melody)과 패턴들로 구성되는데 이러한 음악의 선율적 특징이 특정 감정을 표현 혹은 유발시키는 근원이라고 제안하고 있다. 그는 작곡가들이 선율 구성의 방식을 통하여 미묘하면서도 강력한 감성적 표현을 시도한다고 주장하면서, 음악이 '감성적 언어(emotional language)'로 이해되는 이유를 선율구조의 표현성에서 찾고자 하였다. Cooke이 제시하는 가락구조와 감정 표현 간의 상관성은 매우 구체적으로, 상행 장3도는 기쁨과 승리, 상행 장6도는 기쁨에 대한 갈망, 단6도는 고뇌, 증4도는 적대감과 파멸을 암시하는 식이다. Cooke의 이러한 주장은 상당히 방대한 수의 가사가 있는 음악작품들에서 나타나는 형용사와 그에 부여된 가락의 구조를 분석하여 얻어진 결과로서 감정 표현과 가락 구성 방식 사이에 신뢰할 만한 일관성이 있음을 주장하고 있다.

흥미로운 점은 Cooke이 제시한 가락 구성 방식과 감정 형용사 간의 상관관계는 단지 서양 클래식 음악에만 국한되는 것이 아니라는 점이다. Cooke이 제시한 감정 언어로서의 음악은 마치 언어의 단어처럼 선율의 음정구조, 조성, 선율의 움직이는 방식에 의해서 특정 감정을 구체적으로 '제시'할 수 있다는 것이다. 이러한 주장에 전적으로 동의하기 어렵다고 할지라도 장3화음과 단3화음이 불러일으키는 즐거운 얼굴과 슬픈 얼굴, 그리고 증4도가 주는 불편한 긴장감은 꽤나 다양한 연구에서 일관성 있게 증명되어 왔다.

> Cooke은 음악이 특정한 느낌이나 감정, 움직임 등을 구체적으로 묘사할 수 있는 내재적인 표현 기제를 가지고 있다고 보았는데, 음악의 이러한 표현 속성은 음악에 표현된 감정 해석의 근거임과 동시에 청자의 정서 반응을 실제로 이끌어 내는 동인이며, 문화의 경계를 초월하는 본질적인 특성이라고 설명하고 있다.

소리의 다양한 구성 방식을 통하여 특정 정서 혹은 감정을 함축할 수 있다는 '감정 언어' 이론은 음악을 매개로 한 감정 표현의 기제를 객관화시키고자 함으로써 음악경험 과정에서 나타나는 청자의 감정의 실체에 대한 다양한 시각을 불러왔다. 만일 선율의 구조가 특정 감정을 암시하고 이를 청자가 알아챌 수 있는 방식으로 음악이 감정을 전달한다면 청자가 일으키는 감정적 반응은 알아차려진 것일까? 혹은 불러일으켜진 것일까? 두 가지 경우 청자는 어떤 음악을 '슬픈' 혹은 '즐거운' 등의 형용사로서 설명하겠지만 읽힌 감정과 촉발된 감정 사이에는 많은 차이가 있을 것이다. 사실 음악을 들으며 경험하는 청자의 반응은 때로는 읽히기도 하지만 많은 경우에 그러한 감정 가운데 빠져드는 듯한 생생한 정서로 체험되기도 한다. 음악에 대한 청자의 정서적인 반응 또는 감정적인 변화가 인지적 활동의 소산물인지 또는 실제로 촉발되는 감정의 문제인지에 대한 견해는 이후의 연구에서는 인지주의론(cognitivism)과 감정주의론(emotivism)으로 나뉘기도 한다(Radford, 1989; Scherer & Zentner, 2001).

> 음악과 감정에 대한 연구에서 표현된 감정과 느껴진 감정에 대한 논쟁은 지속적으로 이어져 왔다. 그러나 경험의 주체인 청자의 입장에서 보았을 때 음악에 대한 반응은 복합적인 측면을 띤다. A라는 음악이 즐겁게 들린다는 것은 그 음악(소리)에서 '기쁨'을 표현하려는 의도를 알아챘다는 것과 그러한 음악을 듣고 있는 자기에게 발생하는 스스로의 느낌이 함께 작용하는 것이며, 이 과정에서는 음악의 특징에 대한 객관적인 인지와 함께 청자 자신의 개인적인 맥락이 복합적으로 작용한다고 볼 수 있다.

3) 정서적 반응의 경로: BRECVEMA 모델

음악적 경험에서의 청자에게 일어나는 감정 반응은 다양한 경로로 설명되어 왔다. P. N. Juslin과 D. Västfjäll(2008, 2010)은 음악이 청자에게 감정을 이끌어(elicit) 낼 수 있는 경로를 최초 일곱 가지로 제안하면서 각 요소의 첫 알파벳을 추려 BRECVEM 모델(1차)을 제안하였다. 모델에 포함된 일곱 가지의 방법은 음악이 듣는 사람에게 실질적인 감정적 반응(emotional response)을 유도하는 경로로서 그간 논의되어 왔던 음악이론적 · 심리학적 · 사회문화적 요인들이 다양하게 고려되었다.

첫 번째 요인은 'Brain stem reflex'로 음악에서 나타나는 음향적 특성이 뇌간(brain stem)을 자극하면서 잠재적으로 중요한 사건으로 인식하

여 감정적인 반응이 유도되는 과정이다. 음악은 근본적으로 소리자극
이며 이러한 소리자극의 특징들(안정적이거나, 갑작스럽거나, 시끄럽거나,
부조화스럽거나, 빠르거나, 거칠거나)이 청자의 신경계를 자극하며 이러한
자극은 흥분, 쾌감, 불쾌감을 유발할 수 있다.

두 번째 요인은 '리듬적 동화(Rhythmic entrainment)'로 음악의 리듬이
청자 내부의 신체적 리듬(심장박동, 호흡 등)에 영향을 미치면서 감정적
인 반응으로 이어지는 과정이다. 신체의 리듬이 일정하게 지속되는 외
부 자극에 동화되면서, 이에 대한 파생적 반응으로 감정적 변화를 유발
할 수 있다고 본다.

세 번째 요인은 '평가적 조건화(Evaluative conditioning)'로 특정 음악
이 개인에게 특정 감정을 불러일으켰던 외부 조건이나 상황과 연동되
면서, 그 음악을 들을 때마다 청자에게 관련된 특정 감정을 실제로 유발
하는 것을 의미한다. 음악과 감정의 조건화는 다회차에 걸쳐 연결되면
서 조건화를 형성하게 된다.

> 친구를 만날 때의 즐거운 기분에서
> 듣는 음악이 반복적으로 연동되면,
> 그 음악은 '즐거움'이라는 감정 반
> 응을 일으키는 영향력을 갖게 된다.

네 번째 요인은 '감정적 감염(Emotional contagion)'으로 청자가 음악
에 표현된 감정을 인지함과 동시에 그 감정에 실제로 동화되어 감정 반
응이 유도되는 것이다. 감정적 감염의 방식은 인지된 정서가 청자에게
체화된 근육 반응을 상기시킴으로써 내면적으로 감정의 표현을 모방하
거나 뇌에서 관련된 감정이 활성화되면서 반응이 유도되는 것으로 설
명한다.

> 감정적 감염의 의미는 '음악이 특
> 정 감정을 표현하고 있다'는 것을
> 감지하는 수준을 넘어서 실제로 음
> 악에 표현된 감정에 빠지게 되는
> 것을 의미한다.

다섯 번째 요인은 '시각적 이미지(Visual imagery)'로 음악을 들으면서
음악의 특징이 청자로 하여금 시각적 이미지를 연상시킴으로써(아름다
운 풍경을 연상시켜 편안한 느낌을 갖게 하는) 연상에 대한 감정 반응이 유
도되는 것을 의미한다.

여섯 번째 요인은 '일화적 기억(Episodic memory)'으로 음악이 청자의
삶의 특정한 사건에 대한 기억을 떠올리게 해서 듣는 사람에게 그 사건
과 관련된 감정이 발생하는 과정을 말한다. 이렇게 유도되는 감정은 음

악 자체의 영향이라기보다는 청자의 개인적인 경험이라는 음악 외적
요인에 의한 것이라고 볼 수 있다.

일곱 번째는 '음악적 기대(Musical expectation)'로 앞서 설명한 기대이
론에 따른 경로로서 음악의 전개과정에서 청자의 음악적 기대가 충족
되거나 어긋나면서 듣는 사람에게 감정이 유도되는 과정을 말한다.

Juslin과 Västfjäll의 모델에 따르면 음악이 청자에게 감정적인 반응을
불러일으키는 경로는 다양하며 또한 복합적이다. 이러한 경로를 통해
서 발생하는 감정적 반응이 식별된 감정인지 또는 유발된 감정인지에
대해서는 여전히 명쾌한 결론을 내릴 수는 없지만, 모델에서 제시하고
있는 정서 발생의 방식은 청자 개인으로 하여금 음악에 대한 미적 가치
판단을 위한 매트릭스로 작용하면서 단순한 감정 유발에서 한 단계 심
화하여 심미적 반응으로 확장될 수 있다고 제안한다. 심미적 반응은 음
악을 미적 음미의 대상으로 경험할 때 나타나는 특별한 정서 반응으로
볼 수 있는데, Juslin(2013)은 '미적 반응(Aesthetic response)'을 감정 유발
의 또 하나의 요인으로 추가하면서 그의 이론을 BRECVEMA 모델로 확
장하였다.

> 미적 반응(Aesthetic response)에
> 는 음악작품 또는 음악에 대한 가
> 치 판단의 측면이 포함되기 때문에
> 이를 정서 반응으로 해석하기 어려
> 운 측면이 있지만, Juslin은 음악 또
> 는 특정 음악작품이 아름답다고 느
> 낄 때, 또는 가치 있다고 판단할 때
> 그에 따른 감정적인 반응이 나타
> 날 수 있다고 보았다. 정확히 말하
> 자면 음악적 아름다움을 느꼈을 때
> 발생하는 청자의 정서적 반응을 의
> 미한다고 생각할 수 있다.

4. 정서 반응의 측정 방법

음악에 대한 청자의 정서적 반응에 대한 연구를 어렵게 하는 주된 이
유 중에 하나는 정서 반응을 측정할 수 있는 객관적이고 일관성 있는 측
정 방법의 선정이 어렵다는 것이다. 실제로 유사한 목적을 갖고 실시된
음악에 대한 정서 반응 연구들에서 서로 다른 측정 방법을 적용하여 서
로 다른 결론에 도달하고 있는 경우들을 종종 발견하게 된다. 예컨대,
어떤 연구에서는 청자의 구두 보고(verbal report)로 반응의 양상을 탐색
한다면, 다른 연구에서는 심장박동이나 혈압 상승 같은 생리적 반응을

포함시키기도 하며, 정서 변화를 보기 위해서 음악적 자극에 직접 노출
시키는 경우도 있지만 과거의 경험을 상기하거나 일반적인 이해에 근
거하여 피실험자의 생각을 묻기도 한다. 또한 자극으로 활용될 수 있
는 음악의 다양성은 음악에 대한 청자의 반응 연구를 까다롭게 만드는
또 하나의 중요한 원인이 될 수 있는데, 고전 음악에서부터 대중음악,
Bach에서부터 초현대 음악에 이르기까지 다양한 특성을 지닌 수많은
음악이 이러한 연구의 자극으로 쓰일 수 있다는 점이다. 존재하는 수많
은 음악적 예는 음향적 자극으로서의 객관적인 특징 외에 독립된 음악
작품으로서 사회적·문화적 특징들을 내포하며 이러한 요인 역시 나름
의 경험 맥락을 갖는 청자의 음악적 반응에 다양하게 관여할 수 있기 때
문이다. 이 같은 이유로 청자의 음악적 반응에 대한 연구에서는 단지 심
리학적 측면뿐 아니라 청자의 사회-문화적인 특징을 변인의 주요 요인
으로 다루기도 한다. 반응 수준의 다양성이나 연구 매체로서 음악이 갖
는 다양성에도 불구하고 음악 반응에 대한 경험적 연구들이 고심하는
공통적인 문제는 청자의 반응 측정에 있어 어떤 방법이 보다 정확하며
동시에 신뢰할 수 있는가이다. 다음에서는 음악에 대한 정서 반응 연구
에 적용되는 주요 측정 방법을 알아보도록 한다.

1) 구어적 측정 방법

구어적 측정 방법(verbal report)이란 연구 대상자들의 음악적인 경험
에 대한 구어적 보고자료에 근거하여 그 양상을 추적하는 방법이다. 구
어적 측정 방법에는 경험을 자유로이 진술하는 서술형 보고 방법, 객
관식의 설문조사 방법과 다양한 종류의 형용사 분류도구들(adjective
descriptors)이 있다. 형용사 분류도구들은 음악을 통하여 감정(emotion)
이 표현되거나, 음악을 들음으로써 감정이나 일시적인 기분(mood)이
유발될 수 있다는 가정에 근거하여 적용된다. 따라서 경험적 연구에서

형용사 분류도구는 일시적인 기분이나 감정을 측정하는 대표적인 방법으로 볼 수 있다. 형용사 분류도구들은 반응 양상의 증거들을 모으는 방식에 따라서 '형용사 분류목록(adjective checklist)' '의미 차등법(semantic differential scale)', '평가척도 방법(rating scale)'으로 구분할 수 있다.

(1) 형용사 분류목록

형용사 분류목록(adjective checklist)의 도입은 1927년 Schön과 Gatewood가 10개의 음악적 예에 대한 청자의 반응을 조사하는 과정에서 형용사들로 구성된 선택지를 사용함으로써 시작되어, 이후 Hevner (1935, 1936, 1937)의 수정을 거쳐 현재에는 가장 빈번히 쓰이는 반응 측정 방법이라고 볼 수 있다. Hevner의 형용사 분류목록은 느낌이나 기분을 나타내는 65개의 형용사를 선별하여 이들을 다시 서로 유사한 의미

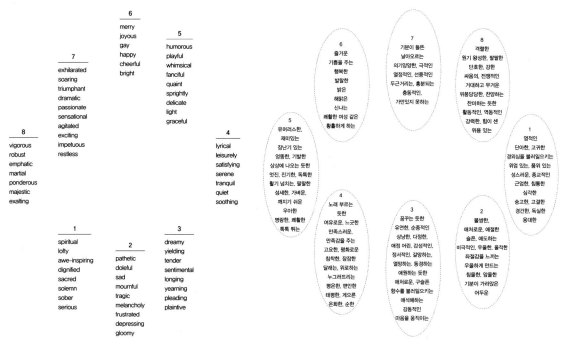

그림 4-1 Hevner(1937)의 형용사 분류목록

를 나타내는 여덟 가지의 형용사군으로 분류하고 이를 표로 만들어 청자가 음악을 들으면서 포착되는 느낌을 나타낸다고 생각되는 형용사들을 목록에서 찾도록 하는 방법이다. 이때 선택된 형용사들이 제1군에서 제8군까지 어떤 분포를 보이고 있느냐에 따라 청자의 심리적인 변화를 추적할 수 있다는 것이 이 방법의 의도이다. Hevner는 연속된 추적 연구들을 통해서 형용사 분류목록에 따라 나타나는 정서 반응의 일관성을 입증했으며, 이후 실시된 다수의 연구에서도 형용사 분류목록의 적용 타당도는 매우 긍정적인 수준으로 보고되어 왔다. 이와 같은 형용사 분류목록은 연구자의 견해에 따라 다양한 유형으로 변형하여 활용되고 있다.

> 정서 반응의 일관성이란 특정 악곡에 대해서 연구 대상들이 선택한 감정 형용사들이 유사한 느낌을 나타내는 형용사군에 일관성을 가지고 분포한다는 것이다.

(2) 의미 차등법

형용사 분류목록이 음악에 대한 일시적인 기분/감정적 반응 측정의 중요한 방법으로 자리 잡고 있다면 의미 차등법(semantic differential scale)은 반응의 수준을 보다 섬세하게 측정하기 위해서 고안된 방법이라고 볼 수 있다. 최초의 의미 차등법 적용은 C. Osgoods와 동료들(Osgoods, Suci, & Tannenbaum, 1957)에 의하여 이루어졌는데, 의미 차등법은 기본적으로 극단적인 특성을 나타내는 두 개의 형용사 사이의 의미적 차등을 다섯 단계 혹은 일곱 단계의 스케일로 나누어 청자에

※ 상반된 단어로 짝을 이루는 다음의 각 항의 표현 척도에서 음악에 대한 당신의 느낌에 해당되는 지점에 동그라미를 치시오.

1. 유쾌한   1   2   3   4   5   6   7   침울한

2. 가벼운   1   2   3   4   5   6   7   무거운

3. 익살스러운   1   2   3   4   5   6   7   진지한

그림 4-2 의미차등척도 예시

게 발생한 정서적 반응의 정도를 보다 정확하게 얻고자 하는 방법이다. Osgoods식의 의미 차등법에 나타나는 형용사의 묶음들은 Hevner의 형용사 분류목록에 상당 부분 그 기초를 두고 있으나 연구자들은 추적하려는 양상의 특징에 따라 확대 또는 변형하는 경우가 많다. 또한 형용사 분류목록이 음악에 대한 일시적인 정서 반응을 연구하는 데 주로 쓰인다면 의미 차등법은 선호도와 같은 비교적 지속적인 반응 양상들을 연구하는 데도 적용되고 있다.

(3) 평가척도 방법

평가척도 방법(rating scale)은 부정과 긍정 사이에 놓이는 정서적 반응의 수치적인 의미를 찾는 데 유용하다. 예를 들어, 유쾌-불유쾌, 긍정-부정, 좋아함-싫어함 등과 같은 극단적인 정서 반응의 성향을 밝힌다기보다는 연구 대상의 가치 판단이나 태도의 분석에 더 많은 비중을 두고 측정한다. 음악 반응에 대한 평가척도에서도 일반적으로 많이 쓰이는 '리커트(Likert)식' 측정법이 가장 보편적이다. 특히 아동을 대상으로 하는 평가척도는 숫자 척도보다도 다양한 감정 표현을 나타내는 얼굴 표정 그림들을 척도로 사용하기도 한다. 아동을 대상으로 하는 표정

> 의미 차등법을 적용한 모범적 연구로는 Crozier(1973)와 McMullen (1976, 1980, 1982)의 연구들로서 Osgoods식의 의미 차등법이 여러 가지 정서적 양상을 추적하는 데 다양하게 적용될 수 있다는 예를 보여 준다. 이들은 의미 차등법이 정서적 반응의 유형뿐 아니라 반응의 성향, 평가적 성향, 잠재적 성향, 활동적 성향을 알아보는 데도 매우 유용하다는 보고를 하고 있다. 또한 이들의 연구에서는 Osgoods식의 의미차등법과 Hevner의 형용사 분류표를 연계하여 사용함으로써 보다 신뢰성 있는 결과들을 얻을 수 있다고 강조하였다.

※ 당신은 다음에 제시된 음악 장르에 대해서 어느 정도나 호감을 가지고 있습니까? 제시된 척도를 참조하여 해당되는 정도를 숫자로 적으시오.

매우 싫음　보통 싫음　조금 싫음　무관심함　조금 좋음　보통 좋음　매우 좋음
　1 ········ 2 ········ 3 ········ 4 ········ 5 ········ 6 ········ 7

1. _____ 예술가곡 　2. _____ 고전 음악(기악) 　3. _____ 오페라
4. _____ 재즈 　5. _____ 팝뮤직 　6. _____ 록 음악
7. _____ 민요 　8. _____ 판소리 　9. _____ 궁중 음악

그림 4-3 음악 장르에 대한 선호도 평가척도의 예시

아동들을 대상으로 할 경우 그림을 활용하여 선호도의 수준을 물을 수 있다.

척도의 신뢰도는 Kuhn(1976) 등이 실시한 초기 연구들에서 일관성 있는 내부 상관성(.73~.85)을 입증한 바 있다.

2) 짝 비교법

짝 비교법(paired-comparison)은 '음악적 선호도(musical preference)'를 측정하는 데 효과적인 방법이다. 취향(taste)이 비교적 오랜 기간 동안 형성된 특정 음악 장르에 대한 호감을 의미한다면, 선호도는 제시된 음악적 예들 중 좀 더 긍정적으로 받아들이는 선택적 경향으로 이해할 수 있다. 실음 예를 통한 짝 비교의 경우는 일반적으로 대비되는 음악 장르를 한 쌍으로 구성하며, 단일 문항보다는 다수 문항으로 구성하여 실제 음악에 대한 선호 경향을 다면적으로 평가할 수 있다. 또한 하나의 문항에 2개 이상의 선택지를 담을 수도 있다. 그러나 선택지의 수가 많아질 경우 피실험자는 여러 개의 예를 일정 시간 동안 기억해야 하는 부담을 갖게 되어 실험결과에 영향을 미칠 수도 있다. 또한 짝 비교법에서는 음악 예제의 선정과 그것을 제시하는 순서들이 연구결과에 영향을 미칠 수 있다는 점을 고려해야 한다.

예컨대, 일반적으로 사람들이 좋아하는 경향을 보인 예들로 쌍을 구성하였을 경우 두 번째 예제가 더욱 호의적인 평가를 받을 확률이 높으며, 반대로 부정적 평가를 받았던 예제들로 쌍을 구성할 경우는 먼저 제시된 예제가 더욱 부정적인 평가를 받을 확률이 높다는 사례가 보고되기도 한다(Koh, 1967).

3) 생리학적 측정 방법

음악심리학의 일부 영역이나 음악치료학의 영역에서는 음악이 끼칠 수 있는 인체의 생리학적 변화에 관심을 둔다. 생리학적 측정(physiological measurement)에서는 흔히 심장박동 수, 호흡 수의 변화, 피부 반응 등을 측정하며, 더러는 뇌파 측정이나 근육 긴장도 또는 혈압 측정 등의 방법도 적용하고 있다. 이러한 방법의 근거는 음악을 들음으로써 발생하는 심리 상태의 변화가 생리적인 반응의 변화로 나타날 수 있다는 점이다. 따라서 생리학적 측정 방법은 음악에 대한 일시적이며 즉각적인 반응 측정에 적용된다. 또한 생리학적 측정 방법을 적용한 연구에서는 음악적 경험이 일으키는 반응의 질적 양상보다는 생리적 변화에 미치는 정도의 수준을 더욱 중요하게 보는 경향이 있다. 그러나 생리학적 측정의 문제점은 음악적 자극 자체의 성격 외에 피실험자의 특성 및 환경적 요인들에 의해 실험의 결과가 쉽게 변할 수도 있다는 점이다.

생리학적 방법을 도입하는 연구들의 경우는 실험 변인의 성격에 따라 대체로 세 가지 부류로 나누어질 수 있다. 첫째, 자극적인 음악과 안정적인 음악에 따른 청자의 반응 양상에 대한 연구, 둘째, 음악이 있을 때와 없을 때 나타나는 특정 활동 양상의 변화, 셋째, 음악경험 과정에서 나타나는 청자의 생리학적 반응과 기타 반응(주로 언어적 반응)이다. 음악이 발생시킬 것으로 예상되는 청자의 생리학적 반응은 주술의 영역이나 음악치료의 일부 영역에서 꽤나 오랜 기간 동안 흥미를 끌어 왔고, 이에 대한 연구도 상당 기간 동안 다양한 방식으로 이루어져 왔다. 그러나 청자의 생리학적 반응과 관련된 연구의 가장 큰 난제는 연구결과를 체계화시킬 만한 일관성을 찾기가 힘들다는 점이다. 그러나 분명한 점은 음악자극의 특성과 그에 따른 일관된 반응 양상의 규명이 불가능함에도 불구하고 음악이 청자에게 일련의 생리적 반응을 일으킨다는 점이다. 이는 적어도 음악이 청자로 하여금 생리적인 지표의 변화를 일으킬 정도의 느낌, 정서, 감정을 유발시킬 수 있다는 고전적 믿음을 유지시킬 수 있는 확실한 근거로 볼 수 있을 것이다.

4) 행동 측정 방법

음악에 대한 정서적인 반응들을 측정하기 위하여 행동 측정 방법(behavioral measurement)을 적용하는 예는 상대적으로 드문 편이다. 최초의 행동 측정은 언어적 측정도구의 의미적인 해석이 어려운 대상(아

음악과 감정 변화 그리고 생리적 측정결과 간의 일관성을 찾기 어려운 요인으로는 실험에 사용되는 음악적 자극들의 정확한 분류의 어려움(예를 들어, 어떤 실험에서는 자극적으로 분류되었던 음악 예가 다른 실험에서는 중립적 분위기의 예로 제시되기도 한다), 음악에 충분히 몰입하기 위한 실험 환경(음악에 대한 반응은 음악자극 자체의 특성뿐 아니라 그것이 경험되는 물리적 조건 역시 중요하다), 청자의 비음악적 환경 요인(실험 전의 신체 상태, 기분, 반응에 영향을 미칠 수 있는 경험 등)을 들 수 있으며, 표준화된 신뢰할 만한 측정 방법의 부재 또한 중요한 이유로 볼 수 있다(Abeles & Chung, 1996).

결과에 의하면 지적장애인들의 경우 잡음보다는 음악을 좋아했고 음악 채널 중에서는 아동들의 음악을 가장 선호했으며 이어서 대중음악, Stockhausen의 음악적 예들의 순서로 선택하였다.

동, 지적장애인 등)의 실험들에서 적용되기 시작한 이후 점차 늘어나고 있는 추세이다. 적용 초반 V. Cotter와 S. Tooms(1966)가 실시한 연구에서는 지적장애인들의 음악 선호도를 측정하기 위하여 언어적 테스트(verbal test) 과정이 배제된 측정도구가 필요했다. 이 실험에서는 실험대상자들이 채널을 바꿈으로써 다양한 음악적 자극을 선택할 수 있도록 고안된 장치가 사용되었는데, 각각의 채널에서는 아동들의 동요, 대중음악, Stockhausen의 음악에서 발췌한 짧은 예들, 그리고 서로 다른 종류의 잡음(noise)을 들을 수 있도록 구성되었다. 실험은 각 응답자당 25분씩 소요되었고, 응답자들이 선택한 채널들의 양상과 각 채널에서 소요한 시간들이 분석되었다. 행동 측정 방법은 언어적 답지에 개입될 수 있는 피실험자의 선입견이나 오개념, 응답의 진실성의 문제 등을 해결하는 것을 목적으로 고안되었다. 이와 같이 행동 측정 연구는 일정 기간 또는 특별하게 고안된 환경에서 피실험자가 행동을 통해서 보이는 음악 선호 양상이나 반응을 분석한다. 또한 행동 측정 방법은 언어적 응답과 결합하여 다양한 형태로 응용·적용될 수 있다.

> 각 채널의 음악은 일정 시간이 지나면 멈추거나 다른 채널로 이동하게 고안되어 있어서 어떤 음악을 계속 듣고 싶다면 실험자는 채널을 돌려 음악을 다시 찾아야 한다.

> Csikszentmihalyi는 '사람은 어떻게 창의적이 되는가'에 대한 그의 '몰입(flow)' 연구(2013)에서 피실험자의 행동 빈도를 측정하는 연구를 실시하였다. 그는 관찰 대신 일정 기간 동안 피실험자와 수시로 전화 소통을 하여 어떤 활동에 참여하고 있는지에 대한 정보를 수집하는 방식으로 행동 측정 자료를 모았다.

5. 음악에 대한 정서적 반응에 영향을 미치는 청자의 특성

음악적 경험에서 나타나는 정서적 반응에 대한 연구들에서 관심을 갖는 또 다른 측면은 음악을 경험하는 청자(listener)의 특성이다. 같은 음악이라고 해도 이를 듣는 청자가 그 음악으로부터 무엇을 들었는지는 다를 수 있다. 또한 같은 특징을 들을 수 있었다 하더라도 그에 대한 반응은 청자의 다양한 특성에 따라 서로 다른 양상으로 나타날 수 있다. 특히 음악교육적 관점에서 청자의 생물학적·학습적·사회문화적 특성들이 음악에 대한 반응에 미치는 영향은 음악학습의 내용과 방법 그리고 환경을 조성하는 데 중요한 의미를 지닌다. 다음에서는 음악에 대한 정서적 반응의 변인으로 작용하는 청자의 특성들과 그에 대한 연구 동향을 살펴보도록 한다.

1) 음악학습 경험

음악적 훈련(musical training), 즉 음악학습 경험이 음악에 대한 정서적 반응에 어떠한 영향을 미칠 수 있을지에 대한 연구를 위해서는 어떤 훈련을 얼마 동안 받았는지에 대한 조사가 선행되어야 한다. 음악적 훈련에는 다양한 범주가 포함될 수 있는데, 음악 전공을 위한 심화학습 여부, 다양한 수준의 악기학습 경험, 개인적인 관심에 의하여 누적된 음악적 지식과 경험 등도 해석하기에 따라서는 '음악적 훈련'의 경험 범주에 포함될 수 있다. 이러한 까닭에 매우 다양한 종류와 기간의 음악학습 경험을 갖고 있는 사람들이 모두 '훈련된 청자'로 규정될 가능성이 있다. '훈련'에 대한 다양한 정의를 수용해야 한다는 사실과 더불어서 음악에 대한 감정적인 반응을 측정하는 데 어떤 방법을 적용하고 있는가도 주목해야 할 요인이다. 청자의 음악학습 경험과 정서 반응의 관계를 연구한 연구들에서는 매우 다양한 결과를 보고하고 있지만 대체적으로 음악학습 경험은 음악에 대한 정서적 반응에 영향을 미치는 것으로 인정되고 있다.

음악학습을 변인으로 연구함에 있어서도 장기적 음악학습, 단기적 음악학습, 음악의 친숙도(familiarity), 실험을 위한 일시적 반복(repetition) 등의 요인들이 고려된다. 장기적 학습의 경우는 학습 집단을 전공자로 보는 경우와 일정 기간 이상의 정규 음악교육(개인지도를 포함하여)을 받은 자로 구분하는 경우를 들 수 있다.

음악 훈련은 음악 선호도뿐 아니라, '음악 취향(musical taste)'에 더욱 큰 영향을 미치는 것으로 나타났는데(Geringer & McManus, 1979; Rubin 1951), 일정 기간 이상 특정 악기나 음악 장르에 대한 교육을 받았을 경우 자신이 연주했던 악기와 음악 장르에 더욱 관심과 애착을 보이는 것으로 나타났다.

(1) 장기학습

장기적 음악 훈련은 음악 선호도에 긍정적인 영향을 미치는 것으로 일관성 있게 보고되고 있다(Burke & Grandly, 1990; Hargreaves, 1982; Long, 1971). 기악 음악, 특히 장기간에 걸친 피아노 교습의 경우 클래식 음악에 대한 선호도와 높은 상관관계를 나타내고 있으며(Long, 1971), 이러한 결과는 Hargreaves(1982)의 연구와 M. Burke와 M. Grandly (1990)의 연구에서도 일관성 있게 나타나고 있다. 훈련 집단은 평소에 익숙하지 않았던 음악적 예들(20세기 이후의 현대 음악)에서도 비훈련 집단에 비하여 높은 선호도를 보이고 있어서 장기 음악 훈련이 음악에 대한 친숙함과 더불어 새로운 음악에 대한 인지 능력 향상에도 긍정적인 영향을 미치며, 음악에 대한 일시적인 선호도 상승보다는 지속적인 성향으로서의 '음악 취향(musical taste)'에 미치는 영향이 더욱 큰 것으로 나타난다.

(2) 단기학습

장기적 음악 훈련에 대한 연구에 비하여 단기적 음악 훈련 변인은 다양한 목적으로 연구되어 왔다. 주로 일정 기간 동안의 음악 감상 학습이 비선호 음악에 대한 선호도 향상이나 피실험자의 음악 기호에 영향을 미칠 수 있는지를 연구하게 된다. 그러나 단기적 음악학습 변인 연구에서 주의 깊게 살펴봐야 할 점은 실험적 조치로 제공된 '학습'의 방법과 내용이다. 일반적으로 단순히 음악을 반복해서 들려주는 학습은 소극적 변화를 보이는 반면(Standifer, 1970), 음악 외적인 내용들, 예컨대 작곡가, 가사, 배경 등에 대한 정보를 함께 제공하였을 경우 예술음악의 경우는 선호도의 상승을 보이고 대중음악의 경우는 선호도 하강을 보인다(Williams, 1972)는 결과가 보고되기도 하였다.

(3) 반복

단순히 반복해서 듣는 것은 음악적 정서 반응에 어떤 변화를 줄 수 있을까? 반복 청취의 영향에 대한 연구에서는 다양한 방법을 도입하고 있으나 대체로 일관성 있는 결과를 보인다. 반복 청취는 음악에 대한 선호도에 긍정적인 효과를 미치는데, 선호도가 높아진다는 것은 음악에 대한 관심이 높아진다는 것으로, 정서적 반응이 보다 잘 일어날 것을 추측할 수 있다. 일반적으로 낯선 음악에 대한 반복 청취는 그 음악에 대한 선호도를 향상시킬 수 있는데(Breadley, 1971; Hagreaves, 1982), 이때 반복은 일정한 간격(보통 1주일 정도)을 두고 6~8주 정도를 시도했을 때 가장 효과적으로 상승했다. 긍정적 효과를 낼 수 있는 반복의 주기와 기간은 음악교육적인 차원에서 주목하여야 할 점이기도 하다. 그러나 반복 청취를 통해 특정 음악의 호감도가 상승되는 현상은 낯선 곡에 한한 것이며, 이미 익숙한 곡을 지속적으로 반복 청취할 경우 음악경험 자체에 대한 흥미도가 떨어지는 것으로 나타났다.

반복 청취가 음악에 대한 호감도에 영향을 미치는 범위는 청자의 음악 이해 가능 범위, 즉 음악의 난이도와도 연관이 있다(Heyduk, 1975). Hagreaves(1982)의 연구에서 반복 횟수와 청자가 느끼는 난이도나 음악의 호감도 모두 뒤집힌 'U'자 형의 일반 분포도 양상을 보이는 것으로 보고하기도 하였다.

2) 성별

성별이 음악에 대한 정서 반응에 미치는 영향은 대체로 다른 변인과 동반적으로 연구되어 왔다. 대부분의 경우 남성보다는 여성이 음악에 대하여 더욱 민감하고 강한 정서적 반응을 경험한다고 보고하고 있지만(Fish & Greenberg, 1972; Wheeler, 1985) 구체적인 연관성에 대해서는 다소 엇갈린 반응들을 발견할 수 있다. 변인으로서 생리적 성별에 대한 판단은 논란의 여지가 없는 특성이지만, 정서 반응 측정 방법이나 자극으로 쓰인 음악 예제는 광범위한 다양성을 갖는다. 성별과 관련된 실험에서는 남성에 비하여 여성이 음악에 대하여 보다 긍정적인 반응(즐거운, 편안한, 활기찬 등)을 나타내는 것으로 보고하고 있으며(Hart & Cogan, 1976), B. Wheeler(1985)의 연구는 여성들의 정서 반응은 음악의 성격에

Fisher와 Greenberg(1972)는 여성들에게서 나타나는 음악에 대한 민감도는 성별 자체가 갖는 생물학적 특성에 기인한다기보다는 인성상의 요인으로서 '여성스러움(feminity)'이 음악과 관계 있을 수 있다는 가정하에 음악이 인성지수의 일시적인 변화에 미칠 수 있는 영향을 여대생들만을 대상으로 실험하였다. 그의 실험에서는 여성스러움뿐 아니라 불안감, 공격성 등과 같은 기타 인성지수도 함께 측정하였는데, 의미를 둘 만한 상관관계는 조용한 음악과 여성성 사이에서만 확인되었다.

따라 영향을 받는다기보다는 음악경험 그 자체를 즐겁게 생각하여 음악의 종류에 상관없이 음악을 듣고 난 후에는 기분이 좋아지는 경향을 보이는 것으로 보고하고 있다.

3) 인성

음악이 청자의 정서적 반응에 영향을 미친다면 궁극적으로 인간의 인성(personality)과 음악에는 어떠한 상관관계를 찾을 수 있을까? 음악에 대한 정서적 반응의 경험적 연구들에서 인성과의 상관성은 다양한 시각에서 관심을 끌어 왔다. 어떤 연구(Cattell & Anderson, 1953)에서는 좋아하는 음악의 종류, 즉 음악 장르에 대한 선호도를 근거로 대상의 인성적 특성에 대한 예측이 가능한지에 초점을 두는가 하면, 다른 연구(Butler, 1968)에서는 인성적 요인을 근거로 선호하는 음악의 성격을 예측할 수 있을지에 관심을 둔다. 인성과 관련된 연구들의 전반적인 결과는 대체로 청자의 인성과 그들이 선호하는 음악의 성격 간에는 상당한 연관성이 있는 것으로 나타나지만 일관된 특징을 제시하는 데는 한계를 갖는다(Langmeyer, Gughor-Rudan, & Tarnai, 2012).

4) 사회경제적 요인

특히 10대와 청소년층에서 사회경제적 계층이 높은 계층의 대상들은 서양 고전 음악에 대한 선호도가 비교적 높은 편으로 나타나고 있지만 서양 고전 음악의 종류와 범주가 다양한 만큼 연구에서 쓰이는 음악 예는 광범위하며 조사의 방식도 다양하다는 점을 참조할 필요가 있다.

사회경제적 요인이 음악에 대한 정서적인 반응에 영향을 미치는지에 초점을 둔 연구는 희소한 편이다. 앞서 언급되었던 N. Brennis(1970)의 연구에서는 중학교 학생들을 대상으로 음악적인 훈련뿐 아니라 사회경제적인 환경이 음악에 대한 정서적인 반응에 미치는 영향도 함께 연구하였다. Brennis에 의하면 사회경제적인 환경과 음악에 대한 반응의 정도 간의 상관관계를 발견하기는 어려웠으나, 정서 반응을 일으킨 음악의 종류에서는 현저한 차이가 있었다. 사회경제적 요인이 음악 자체에 대한 반응 가능성에 영향을 미치지는 않겠으나 가정의 경제, 사회-문화적인 환경에 따라 노출되는 음악의 종류와 수준이 차이가 날 수 있으며, 이는 무의식 중 노출되는 음악의 유형이 달라질 것이기 때문일 것으로 추측할 수 있을 것이다. 청자의 사회경제적 요인은 음악에 대한 일시적인 정서 반응보다는 누적적으로 형성된 취향(taste)에 영향을 미치는 것으로 일관성 있게 보고되고 있다(Baumann, 1960; Ejick, 2016; Mashkiv & Volgy, 1975; Meadow, 1970; Skipper, 1975).

6. 음악교육과 정서의 발달

음악교육에서 학생의 정서적 측면을 발전시키는 것은 교육의 중요한 목표로 강조된다. 고대 그리스 시대의 에토스 이론(doctrine of ethos)에서 음악은 지(知)와 체(體)의 조화를 이끌어 내는 덕(德)의 교육 방법이었으며 이후에도 음악을 통한 정서 함양은 음악의 교육적 가치를 확고히 하는 중요한 역할 중에 하나로 이해되어 왔다. 앞서 살펴본 음악심리학 영역의 연구들에서도 알 수 있듯이 음악이 일으키는 정서 반응의 실체를 정확히 단정하는 것은 어렵다. 그렇지만 음악경험 과정에서 학생들은 다채로운 정서 반응을 보이고 이러한 정서적 경험이 음악활동을 즐겁게 만드는 중요한 요인인 것은 분명하며, 음악에 대한 정서 반응의 지점이 학생의 감성이나 인성의 변화를 기대할 수 있는 가능성을 제공하는 것은 음악교육에서 중요하게 고려해야 할 점이다. 다음에서는 음악이 청자에게 미치는 정서적 영향이 음악교육 및 교육의 관점에서 어떤 의미를 가질 수 있는지와 관련된 주제들을 중심으로 살펴본다.

1) 음악을 통한 정서 교감

정서 반응을 생각할 때 가장 먼저 떠오르는 음악활동은 감상이다. 대부분의 우리는 음악을 들으면서 어떠한 종류(느낌, 감정, 분위기, 정서 중 무엇이든)의 정신적 반응에 빠져들게 되며, 이러한 정신적 경험의 매력으로 음악을 다시 듣게 된다. 그러나 감상이 음악 향유의 대표적인 방법이라고 할지라도 음악에 대한 정서 반응은 음악적 표현과정과 창조과정에서도 강력하게 발생할 수 있다. 감상경험에서 정서 반응이 청자의 외부에서 내부로 전이되는 것이라면, 연주나 창작 경험에서의 정서 반응은 활동 주체의 표현 의지를 내부에서 외부로 표출하는 과정에서 나타나는 정서 반응이다. 따라서 연주와 창작 과정의 감정 표현은 직접적이며 소통적인 측면을 갖는다. 특히 여럿이서 함께 하는 음악활동에서의 정서경험은 타인과의 실시간 정서 교감을 가능하게 한다는 점에서 교육적으로 중요한 의미를 갖는다.

인간이 음악을 통해서 정서 교감을 나눈다는 증거는 다양하다. 아기들에게 자장가를 들려주었을 때, 아기 없이 노래만 부르는 것을 들었을 때보다는 실제로 아기에게 부르는 자장가를 들었을 때 더욱 안정된 반응이 나타났다(Trainor, 1996). 이는 노래 부르기에서 감정 교감의 대상이 있을 때와 없을 때 정서 표현이 달라지며 아기들이 이러한 차이를 감지한다는 것으로, 음악을 통한 정서 교감이 선천적인 것임을 보여 준다(Juslin & Laukka, 2004). 유년기의 아동들은 정감적으로 밋밋하게 연주되는 음악보다는 다이내믹의 변화가 과장스럽게 표현된 연주를 더 선호한다(Burnsed, 1998). 음악을 통한 정서 교감의 증거들은 성인 대상 실험에서도 나타나며, 유능한 연주자들이 상당히 정확한 조절 능력을 가지고 청중과 정서 교감을 한다(Juslin & Laukka, 2004; Sloboda, 1983)는 점은 연구결과를 따지지 않더라도 음악 애호가들에게는 너무도 당연한 것이다.

음악을 통한 정서 교감이 본유적으로 가능한 능력이라면 음악교육 상황에서도 매우 중요하게 다루어질 필요가 있다. 즐거운 노래를 부르고 있지만 선생님으로부터 즐거움이라는 정서 교감을 느낄 수 없다면 그 노래수업이 학생들에게 잘 전달될 수 있을까? 음악심리학 영역에서 음악을 통한 정서 교감의 문제에 많은 관심을 기울여 온 데 비하여 음악교육에서 학생과 교사 간의 정서 교감은 상대적으로 많이 다루어지지 못하고 있는 상황이다. 음악적 상호 정서 교감이 연주를 통해서 이루어진다고 했을 때 가장 효과적인 방법은 교사가 정서적 표현이 담긴 표현을 모델링하는 것이다. 그러나 몇몇의 연구에서는 음악 교수 · 학습 상황에서 표현적 모델링(정서적 표현까지 담긴)은 예상보다 적게 나타나며 많은 교사가 음악 지식의 전달이나 기계적 기능 습득에 보다 관심을 두고 있다고 보았다(Dickey, 1992; Hepler, 1986; Kostka, 1984). 그러나 음악적 정서 교감이 인간을 음악으로 이끄는 원동력임을 생각해 볼 때 교실 음악수업에서 이루어지는 음악적 정서 교감은 향후 유의미하게 연구되어야 할 주제이다.

2) 음악교육과 감성지능, 감성역량

(1) 감성지능과 감성역량의 이해

감성지능(emotional intelligence)이란 자신과 타인의 감정, 기분, 정서 정보들을 처리하는 능력(ability)을 의미한다. J. D. Mayer와 P. Salovey는 감성지능의 용어 및 개념을 처음 발표한 후에, 모호한 부분을 수정 · 보완하고 감정에 대한 사고 부분을 첨가하였다. 수정된 감성지능의 정의에서는 감성지능을, ① 감정을 정확하게 지각, 평가, 표현하는 능력, ② 사고를 도울 수 있도록 감정에 접근하고 그리고/또는 감정을 일으키는 능력, ③ 정서와 정서적 지식을 이해하는 능력, ④ 정서적 · 지적 성장을 증진하기 위하여 감정을 조절하는 능력으로 기술하고

문헌에서는 emotional intelligence를 감성지능 또는 정서지능으로 번역하는데, 이 책에서는 감성지능이라는 용어를 사용하기로 한다.

있다.

Mayer와 Salovey는 감성지능을 사회지능(social intelligence)의 한 유형으로 보며 분명한 능력으로 설명하였다. 감성지능에는 여러 모델(모형)이 있는데, Mayer나 Salovey와 같이 감성지능을 '능력'으로 보는 입장과 감성지능을 '성격'의 요소로 보는 입장으로 구분할 수 있다. 사실 능력과 성격 간의 개념적 중복은 상당한 난제여서 논란이 많은데, 이러한 문제에서 감성지능을 인지(능력)와 성격 사이의 경계에 위치한 변인으로 보는 경우도 있다. 이에 비해 D. Goleman 등은 혼합모델(mixed model)의 입장을 취하는데, 혼합모델에서는 감성지능의 능력모델의 입장과 특성모델의 입장이 혼합되어 있다. 최근에는 감성지능뿐만 아니라 감성역량이라는 용어도 많이 사용된다. Goleman에 의하면 감성역량(emotional competence)이란 '감성지능을 기초로 하는 학습된 능력(learned capability)'이다. Goleman은 감성지능을 실제적 기술(practical skills)을 학습하기 위한 "잠재력"으로, 감성역량은 이러한 감성지능을 기초로 하는 "학습된 능력"으로 표현하고 있다(Goleman, 1998: 24-25). 이는 감성지능이 감성역량을 보장해 준다는 의미는 아니며, 감성지능은 단지 학습을 통해 능력으로 드러날 수 있는 뛰어난 잠재력이라는 것을 의미하는 것이다.

여기에서 Goleman이 기술한 '실제적 기술'이란 Mayer와 Salovey의 감성지능이론을 Goleman이 조정하여 제시한 다섯 가지의 역량(자기인식, 자기조절, 동기화, 공감, 사회적 기술)을 의미한다. Goleman은 이를 감성역량의 틀 속에서 '개인역량'과 '사회역량'으로 구분하였다. 그는 이후에 동료들과 함께 쓴 저서에서 처음의 내용을 다소 수정하여 개인역량은 자기인식과 자기관리를, 사회역량은 사회적 인식과 관계 관리를 포함하는 모델을 제시하였다. 이는 감성역량을 능력뿐만 아니라 동기, 기술, 성격 특성 등을 모두 포함하는 포괄적 개념으로 제시한 것이다. 감성역량의 개념은 학자들에 따라 여러 다양한 표현으로 정의되기도 하지만, 감성역

1990년에 Mayer와 Salovey가 감성지능이론을 처음으로 발표하기 전에도 'emotional intelligence'라는 용어는 사용되었지만, 1995년 D. Goleman의 저서 『감성지능(Emotional Intelligence)』이 널리 알려지면서 감성지능은 학계뿐만 아니라 사회적으로도 화제가 되었다. Mayer와 Salovey는 네 가지의 능력이 각기 네 가지 하위 요소를 포함하는 구조로, 즉 4영역의 16요소로 제시하였다(Mayer & Salovey, 1997).

지적 지능이 높다고 지적 역량이 무조건 높아지는 것이 아니라, 지적 지능이 높은 사람들은 학습을 통해 그렇지 않은 사람들에 비해 지적 역량을 높일 수 있는 잠재력을 더 많이 가지고 있음을 의미하는 것과 같은 맥락이다.

Goleman과 동료들은 각각의 하위 요소들과 함께, 즉 4영역의 19개 하위 역량으로 감성역량을 제시하였다(Goleman, Boyatzis, & McKee, 2002: 37-52).

량에 공통적으로 포함되는 개념은 '능력'으로서의 감성지능이며, 이러한 능력은 사회적 관계 속에서 나타나는 '기술'로 표현됨을 알 수 있다.

(2) 음악교육을 통한 감성지능 및 감성역량 계발

감성을 꼭 '교육'해야 하는지의 근본적인 질문을 제기할 수 있다. 사실 감성지능이나 감성역량의 핵심인 공감, 인식, 조절, 소통 등은 유아기부터 가정에서 좋은 가족 관계를 가짐으로 습득될 수 있기 때문이다. 그러나 교과과정에서 가르쳐야 한다면, Salovey와 Mayer는 감성지능의 첫 번째 근원지(first home)는 문학이나 예술 교과일 것이라고 하였다. 감성교육은 그 어떤 교과보다도 이들 교과와 음악교육이 효과적이다. 음악의 아름다움을 느끼고 경험하는 심미적 음악교육은 감성지능을 계발하기 위한 가장 효과적인 방법 중의 하나이다. 음악활동은 자신의 감정을 인식하고, 감정을 조절하며, 목적을 이루기 위해 자기동기부여를 하고 다른 사람들의 감성을 인식하며, 인간관계를 관리하는 능력의 성장을 돕는 통로가 된다.

그동안 음악교육에서는 개인의 내재된 감성을 일깨워 주는 좋은 음악을 강조하고 잠재된 음악적 심성의 계발을 위한 음악 교과의 내용 및 활동을 중시하여 왔는데, 양질의 학교 음악교육을 통해 기대할 수 있는 결과들은 감성지능과 감성역량의 핵심 또는 하위 요소들과 중요한 관계가 있음을 알 수 있다. 음악교육은 '능력'으로서의 감성지능을 계발하고 이러한 능력이 사회 관계 속에서 '기술'로 나타날 수 있도록 감성역량을 향상시키는 데 일조하는 교육이다.

음악교육을 통한 감성교육은 좁은 의미에서는 음악적 감수성, 음악 정서, 음악 능력의 계발이라는 교육적 의미를 가진다. 즉, 감성교육으로서의 음악교육은 일차적으로 음악적 심성의 계발에 있다. 그러나 20세기 들어 감성의 역할이 강조되고 감성교육의 의미가 재평가됨에 따라 음악교육의 역할과 의미 또한 재조명·확장되어야 한다. 음악적 심성의 계발은 음악적 감수성, 음악 정서, 음악 능력의 계발이라는 개인의 음악적 성장 이외에도 보다 실제적인 개인과 공동체의 능력 및 기술에 관여한다. 실제로 음악적 심성은 개인의 인성, 사회성 계발의 기초가 될 뿐만 아니라, 타인과의 음악적 공감 및 소통과 조절하고 협동하는 공동체 음악활동을 통해 학업 전반 및 사회에서 필요로 하는 능력과 기술을 향상시킨다.

3) 사회정서학습과 음악교육

(1) 사회정서학습의 이해

Mayer와 Salovey가 주장한 능력으로서의 감성지능과 Goleman이 제시한 감성역량은, 그동안의 연구결과에 따르면 모두 감성지능의 학습 가능성을 지지하며 성공을 예견한다. 감성지능 자체는 도덕적으로 중립적이지만 감성의 기능을 긍정적인 방향으로 적극 활용하기 위해서는 감성역량을 높여야 한다는 공감대가 형성되어, 최근 들어 다양한 교육 프로그램이 개발, 보급 및 확산되고 있다.

청소년이 습득해야 할 사회정서학습(social and emotional learning: SEL)의 핵심 역량은 [그림 4-4]에 제시되어 있다. 그림에서 볼 수 있듯이 SEL 프로그램에는 자기인식, 자기관리, 사회적 인식, 관계 기술 그리고 책임 있는 의사결정이라는 다섯 가지의 핵심 역량이 포함되어 있다. Goleman이 동료들과 함께 제시한 감성역량의 수정모델 이후, J. E. Zins와 동료들은

그림 4-4 SEL 핵심 역량

미국은 2011년 연방차원에서 학업적, 사회적, 감성적 능력 함양을 위한 학습법(Academic, Social, and Emotional Learning Act: ASELA)을 제정하였다. ASELA의 핵심요인에는 사회정서학습(social and emotional learning: SEL)이 있는데, SEL의 추진 기관에 해당하는 학업적, 사회적, 감성적·학습을 위한 협력(The Collaborative for Academic, Social, Emotional Learning: CASEL)은 『감성지능』의 D. Goleman과 교육자이면서 자선사업가인 E. R. Growald가 공동으로 설립하였다.

SEL을, '학생들이 중요한 삶의 과제들을 성취하기 위해 생각, 느낌, 행동을 통합하는 능력을 향상시켜 주는 과정'으로 정의하였다. 그들은 개인 중심(person-centered)의 필수적인 SEL 역량을 자기인식, 자기관리, 사회적 인식, 관계 관리, 책임 있는 의사결정의 다섯 가지 구성 요소로 제시하였는데(Zins, Bloodworth, Weissberg, & Walberg, 2004: 6-7), 이러한 SEL 역량은 CASEL에 의해 공식적으로 다섯 가지 구성 요소로 통일되었다.

여기에서 사회적 측면은 가족, 또래, 교사 등 타인과의 긍정적인 관계, 즉 개인 간(interpersonal) 발달을 촉진하는 데 초점을 두고 있으며, 정서적 측면에서는 자기인식 및 자기관리에 초점을 두고 개인 내(intrapersonal) 발달을 강조한다. 학습 측면은 개인의 사회적·정서적 측면의 성장과 적응을 돕기 위한 수업, 활동, 피드백을 활용한다. 이러한 사회정서학습의 배경은 현대 사회에서 나타나고 있는 학생들의 사회 부적응 요인을 정서적 문제로 보는 것이며, 그 해결 방안으로 학생들에게 사회정서 기술(social-emotional skills)을 지도함으로써 사회정서 역량을 기르는 데 목적을 두고 있다.

(2) 사회정서학습으로서의 음악교육

사회정서학습은 다양한 교과 또는 주제와 연결 지어 실시될 수 있지만, 전반적인 음악활동과 음악경험에서 정서 교감을 기반으로 하는 상호 소통과 공감이 유의미하게 발생한다는 측면에서 음악과 SEL의 연계는 중요한 의미를 지닌다.

학교 음악활동에서는 기본적으로 함께 듣고 따라 하며 상호작용을 하게 되는데 이때 경험되는 '청각적 감지' '모방' '동기화(同期化, synchronization)' 그리고 '공유된 경험'은 모두 공감 능력 형성에 긍정적인 영향을 미치게 된다. 특히 음악적 소리는 감정과 관련된 뇌의 거울뉴런(mirror neuron)을 자극하여 동작의 재현뿐만 아니라 다른 사람의 감정을 자신의 것으로 느끼도록 한다(Overy & Molnar-Szakacs, 2009). 음악활

동에 내재되어 있는 공감적 요인들이 학습 중심 목표 설정, 협동학습, 유연한 해결 방안 적용과 같은 구성주의적 요인들과 연계될 때 음악활동을 통한 사회정서 능력의 발전 가능성은 더욱 커질 것으로 예상된다. 최근에는 사회정서학습을 음악수업에 적용하는 연구들이 증가하고 있다.

B. Reimer(2009)는 음악의 힘과 음악활동은 몸과 마음에 건강함, 평온과 평화를 주며, 민주적인 사회적 관계와 사회적 역량을 향상시킬 뿐만 아니라 세계를 이해하는 통로가 된다고 하였다. 감성지능과 감성역량을 이루고 있는 하위 구성 요소들은 모두 개인, 소그룹, 대그룹으로 이루어지는 다양한 음악활동과 경험을 통해 자연스럽게 습득될 수 있는 능력들이다. 느낌의 세계와 정서를 체험하는 심리적 과정, 배려하고 협동하는 합창과 합주 등의 단체 음악활동을 통한 공감과 소통의 과정, 자기 자신을 스스로 관리하고 인내심과 책임감을 길러 주는 연습과정, 성취감을 경험할 수 있는 무대 연주 준비 및 발표 과정, 그리고 어려운 순간에도 음악을 통해 이를 극복하는 과정 등을 다루는, 음악교육을 통한 감성교육의 성과를 보고하는 연구결과는 무수히 많다. 그리고 이러한 연구결과들은 과학적으로도 입증되고 있다.

음악적 감수성의 계발을 통해 음악 능력의 발달을 기대할 수 있으며, 개인의 음악 능력의 발달은 좋은 인성의 함양뿐만 아니라 보다 나은 삶과 행복의 통로가 되는 사회적·감성적 기술을 향상시켜 주는 총체적인 능력을 길러 준다. 21세기에 요구되는 사회적·감성적 역량을 길러 주기 위해서 국가 수준의 교육과정은 다양한 틀에서 논의될 수 있으며, SEL 프로그램도 다양한 방법으로 개발될 수 있다. 하지만 음악을 통한 감성교육은 구조적이고 형식적인 틀이나 인위적이고 조작적인 방법이 아니라, 보다 자연스러운 방법으로 감성을 자극하고 내면과 마음을 표현하게 하며 서로 공감하고 소통함으로써 사회적 기술을 습득하게 하는 최선의 방법 중 하나라고 하겠다.

제5장

음악 능력의 발달

발달은 유기체가 그 생명활동에 있어서 환경에 적응해 나가는 과정이다. 발달은 출생, 성장, 사망에 이르기까지 지속되는 변화의 과정이다. 일반적으로 발달은 인간의 특정한 영역을 중심으로 탐구되어 왔는데, 음악 능력도 인간의 주요 발달 영역 중 하나로서 음악교육에서는 매우 중요한 의미를 갖는다.

음악 능력의 발달은 소리를 감지하고 지각하는 감각적 측면과 음악정보를 분류하고 구성하여 의미 있는 경험으로 이해하는 음악 인지적 측면, 음악적 표현을 위해서 목소리와 악기를 다루는 기능적 측면, 그리고 음악을 가치화하여 삶에서 의미 있게 적용하는 사회문화적 측면에서 다채로운 양상으로 나타난다. 이 장에서는 음악 능력의 다양한 측면과 주요 음악발달이론, 연령에 따른 음악 능력 발달 양상과 음악 발달에 영향을 미치는 요인에 대하여 탐구한다.

1. 음악 능력에 대한 이해

음악 능력(musical ability)이란 음악과 관련된 어떤 행위를 할 수 있는 능력으로 매우 광범위한 의미를 갖는다. 음악 능력에는 자극으로서의 음악적 소리를 변별하는 능력에서부터 음악의 구조적 특징을 이해하는 능력, 목소리나 악기로 음악을 표현하는 능력, 새로운 음악을 창작하는 능력 등 다양한 유형과 수준의 능력이 포함된다. 또한 음악 능력에는 유전적으로 타고나는 측면과 탄생 후의 경험과 훈련에 의해서 발달되는 측면이 있으며, 환경과 문화에 따라서도 발달 양상이 다양하게 나타날 수 있다. 복합적인 요인이 관여하는 음악 능력의 세부 요소들은 음악심리학의 주요 연구 주제로 탐구되어 왔다. 음악교육 연구에서 음악 능력은 학습자의 음악적 특성을 이해하고, 잠재적 음악 능력을 촉진하고 발전시키기 위한 방법 모색의 중요한 근거가 된다. 다음에서는 음악 능력과 관련된 다양한 요소와 음악성의 속성에 대하여 제기되어 온 이론적 논의를 살펴봄으로써 음악 능력의 의미를 보다 객관적 관점에서 이해해 보도록 한다.

1) 음악 능력 관련 개념

(1) 음악 지각

'소리'는 음악에 있어서 의사소통의 통로이다. 따라서 소리의 특성을 잘 구별하여 들을 수 있다는 것은 음악활동을 하는 데 있어서 매우 중요한 능력이다. 소리의 물리적인 성질은 일반적으로 음고, 길이, 음량 그리고 음색의 소리의 본유적인 특징으로 설명된다. 따라서 소리의 높고 낮음, 길고 짧음, 소리의 셈여림의 차이나 소리의 질적인 차이를 구별하는 음악 지각(music perception) 능력은 음악활동을 위한 기본적인 능력

지각(perception)과 인지(cognition)의 차이는 심리학적·철학적 관점에서 민감하게 다루어 온 개념이다. 두 개념의 차이는 다각적으로 논의될 수 있겠지만, 지각은 감각 기관을 통한 직접 접촉을 통해서 대상의 특징을 감지하는 것을 의미하며, 인지는 지각을 통해서 감지 또는 수집된 정보들을 연결 지어 대상에 대한 인식(conscious)으로 발전시키는 과정으로 구분한다. 통례적으로 인지를 지각의 상위 정신 작용으로 보아 왔지만 근간에는 지각과 인지의 경계는 모호하며 지각이 인간의 정신 작용에 미치는 영향이 훨씬 강력할 수 있다는 견해도 제시되고 있다.

이라고 볼 수 있다.

인간이 소리를 지각하고 그 특징을 구별하는 능력은 이미 태아 시기에서부터 시작되는 것으로 알려져 있다(Deliege & Sloboda, 1996; Hepper & Shahidullah, 1994; Lecanuet, Granier-Deferre, Jacquet, & Busnel, 1992). 태아의 청각 기능은 출생 전 3~4개월부터 작용하기 시작하고 28~30주부터는 외부의 소리에 대해서 심장의 박동 수가 달라지는 등의 직접적인 반응을 보인다(Lecanuet et al., 1992). P. G. Hepper(1988)는 생후 5일 된 영아가 엄마의 임신 기간 마지막 3개월 동안 날마다 들었던 음악의 주제(theme)에 반응을 보인다고 보고하면서, 태아의 청감각은 단순히 소리의 단편적인 성질(높낮이, 강약 등)에 반응하는 것에서 나아가 의미 구성체로서 소리의 그룹으로 듣고 있을 가능성이 있음을 제시하기도 했다. 소리의 특징을 변별하는 음악 지각 능력에 대한 관심이 높아지면서 음악심리학자와 음악교육학자들은 다양한 음악 지각 능력 측정도구들을 개발하였다.

(2) 음악 적성과 음악성취

음악 적성(music aptitude)은 음악 발달 가능성의 의미로, 타고난 유전적 요소와 함께 출생 이후의 경험, 성숙, 비의도적 음악자극과 환경적 경험에 의해서 나타나는 음악 능력 요인으로 학습과 훈련 요인을 배제한 잠재적 음악 능력을 의미한다. 특성상 음악 적성에는 타고나는 음악 지각 능력 요인이 상당 부분 관여하는 것으로 이해된다. 음악 적성은 일반적으로 음에 대한 청감각적 측면들, 즉 음악의 재료가 되는 소리의 특성을 얼마나 잘 변별할 수 있는가를 의미하며, 향후의 음악적 성공을 예측할 수 있다는 점에서 음악교육에서 음악 적성은 중요하게 다루어진다.

E. Gordon(1986)은 이러한 음악적 발달 잠재력을 소리에 대한 청각적 변별력인 음악 지각 능력과 구별하여 '음악 적성'이라는 개념으로 정리하였다. 음악 적성은 단순히 소리의 특징을 지각적으로 구별하는 것

Papoušek(1996)은 이러한 영아의 소리 구별 능력은 다시 음성 표현 능력으로 이어지면서 목소리 표현을 통한 엄마와 아기 사이의 대화(mother-infant dialogue)가 가능해진다고 보고하고 있다.

C. Seashore는 소리의 청각적 구별 능력을 음악 재능의 결정적인 지표로 보았고 1919년에는 최초로 음정(tonal), 셈여림(dynamic), 길이(temporal) 그리고 음색(qualitative)의 네 영역의 소리 변별력을 측정하는 '시쇼어 음악재능 검사(Seashore Measure of Musical Talent)'를 출판하였다.

외에 연속적으로 나타나는 소리를 기억, 보유 및 연상하여 특징을 비교할 수 있는 능력까지를 포함한다. Gordon은 이같이 소리자극을 기억, 보유 및 연상할 수 있는 능력을 '오디에이션(audiation)'이라는 용어로 개념화하면서 일련의 소리 패턴에 대한 오디에이션 능력을 음악 능력의 새로운 측면으로 강조하였다.

오디에이션은 '물리적으로 소리가 존재하지 않는 상태에서 회상이나 창작을 위해 소리를 연상(들을 수 있는)할 때' 일어나며 오디에이션을 통해서 소리들로부터 음악적 의미를 이끌어 낼 수 있는 능력이 가능해진다고 설명한다. '음악 적성'은 본질상 유전적인 특성이지만 출생 후 환경과 자극으로부터 영향을 받으면서 발달하는 과정을 거치게 되는데(developmental music aptitude), Gordon은 그 기한을 약 만 9세로 보았다. 9세가 되면 유전적으로 잠재되어 있던 음악 적성은 발현 가능한 수준으로 활성화되고 이후에는 안정적(stabilized music aptitude)이 된다고 설명한다. 음악 적성이 안정화된 후에는 훈련과 학습을 통해서 다양한 음악 능력을 발전시키게 된다.

음악 능력과 관련된 또 하나의 중요한 개념이 '음악성취(music achievement)'이다. 음악성취도는 잠재적 가능성에 비정규적 음악경험과 의도된 교수·학습으로서의 정규적 음악경험 그리고 환경적 요인이 결합하여 현재 가시적으로 확인되는 음악 능력의 수준을 의미한다. R. Shuter-Dyson(1999)은 음악 적성과 음악성취를 구분하면서 음악 적성이 음악을 학습하고 음악적 기술을 발달시키는 데 필요한 잠재적 가능성이라고 본다면, 음악성취는 이러한 잠재력에 학습에 대한 강한 동기와 목적을 향한 훈련이 더하여져서 나타나는 결과라고 보았다. 음악교육과 관련하여 음악성취는 교수와 학습의 결과로서, 수행할 수 있는 현재의 실질적인 학생의 음악 능력에 주목한다. 악보를 읽을 수 있는 능력, 특정 작품을 연주할 수 있는 능력, 특정 음악가나 음악적 양식 또는 음악적 장르에 대한 이해 수준 등이 음악성취의 예이다. 음악교육에서

Seashore(1938)는 소리 연상 능력을 '마음의 귀(mind's ear)' 또는 '음악적 마음(musial mind)'으로 표현하고 있으며 St. Augustin(1962)은 『데 뮤지카(De Musica)』에서 음악 지각 능력에 '소리가 없는 상태에서 음악을 상상할 수 있는 능력'을 포함시켰다.

Gordon의 학습이론에서 음악 적성은 오디에이션 능력과 같은 의미로 쓰인다. Gordon은 듣기, 연주하기, 즉흥연주, 작곡 및 기보 독보와 관련된 여덟 가지 유형 오디에이션으로 구분하고 각기 6단계의 발달과정을 제안하였다.

Gordon의 이론에 따른다면 출생 후 약 9세까지의 음악적 환경과 경험의 질에 따라 일생 동안의 음악적 발전 가능성이 결정된다고 볼 수 있다.
Gordon은 소리 변별 능력에 오디에이션의 개념을 결합하여 PMMA, IMMA, AMMA의 연령별 음악 적성 측정도구를 고안하였다.

- PMMA(Primary Measures of Music Audiation): 초급 검사로 유치원~3학년 대상 검사
- IMMA(Intermediate Measures of Music Audiation): 중급 검사로 4~6학년 대상 검사
- AMMA(Advanced Measures of Music Audiation): 상급 검사로 12세 이상 아동 검사

음악성취도를 중요시하는 것은 목표에 따라 이루어진 학습의 결과이기도 하지만 향후의 음악적 발전과 지속적인 성취에 대한 어느 정도의 예측이 가능하기 때문이기도 하다.

(3) 음악지능

H. Gardner의 다중지능(Multiple Intelligence: MI)이론으로 활발하게 연구되기 시작한 음악 능력 요인이 '음악지능(musical intelligence)'이다. 음악지능은 가시적으로 확인되는 음악 능력보다는 이런 음악 능력의 발현을 가능하게 하는 음악적 사고 능력을 의미한다. 소리에 대한 감각이 아무리 뛰어나다고 하여도 지각한 소리들을 조직화하고 정교화시킬 수 없다면 높은 수준의 음악적 이해나 성취는 어려울 것이다. Gardner(1983)에 의하면 이러한 음악적 지능은 다른 능력과 구별되는 영역 특화적인 성격을 띤다는 점에서 독립적 유형의 지능이다. 소리를 통한 지적 사고 능력으로서 음악지능은 음악 지각에 기반을 두지만 소리 변별력보다는 다양한 음악활동에서 소리에 대한 지각과 인지를 어떻게 적용하는가에 주목한다.

음악학습 과정을 20년 이상 연구해 온 J. Bamberger(1991)는 음악지능(music intelligence)을 음악적 문제해결 과정에서 소리에 대한 감각/지각/인지를 탄력 있게 전환할 수 있는 능력으로 본다. 음악적으로 우수한 학생들은 해결해야 할 음악적 과제에 따라서 감각적 · 지각적 · 인지적 유형의 사고를 적절하게 변형하며 적용하는 것이 관찰된다고 보고한다. 음악지능을 감각된 소리를 지각-인지-이해로 확장시키는 능력으로 이해한다면 음악지능은 음악 적성을 넘어서 계발되어야 하는 한 차원 위의 능력이라고 보아야 할 것이다. 음악지능은 음에 대한 민감한 감각 외에 과제에의 집중, 문제해결력, 자발적 학습 능력과 관련되어 나타나기 때문에 측정도구를 사용하는 일회적 테스트로 판별하기보다는 주어진 학습 환경과 상황에서 학생이 보이는 음악적 반응과 행동 양상

Gardner는 1983년에 출간한 그의 책 『마음의 틀(Frames of Mind)』에서 인간의 지능은 서로 독립적이며 서로 다른 일곱 가지 유형의 세부 지능으로 구성된다고 보는 다중지능이론을 제안하였다. 다중지능이론은 지능을 하나의 일반적인 능력에 의해 지배되는 것으로 보기보다는 다양한 지능 특성이 복합적으로 어우러져 나타나는 인지'양식'으로 설명한다. 최초 일곱 가지 지능은 언어지능, 논리-수학 지능, 공간지능, 신체-운동 지능, 음악지능, 개인 내 지능, 대인관계 지능이었으며, 여기에 자연주의 지능과 실존지능이 더해져서 현재는 아홉 가지 세부 지능으로 확대되었다.

을 중심으로 평가되어야 할 것이다.

(4) 음악적 표현 능력

음악적 표현 능력(ability of musical expression)은 목소리나 도구(악기) 등을 활용하여 생각이나 정서를 소리로 나타내는 능력이다. 가장 기본적인 표현 매체는 목소리로서 아기들은 태어나면서부터 목소리로 의사소통, 감정적 표현을 시도한다. 초기의 표현들에서는 의사소통과 음악적 표현의 경계를 구별하는 것이 어렵지만 아동의 음악 능력이 발달함에 따라 일반적인 의사소통과는 구별되는 음악적 표현 능력이 분명하게 나타난다. 음악적 표현 방법에는 목소리를 사용하는 것뿐만 아니라 악기 연주도 포함되는데, 악기 연주에는 도구를 다룰 수 있는 근육 발달과 근운동 감각 발달 수준이 영향을 미친다.

연주 기능은 음악적 표현에 가장 직접적인 영향을 미치는 요인이다. 연주 기능은 학습과 훈련을 통해서 습득되고 발전되며, 음악적 의도를 표출하기 위한 수단이자 목적으로 교육적 의미를 지닌다. 통상적으로 높은 수준의 연주 능력은 음악과 관련된 다양한 능력 요인이 복합적으로 관여하기 때문에 학습자의 음악 능력을 평가하는 중요한 지표로 작용한다.

> 연주 테크닉이라고 불리는 기능적 음악 능력은 반복적인 훈련을 필요로 하는 능력으로 수단적 능력으로 평가되기도 하지만 높은 수준의 연주 능력에는 단순히 기능적인 측면뿐만 아니라 소리의 균형과 음악적 이해, 감성적 표현을 위한 민감성까지 복합적인 능력이 관여한다.

(5) 음악 창의성

창의성의 일반적 개념을 적용하였을 때, 음악 창의성(music creativity)이란 새로운 음악 산출물, 새로운 음악적 아이디어를 창출하는 능력을 의미한다. 음악에서는 작곡과 즉흥연주와 같이 창의적 사고의 결과를 명백하게 확인할 수 있는 활동을 창의적 음악활동이라고 보아 왔지만 창의적 아이디어가 작용하는 음악적 시도는 음악과 관련된 모든 활동에서 나타날 수 있다.

음악 창의성은 창의적 사고가 음악 영역에 특화된 다양한 능력 요소와 만났을 때 나타나는 능력으로 음악 창의성의 발현과정에는 음악 지각, 음악 적성, 음악 인지, 음악 표현 능력이 모두 관련되어 나타난다. 또한 음악 창의성에는 정서, 상상, 영감과 같은 정신적인 요인도 영향을 미치는 것으로 이해되고 있다. 과거에 창의성은 종종 영재 또는 천재에게서 나타나는 특별한 능력, 유전적 능력으로 탐구되었지만 현대의 음악교육에서 음악 창의성은 모든 학생이 계발해야 할 보편적인 잠재력으로 다루어지고 있다.

> 음악 창의성에 대한 보다 구체적인 논의는 제9장에서 다루도록 한다.

2) 음악성과 음악성 이론

'음악성(musicality)'은 '음악 능력(musical ability)'의 다양한 측면을 포괄하는 개념으로 자주 사용되는 용어이다. 심리학적 연구를 통해서 음악 능력과 관련된 요소들이 세분화되어 다루어지고 있지만 음악교육에서 '음악성'은 음악 능력의 다양한 측면을 포용하는 개념으로 중요성을 띤다. 음악교육 영역에서 '음악성'의 개념은 적용되는 맥락에 따라 다소의 의미 차이를 보이지만, 음악에 대한 민감성, 음악경험의 처리 성향, 표현성까지, 음악 능력의 다양한 측면을 포함하는 포괄적 개념으로 사용되어 왔다(Papoušek, 1996). 또한 음악성의 발현에는 유전, 교육, 문화, 환경 등의 다양한 요인이 영향을 미치게 되는데, 이러한 요인들과의 연관성 측면에서 음악성의 발현 양상은 음악교육의 중요한 관심사로 다루어져 왔다.

> 사실상 음악 능력과 관련된 다양한 용어가 사용되지만 각 용어의 사용을 명확하게 구별하기는 어렵다. 그간의 연구를 통해서 음악지능, 음악 적성, 음악 창의성과 같은 개념은 어느 정도의 합의된 정의를 갖게 되었지만 음악성을 포함하여 음악 소질, 음악역량, 음악 재능과 같은 용어는 맥락에 따라 서로 다른 의미로 사용되기도 한다.

(1) 특성론과 총체론

인간의 음악 능력에 대한 관심이 증가하면서 음악 능력의 구성적 속성을 어떻게 볼 것인가에 대한 다양한 견해가 출현하였다. C. Seashore, M. Schön, A. Bentley 등에 의하여 제시된 이른바 특성론(theory of specifics)은 음악 능력을 음악적 행동을 관할하는 단일화된 능력 특성이라기보다는 서로 연관되지 않은 능력 요인들이 결합하여 구성된 것으로 보았다. Seashore는 이러한 이론에 근거하여 소리의 기본적인 양상인 음고, 길이, 강세, 음색을 구별하는 별개의 청각적 능력들이 결합하여 개인의 음악 능력을 결정한다고 보았으며, 이를 적용한 최초의 음악 능력 측정도구인 '시쇼어 음악재능 검사(Seashore Measures of Musical Talent)'(1919)를 고안하였다. 음악 능력을 여러 가지 독립적인 요소의 결합으로 본다는 의미에서 '원자론(automic theory)'이라고 부르기도 한다.

이에 대하여 J. L. Mursell, H. Wing과 같은 음악심리학자들은 음악 능력을 음악적 행동을 관장하는 단일의 능력으로 보았다. 총체론(omnibus theory) 또는 통합론(wholistic theory)으로 불리는 이 이론은 음악의 전체성을 이해할 수 있는 능력을 음악성으로 해석하고 있으며, 전체(음악)는 부분의 합(소리 특징에 대한 지각)보다 크다는 형태심리학적 이론을 수용한다.

B. Schuster와 L. Holmstrom은 특성론과 총체론(또는 원자론과 통합론)에 대한 중립적인 입장을 취하면서 두 이론의 관점을 상보적으로 수용한다. 중립적 입장에서는 음악 능력의 본질을 몇 개의 그룹으로 세분화하는데, 음악 능력이란 일반적 지능과 음악 구성 요소에 대한 인식 기술로 구성된다고 보았다.

(2) 선천성과 후천성

음악성의 구조적 본질에 대한 논의 외에, 인간이 음악 능력을 어떻게 얻게 되는가는 음악교육에서 음악 능력에 대한 또 하나의 중요한 논제로 다루어져 왔다. 음악성이 유전에 의하여 결정되는 것인지, 아니면 출생 후 환경에 의하여 개발되는 것인지는 음악교사가 학생에 대한 학습의 목표치를 설정하고 방법을 결정하는 데 많은 영향을 미칠 수 있을 것이기 때문이다.

현재 널리 적용되고 있는 Gordon(1965)의 측정도구에서는 특성론과 총체론이 복합적으로 나타나고 있는데, 그는 음악성은 음악에 관련된 독립된 능력 요인들로 구성되어 있어서 분리 측정이 가능하지만, 이러한 능력은 Seashore식의 단위 음의 음향적 특성에 대한 지각이 아니라 음악적 의미를 담을 수 있는 음악 패턴에 대한 변별을 통해서 측정되어야 한다는 점에서 총체론(또는 통합론)적인 관점을 반영하고 있다고 볼 수 있다.

Seashore, Schön, G. Revesz와 같은 음악심리학자들은 음악 재능을 타고난 높은 수준의 능력의 집합체로 보고, 음악 천재들의 음악적 재능이 대체로 어린 시절부터 나타나는 점을 들어 음악 능력의 유전성을 주장하였다. 반면, C. Farnsworth와 R. Lundin은 후천적 경험과 환경이 능력을 변형시킨다는 점을 들어 음악 능력의 후천적 측면을 더욱 중요하게 보았다.

다른 능력과 마찬가지로 음악 능력에서 나타나는 유전과 환경의 우위성에 대한 논쟁은 계속되어 왔지만 현재는 두 입장을 다 받아들이고 있다. 개인이 보이는 음악 능력의 차이에서 능력의 유전적 측면을 부인할 수는 없지만, 아동이 자라나는 사회 환경은 잠재적 능력의 발현과 발달을 규정할 뿐만 아니라, 유전과 환경은 공존하는 측면이 강하기 때문에 능력의 발달과정에서 유전성과 후천적 조건의 영향을 완전히 분리하는 것이 어렵기 때문이다. 음악교육적 관점에서도 학생이 유전적으로 어떤 수준의 음악성을 타고났는가보다는, 학생에게 잠재되어 있는 음악성이 최대치로 발전할 수 있는 음악교육과 음악적 환경을 제공하는 것이 더욱 의미 있을 것이다.

> 음악 재능의 유전성의 사례로 자주 인용되는 Bach의 가계에서는 6대에 걸쳐 60명 이상의 음악가를 배출하였고 이 중 38명은 저명한 음악가로 활동하였다. 그러나 Bach의 가계에서 음악은 가족의 환경이며 음악가가 되는 것은 전통으로서, 부자지간, 형제지간의 음악교육이 이루어졌다는 것은 환경의 중요성을 입증하는 사례이기도 하다.

2. 음악 구성 요소에 대한 지각

소리의 특징을 지각하는 것은 음악 이해의 시작이다. 소리의 특징을 지각하는 능력은 출생 전 태아 시기부터 발달하며, 출생 이후부터는 환경과 경험에 영향을 받으면서 소리를 음악적 구성체로 처리하는 능력이 발달하게 된다. 이 과정에서 음악의 재료인 소리의 특성을 지각하는 능력은 음악 능력의 발달에 주요한 영향을 미친다. 음악심리학의 연구들에서는 인간이 음악 구성의 각 요소를 어떤 과정을 거쳐 지각하는지, 그리고 이러한 특징들을 처리하는 과정에서 어떤 양상들이 나타나는지에 초점을 두어 왔다. 음악 지각 능력 역시 연령에 따라 발전적인 양상을 보이는데, 이에 대한 이해는 음악 교수·학습에서 재료의 선정과 지시 방식의 결정에 도움을 준다. 다음에서는 음악 요소에 따른 지각 능력이 발달 과정에서 어떻게 나타나는지를 관련 연구결과들을 중심으로 탐색한다.

1) 음정

음정(pitch)은 유아들이 출생 초기부터 반응을 보이는 가장 기초적인 소리 특성이다. 유아는 소리의 작은 음정 차이를 성인보다 정확하게 구별한다고 알려져 있다. 유아와 성인을 대상으로 한 실험에서 성인은 장조와 단조 조성에서 이탈한 음들은 잘 구별할 수 있었지만 익숙하지 않은 음계체계의 음 이탈에 대해서는 변별력이 떨어지는 것으로 나타났다. 이와는 대조적으로, 6개월 정도의 유아의 경우는 조성체계의 조건에 구애받지 않고 음정의 변화를 정확히 구별하여 반응하는 것으로 나타났다(Lynch, Eilers, Oller, & Urbano, 1990). 이러한 결과를 놓고 보았을 때, 유아기에는 조성 배경과 상관없이 음정을 변별할 수 있는 음 지각 능력을 보유하고 있다고 볼 수 있다. 또한 성장과 함께 익숙한 음계체계에 대한 의존이 형성되는데, 이는 연습이나 훈련과 같은 정규 교육에 의한 것이라기보다는 문화적 환경과 삶에서 자연스럽게 반복되는 음악적 경험에 의한 것이며, 이러한 문화적 요인에 영향을 받게 되면서 유아기에 보유했던 비문화적 음 지각 능력은 퇴보하는 것으로 해석된다(Lynch, Eilers, Oller, Urbano, & Wilson, 1991).

2) 가락

누적된 연구결과들을 볼 때, 출생 후 유아기 초반에 나타나는 음정 지각 능력은 결코 미약하거나 불완전하다고 보기 어렵다. 그러나 유아기

> 태생적 특성으로서의 특정 음정 선호도에 대한 다수의 연구가 수행되었지만 일관성 있는 결과들을 발견하는 것은 어렵다. 단지 옥타브음정을 동일한 음으로 인지하는 경향이 생후 3개월 유아에게서 나타난 점은 흥미로운 결과이다. 음 지각 능력과 관련된 이러한 연구들에서 공통적으로 나타난 점이 있다면 유아들이 음정과 음색에 민감한 반응을 보인다는 것과 이러한 능력은 음악적 경험과는 무관한 태생적 능력으로 보인다는 점이다.

에 나타나는 음 지각 능력은 음악적 차이를 변별하는 반응이라기보다는 각각의 소리 자극에 대한 개별적 반응이라고 이해되고 있다.

생후 6개월이 되면 유아는 음들이 모여서 구성되는 가락(melody)의 윤곽을 인지하고 서로 다른 여러 개의 가락을 구별할 수 있다(Dowling, 1988, 1999). 누적된 연구들을 종합해 볼 때, 유아는 발달 초기단계에서는 가락의 윤곽을 먼저 인식하고 나이가 들면서 세부 음정 관계를 더욱 정확하게 인지한다는 것을 알 수 있다(Dowling, 1999). 유아기부터 시작하여 대략 6~11세까지 지속되는 가락 인지 능력의 형성에는 악기학습과 같은 정규 음악교육보다는 다양하게 이루어지는 일상적 음악경험의 영향이 더욱 큰 것으로 보고되고 있다(Lamont, 1998). 그러나 청소년기(11~16세) 이후, 정확한 가락 지각 능력이 지속적으로 향상되기 위해서는 적극적인 음악 학습(악기 연주 등)과 활동이 필요하다. 가락 지각 능력의 발달 양상에 대해서는 다소 상이한 견해들이 존재하지만 환경에 따른 일상적인 음악경험만으로 정교한 가락 지각 능력이 발달하기에는 충분치 못하다는 것이 공통적인 해석이다.

G. Schwarzer(1997)의 연구에서 아동(5~7세)은 가락을 부분 부분 나누어 인지하는 반면 성인은 전체적인 방식으로 인식한다는 다소 상반된 결론이 제시되기도 하였다. 이 밖에도 아동들의 가락 인식에서는 가락의 윤곽뿐만 아니라 셈여림, 음색과 같은 가락 외적 특징에 더욱 주의를 집중하는 반면, 성인의 가락 지각에서는 가락의 윤곽을 포함하여 가락의 진행 방식처럼 가락 자체의 특징에만 집중하는 성향이 관찰되기도 하였다(Deliége, Mélen, & Bertrand, 1995; Gordon, 1981). 유아기 이후의 가락 인지 발달 과정에서는 형태심리학의 지각 원리인 유사성, 근접성, 간결성과 같은 그룹핑 성향이 나타난다.

Schwarzer(1997)의 연구에서는 가락을 분류하는 간단한 기준을 설명하고 그에 따라서 피실험자들이 제시되는 가락들을 분류하는 양상을 분석하였다. 아동의 경우는 가락적 특징 외에 셈여림이나 음색의 유사성을 적용하여 분류하는 경향이 나타났다.

3) 리듬

리듬감은 음악 능력의 중요한 요소로, 아동기에 나타나는 리듬감 발달 특성을 이해하는 것은 음악교육에서 중요한 의미를 갖는다. 음악심리학 영역에서도 리듬감은 인지의 주요한 특성으로 다양한 대상에 대한 다양한 관점과 방법이 시도되었다.

유아는 출생과 함께 심장의 규칙적인 박동과 불규칙적인 박동 또는 클릭 소리에 변별적으로 반응하며(Spiegel, 1967), 생후 5개월 된 유아들은 길고 짧은 소리로 구성되는 리듬의 변화를 구별한다(Shuter-Dyson, & Gabriel, 1981: 70). 이와 같이 간단한 리듬을 구별할 수 있는 능력은 유아 시기부터 나타나지만 리듬에 대한 보다 정확한 인식은 성장과 함께 점진적으로 발전한다.

규칙적인 리듬으로 노래 부를 수 있는 능력은 2세 전후로 발달하며, 처음에는 짧은 길이의 리듬을 표현하다가 그 길이가 점차 확장된다 (Dowling & Harwood, 1986: 194). 리듬감은 연령에 따라 발달하지만 동시에 다양한 개인차를 보인다. 특히 리듬감의 발달은 취학 전 연령에서 도약적으로 나타난다. E. Rainbow(1980)는 3년간의 관찰을 바탕으로 급격한 리듬감의 발달이 출생 후 2년부터 나타난다고 보고하였으며, J. Ramsey(1983)의 연구에서는 리듬을 지각하는 능력과 정확한 리듬으로 노래 부르는 능력이 3~4세 시기에 도약적으로 발전하는 것이 관찰되었다.

3~4세 시기에 아동들은 리듬 감지와 함께 느리고 빠른 것을 구별하기 시작하는데, 4세가 되면 느리고 빠른 템포를 구별하고 이를 적절한 단어를 사용하여 표현하거나 몸의 움직임으로 나타낼 수 있다. 그러나 이 시기에는 점점 느려지거나 점점 빨라지는 템포 변화의 인식에는 어려움을 느끼는 것으로 나타나며, 불규칙 리듬보다는 규칙적인 구조를 갖는 리듬을 선호하기 시작한다(Zenatti, 1993).

특히 Ramsey(1983)의 연구에서는 3~4세의 리듬감 발달에 이어서 4~5세에는 가락 음정의 인식 능력이 발전하는 것으로 나타나, 리듬감의 발달이 가락 윤곽에 대한 지각이나, 정확한 음정 인식 능력에 앞서 발달하는 것으로 설명하고 있다.

4세 정도의 아동들에게는 8분음표 또는 16분음표를 포함하는 복잡한 리듬은 적합하지 않지만 5세 정도가 되면 복잡한 리듬에도 별 어려움 없이 반응하는데, 이는 연령이 높아지면서 시간에 대한 개념이 더욱 분화하기 때문인 것으로 해석된다(Dowling, 1999; Pouthas, 1996).

4) 화성감과 조성감

화성감과 조성감의 발달에 관해서는 다양한 관점과 함께 다양한 방법의 연구들이 이루어져 왔지만 결과에서는 어느 정도 일관성 있는 경향이 발견된다. 아동들은 불협화음보다는 협화음을 선호하는 경향이 나타나는데, 이러한 선호가 나타나는 연령이 점점 낮아지고 있는 것은 흥미로운 현상이다. 아마도 현대에 들어와 보편화된 매스미디어 경험은 화성감과 조성감의 형성에도 영향을 미칠 수 있을 것이다. 미디어를 통한 서양식 음악에 대한 잦은 노출은 화려한 화성감에 반응하고 변별할 수 있는 시기를 앞당긴다고 볼 수 있다. 평균적으로 9세가 되면 장조와 단조의 차이를 구별할 수 있게 되는데 정규 음악교육(기악 등의)을 받은 경우에는 이보다 더욱 어린 연령인 5~7세 사이에서 관찰되었다 (Valentine, 1962).

조성 음악과 비조성 음악에 대한 선호도를 관찰한 A. Zenatti(1993)의 연구에서는 쌍을 이루는 서로 다른 버전의 가락, 리듬, 화음에 대한 선호도를 물었다. 이 연구의 결과에 따르면 5세 아동들에게서는 특별한 선호 성향이 발견되지 않는 데 반하여 6세 아동들의 경우는 협화와 조성감이 있는 악구를 선호하는 반면 불협화와 비조성 악구는 비선호하는 것으로 나타났다. 9~10세가 되면 협화음과 조성 음악에 대한 선호도는 90~95%까지 높아지는 반면(Zenatti, 1993), 현대 음악과 비서구 문화권의 음악에 대한 선호도는 5~6세 이후 지속적으로 감소하는 것으로 나타났다.

이러한 결과들을 종합하자면 서양식 음악에 대한 문화화(encultura-lization)가 10세를 전후로 완결된다고 해석할 수 있다. 교육적 차원에서 보자면, 학령기 이전의 연령에서부터 현대 음악이나 비서구 문화권의 음악을 경험할 수 있는 기회를 배려하여 친숙한 음악과 마찬가지로 새로운 음악이나 낯선 음악을 즐길 수 있도록 유도하는 노력이 필요하다.

조성이나 음정의 인식에서 나타나는 특성이 태생적인 경향인지, 아니면 문화적으로 학습되는 것인지에 대해서는 다양한 견해가 존재한다. 예컨대, 오타브(완전8도) 관계의 음들을 같은 종류의 음정으로 인식하는 경향은 문화적 차이를 초월하여 나타나는 지각 특성으로 받아들여지는 반면, 장조는 밝게, 단조는 어둡게 인식하는 특성을 태생적 인식 특징으로 보는 데는 이견이 존재한다.

연령에 따른 음악 장르의 선호도 변화에는 음악 특징에 따른 선호뿐만 아니라 친숙도도 영향을 미칠 수 있다. 현대 음악과 비서구 문화권에 대한 선호도 감소는 전체 음악경험의 기회에 대비하여 현대 음악이나 비서구 음악을 접하는 기회가 상대적으로 적기 때문일 수도 있다.

5) 음색

　　음악 능력 발달과 관련된 또 하나의 관심사는 서로 다른 음색의 악기를 구별하는 능력이 언제부터 발달하는지에 관한 것이다. 취학 전 아동을 대상으로 하는 연구에서는 4~6세 시기에 음색을 변별하는 능력이 도약적으로 발달하여 5~6세가 되면 대부분의 오케스트라 악기들을 음색으로 구별할 수 있게 된다. 특히 학습경험이 있는 악기의 음색 구별 능력은 매우 견고하여, 다양한 악기 소리가 동시에 제시되어도 연주경험이 있는 악기를 정확하게 변별하는 것이 관찰된다. 두 가지 이상의 악기가 연주될 경우, 음색에 대한 인식은 대체로 세 가지 방식으로 나타난다. 이질적인 음색에 주의를 기울이는 경향이 나타나며, 하나의 악기 음색을 주로 듣고 다른 악기의 음색은 장식적으로 인식하며, 새롭게 추가되는 음색을 우선하여 지각하는 경향이 나타난다. 불협화 음정이 지각적인 긴장을 유발하는 것과 마찬가지로 거친 음색, 일반적이지 않은 음색은 지각적인 긴장을 유발하며, 청자는 음색적 긴장에 대해서도 긴장의 해결을 기대하는 것으로 나타난다(Bigand, Parncutt, & Lerdahl, 1996).

6) 음악 지각과정에서 나타나는 특징

(1) 공감각적 지각

　　공감각이란 인식과정에서 두 가지 이상의 서로 다른 감각이 상호작용하는 현상을 말한다. 공감각의 정도는 개인마다 다를 수 있지만, 지각과정에서 두 가지 이상의 감각을 연동하려는 경향은 대부분의 사람에게서 나타난다(Campen, 2007). 지각 능력 발달과정

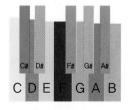

에서 청각 지각, 시각 지각 그리고 촉각 간의 공감각이 특별한 방식으로 나타나는 것을 구별하여 '공감각(synesthesia)'이라는 용어로 지칭한다.

인식과정에서 두 가지 이상의 감각이 상호작용하는 현상을 포괄적으로 의미하는 개념이 '교차감각적 지각(cross-modal perception)'이다. 서로 다른 감각 간의 교차는 다양한 방식과 수준으로 나타나는데, 숫자와 색, 형태와 색, 언어와 색, 시각과 청각('달빛에서 폭포의 소리가 들린다'와 같은)이 비의도적으로 작용하는 현상이 일관성 있게 나타나는 경우를 특별히 '공감각(synesthesia)'으로 구별하기도 한다.

이에 비하여 음악교육에서 관심을 두는 '교차감각적 지각(cross-modal perception)'은 음악적 소리를 움직임이나 시각적 형태와 연결 지어 인식하는 보다 보편적인 양상에 적용된다. 두 가지 이상의 감각이 교차하는 교차감각적 지각의 발달은 아동의 음악적 표현성에 영향을 미치는 것으로 알려졌다(Meltzoff, Kuhl & Moore, 1991; Papoušek, 1996). 유아는 엄마의 목소리 특징(가락, 윤곽, 빠르기, 리듬적 특징, 음색)을 자신의 신체 움직임이나 시각적 경험, 엄마의 움직임과 같은 다양한 유형의 감각적 지각과 동일시하는 경향을 보이며, 이러한 감각 간 교차 인지 능력은 이후 음악적 표현 인식에 중요하게 작용한다.

(2) 리듬과 움직임의 동기화

음악을 신체 움직임으로 동기화하는 것은 18개월에서 2세 사이의 유아들에게서 최초로 관찰된다(Moog, 1976). 짧은 시간 동안 음악에 맞추어 몸을 움직이는 것은 2세 정도의 유아에게서는 보편적으로 나타나며, 3~4세가 되면 다른 사람의 손뼉 치기나 그 밖의 규칙성을 갖는 음악에 맞추어 걸음을 걷거나 행진을 흉내 낼 수 있게 된다(Rainbow, 1980). 그러나 이 시기의 아동들의 리듬 인식 능력은 운동 표현 능력을 앞서기 때문에 움직임으로 표현하지 못하는 보다 복잡한 리듬도 인식할 수 있다.

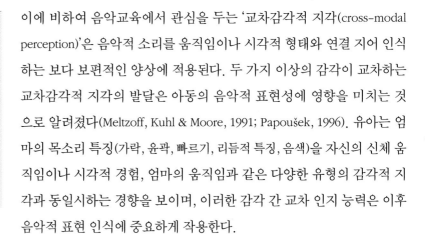

말하기에 내재된 리듬감을 활용하여 효과적인 리듬지도를 모색할 수 있는데, 코다이 교수법의 리듬 음절 읽기나 오르프 교수법의 말 리듬 활용이 대표적인 예라고 볼 수 있다.

또한 악기로 표현되는 리듬보다는 음성 리듬이나 말하기와 연결된 리듬을 더욱 쉽게 인식하는 것으로 나타났다(Rainbow & Owen, 1979). 일반적으로 이 시기의 아동들은 목소리를 사용하여 리듬을 인식하거나 표현하는 데 어려움이 없어 보이기 때문에 음성 매체를 사용하여 리듬을 가르치는 것이 적합하다는 것을 알 수 있다(Rainbow, 1980). 5세가 되면 음악에 맞추어 몸을 움직이는 능력이 거의 성인에 준하는 수준으로까지 발달하게 된다(Gerald & Auxiette, 1992). 과거의 연구에서는 박자감은 7세를 지나 9세가 되어야 확립되는 것으로 나타났지만, 근간의 연구에서는 박자감 형성 시기가 5세 정도로 점차 낮아지는 것이 일반적이다.

리듬감 형성의 평균 연령이 앞당겨지는 이유로 현대 사회의 빈번한 미디어 매체 노출이 언급되기도 한다. 강한 비트, 반복적인 리듬의 광고 음악이나 방송 음악을 듣게 되면서 음악에 대한 문화화가 촉진될 수 있기 때문이다.

(3) 음악적 감정 표현 인식

음악의 최초 발생 원인이 인간의 감정 표현을 목적으로 했다는 학설에서도 나타나듯이 음악적 표현을 감정적으로 인식하고 반응하는 양상은 보편적이며, 출생 직후부터 발달하는 것으로 나타난다. 신생아는 첫 6주 동안 얼굴 표정은 구별하지 못하지만 익숙한 목소리를 인식할 수는 있다(Rauh, 1995). 출생 후 유아기의 아동들은 소리를 음향적으로 처리하면서 다양한 감정을 표현하고 인식하게 되는데, 아기들이 다른 유형의 울음소리로 감정을 전달한다는 것은 일반적으로 잘 알려진 사실이다. 유아기 부모와의 상호작용에서는 소위 옹알이로 알려진 비언어적 발성의 다양한 윤곽선을 갖는 짧은 가락들이 정서적 의사소통에 사용된다는 것이 관찰된다(H. Papoušek, 1996; Papoušek & Papoušek, 1986). 또한 유아기 정서적 표현을 위한 비언어적 발성의 의미적 특징은 그들이 자라나는 문화권에 상관없이 유사하게 나타나는 것으로 보인다.

생후 6주에서 4개월의 영아들의 경우, 처음에는 실제의 얼굴 표정으로 감정을 표현하거나 인식하기 시작하며 이것이 익숙해지면 표정의 특징을 담은 도식적 그림으로도 인식이 가능해진다. 생후 4~9개월의 영아들은 감정 표현의 시각적 특징 외에 목소리, 몸동작 그리고 표정의 특징들을 연결 지어 감정을 표현하거나 인식하는 발전된 단계의 감정소통이 가능해 진다. 이후 아동들은 친밀하게 자주 만나는 익숙한 성인들의 얼굴 표정과 경험을 기반으로 슬프거나 기쁜 감정의 원인이 무엇인지를 사건과 연결 지어 인식하는 능력이 생기게 된다(Rauh, 1995: 230).

현재까지 추측되는 바로는 학령기 전까지 아동들은 음악에 표현된 정서 표현을 감정을 표현하는 얼굴 표정 또는 그림과 연결 짓는 활동이 가능한 것으로 관찰된다. 어떤 악기로 표현되느냐도 음악적 정서 인식에 영향을 미치는 것으로 나타났는데 '슬픔'의 경우는 바이올린으로 연주되었을 때, '화남'의 경우는 드럼으로 표현되었을 때 인식이 더 높게 나타났다. 음악적 정서를 인식하는 능력은 공식적인 학습보다는 가정에서의 경험이 더 영향을 미치는 것으로 나타났다(Giomo, 1993).

(4) 기타 비음악적 의미에 대한 감지

아동들은 음악으로부터 정서적 의미를 감지할 수 있을 뿐만 아니라 은유적으로 표현된 음악 외적인 의미도 감지할 수 있다. 3~6세의 아동들을 대상으로 Prokofieff의 『피터와 늑대』의 등장인물 음악 주제들을 그림(늑대, 새, 고양이, 오리 등)과 연결시키는 실험을 실시했을 때, 3세 아동들

도 음악 외적인 정보인 인물을 연결 짓는 능력이 있다는 것이 관찰되었
다(Trainor & Trehub, 1992). 유사한 실험들의 결과를 보았을 때 8세 정도
의 연령이 되면 〈동물의 사육제〉〈환상 교향곡〉〈불새〉와 같이 음악적
주제들을 표제적으로 적용하는 음악 작품에서 음악적 특징들을 비음악
적 의미, 즉 그림으로 표현할 수 있는 등장인물과 연결 짓는 능력이 보편
적으로 형성된다는 것을 알 수 있다.

7~10세가 되어 아동들의 언어적 능력이 충분히 형성되면 음악적 경
험에 대한 언어적 반응이 풍부해진다. 이시기 음악적 경험에 대한 아동
들의 언어표현은 대략 세 가지로 분류될 수 있는데, 첫째는 작곡가나 연
주가에 대한 생각, 둘째는 음악을 듣고 느낀 자신의 느낌, 그리고 셋째
는 음악을 들었을 때의 상황(잘 때, 식사할 때, 등교할 때 등)이나 음악을
들으면서 겪었던 경험에 대한 것이다.

이상을 종합해 보자면, 음악에 표현된 감정이나 정서에 대한 인식은
대략 3~4세 정도부터 시작하여 점차적으로 다양해지고 정교해진다.
이러한 정서 표현의 인식에는 단지 음악적 특징을 이해하는 것뿐만 아
니라 출생 후 삶을 통해서 인식하게 된 시각적 경험이나 제스처, 움직임
과 관련된 다양한 감각체계가 통합적으로 관여하는 것으로 보인다. 그
러나 이러한 반응에 대한 구체적인 분석과 일관성 있는 이론화는 아직
까지도 충분하다고 보기 어렵다.

> 시각뿐만 아니라 동작과 같은 음악 외적인 감지 모드들이 음악적 특징 인식에 연동되면 음악에 표현된 정서를 인식할 수 있는 능력은 향상된다. 예컨대, 음악에서 느껴지는 긴장-이완의 느낌이 정서적 긴장과 이완으로 확장되면서 음악에 대한 감정이입이 일어나거나, 높고 낮은 음을 공간적인 위치로, 템포의 빠르고 느림을 실제 물리적 움직임의 변화로 인식하는 것은 소리와 다른 감각 모드를 연결시키는 결과(cross-modal perception)라고 볼 수 있다.

3. 음악인지이론

감각기관을 통해서 수용된 소리의 궁극적인 도달점은 일련의 음악적
경험에 대한 음악적 이해이다. 이미 앞의 논의에서 살펴보았듯이 인간
의 정신 작용은 감지된 정보를 다양한 과정과 단계로 처리하면서 음악
적 의미로 인식하게 된다. 음악인지이론은 인간이 자신이 지각한 소리

에 의미를 부여하고 이해하는 과정에서 나타나는 원리와 특성을 밝히려는 노력을 통해서 구축된 이론들이다.

1) John Sloboda의 음악인지이론

J. Sloboda는 음악정보의 처리, 음악 연주, 그리고 그에 대한 연주자와 청자의 정서적 측면을 다양한 실험 연구를 통해서 탐색하였다. 특히 감각기관을 통해서 들어온 소리를 의미를 갖는 음악 지식으로 처리하고, 이어 이를 표현에 적용하는 과정에 대한 연구를 기반으로 음악 인지를 단순히 정보처리 과정이 아닌 표현과 정서 반응을 연결 짓는 맥락적 과정으로 해석하고 있다(Sloboda, 1985, 1988).

Sloboda는 음악적 인지의 전제를 기억 기능과 분류 기능으로 보았는데, 기억(memory) 기능은 지각된 청각적 사건을 이미 경험한 청각적 사건과 연결 짓는 능력을 가능하게 한다. 이같이 청각적 사건을 기억으로 보유하는 능력이 없다면 소리는 정신에서 이내 소멸해 버리기 때문에 어떠한 확대된 의미도 생성되지 못할 것이다. 음악을 '구조(structure)'로 정의하는 Sloboda는 기억 기능을 기반으로 하는 음악 인지를 모든 음악적 행동(음악적 특징의 변별, 정서적 반응, 연주, 창작 등)의 시작으로 해석한다(Sloboda, 1985).

기억과정을 통해서 보유된 청각적 사건들이 누적되면, 음악 인지의 또 다른 기제인 분류(grouping) 기능을 통해 음악자극들을 의미 있는 단위로 재구성하여 처리할 수 있게 된다. 음악적 자극 또는 음악적 특징 유형의 분류는 청자로 하여금 음악 안에서 '가락' '리듬' 등의 특징을 구별하여 인지할 수 있게 한다. 이 과정에 이전의 경험을 통해서 형성된 음악적 스키마가 영향을 미치며, 음악을 구조적으로 이해할 수 있게 된다. 음악에 대한 구조적 이해가 가능하게 되면 학습자는 음악을 의미 있는 경험으로 인식하면서 음악활동에 동기를 부여하게 되고, 지속적으로 음악활동에

> 1985년에 출간된 Sloboda의 『Musical Mind』는 소리의 세부 특징에 대한 인식을 중심으로 이루어져 온 기존의 음악심리학적 연구의 관점을 음악의 구조적 속성과의 관계, 음악적 의미 형성, 음악에 대한 정서, 작곡과 해석의 과정 등으로 확장함으로써 음악 인지를 총체적인 음악활동 맥락과 연결 짓는 탐구를 시도했다는 점에서 음악심리학의 관점적 전환을 촉진했다고 볼 수 있다.

참여함으로써 다양한 음악적 기능(skill)을 습득하게 된다. Sloboda가 보는 음악 인지의 본질은 음악구조에 대한 이해로서, 음악 인지를 기반으로 음악적 표현 기능과 정서가 연동되는 맥락적 음악경험이 가능해진다.

음악 인지는 언어 습득과 유사한 속성을 지니기도 하는데, 언어의 세부 요소와 이를 구축하는 문법적 요인이 있듯이 음악에서는 조성, 박, 리듬이 모든 음악활동에서 공유하는 기본 구성 요소이며, 이 외에 특정 음악 문화나 장르에 따라 음악적 의미를 구축하는 특정 음악적 문법 체계가 발생한다고 본다. 음악적 문법체계는 문화에 따라 다르며, 경우에 따라서는 위계적일 수 있다. 따라서 음악적 문법, 즉 음악의 구성 체계의 원리를 습득하는 것은 음악 지각을 기반으로 하는 음악적 문화화(enculturation) 과정을 필요로 하며 여기에는 체계적인 인지적 훈련(training)이 필요하다고 보았다. Sloboda는 음악 인지를 인간 음악 행동의 중추로 보았으며, 음악 인지와 음악 연주, 창작, 정서와의 관련성을 탐구하는 일련의 실험 연구를 기반으로 음악의 특성을 해석하여 왔다(Sloboda, 1983, 1985, 1988, 1994, 1999, 2001). 그의 연구에서 나타나는 음악 인지의 특성을 정리해 보면 다음과 같다.

- 음악의 본질은 구조(structure)이다.
- 음악은 문법적 체계(musical syntax)에 따라서 구성된다.
- 음악적 표현은 많은 경우에 위계적(hierarchical)이다.
- 조성, 박, 리듬은 심리학적인 근본 구성 원칙(psychological principle)이다.
- 음악은 심리학적 구성 원칙(조성, 박, 리듬)을 기반으로 비지시적 의미를 창출한다.
- 음악은 지시적 관련성 없이도 심화된 정서적 표현성을 가질 수 있다.
- 음악적 구조(structure)를 통해서 작곡, 연주의 과정에서 발생하는 지각의 서로 다른 과정은 음악적 핵심 표현을 공유한다.

Sloboda는 음악 인지를 인간의 음악적 마음(musical mind)의 근본으로 보았다. 음악 인지에 대한 그의 이론은 이론모형으로서의 논리 추구보다는 음악적 정서, 일상의 음악활동, 연주, 전문적 음악성, 음악의 생성과정의 특성과 상호 연관성을 밝히는 데 초점을 두고 있으며, 실험적 연구에 기반한 해석을 제공하고 있다.

음악이 언어와 유사한 문법성을 띠는지에 대한 논의는 지속되어 왔다. 언어적 구문의 원리는 형태소(문장을 구성되는 최소 단위), 문법적 기능(명사, 형용사와 같은)과 마지막으로 추상성(모든 표현이 회기할 수 있는 근본 구조)이 있는데, 언어의 원리와 완전한 대응을 이루는 특성을 찾기는 어렵지만 음악이 문법적으로 구성된다는 견해는 대체로 지지되고 있다. 특히 서양 음악의 경우 음악적 공통 요소, 긴장과 이완의 방식으로서의 음악적 문법 그리고 구조의 추상성을 모두 갖추고 있다고 분석된다(Patel, 2008).

2) Mary L. Serafine의 음악인지이론

M. L. Serafine은 음악 인지에 관한 이론을 음악의 생성적 과정과 연결시켜 설명하고 있다. Serafine은 음악이란 소리의 무작위적인 구성이 아니라, 본질적으로는 인간이 음악을 작곡하고 연주하며 듣는 과정에서 일어나는 인지과정의 결과라고 해석하고 있다. 따라서 개인의 음악 경험은 음악과 직접적으로 상호작용하면서 음악에 내재되어 있는 생성적 속성을 습득하는 과정이며, 일종의 음악적 문화화(culturalization) 과정으로 해석할 수 있다고 주장한다(Serafine, 1988: 29).

Serafine의 음악인지이론은 연령적 발달을 고려한 다수 아동을 대상으로 이루어진 일련의 횡적 발달 연구를 기반으로 구축되었다. 연구에서는 변별적 음악 듣기를 통해서 나타나는 아동의 화성 및 대위법적 인지 능력의 발달 양상에 주목하였다. 방대한 연구결과를 기반으로 Serafine은 음악 인지과정을 두 가지 유형의 시간적(temporal) 과정에서 이루어지는 네 가지 유형의 비시간적(non-temporal) 인지처리 방식으로 설명하고 있다.

Serafine의 음악 인지 과정이론에서는 음악 인지과정을 음악의 구조적 생성과정과 연결 지어 설명하고 있다. 음악 인지의 시간적 과정에는 연속성 차원(successive dimension)과 동시성(simultaneity) 차원의 원리가 작용하는데, 연속성 차원에서는 음들의 그룹핑, 패턴화가 진행되고 이것이 발전하면 동기의 인식과 변화, 악구의 구성과 같은 발전된 차원의 횡적 음악구조를 이해할 수 있게 된다. 동시성 차원은 1차적으로 인지한 음악적 특성들을 종적인 관계성 또는 구조의 입체성(대위법)의 측면에서 인지하는 과정으로 화성적·대위법적 구조의 인식에 관여한다.

음악 인지의 비시간적 과정은 음악인지의 전 과정에서 나타나는 인지 특성으로, 음악경험의 시간성과는 별개로 음악의 논리적인 구조를 파악하는 과정에 관여하는 인지 원리이다. 음악의 구조 파악은 이미 경험

연구 대상은 5, 6, 8, 9, 10세의 아동과 성인 그룹(각 15~30명)으로 이루어졌으며, 주어진 음악 예들에 대한 시간적·비시간적 인지처리 양상을 보는 다수의 실험이 실시되었다. 결과에서는 연령에 따라 점진적으로 인지처리 수준이 발달하는 것으로 나타났고, 음악학습 경험(스즈키 교육경험)은 영향을 미치지 않는 것으로 나타났다.

하고 습득한 음악적 정보를 현재의 음악경험과 연결 지으면서 위계적으로 처리하면서 이루어지는데, Serafine은 이 과정에 네 가지의 인지 원리가 작용한다고 보았다. 음악정보의 비시간적 처리에서는 음악정보의 종결(closure), 추상화(abstraction), 변이(transformation), 위계화(hierarchic-structuring)의 인지 특성이 나타나는데, 이러한 과정을 통하여 청취자는 음악의 동기 인식, 동기적 요소의 반복과 변화, 전이 양상, 음악적 구조의 위계적 처리와 형식적 구조에 대한 이해에 이르게 된다([그림 5-1] 참조). Serafine의 이론은 경험적 연구를 기반으로 음악에 대한 구조적 이해와 음악 인지과정과의 구체적인 연결을 시도하였다는 점에서 의미를 갖는다.

종결(closure)은 일련의 음악적 진행을 하나의 단위로 마무리하면서 휴지, 종지, 새로운 시작을 기대하는 인지 원리이다. 추상화(abstraction)와 변이(transformation)는 음들을 하나의 단위로 묶어서 패턴으로 인식하고, 인식된 패턴의 반복과 변화, 전이와 확장 등을 비교 인식하는 하는 원리이다. 위계화(hierarchic-structuring)는 음악 구성의 단위와 조직을 위계적으로 인식하는 과정으로, 악구의 대조를 인식하고 형식과 같은 상위인식에 관여하는 인지 원리이다(Serafine, 1988: 75-88).

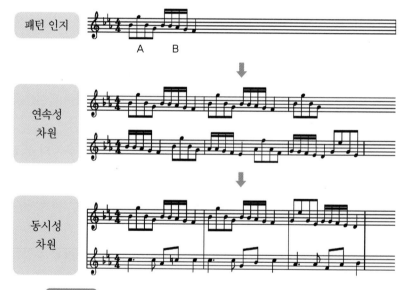

그림 5-1 Serafine의 음악 인지: 시간적 과정과 비시간적 과정의 연합

4. 음악발달단계이론

음악 인지 능력을 포함하여 전반적인 음악 능력은 출생 후 연령에 따라 단계적으로 발달한다는 견해가 일반적이다. 음악 능력의 발달은 인지 발달적 관점뿐만 아니라 사회적·문화적·학습적 관점에서 다양한 양상이 관련되어 있기 때문에 음악적 발달을 탐구하는 연구 관점도 학자에 따라 차이를 보이고 있다. 다음에서는 음악심리학과 음악교육 영역에서 음악 능력의 발달과 관련하여 중요하게 다루어져 온 이론들을 중심으로 인간의 음악 능력 발달 양상을 탐색하도록 한다.

1) Marilyn P. Zimmerman의 음악 인지 발달 단계

음악 인지 발달 단계 이론의 선구자로 평가받고 있는 Zimmerman은 음악적 발달을 일반적 인지 발달과 연계된 것으로 보았다(Zimmerman, 1986). Zimmerman의 음악 발달 단계는 Piaget의 인지 발달 단계(〈표 5-1〉 참조)에 따르고 있는데, 근간에 Piaget의 인지발달이론이 음악 영

〈표 5-1〉 Piajet의 인지 발달 단계

단계	연령	인지 특성
감각운동기	0~2세	감각적 반사, 운동 기능 발달, 주변에 대한 호기심, 말을 하면서 대상영속성 개념 형성
전조작기	2~7세	언어 상징 사용, 지각 의존적 사고, 직관적 사고, 자기중심적 사고
구체적 조작기	7~9세	사물 간의 관계 관찰, 서열화·위계화 사고, 상대방의 관점 이해, 개념의 보존 능력 확장
형식적 조작기	9~11세	논리적 추론, 추상적 개념과 원리에 대한 이해가 가능

역에도 동일하게 적용될 수 있는지에 대한 반론이 제기되기도 하지만, 음악 발달에 대한 이해에 있어서 Piaget의 인지발달이론은 Zimmerman의 이론을 비롯하여 음악 능력 발달 연구에 중요한 기반을 제공해 왔다.

Zimmerman은 음악 능력의 단계를 Piaget의 인지발달이론에 근거하여 감각운동기(0~2세)−전조작기(2~7세)−구체적 조작기(7~11세)−형식적 조작기(11세)의 4단계로 제시하고, 각 단계에서 나타나는 인지 특성을 음악적 인지 유형으로 연결 지어 설명하였다(〈표 5−2〉 참조). 특히 리듬 지각과 함께 음정 지각을 음악 인지의 기초로 보아 연령별로 나타나는 음정의 높낮이, 가락, 조성과 화성을 구별하는 변별 능력을 세밀하게 추적하였다. 더불어 아동들의 음악적 발달 특성에 따라 고려해야 할 음악지도 유의점도 제안하였다.

Zimmerman은 인지 능력이 환경으로부터 경험되는 자극의 처리 방식이며 연령에 따라서 일반적 인지 특성이 달라지며, 음악적 자극과 경험 역시 같은 인지사고 과정을 거쳐 이루어진다고 보았다. Zimmerman은 개념의 형성과 보존, 표상 능력의 형성이 음악적으로 어떻게 나타나는지를 일련의 실험을 기반으로 설명하였다. Zimmerman은 다양한 연령대의 아동을 대상으로 실시한 실험 데이터를 근거로 음악 인지 발달을 셈여림, 리듬, 음정, 화성과 같은 주요 음악 구성 요소의 변별과 보존과정을 중심으로 제시하였다(Zimmerman, 1982, 1986).

Zimmerman은 Piajet 이론의 '보존(conservation)'이 음악 인지 발달에서도 중요한 역할을 한다고 보았다. 보존은 Piajet의 인지 발달 단계 중 '구체적 조작기'를 경계 짓는 중요한 인지 특성으로, 다양한 방식으로 감지된 대상의 특성을 종합하여 인식함으로써 차후 인식의 세부 조건이 바뀌더라도 대상(또는 개념)의 속성을 정확하게 인식할 수 있는 능력을 의미한다. 보존을 할 수 있다는 것은 대상의 다양한 특징을 연계하여 인식할 수 있다는 의미로, 음악으로 치자면 가락을 구성하는 리듬적인 요인과 음의 높낮이 요인을 연계적으로 인식하여 빠르기나 음색

Zimmerman은 아동 음악 발달의 원동력을 음악 지각 능력으로 보았으며 아동의 노래 부르기를 통해서 음악의 주요 구성 요소인 리듬과 가락에 대한 인지 수준을 추적할 수 있다고 보았다.

셈여림에 대한 지각이 가장 먼저 발달하고, 이어서 리듬과 가락에 대한 지각이 나타나며, 화성에 대한 지각이 가장 나중에 나타난다고 보고하였다.

〈표 5-2〉 음악 능력 발달에 따른 음악활동 지도 유의점

인지 발달 단계	음악 능력의 발달	음악활동 및 지도
감각운동기 (0~2세)	• 2세경 5도(레~라)의 노래 음역	• 음악적 반응
전조작기 (2~7세)	• 4세 이전에 상대적 셈여림 구별 • 전조작기 초기는 반음 구별 능력 부족 • 5~6세 일정박 유지(빠른 박) • 6~7세 청각 지각 능력 중요한 발달 • 6~8세 선율 지각 능력 향상 • 6~9세 음정 구별 능력 향상	• 전조작기 초기에는 그룹 음악 활동 • 시각적 자료 사용 • 초기에는 넓은 음정, 이후에는 좁은 음정 구별 경험 • 음악 요소는 독립적·통합적으로 가르침 • 리듬 패턴은 선율 패턴 학습 이전에 가르침 • 선율경험은 매일의 경험이 되어야 함
구체적 조작기 (7~11세)	• 6~8세 선율 지각 능력 향상 • 6~9세 음정 구별 능력 향상 • 8세 조정 감각 현저한 발달 • 8세 청각 지각의 안정 시기 • 8세 화성 지각 능력의 발달을 위한 결정적 시기의 시작 • 8~9세 조성기억(tonal memory) 능력 향상(14세까지) • 9세 이후 일정 박 유지(빠른/느린 박) • 9세 음악(요소) 보존 능력 안정기 • 10세 두 옥타브의 노래 음역	• 소리를 표현하고 나름대로 기보하는 경험적 활동 • 전조작기의 음악활동이 9세 이전에 다양하게 경험되어야 함 • 8세경부터 간단한 화음 학습 • 8~9세 조성기억을 돕기 위한 음악활동 강조 • 음악 개념 학습
형식적 조작기 (11세~)	• 12세경 음정 구별 능력의 결정적 시기 지나감	• 음악에 대한 인지적 판단에 악보가 도움이 됨(구체적 조작기 후기부터)

3박자의 개념이 보존되었다면 각 박을 이루어는 음들의 길이가 분할 되어도 여전히 3박자로 인식할 수 있으며(3박자의 본존), 어떤 가락이 개념적으로 보존되었다면 연주 매체가 달라지거나 이조되어도 같은 가락으로 인식할 수 있다.

Nelson(1987)의 연구에서는 7세 미만의 취학 전 아동들이 전조된 동일한 가락을 인지하는 데 어려움이 없었다.

Zimmerman은 연구결과에서 연구대상의 연령 요인 외에 음악학습 경험에 따른 음악 인지 발달의 개인차를 발견하였다.

과 같은 변방적인 조건이 변화하더라도 동일한 가락으로 인식하고 구별할 수 있는 능력을 예로 들 수 있다. Piajet의 이론에서는 이러한 보존 능력이 7세 이후부터 가능하다고 보지만, 앞서 제시한 연구들에서도 나타났듯이 가락의 리듬과 음의 높낮이를 연결 짓는 능력은 적어도 7세 이전에서부터 나타나며, 7~8세가 되면 대부분의 아동에게 음높이와 리듬을 연계하여 가락을 인식하는 능력이 관찰된다. 또한 이러한 음악적 보존 양상은 다른 영역의 인지 능력 발달과 반드시 동반적으로 진행되는 것은 아니며, 음악적 경험의 질과 수준, 경험의 지속성에 따라 아동의 음악 인지 능력은 도약적으로 발전할 수 있다고 제안하였다. Zimmerman은 음악 능력에 발달과정에는 연령에 따른 성숙(maturation)과 함께 아동의 음악경험이 중요하게 작용하기 때문에 연구를 통해서 추출된 아동의 음악 발달 특성에 따른 적절하고 효과적인 음악교육을 제공하는 것이 중요하다고 강조하였다.

2) Keith Swanwick과 June Tillman의 나선형 모형

Swanwick과 Tillman(1986)은 음악 인지의 발달적 특성을 아동들이 시도한 창의적 결과물을 중심으로 분석하였다. 그들은 3세에서 9세까지의 48명의 아동을 대상으로 수년간 수집된 745개의 창작 결과물을 분석하여 아동의 창의적 음악활동에서 나타나는 음악적 사고의 유형, 음악적 재료의 활용 방식과 수준이 연령 발달에 따라 어떻게 전개되는지를 제시하였다. Swanwick과 Tillman의 모형은 기본적으로 Piaget의 인지 발달 단계를 지지하지만 음악 발생의 구조적 특성과 음악경험의 창의적 측면을 반영하여 기존의 모형들과의 차별화를 추구하였다.

그들은 아동의 음악 발달이 인지 발달에 기반을 두고 있다 해도 지속적인 경험과 학습을 통해서 해당 음악 문화의 관습을 습득해 가는 사회적 과정임을 강조하였다. 이에 따라 숙달-모방-상상-상위인지로 진

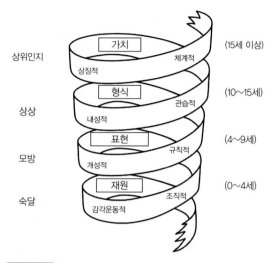

그림 5-2 Swanwick과 Tillman의 나선형식 음악 발달 단계

행되는 음악 능력의 발달과정을 경험과 학습의 연속선상에서 점진적으로 발전하는 나선형(spiral) 구조로 제시하였다.

Swanwick과 Tillman(1986)의 음악 인지 발달 모형은 연령에 따른 음악적 사고의 발달과정을 숙달(mastery, 0~4세)-모방(imitation, 4~9세)-상상(imagination, 9~15세)-상위인지(metacognition, 15세 이상)의, 위계적 특성의 4개의 대단계와 사회적 상호작용에 따라 심화되는 각각의 2개 하위 단계로 구성되어 있다([그림 5-2] 참조). Swanwick과 Tillman 모형의 중심축은 음악경험에서 아동들이 집중하는 음악의 속성으로, 인지 발달에 따라 재료(material), 표현(expression), 형식(form), 가치(value)로 심화되고 있다.

숙달 단계의 아동은 음악경험에서 재료(material)에 집중하는데 음악경험에서 재료는 음악의 소재가 되는 소리 자체의 특징과 소리를 만들어 내는 악기에 대한 관심으로, 이 시기에 아동은 소리에 감각적으로 반응하며(감각운동적 숙달 단계, sensory mastery), 점차 음악재료의 적극적인 조작에 집중하게 된다(조작적 숙달 단계, manipulative master).

Swanwick과 Tillman은 모형의 처음 3단계를 Piaget의 놀이이론(Piajet, 1951)에서 가져왔다는 점을 밝히고 있다. '상위인지(metacognition)'는 그들이 새롭게 추가한 인지 단계로, 이 단계에서 아동은 자신만의 의미를 지닌 음악 표현을 추구함과 동시에 음악의 기저에 작동하는 체계적 원리를 인식할 수 있게 된다.

감각운동적 숙달 단계에서는 소리 특징, 특히 음색과 셈여림 특성에 흥미를 보이며, 감각적 숙달 단계에서는 소리의 반복, 일정 박에 관심으로 보이고 악기에 관심을 보이면서 아기가 사용한 직접 표현에 집중한다.

자기중심적 모방 단계에서 아동은 자신에게 의미 있는 표현에 집중하는데. 갑작스럽게 드럼을 세게 두드리는 방법으로 무서움이나 놀라움을 표현하거나 낮은 음들의 연속으로 느림이나 지루함의 표현을 시도하기도 한다. 관습적 표현 단계에서는 학습한 노래나 음악. 다른 사람의 표현에 관심을 기울이면서 박자. 리듬. 가락과 같이 자신이 속해 있는 집단에서 관습적으로 사용하는 표현을 모방한다. 7세 정도가 되면 음악적 표현에서 리듬 패턴. 가락 패턴들이 나타나게 된다.

모방 단계에서 아동은 음악재료에 대한 인식에서 나아가 음악적 표현(expression)에 관심을 갖게 되는데, 처음에는 자기중심의 개성적 모방(personal imitation)에서 시작하여 점차 자신이 속해 있는 집단 안에서 타인과 공유할 수 있는 음악적 표현에 관심을 기울이면서 타인의 표현을 모방하게 되고, 짧은 리듬 패턴이나 가락 패턴 수준의 규칙적 표현을 모방하고 다룰 수 있게 된다(규칙적 모방, vernacular imitation).

상상 단계에서는 이미 만들어진 음악적 아이디어들을 변형 · 대조시키면서 다양한 음악 표현을 실험적으로 시도(speculative imagination play)하며, 후반기로 발전하면 일관적이며 관습적인 음악 어법을 사용하는 단계(idiomatic imaginative play)로 발전한다. 마지막 상위인지 단계에서는 상징적(symbolic) 사고에서 체계적(systematic) 사고로 발전하는데, 이 단계의 아동들은 자신만의 개성과 특별함을 추구하게 되고, 단지 관습적 음악 어법 자체뿐 아니라 음악에 내재되어 있는 체계적인 원리를 이해하고 적용할 수 있게 된다.

〈표 5-3〉 Swanwick과 Tillman의 음악 능력 발달 단계

단계	연령	하위 단계	음악 발달 특징	내용
숙달	0~4세	감각운동적	• 소리 특성(음색과 강세)에 반응	재료 (소리, 악기)
		조작적	• 음형 반복, 규칙박, 악기의 물리적 특징을 이용한 소리 내기	
모방	4~9세	개성적	• 음악의 빠르기, 강세를 변화시킴 • 기본 악구(elemental phrase) 출현, 이야기, 기분 등에 대한 모방적 특징이 나타남	표현
		규칙적	• 반복적인 가락, 리듬 음형이 나타남 • 분명한 박자감, 오스티나토, 시퀀스 등을 사용	

상상	9~15세	내성적	• 음악적 일탈, 새로운 표현 방법을 무 작위적으로 시도 • 기존의 표현을 실험적으로 대비, 변형시키는 방법 탐색	형식
		관습적	• 관용적 음악 어법을 이해하고 표현에 적용하며, 형식적 구성을 시도함	
상위 인지	15세~	상징적	• 음악 표현, 관용적 어법, 형식 등이 독창성과 결합되면서 자신만의 개성을 '상징'하는 음악을 추구함	가치
		체계적	• 독창적인 표현과 함께 음악의 구조적인 체계성을 연합함	

3) David Hargreaves의 발달 단계 모형

Hargreaves와 Galton(1992)에 의하여 제시된 '단계모형(phase model)'은 음악을 포함한 아동의 예술적 발달과정에 대한 것이었다. Hargreaves는 음악 인지 발달을 일반적 인지 발달의 종속적 양상으로 보았던 Zimmerman의 견해와 음악지능을 영역 특화적인 지능으로 해석하는 Gardner(1983)의 견해에 대하여 중립적 입장을 가지고 있었다. 그는 음악 발달을 인지 발달의 음악적 양상으로만 보지 않고 환경, 음악 문화 안에서의 상호작용을 통해서 음악의 구조와 체계에 대한 인식을 넓혀가는 과정으로 보았다. Hargreaves은 음악 발달 특성이 Piajet의 과학적 인지 발달과는 차이가 있다는 점을 분명히 하기 위해서 'phase'라는 용어를 사용하였으며, 음악뿐 아니라 미술 등 전반적인 예술 영역의 연구에 대한 분석을 토대로 구축되었음을 강조하였다.

Hargreaves(1996)는 초기 모형을 재정비하면서 최종적으로 각 단계를 감각운동적 단계(sensori-motor phase, 0~2세)-형상표현 단계(figural phase, 2~5세)-도식적 단계(schematic phase, 5~8세)-규칙체계적 단계

Hargreaves는 'phase'라는 용어에 중요한 의미를 부여하고 있는데 음악을 포함한 예술 영역에서의 발달 양상이 비록 연령에 따라 나타나지만 Piajet의 인지 발달과는 차이를 보인다는 점을 강조하기 위함이다.

(rule systems phase, 8~15세)−전문적 단계(professional phase, 15세 이상)의 5단계 발달과정으로 정리하였다. Hargreaves의 모형에서는 노래 부르기(singing), 도식적 표현(graphic representation), 가락 지각(melodic perception), 작곡(composing)에서 나타나는 각 단계의 발달 특성을 제시하고 있다.

감각운동적 단계에서는 신체적 표현 기능과 관련된 대부분의 기본적인 음악 능력들이 발달하는데, 리드믹한 춤추기, 옹알이가 발달하고 이야기나 소리의 특징을 비록 낙서 수준이지만 그림으로 표현하려는 시도들이 나타난다. 이 시기의 사고는 상징적 처리 능력이 생기기 전으로, 음악적 행동들은 대부분 작동적 의미의 소리에 집중하는 경향을 보인다.

형상표현 단계에서 아동들은 말하기가 시작되면서 추상적 사고가 가능해지고, 음악적 측면에서도 괄목할 만한 발달이 나타난다. 이 시기의 아동들은 대략적인 모방(deferred imitation), 싱징적 놀이(symbolic play), 그리기로 의미 표현하기, 언어적 상기(verbal evocation)와 같은 인지적 활동이 가능해진다. 인식 대상의 세부 특징보다는 전체적인 윤곽에 집중하기 때문에 가락의 인식에 있어서도 세부 음정이 아닌 전체 가락의 모양으로 인식한다. 이러한 현상은 아동의 자발적 노래 부르기와 노래 따라 부르기에서 동일하게 나타나며, 가락을 듣고 그림으로 그리기에서도 유사하게 나타난다(Bamberger, 1991, 2006).

도식적 단계에 이르는 5세 정도가 되면 아동들에게서는 자신의 표현을 자기만의 방식으로 관습화시키려는 성향이 나타나는데 이러한 성향이 개념의 도식화(schematic)로 이어진다. 도식적 인지는 그림 그리기에서 더욱 분명하게 관찰되며, 음악적으로는 가락적 특징에 대한 인식을 보존할 수 있게 되면서 완성된 형태의 가락을 기억하여 부를 수 있고, 관습적 음악 어법에 대한 이해가 확장된다.

규칙체계적 단계에서는 예술에서 통용되는 관습적 어법에 대한 정확

'작곡'의 경우는 아동들의 자발적 노래 부르기나 즉흥적 음악 표현, 의도적 음악 작곡 등에서 나타나는 특징이다.

감각운동적 단계에서 아동들은 말하면서 그리거나 소리를 들으면서 그리는 행동을 보이지만, 그림의 특징이 대상의 특징을 지시하는 수준의 표현은 아니다.

'deferred imitation'이란, 직역을 하자면 '지연된 모방'으로 완전히 동일하게 모방하는 것은 아직 어렵지만 중요하게 인식된 특징들(예컨대, 리듬의 대략적 형태 또는 가락의 윤곽)을 중심으로 따라 노래 부르거나 그림을 그릴 수 있게 된다.

아동이 말을 하기 시작하면서 실제로 대상을 보거나, 듣거나, 만지지 않아도 그것을 지시하는 말(단어)로 연상할 수 있게 된다.

한 이해와 표현이 가능해진다. 문학에서의 숙어적 표현에 대한 이해와 마찬가지로 미술이나 음악에서 나타나는 관용적 어법들을 이해하고 자신의 표현활동에 활용할 수 있게 된다.

전문적 단계에 이르면 음악에 대한 특정 예술의 관습과 형식을 완전하게 학습할 수 있을 뿐 아니라 개인에 따라서는 기존 관습을 초월하는 수준의 완성도에 도달하기도 한다. 그러나 이러한 수준의 성취는 몇몇의 특별한 경우에서 기대될 수 있기 때문에 모형의 마지막 단계로 제시하고 있다.

Hargreaves는 그의 모형이 음악 발달에 중점을 두고 있지만 음악 외

> 전문적 단계는 발달 그 이상의 의미로서 예술 영역에서는 개인차에 따라 다양한 수준으로 발전할 수 있는 열린 단계로 이해할 수 있다.

〈표 5-4〉 Hargreaves의 음악과 예술적 능력의 발달 단계(Hargreaves, 1996)

단계	연령	노래 부르기	도식적 표상 방식	가락 지각 양상	작곡 특성
감각 운동적 단계	0~2세	• 옹알이 • 리듬적 동작	• 낙서: 말한 것을 표현, 들은 것을 표현		• 감각적 · 조작적 경험
형상 표현 단계	2~5세	• 가락 즉흥 • 가락 모방 • 개요적인 차원의 음악 작업	• 형상적/회화적 • 1차원적(대상의 윤곽적 특징 표현)	• 가락 윤곽 • 음악의 외형 특징 인식	• 동일 문화권에 대한 친숙성
도식적 단계	5~8세	• 유사 완성적 가창	• 회화-박절적 • 중차원적	• 가락 보존	• 문화 관습적 어법
규칙 체계적 단계	8~15세	• 정확한 음정 • 음계, 조성	형식-박절적	• 가락에 대한 분석적 이해	• 개성적 규칙
전문적 단계	15세~				• 실연적 • 반성적

예술적 발달에서 나타나는 발달 양상에 대한 방대한 분석을 기반으로 하였기 때문에 모형의 각 단계 특성은 다른 유형의 예술적 발달에도 의미 있게 적용될 수 있다고 보았다.

4) Howard Gardner의 예술적 발달 단계

Gardner는 예술이 정서와 인지의 경계를 초월하기 때문에 미적 대상을 관찰할 때는 생각의 패턴과 느낌(feeling)이 동시에 반응한다고 보았다. 이러한 관점이 반영된 Gardner(1973; Gardner, Phelps, & Wolf, 1990)의 발달 단계는 음악뿐 아니라 예술 영역의 발달 양상을 아우르는 예술적 발달 단계로도 이해된다(Koopman, 1995). Gardner의 예술적 발달 단계는 아동이 '상징'을 습득하고 사용하는 데 초점을 두고 있다. 상징은 다양한 체계로 구조화되는데, 상징의 특성에는 수(數)와 같이 지시하는 의미가 분명한 '표시적(denotational)' 상징과 실제와의 연관이 분명하지 않은 '표현적(expressive)' 상징이 있다. 어떤 상징체계는 두 가지 중 한 가지 특성을 띠고 또 다른 상징체계는 두 가지 특성을 모두 띠게 되는데, 음악을 포함하여 춤, 그림, 조각과 같은 예술적 상징은 이 두 가지 특성을 모두 갖는 상징체계로 보았다. Gardner는 이러한 예술적 상징체계의 인식은 해당 영역에서의 문화적 환경과 경험을 통해서 생성되는데, 음악적 발달 역시 아동의 음악적 표현을 통해서 유추될 수 있는 음악적 상징의 질적 유형을 중심으로 설명되어야 한다고 보았다.

Gardner의 모형에서는 말하기 능력이 완성되는 2세경의 상징기 전후(pre-post symbolic)에서 예술적 사고에도 중요한 변화가 생기는 것으로 보고 있는데, 이는 언어의 사용이 상징적 사고에 큰 영향을 미치기 때문이다. Gardner는 예술적 발달 단계를 전관습적 단계(pre-conventional stage)-관습적 단계(conventional stage)-후관습적 단계(post-conventional stage)의 세 단계로 설명하고 있다(〈표 5-5〉 참조).

〈표 5-5〉 Gardner의 음악적 발달 단계

단계	연령	음악적 발달 특성
전관습적 단계 (preconventional stage)	0~1세	• 직접적 경험을 통한 습득 • 직접 행동을 통한 소통
	1~2세	• 음악적 옹알이 • 개성적 소리 발생 • 타인의 노래 유사 모방 • 주변 소리에 대한 적극적 관심
	2~7세	• 음악적 옹알이에서 상징 사용으로 발전 • 소속 문화권 음악의 관습적 어법 습득 • 장2도, 장·단3도, 완전4도의 음정의 짧은 가락 패턴 표현 • 익숙한 노래의 일부 표현 • 관습적 노래에 대한 선호
관습적 단계 (conventional stage)	7~13세	• 소속 음악 문화권에 대한 완성된 도식(schema) 형성 • 음악적 법칙 익히기 • 문화권의 노래를 완벽하게 재현 • 음악적 기능 습득에 열의 • 체계적 학습을 통해서 음악적 표현, 지식, 기능 확대
후관습적 단계 (postconventional stage)	13세~	• 문화 관습적 음악 어법을 관습적 활용에서 창의적 예술작품에 대한 관심으로 확장 • 음악에 대한 비판적 소통 • 악보 독보력 • 예술적 과정에 적극적으로 참여

전관습적 단계는 언어 사용 발달 전 시기부터 7세 전후까지로, 출생 후 2세까지는 감각과 작동을 중심으로 인식과 소통이 가능한 시기이며, 2세 전후로 언어 사용이 가능해지면서 예술의 다양한 관습적 개념을 습득하고 활동에 적용하는 관습적 단계로 진입하게 된다.

전관습적 단계에서 취학 시기인 7세 전후까지 음악 인지 능력과 함께 예술적 인식과 예술적 활동의 바탕이 되는 언어, 그림(drawing), 흉내놀이와 그 밖의 상징적 표현 능력이 지속적으로 발달하며, 이 시기에 '예술적 과정에 참가'가 가능한 대부분의 기본적인 능력 소인들을 갖추게 된다고 본다. 이어지는 초등 연령기에는 누적된 경험적 상징체계가 구체화되면서 관습적 음악 어법을 익히게 되는 사회화 과정을 거치게 되는데, Gardner는 이 시기를 '후기 예술적 발달과정'으로 구별하여 설명하고 있다. 사실상 관습화 과정은 8세 이후 성장기까지 지속되면서 상징의 구체화, 기능과 지식의 숙련, 상징체계를 기반으로 하는 분석과 비평의 능력이 발달한다고 보았다. 대략 13세 정도가 되면 예술 상징을 이해할 수 있는 능력이 완성되면서 이후 지속적으로 예술에 대한 인식 및 참여의 범위가 확장된다고 보아 13세 이후의 발달을 후관습적 단계로 설명하고 있다.

(6) 음악 발달 단계 비교

아동의 음악 인지 발달의 단계는 각 이론에 따라 다소의 차이점을 보이고 있다. 이러한 차이점은 음악사고 발달 특성 중 어떤 요인에 더욱 중점을 두는가에 따라 나타나는 결과라고도 볼 수 있다. 〈표 5-6〉에서 보는 바와 같이, 여러 음악 인지 발달 이론들이 제시하는 발달의 단계는 서로 정확하게 일치하지는 않는다. 각 이론이 음악 능력 발달에 있어 무엇을 더욱 중요시하는가에 따라서 4단계 혹은 5단계의 발달과정을 제시하고 있으며, 각 단계의 연령 구분 또한 일치되지 않는 점들이 발견된다. 그러나 발달 단계 이론들이 지시하는 바는 음악 능력은 성숙과 경험, 학습의 과정에서 지속적으로 발달 해 간다는 것이다. 음악 인지 발달 이론에서 주목해야 할 점은 지속적 음악경험과 표현의 과정에서 단계적 특성이 누적적 그리고 발전적으로 전이한다는 점이며, 따라서 각 단계의 연령적 범위 또한 유연성 있게 해석할 필요가 있다.

〈표 5-6〉 음악 인지 발달 단계 비교

연령	Zimmerman	Swaniwck & Tillman	Hargreaves	Gardner
0~1	감각운동기	숙달 (Mastery) 재료: 감각운동적- 조작적	감각운동적 단계 (Sensorimotor)	전관습적 단계 (Preconventional Stage)
1~2	감각운동기	숙달 (Mastery) 재료: 감각운동적- 조작적	감각운동적 단계 (Sensorimotor)	전관습적 단계 (Preconventional Stage)
2~3	전조작기		형상적 단계 (Figural)	전관습적 단계 (Preconventional Stage)
3~4	전조작기		형상적 단계 (Figural)	전관습적 단계 (Preconventional Stage)
4~5	전조작기	모방 (Imitation) 표현: 개성적- 관습적	형상적 단계 (Figural)	전관습적 단계 (Preconventional Stage)
5~6	전조작기	모방 (Imitation) 표현: 개성적- 관습적	도식적 단계 (Schematic)	전관습적 단계 (Preconventional Stage)
6~7	전조작기	모방 (Imitation) 표현: 개성적- 관습적	도식적 단계 (Schematic)	전관습적 단계 (Preconventional Stage)
7~8	구체적 조작기	모방 (Imitation) 표현: 개성적- 관습적	도식적 단계 (Schematic)	관습적 단계 (Conventional Stage)
8~9	구체적 조작기	모방 (Imitation) 표현: 개성적- 관습적		관습적 단계 (Conventional Stage)
9~10	구체적 조작기	모방 (Imitation) 표현: 개성적- 관습적		관습적 단계 (Conventional Stage)
10~11	구체적 조작기	상상 (Imagination) 형식: 내재적- 관용적	규칙 체계적 단계 (Rule Systems)	관습적 단계 (Conventional Stage)
11~12	형식적 조작기	상상 (Imagination) 형식: 내재적- 관용적	규칙 체계적 단계 (Rule Systems)	관습적 단계 (Conventional Stage)
12~13	형식적 조작기	상상 (Imagination) 형식: 내재적- 관용적	규칙 체계적 단계 (Rule Systems)	관습적 단계 (Conventional Stage)
13~14	형식적 조작기	상상 (Imagination) 형식: 내재적- 관용적	규칙 체계적 단계 (Rule Systems)	후관습적 단계 (Postconventional Stage)
14~15	형식적 조작기	상상 (Imagination) 형식: 내재적- 관용적	규칙 체계적 단계 (Rule Systems)	후관습적 단계 (Postconventional Stage)
15+	형식적 조작기	상위인지 (Metacognition) 가치: 상징적- 체계적	전문적 단계 (Professional)	후관습적 단계 (Postconventional Stage)

5. 음악 능력 발달의 시사점

음악 능력의 이해에서는 소리에 대한 지각, 인지적 처리, 음악적 표현을 위한 기능, 창의적 사고 등의 다양한 측면이 고려되어야 한다. 또한 음악 능력에는 유전적 측면과 출생 후의 의도적·비의도적 경험 및 다양한 환경 요인이 작용한다는 것을 알 수 있다. 이러한 이해에서 학생의 음악 능력의 잠재적 가능성, 음악적 발달 양상을 고려한 적합한 음악경험의 제공, 그리고 학습을 통한 음악적 발달의 도달 수준은 다양한 측면에서 고려되어야 할 것이다.

음악적성이론에 따르면, 잠재적 음악 능력은 정상적인 분포 양상에 따라 68%의 사람은 평균 수준의 음악 적성을 가지고 있으며, 14%는 평균보다 낮은 수준, 14%는 평균보다 높은 수준, 2%는 매우 높은 수준, 그리고 나머지 2%는 매우 낮은 수준의 음악적성을 가지고 있다. 따라서 완전하게 비지능적인 사람이 없는 것처럼 완전히 비음악적인 사람도 없다. 모든 사람은 최소한 어느 정도의 음악 적성을 가지고 태어나며, 개인적인 차이는 있겠지만 모든 사람은 음악학습을 통해서 음악 능력을 개발할 수 있는 혜택을 받을 수 있다(Gordon, 1987). 음악교육에서는 개인이 잠재하고 있는 음악 능력을 상대적인 차원에서의 많고 적음보다는 좋은 음악적 환경과 학습을 통해서 발전할 수 있는 개인 내적 발전 가능성에 의미를 두어야 할 것이다.

음악 지각 능력의 발달 징후는 예상 보다 훨씬 앞서 시작되는 것으로 보이지만, 의미 있는 음악 능력 발달이 언제 시작되는지를 분명하게 단정하는 것은 단순하지 않다. 여러 가지 연구를 근거로 추측해 볼 때 태아는 출생 전부터 음향과 같은 음악자극을 인식하며 출생과 함께 소리에 적극적으로 반응하는 것을 알 수 있다. 따라서 음악 능력이 출생 전 태아 시기부터 시작된다는 추측이 가능하다. 그러나 이러한 태아의 소리 감지 능력이 실제적인 음악 능력으로 발달하기 위해서는 출생 후부터 시작되는 음악적 경험과 음악적 환경 그리고 음악적 훈련이 중요한 영향을 미친다는 점도 많은 학자가 동의하고 있는 바이다.

여러 학자의 음악 발달 이론에서는 음악적 발달이 연령에 따라 단계적으로 확장되는 지속적 발전과정으로 본다. 음악적 발달 단계를 구분하는 기준에 있어서는 다소의 차이를 보이는데, 일반적인 인지 발달 특성 외에 소리에 대한 지각, 음악 표현의 구체화, 자발적 음악 표현에서 나타나는 관습적 음악 개념의 형성과 활용, 음악에 대한 구조적 인지 수준 등이 중요하게 다루어지고 있음을 알 수 있다.

또한 주요 음악 발달 이론들에서는 음악 능력 발달이 대략 13~15세를 전후로 완료되는 것으로 제시하고 있지만, 발달의 마지막 단계는 음악적 성장과 발달을 위한 대부분의 조건이 갖추어졌다는 의미로 해석할 필요성이 있다. 인간의 음악학습 지속성과 능력 발달 수준에 관한 연구결과들을 보자면, 음악 능력의 발달은 인생의 마지막 날까지 지속될 수 있는 능력이다. 이를 위해서는 다양한 연령 수준의 특징에 따라 음악적 발달을 지속시킬 수 있는 동기부여와 동기를 충족시켜 줄 수 있는 음악적 환경과 학습 기회가 보장되어야 한다는 점은 음악교육의 범위 확장을 위해서 향후 탐구되어야 할 논제이다.

제6장

학습이론과 음악교육

학습이란 인간의 경험의 결과로 일어나는 지속적인 변화를 의미한다. 학습이론은 근본적인 차원에서 학습의 의미를 묻는 과정으로 학습에 대한 경험, 담론, 생각하는 방식을 포괄하며, 학습의 의미를 직접적·간접적 또는 의식적·무의식적으로 형성하기 위한 일종의 안내지와 같은 역할을 한다. 발전적인 차원으로 변화하도록 학습자를 이끄는 것은 교육의 지속적인 관심사로서 학습의 체계성과 효율성을 확보하는 것은 음악교육에서도 중요한 과제이다. 음악을 교육적인 관점에서 바라보기 시작하면서 학습이론이란 무엇인지, 특정한 방식으로 학습이 진행된다는 것은 무슨 의미인지, 학습자가 음악적 지식을 구성한다는 것은 어떤 의미인지, 그리고 음악학습을 효과적으로 최적화할 수 있는 방법에는 어떠한 것이 있는지 등과 같은 질문들은 음악교육 연구자와 음악교육 실천가 모두에서 중요하게 인식되고 있다. 이 장에서는 교육 전반에 영향을 미친 중요한 일반 학습이론들을 알아보고 이 이론들이 음악교육에서는 어떤 의미를 갖는지를 탐색한다.

1. 학습에 대한 심리학적 관점

사전적인 정의에서 학습이란 '연습, 훈련, 경험에 의한 행동의 변화'를 의미한다(서울대학교 교육연구소 편, 2014). 하지만 행동의 변화에는 학습 외에도 실제로는 많은 요인이 있을 수 있는데, 특히 인간과 같은 고등 생명체의 경우 사회적·역사적·문화적 환경이 중요한 영향을 미치게 된다. 따라서 학습에는 인지와 기억뿐만 아니라 정의적(情意的) 요인, 개인의 경험과 성격 등의 다양한 요인이 관여한다. 학습이론은 학습이 이루어지는 요인이 무엇인지를 밝히고, 어떤 행동이 왜 지속되는지 또는 중단되는지를 설명하고자 한다. 학습이 환경에 대한 적응이라는 점에서 학습이론은 결국 행동 변화를 일으키는 조건과 환경적 특징을 설명하는 것이다.

초기의 학습이론들은 학습을 일으키는 외부적 조건에 집중하였는데, 기대하는 행동 변화 반응을 얻기 위한 자극과 그것의 조작 방법에 초점을 두었다. 행동주의로 지칭되는 이러한 견해는 학습에서 학습자의 내적 요인보다는 외부 요인을 통해서 학습을 더 잘 이해할 수 있다는 신념에 뿌리를 두고 있다. 행동주의 원리는 학습의 조건이 어떠하든 학습은 조건과 조건에 대한 반응이라는 단순연합에 의해서 발생하는 것으로 본다. 이 원리는 대상(동물이나 사람에 관계없이)이나 학습의 종류(단순 작동학습이든 언어학습이든)에 관계없이 동일하게 적용된다(Skinner, 1971). 그러나 이어진 실험들에서는 단순학습이든 복합학습이든 자극과 유기체의 반응을 이해하기 위해서는 유기체가 자극과 반응 사이의 관계에 대해서 무엇을 알고 있는지를 고려하지 않고는 불가능하다는 결론에 도달하게 된다.

이러한 발견은 인간 학습에 있어서 조작적 조건형성에 대한 비판적인 견해를 가져오면서 학습의 심적 표상에 대한 관심을 불러일으키게

심리학의 기원은 인간에 대한 탐구로, 그 뿌리는 그리스 철학에 두고 있다. 인간의 의식, 합리성, 자유 선택과 같은 정신과 마음의 문제들을 다루던 탐구들은 인지주의적 관점의 근간이 되었으며, 인간 행동에 대한 관심은 행동주의적 관점, 그리고 Hippocrates의 연구와 같이 살아 있는 유기체로서 인간의 신체에 대한 관심과 탐구는 생리학적 관점의 원천이 되었다(Nolen-Hoeksema, Fredrickson, Loftus, & Lutz, 2017: 8).

되었다. 이후 학습의 내적 메커니즘에 초점을 둔 인지학습이론은 학습을 자극과 반응 사이의 관계에 의한 것만이 아닌 개인의 인지와 성격에 관련된 과정으로 본다. 학습에 대한 인지주의적 관점은 학습자를 자극과 정보의 내적 처리를 주도하는 주체로 조망하여 지각, 추론, 결정, 문제해결과 같은 정신 작용에 관심을 두었으며 나아가서는 학습자의 정신 작용에 영향을 미칠 수 있는 경험 요인에도 유의한 의미를 두게 된다. 이러한 인지주의적 관점은 이후 정보처리이론, 인지과학, 사회학습이론 등의 다양한 이론으로 분화되었다.

행동주의 관점, 인지주의 관점이 모두 심리적인 개념(조건, 반응, 지각, 추론 등)에 의지하고 있는 데 비해서 생물학적 관점은 학습을 포함하여 인간 행동을 생물학의 개념과 원리로 설명하고자 한다. 생물학적 관점에서 인간의 인지 및 행동은 특정 영역에 있는 뉴런(neuron)과 뉴런 간의 상호작용으로 설명하려고 시도한다([그림 6-1], [그림 6-2] 참조). 이러한 생물학적 관점은 심리학의 모든 개념을 뇌생리학적 개념으로 규명하고자 하는 까닭에 환원주의(reductionism)라고 불리기도 한다. 이러한 관점은 학습을 행동, 인지 등의 다양한 관점에서 탐구해 온 기존 심리학적 연구를 단순화시키는 것처럼 보이기도 하지만, 기존 심리학의 개념들과 발견들은 생리학적 연구를 위한 주제를 제시해 왔으며 인간의 생리학적 메커니즘 형성에는 과거의 경험과 현재의 환경이 연결되어 작동한다는 점에서 심리학의 발견은 생리학적 발견을 해석하는 데 있어서 중요한 방향을 제시하기도 한다(Nolen-Hoeksema et al., 2017: 14-17).

이상에서 볼 수 있듯이 학습에는 행동적 · 정신적 그리고 생리적인 요인들이 복합적으로 작용한다는 것이 현재까지의 공통된 견해이다. 세 가지 관점이 학습이론의 큰 흐름에 중요한 축을 이루면서 인간의 행동, 지각, 인지, 발달, 신경생리학, 학습 단계, 교수 방법과 관련된 다양한 학습이론이 구축되어 왔다.

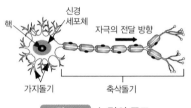

그림 6-1 뉴런의 구조

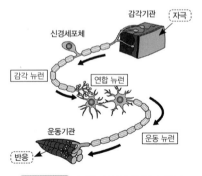

그림 6-2 뉴런의 종류와 정보 전달

2. 학습이론과 음악교육

심리학적 관점을 기반으로 구축되어 온 교육학의 학습이론은 학습자가 정보를 처리하는 과정을 이해하는 데 도움을 주며, 음악 교수·학습 이론 및 실제에도 많은 기여를 해 왔다. 특히 행동주의 심리학과 인지주의 심리학 이론은 1960년대 이후 음악교육 연구의 근거가 되어 왔다. 이러한 이론들을 근거로 음악교육자들은 음악적 행동을 설명하고, 학습의 전개 양상을 예상해 왔다. 음악교육 외부로부터 음악교육 내부로의 접근은 오늘날의 음악교육 연구와 실제에도 지속적으로 영향을 미치고 있어서, 비음악적 행동과 관련된 많은 이론이 음악적 행동을 설명하는 데 유효하게 적용되는 사례는 수없이 많다. 음악교육학자들은 음악이 인간 행동의 한 형태이기 때문에 인간의 일반적인 행동에 적용되는 법칙을 음악학습에서도 유의미하게 적용할 수 있다는 점에 주목해 왔으며, 동시에 음악교육학자들은 음악학습에만 특별하게 적용되는 이론들을 새롭게 정립하려는 노력도 지속하고 있다. 다음에서는 행동주의, 인지주의, 인본주의, 구성주의 관점을 중심으로 주요 학습이론을 알아보고 최근 들어 주목받고 있는 뇌 기반 학습과 함께 이들 학습이론이 음악교육에서는 어떤 의미를 지니는지 살펴보도록 한다.

1) 행동주의 학습이론

행동주의 학습이론(behavioral learning theory)은 성찰과 해석적 분석을 중심으로 하는 인간주의적 연구 방법에서 탈피하고자 하는 노력으로부터 발생하였다. 행동주의는 인간 행동에 대한 보다 객관적이고 과학적인 탐구를 위해서 직접적으로 관찰 가능한 행동에 대한 연구를 기반으로 이론을 구축하였다. 따라서 행동주의자들에게 있어서 학습이란 관찰 가능한 대상의 행동 변화 혹은 주어진 상황에서 기대할 수 있는 행동 반응으로서, 대상의 타고난 본성이나 성숙, 비의도적인 상황에서는 기대할 수 없는 행동을 의미한다(Bower & Hilgard, 1981: 11).

행동주의 학습이론은 의도된 반응과 연결된 자극 간에 나타나는 일련의 관련성 규명에 기반을 두고 있다. 행동주의 학습이론에서는 유기체에 주어지는 자극과 반응(stimuli and response)을 의도적으로 연합하는 조건화가 학습에 있어서 핵심적인 역할을 한다고 본다. 학습을 행동의 지속적인 변화로 생각할 때, 자극과 반응의 연합과정이 충분히 반복된다면 학습자는 교수자가 기대하는 특정 행동을 나타내게 될 것이다. 따라서 유능한 교수자는 특정 반응을 유발시키는 자극을 잘 파악하고 이러한 자극이 학습자에게 영향을 미치도록 교수 · 학습 과정을 효과적으로 구성할 수 있어야 할 것이다. 그러나 학습 영역이나 상황에 따라 자극과 반응의 성격은 다양하며 조건화 과정에도 여러 가지 요인이 관여하기 때문에 학습의 조건화에는 많은 변수가 영향을 미친다. 행동주의 학습이론에서는 학습의 조건화를 핵심 요인으로 보고, 인간 대상 학습에서의 학습 조건화 원리를 여러 가지 시각에서 다루어 왔다.

다음에서는 주요 행동주의 학습이론인 Ivan P. Pavlov의 '고전적 조건형성(classical conditioning)'(Pavlov, 1927), Burrhus F. Skinner의 보상과 강화를 통한 '조작적 조건형성(operant conditioning)'을 중심으로 학습에 내포된 행동주의적 특성과 주요 개념, 원리를 살펴보고 음악교육에서 학습이론의 의미를 구체적으로 설명하도록 한다.

(1) Ivan P. Pavlov(1849~1936): 고전적 조건형성

Pavlov는 학습을 자극과 반응의 기제로 설명하고자 하였다. 그는 일련의 실험을 통해서 무조건 자극(Unconditional Stimulus: UCS)이 중립 자극(Neutral Stimulus: NS)과 짝을 이루어 무조건 반응(Unconditional Response: UCR)을 끌어내면서 연합될 때, 중립 자극이 무조건 자극과 결

Ivan P. Pavlov(1849~1936)

합하여 조건화되면 조건 자극(Conditional Stimulus: CS)만으로도 무조
건 자극에 보였던 본래의 반사 반응을 유도하는 조건 반응(Conditional
Response: CR)을 이끌어 낼 수 있다고 결론지었다.

　Pavlov는 굶주린 개가 음식(UCS)을 보면 침을 흘리는 것(UCR)을 보
고 이를 활용하여 학습을 설명하였다. 실험에
서 그는 먹이를 보고 침을 흘리는 개에게 종
소리(NS)를 먼저 울린 후 먹이(UCS)를 주었
다. 일련의 반복 실시 후, 종소리와 먹이가 연
합되어 개는 종소리(CS)만 들어도 침을 흘리
게(CR) 되었다([그림 6-3] 참조). 이 실험에서
주목할 점은 무조건 반응을 일으키지 않는 중
립 자극이 무조건적인 자극-반응과 연합하
면서 의도된 반응, 즉 조건 반응을 이끌어 낼
수 있는 신호로 학습될 수 있다는 점이다.

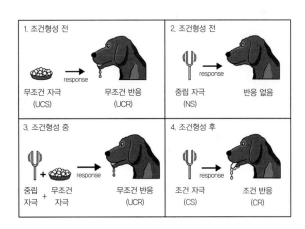

그림 6-3 고전적 조건형성

　이 발견에서의 핵심은 학습의 조건화 과정
으로, 이후 Pavlov는 자극과 반응을 결속하는 조건화 요인에 대해서 많
은 연구를 이어 나가면서 보상, 강화, 약화, 자발적 발견 등의 개념들을
제시하였다. Pavlov의 연구들은 자극에 대한 반응의 반복이 학습의 근
본 원리라는 패러다임을 구축하는 근간이 되었다.

(2) Burrhus F. Skinner(1904~1990): 조작적 조건형성

　Skinner는 자극과 반응을 의미 있게 지속시키는 학습의 조건화에 관심
을 두었다. 그가 제시한 조작적 조건형성 이론(Skinner, 1948, 1953, 1968)
은 보상(reward)이 반응을 강화(reinforcement)하며, 보상이 주어지지 않
을 때는 반응도 약화된다는 점을 강조하였다. 그는 학습자 내면의 정신
적 사건을 의미 있게 생각했지만 정신적 변화의 원인은 절대적으로 환
경에 있다고 보았다. 그러나 환경이 반응을 유발한다기보다는 유기체

Burrhus F. Skinner(1904~1990)

가 환경에 작용하면서 어떤 의미를 갖는 변화된 반응이 나타난다고 보았다.

Skinner는 이 법칙을 교수 실제에 적용하였는데 그는 학생이 학습을 원하고 즐겨야 하며, 보상은 긍정적이고 지속적이어야 한다고 믿었다. 또한 학생들이 각기 다른 속도로 배우기 때문에 학습은 개별화될 필요가 있다고 보았다. 따라서 강화와 보상을 적절히 배치하는 것(적절하게 분할된 제시, 적극적인 학생 반응, 즉각적이며 적절한 피드백, 적절한 학습 속도)이 효과적인 학습의 핵심이라고 주장하였다. 프로그램 학습, 보상학습, 개별화 학습 등은 이러한 Skinner의 행동주의적 학습 원칙에 호응하는 이론들이다.

Skinner는 쥐, 비둘기 같은 동물 행동을 연구하기 위한 실험 장치를 고안하였는데 이를 '스키너 상자'라 한다.

(3) 음악교육에서의 의미

행동주의 학습이론은 교수·학습의 설계를 위한 기본적인 원리들을 제공해 주었다. 기본적인 원리들을 제시하면 다음과 같다.

행동주의 학습에서는 학습의 목표가 자극과 조건화를 결정하는 중요한 근거이다. 학습 목표란 학습자에서 기대되는 행동의 변화로서, 목표가 분명히 설정된다면 변화를 위해 제공되어야 할 학습자극도 명확해질 것이다. 이는 음악교육에도 중요한 의미를 갖는데 음악 교수·학습 설계에서도 학습 목표는 '무엇을 할 수 있다'와 같이 명료하게 제시할 필요가 있다.

행동주의 학습이론에서 중요하게 다루어 온 학습의 조건화와 강화 요인은 음악학습에서도 중요하다. 강화이론을 바탕으로 교수·학습 상황에서 나타나는 학습자의 선호적 또는 비선호적 반응들을 연구하는 것은 행동주의 기반 음악교육 연구의 대표적인 예인데, 이러한 연구들은 음악 교수과정에서 나타나는 변별, 태도, 실행에 대한 강화 방법을 찾고 효과적인 피드백을 제공하는 방법을 안내한다. 또한 음악이 그 자체로 강화 기제로 사용될 수 있다는 연구들(Greer, 1981; Madsen, 1981)은 음악학습에서 사용하는 매력적인 제재와 교재의 중요성을 지시한다.

행동주의 학습이론의 가장 기본적인 원리인 반복학습의 필요성은 음악학습에서도 필수적인 학습 조건이다. 연주 기능의 습득뿐만 아니라 독보와 청각 변별력에 이르기까지 음악학습에서는 학습 내용의 수준을 불문하고 반복이 중요한 의미를 갖는다. 그러나 무조건적인 반복은 학습의 효과를 저해하므로 음악적 맥락과 활동의 흐름을 고려하여 적절한 시점과 변화 요소를 연계한 반복학습 방법을 모색하는 것이 필요할 것이다.

학습자는 한 번에 한 가지의 행동 교정에 집중하는 경향을 보이기 때문에 구체적인 학습 조건을 주는 것이 중요하다. 또한 학습자극이 유사한 패턴을 가지고 연계적으로 발전할 때 학습이 더욱 효과적으로 이루어지는 경향을 보이기 때문에 학습에서 다루어지는 내용의 위계를 고려하는 것도 중요하다. 이러한 원리를 적용한 대표적인 예가 프로그램 학습 방법인데 음악학습에서도 이 방법은 다양하게 적용되어 왔다. 프로그램 학습 방법에서는 학습하고자 하는 내용이나 기능들을 학습자가 쉽게 수용할 수 있는 단위로 분화시키고, 이에 반복적으로 노출될 수 있도록(여기에 쓰이는 방법은 단순한 학습지에서부터 컴퓨터 프로그램까지 다양하다) 학습 내용과 칭찬, 피드백과 같은 학습 지원을 계획적으로 구성하여 학습자가 의도된 반응과 결과에 쉽게 도달할 수 있도록 하는 것이다.

행동주의 학습 원리가 인간을 대상으로 하는 실제 교수 · 학습 상황에 적용될 때 학습을 유도하는 자극과 조건화의 범위는 크게 확대된다. 특히 Skinner가 강조하였듯이 자극을 반응으로 연결시키는 과정에서 학습자의 내적 중재가 작용할 때 학습자를 둘러싸고 있는 물리적 · 인적 환경은 중요한 의미를 갖는다. 음악학습에서도 학습자의 음악적 환경, 학습이 이루어지고 있는 학교와 교실의 음악적 환경은 중요한 의미를 갖는다. 양질의 음악적 경험을 자주, 쉽게 할 수 있는 음악적 환경이 중요하며, 간접경험보다는 직접경험을 다양한 방법으로 할 수 있는 환경을 마련하는 것이 중요하다.

2) 인지주의 학습이론

인지주의 학습이론(cognitive learning theory)은 새로운 정보가 기존의 지식과 결합하는 과정에서 나타나는 학습자의 내적 메커니즘에 주목한다. 종종 인지주의는 행동주의 학습이론과 상반되는 견해를 갖는다고 설명되기도 하지만 인지주의 학습이론은 행동주의 학습이론으로 설명되지 않는 학습과정의 내적 특성을 밝히고 학습에 대한 이해를 확장하기 위한 목적에서 출발하였으며, 학습자를 학습 과정과 결과를 결정하는 주요 요인으로 조망한다. 인지주의 학습이론에서 학습이란 학습자가 자신이 새롭게 경험한 감각과 정보에 기반을 두어 주체적으로 지식을 구성하는 과정이다. 인지주의 학습이론은 자극의 지각과정과 이를 처리하는 학습자의 인지과정, 개념 형성, 사고 능력의 확장과 발전 과정에 관여하는 요소들을 기반으로 학습의 과정을 다각적인 측면에서 탐구해 왔다.

(1) Jean Piaget(1896~1980): 개념의 보존과 인지 발달 단계

아동의 학습과정에 대한 Piaget(1928, 1952, 1972)의 관찰결과를 기반으로 구축한 인지주의 학습이론은 교육학자들에게 크게 호응을 받아 왔다. 그의 이론은 발달적인 측면과 인지적인 측면을 모두 고려한 것으로, ① 아동이 어떻게 정보를 처리하고 개념을 구축하는지, ② 이러한 정보처리 방법이 연령에 따라서 어떻게 변화하는지에 대한 것이다.

Jean Piaget(1896~1980)

Piaget는 개인의 경험에 의해서 형성된 인지구조의 원천으로 스키마 [schema, 도식(圖式)]를 강조한다. 사물이나 사건의 이해에 적용되는 사고의 틀 또는 이를 구성하는 지식의 덩어리라는 의미(Bartlett, 1932)를 갖는 '스키마'는 1926년 Piaget가 제시한 후 언어학, 인지심리학, 교육심리학 등 다양한 영역에서 사고과정을 동반하는 인간 정신 기제의 핵심적인 요인으로 다루어지고 있다. 인간 인지체계에서 스키마는 인간의 행동, 논리 그리고 영역 체제에 대한 인식을 가능하게 하는 지식 누적의 원천이며, 스키마적 지식은 새로운 정보를 해석하고 행위를 조절하는 안내 역할을 한다(Arbib & Hesse, 1986).

일상적인 상태에서 스키마는 새로운 환경과의 직접적인 상호작용을 통해 변화하는데, Piaget(1972)는 기존의 스키마가 확장되거나 새롭게 변화하는 과정을 동화(assimilation)와 조절(accommodation)을 통한 평형(equilibrium)으로 설명하였다. 동화는 기존의 스키마에 맞추어서 새로운 경험을 일반화하는 과정이다. 만약 새로운 경험이 기존에 가지고 있던 스키마에 맞지 않을 때, 유기체는 불평형의 상태를 겪게 되는데, 이 상태에서 평형의 상태로 돌아가기 위해 기존에 가지고 있던 스키마를 변경하거나 새롭게 만들게 된다. 조절이란 경험된 자극을 새로운 스키마 또는 기존 스키마의 일부로 정착시키는 것을 의미하는데, 동화와 조절이 균형을 이루기 위해서 평형화를 거치게 된다. 평형화의 과정은 인간의 발달 특성에 따라 감각적 성격에서 발전하여 상징적 특성을 띠게 된다(Stein, 2007).

아동은 4단계의 발달과정을 거치면서 정보처리, 즉 스키마 형성의 속성이 발전하게 된다. 첫 번째 단계는 만 0~2세에 해당하는 감각운동기(sensorimotor learning)로, 이 시기에는 감각에 의존하는 적극적인 행동을 통해서 주변 환경을 학습하고 해석한다. 전조작기(preoperational learning stage: 만 2~7세)는 아동이 말을 하기 시작하면서 학습의 구심점이 감각 운동에서 상징으로 전환되기 시작하는 시기이다. 구체적 조작기(concrete operation learning: 만 7~11세)에는 대상과 사건에 대한 분류 능력이 발달하고, 형식적 조작기(formal operation: 만 11세 이상)에는 성인과 유사한 사고가 가능하게 된다. 이 4단계를 거치면서 아동의 정보처리 방식은 감각적 반응-자기중심적 사고-객관적 연역적 사고- 추

〈새〉

감각운동기의 아동은 오감으로 감지되는 자극에 따른 반응을 통해서 환경과 작용하게 된다. 생후 8개월 정도가 지나면 감각을 통해서 확인되지 않더라도 사물이 존재하고 있다는 것을 알게 되는 대상영속성(object permanence)이 생기는데, 이때부터는 단순 반응이 아닌 목적 행동이 가능해진다.

전조작기에는 언어 발달, 자기중심적 사고, 물활론적 사고, 직관적 사고가 나타난다.

구체적 조작기에는 보존개념 형성, 유목화, 서열화, 관계화가 가능해진다.

형식적 조작기에는 체계적 사고, 명제적 사고, 추론적 사고, 가설적 사고 등이 발달한다.

보존개념은 어떤 수, 양, 부피 등의 제시 차례나 모양이 바뀌어도 그 특질이 유지된다는 것을 이해하는 능력을 말한다.

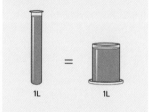

Jerome S. Bruner(1915~2016)

론적 사고의 과정으로 발전한다. 특히 구체적 조작기에 발달하는 보존개념(conservations)은 개념을 다양한 방식으로 연역할 수 있는 도약적 발판으로서 중요하다.

　Piaget가 제안한 인지 발달 단계는 이후 교육과정과 정책에 많은 영향을 미쳤다. 연령에 따라 인지 처리과정이 다른 특성을 보인다는 것은 아동의 준비도를 고려한 개념지도 및 교육과정, 교수·학습 방법이 고안되어야 한다는 의미이기 때문이다.

(3) Jerome S. Bruner(1915~2016): 표상이론과 나선형 교육과정

　Piaget의 영향을 받은 Bruner(1960)는 지식이 구성되고 표현되는 다양한 방식에 관심을 가졌다. 그는 지식이 동화·구성되면서 작동적(enactive, experiential), 영상적(iconic, visual or mental picture) 그리고 상징적(symbolic, 언어, 수학, 음악의 기호체계를 사용하는) 세 단계의 표현 방식으로 발전한다고 제시하였다([그림 6-4] 참조). Piaget의 인지 발달 단계에서는 인지적 준비도를 연령에 따른 고정적 특성으로 보는 데 비해서 Bruer의 세 단계 표상양식에서는 표현양식만 적합하다면 어떠한 지식이라도 모든 연령에서 학습 가능하다고 보아, 연령에 따른 발달과 지식 제시 방식을 유연하게 적용하고 있다.

　작동적 표상 단계는 행위에 의해 사물을 파악하는 단계이다. 사물이나 사실의 파악 과정에서 시행착오적인 방법에 의존하기 때문에 가역적 사고(reversibility) 능력이 부족하다.

　영상적 표상 단계는 시각적 감지에 많이 의존하며 이러한 감각적 감지를 활용하여 가역적 사고와 내면화가 가능해지는 단계이다. 정보가 시각적 이미지로 저장되기 때문에 언어정보와 함께 그림이나 삽화가 함께 제시되면 정보처

그림 6-4 세 단계 표상방식

리에 많은 도움이 된다.

상징적 표상 단계는 정보를 언어나 기호와 같은 형식으로 저장하는 단계이다. 이 단계에서는 단어, 수학, 음악과 같은 다양한 기호 시스템을 이해하고 표현할 수 있다. 상징 시스템을 이해하게 되면 가설, 추론, 연역과 같은 추상적인 사고 능력이 발전하게 된다.

Bruner의 이론에서 교육의 목적은 지식을 전달하는 것이 아니라 학습자, 즉 아동의 사고 및 문제해결 능력을 촉진하여 다양한 상황에 적용할 수 있도록 하는 것이다. 또한 Bruner는 아동을 적극적인 학습자로 보았으며 학습에서 다양한 표상재료를 활용하면 Piaget가 강조한 인지 능력의 준비 단계를 기다리지 않더라도 인지 능력을 발전시킬 수 있다고 믿었다. 그는 학습의 형태와 방법이 아동의 지적 정보처리 방식과 맞는다면 어떤 영역의 지식도 습득 가능하다고 보았으며, 핵심 개념을 축으로 구성하는 나선형 교육과정(spiral curriculum)을 통해서 개념중심학습의 중요성을 강조하였다(Bruner, 1960; [그림 6-5] 참조). 그의 표상이론과 개념중심 교육과정은 1960년대 이후의 교수 · 학습 방법과 교육과정에 큰 변화를 가져왔으며, 현대 음악교육과정의 내용 구성에도 중요한 영향을 미쳤다.

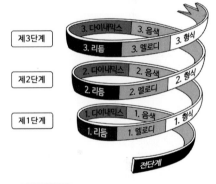

그림 6-5 음악개념 형성의 나선형 구조

(3) Albert Bandura(1925~): 사회학습이론

Bandura는 고전적 조건형성과 조작적 조건형성이 학습의 주요 요인이라는 것에 동의한다. 그러나 그는 이에 더하여 자극과 반응의 매개 과정에서 작용하는 학습자 관찰의 중요성을 강조하고 있다. 아동들은 주변 사람들이 다양한 방식으로 행동하는 것을 관찰하게 되는데, 이러한 관찰과정에서 행동을 모방하게 되면서 학습이 이루어진다는 것이다.

Albert Bandura(1925~)

여러 사람에게 둘러싸여 있는 사회 환경은 아동들에게 다양한 역할과 활동 방식의 모델을 제공하고 아동들은 이를 관찰하면서 모방을 하게 된다. 이 과정에서 자신의 모방에 대해서 칭찬과 보상과 같은 긍정적인 반응을 얻게 되면 같은 행동을 반복할 가능성이 높아진다. Bandura는 모방에 대한 반응이 긍정적인지 또는 부정적인지, 그리고 주어지는 보상이 그 행동을 계속 유지할 만큼 충분히 매력적인지에 따라서 학습의 지속 여부가 결정된다고 보았다. 학습자는 자극에 따른 반응을 무조건적으로 학습하는 것이 아니라 어떻게 반응할지에 대한 중재 과정을 스스로 관리한다는 것이다([그림 6-6] 참조). Bandura는 학습자의 내적 중재 과정을 주의(attention)-유지(retention)-복제(reproduction)-동기부여(motivation)로 제시하였다.

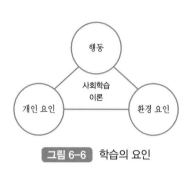

그림 6-6 학습의 요인

Bandura(1977)는 인간을 능동적인 정보처리자이자 자신의 행동과 그 결과 사이의 관계를 탐색하는 분석 주체로 인정한다. 특히 인지과정이 작동하지 않으면 관찰학습이 이루질 수 없다는 점을 강조하기 때문에 그의 사회학습이론(social learning theory)은 행동주의와 인지주의적 견지를 함께 가지고 있다고 볼 수 있다. 실제로 그는 관찰되는 모든 행동이 모방되지는 않는다는 점과 인간의 생각과 통제력이 행동에 많은 영향을 미친다는 점을 반영하여 후반의 자신의 이론을 사회인지학습(social cognitive learning) 이론으로 변경하였다. Bandura의 이론은 학습을 관찰 가능한 행동의 변화로 본다는 점에서 행동주의에 기반을 두고 있지만 자극의 범위를 학습자의 사회적 환경과 그 안에서 이루어지는 상호작용으로 확대하였다는 점에서 이후 사회적 구성주의에서도 빈번히 참조되고 있다.

(4) Lev S. Vygotsky(1896~1934): 사회학습이론과 근접발달영역

Vygotsky는 아동의 인지과정을 탐구하면서 학습과 발달에 미치는 사회-문화적 촉진제의 중요성에 관심을 가졌다. Vygotsky 시각의 기본적인 가정은 인간의 고차적 정신활동이 사회적 배경 속에서 형성된다는 것이며, 특히 그는 언어와 기호체계(수학의 기호, 음악의 음표)의 사용이 인간의 정신활동에 중요한 영향을 미친다고 보았다. Vygotsky는 인간의 발달을 이해하는 데는 생물학적 발달뿐만 아니라 사회-문화적 발달 요인을 함께 고려해야 한다는 점을 강조하고 있다. 특히 언어는 사고를 촉진하고 추론 능력을 개발하는 원동력으로 대화와 담론이 학습에서 중요한 역할을 하는 것으로 보았다. Vygotsky는 학습이란 삶에서 항상 발생하는 것으로서 사회적 맥락과 분리할 수 없는 것으로 보았다.

Lev S. Vygotsky(1896~1934)

그의 사회학습이론에서는 학습을 다른 사람과의 상호작용의 결과로 본다(Vygotsky, 1962). 그의 이론에서는 사회 환경이 학습과정에 어떤 영향을 미치는지에 초점을 두고 있는데, 교수 · 학습 상황에서 교사와 동료는 매우 중요한 학습 요인이며 토론, 공동 작업, 피드백을 통해서 적극적인 상호작용을 할 수 있는 능력을 최대화하는 학습 환경의 중요성을 강조했다. 이 과정에서 Vygotsky는 교사가 학생을 지도하는 과정에서 적용되는 근접발달영역(zone of proximal development)의 중요성을 강조하였다. 근접발달영역은 학생이 스스로 도달할 수 있는 영역과 주변의 도움을 받아 도달할 수 있는 능력이 변별되는 경계로 구별된다([그림 6-7] 참조). 근접발달영역을 교수활동에서 적절히 적용한다면 아동의 능력은 빠르게 신장될 수 있을 것이다.

학습자의 능력으로
할 수 없는 영역

근접발달영역
도움을 받아서할 수 있는 영역

학습자 스스로
할 수 있는 영역

그림 6-7 근접발달영역

근접발달영역은 실제적 발달 수준과 잠재적 발달 수준의 거리로서 아동의 사회적 학습 환경에 따라 유동적이다. 따라서 동일한 수준의 아동이라도 교사의 지도 방법에 따라 아동의 능력에는 많은 차이가 날 수 있다. 아동의 잠재적 능력은 아동의 자기주도적인 노력에 의해서보다는 교사, 전문가, 또래 집단의 협동을 통해서 현실화될 수 있다는 것이 이 이론의 주장이다.

Vygotsky의 사회학습이론은 학습자의 능동적인 지식 구성에 기여하는 외부 조력을 중요하게 보는데, 교사, 동료와의 상호작용 과정에서 나타나는 비계(scaffolding; [그림 6-8] 참조), 공동학습, 협동학습, 토론기반 학습, 학습자 공동체 등

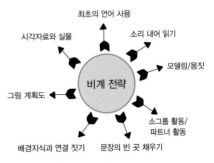

최초의 언어 사용

시각자료와 실물

소리 내어 읽기

모델링/몸짓

비계 전략

그림 계획도

소그룹 활동/
파트너 활동

배경지식과 연결 짓기

문장의 빈 곳 채우기

그림 6-8 비계 전략

비계란 건축공사에서 재료의 운반이나 시설의 설치를 용이하게 하는 발판을 의미한다. 교육에서는 성인 또는 교사와 아동의 상호작용에서 아동으로 하여금 새로운 능력을 발달시키고 구축해 가도록 도와주는 지원을 의미한다.

을 강조한다. Vygotsky의 주요 관심은 인간의 인지적 발달과정이었기 때문에 그의 연구가 특별히 구성주의를 지향한 것은 아니었지만 학습자의 사회적 환경을 학습의 주요 요인으로 보았다는 점에서 구성주의 학습 원리의 주요 근거를 제공하였다.

(5) 정보처리이론

정보처리이론은 지각과 인지, 기억, 학습과정 등을 컴퓨터의 정보처리 과정으로 이해하고 설명한다. 정보처리이론은 기억체계가 여러 개의 기억 저장소로 이루어져 있다고 주장한 Atkinson과 Shiffrin의 다중기억모형(multi-store-model)에 기초한다. 정보처리모형에 의하면 외부에서 수용된 자극정보의 기억은 감각기억[sensory memory, 또는 감각등록기(sensory register)]-단기기억(short-term memory)-장기기억(long-term memory)의 구조로 저장되며, 정보처리이론에서는 기억이 장기기억 속에 영구적으로 저장되기 위해서는 부호화-저장-인출의 세 단계가 필요하다고 설명한다(제3장의 [그림 3-4] 참조).

감각기억은 시각, 청각, 후각, 미각 등의 감각기관을 통해서 들어오는 정보를 짧은 시간 동안 저장하는 기억으로 한번에 처리하는 정보의 용량은 무한대이지만 이를 저장할 수 있는 시간은 1~4초로 단발적이다. 감각기억에 작용하는 요인들은 자극에 대한 주의 집중, 자극의 의미, 주어진 과제의 복잡성과 난이도 그리고 정보처리자의 선행경험과 같은 요인이다. 감각기억 과정에서 유의할 개념은 지각(perception)인데, 지각은 감각기관을 통해서 들어오는 자극에 형태 의미를 부여하고 기존 지식을 바탕으로 감각기억으로 들어오는 정보의 의미를 확인하는 과정이다. 지각을 통해서 정보가 분석되면서 새로운 정보를 어떻게 조직할지가 결정되기 때문에 지각은 정보처리에서 매우 중요한 과정이다.

단기기억은 감각기억에서 정보가 이동하여 장기기억으로 넘어가는 과정에서 역할을 하는 기억 저장소이다. 단기기억은 보유 단위(7±

2=5~9)와 시간의 한계(15~20초)로 많은 정보가 소멸되지만 시연(암송), 반복, 그리고 주어진 정보를 하나의 덩어리(chunk)로 묶어 보는 적극적인 시도를 통해 제한된 용량과 시간에도 불구하고 많은 정보를 다룰 수 있다. 우리가 의식하는 정보는 모두 단기기억의 정보이다.

단기기억에서 지각된 정보는 부호화되어 장기기억으로 저장된다. 장기기억은 저장된 정보의 특성에 따라 의미기억(semantic memory), 일화기억(episodic memory), 절차기억(procedural memory)으로 분류할 수 있다. 장기기억에서 정보는 영구적으로 저장될 수 있으며 저장 용량도 무한대이다. 장기기억에 저장된 정보들은 필요에 따라 재생(인출)되어 새로 입력되는 정보처리에 사용될 수 있다. 정보의 장기 보유를 위해서는 정교화(elaboration), 조직화(organization), 심상화(imagery)와 같은 전략들이 도움이 되는데, 정보처리 학습이론들은 정보의 장기 저장과 효과적인 인출에 관여하는 요인과 전략을 밝히는 데 관심을 둔다.

> 정교화는 새로운 정보를 기존 지식과 연합시켜 기억하는 것이다.

> 조직화는 정보 기억을 최적화하기 위하여 체계적으로 결합하고 배열하는 것이다.

> 심상화는 정보의 속성을 시각적인 정보로 바꾸어 기억하는 것이다.

이와 같은 정보처리의 유형과 정보의 입력 및 출력의 기제는 학습에 있어서 자료의 중요성, 정보 제시 방식에 대한 다양한 교수 전략 모색에 도움을 주어 왔다. 특히 정보처리이론에서 제시하는 상위인지(meta-cognition)는 자신의 인지과정을 알고 그것을 바탕으로 스스로 인지과정을 조절하고 통제하는 능력으로, 음악학습에서도 학습에 대한 분석과 성찰이 이루어지는 중요한 단계로 인식되고 있다.

(6) 음악교육에서의 의미

인지주의 학습이론은 학습의 정신적 메커니즘에 대한 이해를 확장시켜 주었다. 음악교육에서 인지주의 학습이론은 학습자의 음악 인지 발달, 음악자극의 처리, 음악 개념 형성, 음악 지식의 저장 등에 대한 이해를 제공하고 음악 교수 · 학습 방법의 원리를 연구하는 데에도 중요한 근거가 되어 왔다. 앞에서 설명한 각각의 인지주의 학습이론이 음악교육에서는 어떠한 의미가 있는지 각각 살펴본다.

Piaget의 인지 발달 단계는 1960년대부터 인지주의 이론으로 알려
지면서 아동의 음악적 발달을 설명하는 데 광범위하게 적용되기 시
작하였다. Piaget의 인지 발달 단계는 음악 능력 발달 단계를 설명하
는 다양한 이론의 근간이 되었다. 예를 들어, Piaget의 인지 발달 단계
에 따라 음악 능력의 발달을 설명한 Zimmerman(1971)의 연구는 아동
의 발달 단계에 적절한 음악지도 방법을 제시하였다. Hargreaves와
Zimmerman(1992: 378)에 따르면 Piaget의 이론은 음악학습과 관련하
여 적어도 세 가지 영역에 영향을 미쳤는데, ① 발달 단계, ② 언어, 그
림, 상상을 통한 상징의 강화, 그리고 ③ 음악적 보존이 그것이다. 음악
적 보존과 스키마의 확립은 음악학습에 중요한 영향을 미친다. 학습자
가 보유하고 있는 음악적 스키마는 음악적 소리 또는 단편적인 음악경
험을 통해 음악 개념으로 형성되고 확장되면서 더욱 상위 음악구조를
해석하고 추측하는 음악 이해의 기반이 된다.

Bruner의 표상이론은 음악 교수 · 학습에서 개념 제시 방식에 많은
영향을 미쳤다. 소리로 제시되는 음악 개념의 학습 단계에서 듣고 반
응하는 신체활동의 중요성, 보이지 않는 음악 소리나 개념을 이해하
기 쉬운 시각적 자료로 나타내는 개념의 시각화, 이와 연동하여 적절
한 시기에 악보 등의 음악적 상징을 이해하게 하는 교수 · 학습 방법들
은 Bruner의 표상이론을 근거로 하고 있다. Bruner의 3단계 인지과정
인 작동(신체), 영상(시각), 상징 단계는 E. Boardman(1989)의 생성적 음
악학습과정이론에 적용되었으며, H. Gardner(1983)의 초반 연구에서도
적용하고 있다. 음악 개념의 형성은, 음악자극(소리)에 대한 학습자의
신체적 표현, 언어적 설명, 그림 등의 형태적 표현과 함께 음악자극을
구별하여 기보하는 과정을 통해서 이루어진다.

보존(conservation)은 대상의 두 가
지 이상의 특징을 관계 지어 대상
에 대한 이해를 확장할 수 있는 능
력으로, 음악에서는 음의 길이나
리듬, 가락의 모양 등이 달라져도
내재해 있는 박자, 조성, 화성에 대
한 감각을 지속할 수 있는 능력 등
으로 적용할 수 있다.

활동적 표상에는 박자에 맞추어 걷
거나 손뼉 치기, 음의 높낮이를 손
으로 표현해 보기, 가락선 그려 보
기 등이 있다.

연령에 상관없이 음악적 경험이 충
분하지 않거나 새로운 개념을 배울
때는 작동-영상-상징의 과정을 적
용한다.

Piaget와 Bruner의 이론을 비교하면, Piaget의 인지 발달 단계는 나이를 기준으로 한 것에 비해 Bruner의 인지 발달 단계의 기준은 나이가 아닌 선행경험이다. 이를 음악학습 상황에 비추어, 음악교육을 제대로 받은 적이 없는 청소년기의 학습자가 악보 읽기를 배우는 상황을 상상해 보자. Piaget의 이론에 따라서 교수자는 상징과 기호를 이해할 수 있는 형식적 조작기의 청소년에게 악보 읽기를 가르칠 수 있다. 하지만 Bruner의 이론에 따라 가르치면, 학습자는 악보 읽기에 앞서 음악을 들으면서 먼저 신체활동으로 음악의 특징을 표현해 보고, 음악과 소리를 연결 짓는 시각자료의 의미를 이해하는 과정을 거쳐, 마지막으로 악보에 나타난 음악의 개념을 이해하게 된다. Bruner는 작동(신체)−영상(시각)−상징으로 발전하는 표현 방식의 세 단계 중 어떤 단계도 건너뛰지 말 것을 강조하였다. Bruner의 이론에 따르면, 청소년기라 할지라도 활동과 시각 단계에서의 선행 음악경험이 충분하지 않다면 상징적 단계보다는 이전 단계에서의 음악경험이 더 필요하다. 이 경우, 학습자의 신체활동을 유도하고 시각자료를 제시하는 과정은 유·아동기에서보다 청소년기에서는 그 기간이 훨씬 단축될 것이다. 이전 단계에서의 음악경험과 경험의 축적은 이후의 음악 발달 단계에 매우 중요한 영향을 미치게 되기 때문에 Bruner의 이론은 음악교육에 의미 있는 시사점을 제공한다.

Bandura의 사회학습이론은 특정 행동에 대해 강화나 보상을 받지 않아도 유·아동들이 다른 사람들의 행동을 단순히 관찰하고 모방함으로써 학습할 수 있다는 이론이다. 직접경험에 의한 것이 아니라 관찰을 통한 학습 형태를 관찰학습(observational learning) 또는 대리학습(vicarious learning)이라고 한다. 음악학습에서 반복학습과 강화 요인은 매우 중요하지만, 모든 음악학습을 조작적 조건형성을 통해 가르친다면 음악학습의 과정은 매우 길고 험난할 것이다. Bandura의 사회학습이론에 근거를 둔 관찰학습은 음악학습에 있어서도 학습자가 교사나 유능한 또래 학습자의 음악적 행동, 음악적 표현을 관찰함으로써 모방을 통해 음악적 행동과 표현을 성공적으로 배울 수 있는 것을 설명한다. 이러한 관찰학습은 학습자들의 불필요한 시행, 노력, 수고를 감소시킬 수 있다.

Vygotsky에 의하면 아동은 타인과의 사회적 상호관계 속에서 타인을 모방하고 상호작용을 통해 학습하고 성장하는 사회적 존재이다. 이 과정에서 언어는 타인과의 상호작용에 필수적인 요소이자 사고의 도구이다. 이러한 Vygotsky의 관점은 음악 능력이 유전적인 능력이 아닌 사회적인 성장 능력이며 음악적 언어는 음악 인지 능력의 발달과 음악적 사고의 형성에 필수적이라는 것과 맥락을 같이한다. 또한 음악교육에서 Vygotsky의 근접발달영역은 학습자 특성에 따른 과제 부여의 중요성을 고려하게 한다. 근접발달영역의 원리에 따른다면 음악 교수·학습에서도 학습자의 현재 수준을 넘는 도전적 과제의 부여는 학습자의 잠재력을 이끌어 내는 효과적인 전략이 될 수 있다. 하지만 지나치게 어려운 과제는 오히려 좌절을 불러올 수 있으므로 교사는 학습자의 특성과 잠재력에 대한 합리적인 판단에 주의를 기울여야 할 것이다. 일단 학습자 수준에 도전적인 과제가 부여되었다면, 교사는 언어적 상호작용과 대화를 통해서 학습자가 도전적 과제를 해결할 수 있는 방법을 찾아내고 노력을 기울일 수 있도록 적절한 지원(scaffolding)을 제공해야 한다.

정보처리이론은 음악심리학에서 이루어지고 있는 음악 지각 원리와 함께 음악 교수·학습에 많은 영향을 주었다. 또한 정보처리이론은 소리정보로서 실음 음악정보의 중요성과 청각적 의미, 단위, 음악정보의 자동화와 음악정보 처리의 과정 및 방법에 대한 이해를 넓혀 주었다. 정보처리이론에 의하면 음악정보는 반드시 실음을 통한 '청각정보'와 함께 제시되어야 한다. 정보처리이론은 음악 기억에 영향을 미치는 음악 정보의 관련성, 체계적인 정보처리와 개념의 형성, 장기기억 보유를 위해서 고려해야 할 반복, 분석, 성찰과 같은 교수 전략의 중요성을 탐구하는 기반이 되어 왔다.

3) 인본주의 학습이론

1950년대에 들어서서 정신분석과 행동주의 심리학에 반대하면서 제 3세력으로 불리는 심리학 학파가 형성되었다. 제3세력은 인간 행동의 독특한 역동성에 대한 유별난 관심 때문에 인본주의라고 불리게 되었다. 인본주의 심리학에서는 인간이 자신의 잠재력을 최대한 계발하고 현재의 자신보다 더 향상되려는 기본 욕구를 가진다고 본다. 이러한 시각에서 학습이란 개인이 주변 환경과의 능동적인 상호작용을 통해 자아성장과 자기실현을 이루어 가는 과정으로 규정한다. 인간은 학습에 대한 타고난 욕구와 잠재력을 가지고 있다. 그러므로 학습은 학습자의 호기심, 욕구, 흥미를 만족시킬 수 있을 때 의미가 있다고 보았다. 학습의 과정에서 교사는 학생을 가르치는 사람이라기보다는 학생이 학습을 잘할 수 있도록 도와주는 조력자의 역할을 한다.

인본주의에서 표방하는 학습은 자기주도적 학습이다. 인본주의 학습에서는 학습자의 인지적 · 정서적 변화보다는 학습을 위한 동기 유발을 더 중요하게 여긴다. 인본주의에서 학교는 지식을 전달하는 곳이 아니라 학생에게 사고하는 방법과 스스로 학습하는 방법을 가르치는 곳이어야 한다. 인본주의 학습에서는 교사에 의해 등급, 점수, 성적표의 형태로 이루어지는 표준화된 평가도구들은 학습에 방해가 된다고 여겼으며 대신 학생 스스로가 세운 자기 자신의 기준에 의해 평가되어야 한다고 주장한다. 교사에 의한 비교와 등급 매김은 학생들이 자신의 만족보다는 좋은 등급을 위해 공부하게 만들기 때문에 학생들 스스로 자신의 행동을 평가하고 이를 통해 자신에게 적합한 기준이 어떤 것인지 결정할 수 있어야 한다고 주장한다. 학습의 과정에서 지식 못지않게 감성의 중요성도 강조하는데, 학습은 위협적이지 않는 상황에서 이루어져야 하며, 학습의 내용은 학생에게 가장 쉽고 의미 있게 제시될 때 효과적이라고 본다.

(1) Carl R. Rogers(1902~1987): 인간중심 접근

Carl R. Rogers(1902~1987)

상담치료 원리로 제시한 Rogers의 인간중심 접근(client-centered-therapy, 초기에는 내담자중심 치료로 알려짐)에서는 인간이 생득적으로 스스로를 유지하거나 잠재력을 발달시켜 역량을 키우려는 경향성을 지니고 있다고 본다. Rogers는 학습을 무의미한 '인지적 학습'과 유의미한 '경험적 학습'으로 나누었다. 무의미한 '인지적 학습'은 기존의 지식을 학습자가 외워서 기억하는 것으로, 이런 학습은 개인에게 무의미하기 때문에 학습도 어렵고 쉽게 망각한다고 보았다. 유의미한 경험적 학습은 학습자의 학습하려는 욕구와 지적 호기심에 의한 학습, 즉 자기주도적 학습으로서, 학생들이 스스로 학습의 내용을 계획 및 결정하고 학습을 진행하며 학습의 결과에 대한 평가를 하는 것이다. 그러므로 학습은 학습자의 호기심, 욕구, 흥미를 만족시킬 수 있어야 하며, 교사는 학생을 가르치는 사람이라기보다는 학생들이 학습을 잘 할 수 있도록 가르치는 조력자라고 보았다.

(2) Abraham H. Maslow(1908~1970): 자아실현 욕구

Abraham H. Maslow(1908~1970)

Maslow는 인간을 자유 의지를 가진 미래 지향적이며 자아실현 의지에 따라 무한한 성장과 발전이 가능한 존재로 보았다. 인간은 각자의 삶에서 능동적인 선택을 하게 되는데, 이 선택의 기저에는 삶을 영위하는 동기로서 다섯 단계의 욕구가 존재한다고 보았다.

인간을 동기화시키는 다섯 가지의 욕구로 생리적 욕구, 안전 욕구, 소속감과 사랑의 욕구, 자존 욕구, 자아실현 욕구를 제시했다([그림 6-9 참조]). 이 가운데 피라미드의 최상층에 위치한 자아실현 욕구는 자신의 모든 잠재력을 발휘하고 본인 능력의 한계까지 스스로를 확장하려는 경향성을 말한다. 이러한 인간의 욕구는 타고나는 것이며, 욕구의 위계구조가 절대적인 것은 아니지만 하위 욕구가 어느 정도 충족되면 상위 단계의 욕구를 충족시키기 위한 노력을 한다.

Maslow의 이론은 인간이 삶이나 과업에서 어떤 단계를 거치며 자아실현의 노력을 하는지를 단계적으로 이해하는 데 도움을 주었다. 교육적인 측면에서는 학습자의 정신적 건강, 동기부여 그리고 잠재력을 극대화하기 위해서 스스로에 대한 긍정적인 정의와 발전적인 가치 설정의 중요성을 강조하고 있다.

그림 6-9 Maslow의 욕구위계이론

(3) 음악교육에서의 의미

인본주의 심리학에서 예술은 인간이 자신의 잠재적 가능성을 실현하는 최고 수준의 경험에 속한다. 인본주의 심리학에 입각한 음악학습에서는 인간의 정신 작용의 발전보다는 개인의 자아 성숙과 자기 존재에 대한 인식, 삶에서의 기쁨과 행복, 만족과 같은 정서적인 측면에 음악이 어떤 영향을 미칠 수 있는가에 관심을 둔다. Shehan(1986)은 음악학습에서 학습자의 자아실현은 중요한 목표로서, 이를 위해서는 자기주도적 음악활동이 촉진되어야 한다고 주장하였다. 그는 창의적 음악 표현, 노래, 챈팅, 신체 표현 등의 오르프 교수법을 적용한 자기주도적 음악활동을 제시하였다.

Maslow의 이론에서는 생존을 위한 조건이 충족되면 다음으로 추구하게 되는 것이 자아실현이다. 이와 관련하여 진보적 인지주의 학자인 Csikszentmihalyi(1975)는 인간 인지의 최상위 단계인 창의성이 자아실현과 밀접하게 연동되어 있으며, 스스로의 잠재적 가능성을 집중하여 실현하는 과정에서 나타나는 창의적 정신적 작용을 '몰입(flow)'으로 해석하면서 이를 자아실현의 만족감과 연동하여 설명하고 있다.

인본주의의 학습자 주도적 지식 구성의 측면에서 보자면 음악학습은 자아를 완성하고 발전시키는 지속적인 연마 과정이며, 특히 창의적 음악활동은 음악적 지식이 하나의 총체로 완성되는 경험을 제공하여 학습자 스스로의 완성된 음악경험에 이른다는 점에서 중요하다. 음악활동이 자아실현에 긍정적인 영향을 미친다는 점은 인본주의적 음악교육 연구에서 제시하는 공통적인 결과이다.

4) 구성주의 학습이론

구성주의는 인간을 자신의 경험으로부터 지식과 의미를 구성해 내는 지식 구성의 주체로 보는 인식론적 입장에서 출발한다. 구성주의는 학습을 포함한 교육 전반에 대한 이해를 새로운 시각에서 접근하는 철학적 견해이기도 하며, 학습이론의 한 형태로서의 구성주의는 지식의 본질이란 무엇인지, 학습자는 어떻게 학습하는지, 효과적인 학습 방법은 어떠해야 하는지 등을 다루는 교수법적 이론으로 제시되기도 한다. 뿐만 아니라 구성주의는 인식론 및 학습이론의 범위를 넘어서서 수업 설계 및 평가를 위한 이론, 심리치료 이론으로까지 확대되고 있다.

심리학에서 구성주의는 크게 인지적 구성주의와 사회적 구성주의로 분류된다. 인지적 구성주의는 지식의 구성을 개인의 정신적 활동에 근거한다고 전제하는 것으로 정신 작용 외의 환경이나 사회적 상호작용의 중요성은 고려하지 않는 태도를 취한다. 이러한 인지적 구성주의는 Piaget의 인지발달이론에 근거하는데, 이는 생물학적 발달과정에서 나타나는 동화, 조절, 평형을 지식 구성의 핵심 기제로 본다. 이에 비해 사회적 구성주의는 Vygotsky의 발달심리이론에 근거하여 학습에 영향을 미치는 사회적 요소를 중요시한다. 사회적 구성주의에서는 개인의 인지 발달은 생물학적 발달뿐만 아니라 타인과의 관계를 통해서 경험하게 되는 사회적 상호작용의 결과로 설명한다.

Piaget와 Vygotsky는 아동의 인지 발달 과정을 이해하는 데 많은 도움을 주었다. 그러나 그들의 이론은 근본적인 견해의 차이를 보인다. 인지 발달 과정을, Piaget는 개인의 내적 발달과정으로 본 반면에 Vygotsky는 타인과의 상호작용을 통한 발달과정으로 보았다. 이것은 Piaget가 사회와의 상호작용을 부정하였다는 것이 아니라, Piaget에 있어서 개인은 일차적이고 사회는 이차적인 데 비하여 Vygotsky에 있어 사회는 일차적이고 개인은 이차적이라는 것을 의미한다. 또한 근접발달영역은 Piaget의 인지발달이론에서는 고려되지 않은 개념이다.

학습에 있어 Piaget의 관점은 아동의 인지 발달 단계에 따라 그에게 적합한 과제가 있다는 것이다. Piaget는 발달과정과 학습과정을 분리하여, 발달이 이루어진 후에 그에 적합한 학습을 고려하였다. 이것은 발달과정에서 학습이 발달을 앞당기는 역할을 배제한 것이다. 반면에 Vygotsky는 교수 · 학습이 발달을 주도할 수 있다는 입장을 취한다. 그에 따르면 좋은 교수 · 학습이란 성숙한 기능보다는 성숙 중에 있는 기능들에 초점을 맞춰 발달에 앞서 나아가서 발달을 유도하는 교수 · 학습이다.

근간에 교육에서 강조하는 구성주의는 사회적 구성주의로서, 지식의 객관성이란 사회의 합의를 통해서 성립되며 교육은 지식에 대한 사회적 합의의 과정을 학습자에게 경험시키는 과정이어야 한다. 이러한 사회적 구성주의 이론들은 학습의 원리에 있어서 몇 가지 공통점을 가지고 있다.

첫째, 지식은 수동적으로 흡수되는 것이 아니라 적극적으로 구성된다. 구성주의의 중심 아이디어는 학습은 학습자가 자신의 경험을 바탕으로 새로운 지식을 구축해 나가는 과정으로 학습자의 사전 경험과 사전 지식은 학습에서 매우 중요한 요인이다(권낙원 외, 2006; 변영계, 2006).

둘째, 학습은 적극적인 과정이다. 학습에 대한 수동적인 견해는 학습자를 채워야 할 지식을 필요로 하는 '빈 그릇'으로 보았지만, 구성주의에서 학습자는 세상과의 적극적인 참여를 통해 의미를 구성해 나가는 주체이다.

셋째, 학습은 개인적이다. 각 학습자는 저마다의 독특한 기존 지식과 가치에 따라 독특한 관점을 가지고 있기 때문에 같은 수업에 대해서 해석이 다를 수 있으며, 학습자마다 다른 학습으로 인식할 수 있다.

넷째, 학습은 마음에 존재한다. 구성주의 학습이론에서 지식은 오직 인간의 마음속에 존재할 수 있으며, 학습자는 자신의 경험 속에서 새로운 정보를 지속적으로 받아들이면서 현실에 대한 인식과 해석을 구축해 나간다.

다섯째, 학습은 학습자의 자기조절(self-regulation) 과정이며, 자기조직적이고 자율적인 환경에서 스스로 지식을 형성해 나가는 것이다.

이상과 같은 구성주의 교육의 원리는 학습자의 자발적 지식 구성을 촉진할 수 있는 다양한 교수 · 학습 이론을 제시하여 왔다.

(1) 인지적 도제이론

인지적 도제이론(cognitive apprenticeship theory)은 사회문화적 환경과의 상호작용을 통한 지식 구성을 강조하는 Vygotsky의 사회학습이론에 근거한다. 인지적 도제학습은 초보자가 전문가의 수행과정을 직접 관찰하고 모방하면서 특정 지식과 기능을 연마하는 원리이다. 인지적 도제는 전통 도제교육의 장점을 최대한 수용하면서 창의적 사고와 반성적 사고, 문제해결과 같은 상위 인지 기능을 재구성한 교수 · 학습 이론이다. 인지적 도제학습은 모델링(modeling)-코칭(coaching)-비계설정(scaffolding)-명료화(articulation)-반성적 사고(reflection)-탐구(exploration)의 과정을 거친다(〈표 6-1〉 참조).

전통적 의미의 도제란 특수한 직업에 필요한 지식이나 기능을 습득하기 위해 그러한 지식이나 기능을 보유한 장인 밑에서 배우는 것을 말한다. 도제학습은 현재도 주요한 기술의 가르침과 전수에 중요한 방법으로 사용되고 있으며, 전문가로부터 지식과 기능을 배우는 구조화된 교수 과정을 의미한다.

〈표 6-1〉 인지적 도제학습 과정

단계	방법
모델링	교사가 시범을 보이면 학습자는 전문가가 과제를 수행하는 과정을 관찰
코칭	학습자가 과제를 수행하면 교사는 학습자에게 의견, 오류 수정, 격려 등의 환류를 제시
비계설정	과제를 제시하고 협력적으로 해결하면서 학습자가 지식과 기능을 통합적으로 활용할 수 있도록 조력
명료화	학습자가 자신이 구성한 지식과 수행 기능을 시범 보이거나 설명하도록 하여, 습득한 지식, 기능, 이해, 사고 등의 종합적 연계를 유도
반성적 사고	학습자는 자신의 문제해결 과정을 교사의 수행과 비교하면서 반성적으로 검토
탐구	학습자는 자신이 습득한 지식과 기능을 적용할 수 있는 방법을 탐색

(2) 상황학습

상황학습(situated learning)은 실생활의 상황 속에서 지식과 기능을 습득하도록 하는 것이다. 상황학습은 인지적 도제 교수법에도 적용되는 방법으로, 학생들이 실제 과제를 해결하는 과정에서 대인적인 견해와 사고를 발전시키면서 해결 방안의 모색을 유도한다. 음악에 적용한다면 음악회, 음악 행사 등에 직접 참여하거나 구성해 보는 상황 안에서 음악에 대한 지식과 기능을 익히고 적용하는 과정을 생각해 볼 수 있다. 상황학습이 갖는 장점은 학습 주제와 관련된 현실 삶에서의 상황을 바로 경험할 수 있다는 것이다. 맥락을 가지고 있는 학습이 이루어질 때 학생들은 지식과 기능의 의미를 더욱 직접적으로 파악할 수 있기 때문에 이를 적극적으로 활용할 가능성이 높아진다.

(3) 문제중심학습

문제중심학습(Problem Based Learning: PBL)이란 구체적인 상황 속에서 설정된 실제적인 문제를 해결해 나가는 과정에서 스스로 인지적인 사고의 틀을 형성하도록 고안된 학습 방법이다. 구성주의적 문제중심학습의 핵심은 협동학습과 자기주도학습으로 학습자는 팀을 이루어 자신들이 학습하게 될 '학습 목표'를 결정하고 과정을 계획하여 실행한다. 문제중심학습에서 교사는 학습자들이 독립적으로 사고하고 학습해 나갈 수 있는 능력과 기술을 익히도록 지원하며 전체 과정을 분석하고 성찰할 수 있도록 지원하는 조력자의 역할을 한다. 그러나 문제중심학습에서 교사의 조력은 학습자들이 문제해결 과정에 필요한 지식과 기능을 습득하기에 충분하도록 적합하고 풍성하며 전문적이어야 한다. 개별학습, 협동학습의 전 과정에서 충분한 피드백을 제공해야 하며 학습자가 자기성찰적 사고와 활동을 할 수 있도록 인격적 지원을 할 수 있어야 한다.

(4) 음악교육에서의 의미

음악교육에서 구성주의에 대한 관심은 이미 1960년대와 1970년대부터 나타났지만 구성주의적 음악 교수 · 학습 방법을 적극적으로 적용하기 시작한 것은 근래 들어서이다(Taetle & Cutietta, 2002). 음악교육에서 구성주의는 음악 지식이나 기능 습득 자체에 집중해 왔던 기존의 음악 교수 태도에서 벗어나 학습자가 놓여 있는 환경, 상황에 의미를 부여하고 학습이 전개되는 맥락의 중요성을 재고하게 한다. 학습자가 중심이 되는 학습 맥락을 부여하고 실제적인 상황이 전제된 음악경험은 학습자로 하여금 음악에 대한 지식과 기능을 더욱 의미 있게 받아들이도록 할 수 있다. 특히 그룹으로 이루어지는 학교 음악학습에서 구성주의가 지닌 의미가 유의하게 받아들여지면서 인지적 도제이론, 협동학습, 문제중심학습, 프로젝트학습 등의 연구를 통해 구성주의적 학습이론의 적용 가능성이 적극적으로 탐색되고 있다. 협동학습과 학습자중심학습을 공통적인 원리로 두고 있는 구성주의 학습 방법을 적용했을 때, 학습자는 학습과정을 더욱 잘 이해할 수 있으며 협력적 성찰(reflection)을 통해서 인지적 측면뿐 아니라 정서적 태도에서 긍정적인 향상을 보이는 것으로 나타난다.

음악학습에서 사회적 구성주의는 학습 공동체, 연습 공동체의 활동을 통해서 학습동기를 강화하고 개인의 분산적 지식들이 상호작용하고 연합되면 사고의 범위를 확장하거나 적극적 실행을 촉진하는 방법으로 향후 다양한 활동에서의 적용이 기대된다. 하지만 사회적 구성주의 이론뿐만 아니라 인지적 구성주의 이론도 유용한 교수·학습 이론을 제시하기 때문에 음악교육에서는 두 구성주의의 관점을 모두 수용하여 상호 보완할 수 있는 접근이 필요하다.

5) 뇌 기반 학습

지금까지 살펴본 바와 같이 학습이론은 교육심리학의 주요 연구 주제로 지난 수십 년 동안 다양한 심리학 기반 위에서 발전되어 왔다. 이러한 학습이론은 교수·학습 방법의 기반이 되는데, 교수·학습 방법 연구의 기반은 점차 뇌과학 분야로 확장되고 있다. 얼마 전부터 인지과학자와 신경과학자들은 모든 학습과 기억이 뇌를 기반으로 이루어진다는 사실을 강조하고 이를 교육자들에게 전달하고자 하였다. 이러한 뇌과학 연구결과는 학교 수업에 중요한 시사점을 제공하기 시작하였으며, 교육 방식과 교육 환경에 새로운 변화를 모색하는 방향을 제시해 주었다. 이에 이 분야에서 이루어진 다양한 연구결과를 교육에 접목시켜 새로운 교수·학습 방법의 패러다임으로 학습과학(science of learning)이 제기되었다. 학습과학에서는 뇌의 기능과 작용에 대한 이해와 뇌 연구결과를 바탕으로 하여, 학습과정에서 더 나은 결정, 더 나은 활동, 더 나은 전략, 더 나은 환경 등을 제시하고자 한다.

뇌과학은 인간의 정신적 작용을 이해하는 데 많은 진보를 가져다주었다. 교육에서 학습과학은 21세기 교수·학습 방법을 위한 새로운 패러다임으로 제기되고 있다.

(1) 뇌 기반 학습의 원리

뇌 기반 학습이란 '뇌의 이해로부터 추론된 원리에 기초한 전략의 활용'이며, '학습에 대한 또 하나의 사고방식'이다. 뇌 기반 학습에서는 '뇌가 학습할 수 있는 최선의 방법'을 고려하며 학습자 중심의 교육을 중시한다(정종진, 2015: 126-127; Jensen, 2011: 4-5).

뇌 기반 학습에서 가장 중요한 것은 정서적인 측면을 이해하고 감정의 역할을 중요하게 인식하는 것이다. 인지신경과학자이자 교육심리학자인 M. H. Immording-Yang과 M. Faeth는 뇌와 학습에 정서(감정)가 왜 중요한지를 다음과 같이 다섯 가지로 설명하였다. 첫째, 감정은 인지적 학습의 안내자 역할을 한다. 둘째, 감정이 학습에 기여하는 것은 의식과 비의식 두 가지 차원에서 일어난다. 셋째, 정서를 수반한 학습만이 향후의 행동을 바꾼다. 넷째, 감정은 직면한 과제와 연관이 있을 때 지식의 형성에 효과적이다. 다섯째, 감정이 실리지 않은 학습은 효율이 낮다. 또한 이들은 감성적 학습의 발달을 수용하고 지원하는 데 도움이 되는 지도 전략을, ① 학습 내용에 정서를 연계시키고, ② 학생들이 학습 활동에서 자신의 직관을 사용하도록 격려하며, ③ 교실의 사회적·감성적 분위기를 적절하게 관리하라는 세 가지로 제시하였다(Sousa, 2014: 93-110).

뇌 연구를 교육에 활용하는 궁극적인 목적은 뇌의 잠재력을 최대한 계발시키는 것이다. 뇌 기반 학습은 학습 상황에서 뇌가 어떻게 작용하는지를 설명하고 뇌 기반 강점들을 이해하여 수업을 실행할 수 있는 이론적 근거와 구체적인 원리들을 제공한다. 뇌 기반 학습의 원리는 전략이나 아이디어 등으로 제시되기도 하는데, 〈표 6-2〉는 뇌 기반 학습의 원리, 전략 또는 아이디어를 제시한 문헌들이다.

얼마 전까지만 해도 뇌 연구결과를 잘못 해석하거나 확대 해석하여 교육에 활용하는 일은 자칫 잘못된 결과를 초래할 수도 있다는 우려와 신중함이 제기되었다. 하지만 뇌 기반 학습은 이제 교육적 원리로 제공

Tony Buzan에 의하면, 모든 인간은 잠재적으로 뛰어나게 과학적이며 동시에 뛰어나게 예술적이다. 그러나 만약 한 인간이 과학적이든 예술적이든 어느 한편으로 그 능력이 편중된 경우, 능력이 없는 분야는 선천적으로 능력이 없어서가 아니라 능력이 있는 분야만큼 계발될 기회를 얻지 못했기 때문이다(Buzan, 1984).

〈표 6-2〉 뇌 기반 학습의 원리, 전략, 아이디어

김유미 (2002)	[원리] ① 학생들의 다양성을 고려, ② 풍요로운 경험의 기회를 제공, ③ 주의 사이클을 고려하고 주의 집중 전략을 활용, ④ 학생들의 정서를 활용, ⑤ 고무적인 분위기 유지 및 위협이나 무력감 감소, ⑥ 음악과 움직임을 적극 활용, ⑦ 패턴 형성과 의미 탐색의 기회를 충분히 제공
Tileston (2005)	[전략] ① 학습을 촉진하는 환경 조성, ② 학습양식에 따른 교수 전략의 다양성, ③ 학습자들의 사전 학습 및 경험과 새로운 학습이 연결되도록 도움, ④ 장기기억을 위한 교수, ⑤ 높은 수준의 사고과정을 통한 지식 구성, ⑥ 협동학습, ⑦ 모든 학습자 간의 격차 해소, ⑧ 다양한 참평가를 통한 학습 평가, ⑨ 실생활에 적용되는 심층 이해, ⑩ 양질의 수업을 위한 테크놀로지의 통합
Jensen (2007)	[원리] ① 변화의 원리, ② 다양성의 원리, ③ 발달 감수성의 원리, ④ 상호작용의 원리, ⑤ 연결성의 원리, ⑥ 기억 유연성(memory malleability)의 원리, ⑦ 자원 소비(resource consumption)의 원리
Corbin (2008)	[아이디어] ① 새로운 지식 구성, ② 다양한 학습 방식, ③ 의미, 연결 및 패턴 만들기 ④ 전뇌학습, ⑤ 다양한 기억 경로, ⑥ 신체 활동 및 움직임, ⑦ 기억, 학습 및 정서, ⑧ 성찰 및 자기평가, ⑨ 사회적 상호작용 및 학습, ⑩ 시간 및 타이밍(time and timing)

할 만한 충분한 가치가 있다고 판단하여 우리나라도 교육학 분야에서 각 교과마다 이에 대한 관심이 높아지고 있다.

(2) 음악교육에서의 의미

인지 및 신경과학 연구는 감성과 밀접한 관계가 있는 예술활동이 학습의 다양한 영역을 지원한다는 것을 입증하기 시작하였다(Cole, 2011; Sousa, 2010). 감정의 역할을 인식하는 것과 함께 학자들이 제시한 뇌 기반 학습의 원리들을 살펴보면 흥미로운 내용이 발견되는데, 그것은 예술활동, 특히 음악을 교육에 적극적으로 활용하라는 것이다(김유미,

그동안의 교수 · 학습 연구가 학습의 과정을 객관성, 보편성에 근거하여 보다 '효과적으로' 지원하기 위한 방법에 중점을 두었다면, 이제는 감성과 상상력을 중시하여 보다 '예술적으로' 지원하기 위한 방법에 관심을 보이고 있다 (Hardiman, 2010).

2002; Corbin, 2008; Jensen, 2000, 2007; Tileston, 2005). 관련 문헌들을 살펴보면, 문학, 음악, 미술, 무용, 연극 등의 예술을 활용하라는 것은 단편적인 활동의 활용에서부터 모든 교과에 예술활동을 적용하여 통합하라는 교수 방법에 이르기까지 그 내용이 다양하다.

앞의 〈표 6-2〉에서, 연구자들이 '음악'과 '움직임'을 학습에 적극적으로 활용할 것을 제안한 내용들에 특히 주목할 필요가 있다. 김유미 (2002)는 뇌 기반 학습의 일곱 가지 원리 중 '음악과 움직임을 적극 활용'하라고 강조하였다. 이는 학습에 미치는 음악의 긍정적인 효과와 음악활동이 사고, 정서 표현 및 기억을 강화시키는 데 효과적이라는 뇌과학 연구에 근거한 것이다. 또한 Tileston(2005)은 정보를 장기기억으로 저장하고 저장된 정보(지식, 기억)를 필요할 때 인출할 수 있도록 사용하는 전략 중 하나로 음악의 활용을 언급하였다. 예를 들면, 의미기억(semantic memory)을 위해서는 정서적으로 깊은 인상을 주는 음악을 학습 강화의 수단으로 활용하고, 절차기억(procedural memory)을 위해서는 합창곡 읽기를 교수 전략 중 하나로 사용할 수 있으며, 정서기억(emotional memory)을 위해서는 드라마, 역할놀이, 음악 등의 경험을 연계할 수 있다. Jensen(2007)도 뇌 기반 학습 원리 중 연결성의 원리 (principle of connectivity)를 설명하며 교사들을 위한 제언에서 학생들의 정서를 이끌어 내기 위해 활용하는 음악, 게임, 드라마 등의 활동은 장기기억을 강화하고 긍정적인 정서에 도움이 될 것이라고 하였다.

예술교육은 그 자체로 의미가 있지만 예술활동은 끈기, 열중, 소통, 협력, 회복력 등의 기본적인 학습 능력을 강화시켜 준다. 뇌과학 연구자들은 특히 청각예술이자 시간예술인 음악에 주목한다. 인간의 뇌에서 음악정보는 어떻게 처리되는지, 음악교육의 효과는 어떠한지 등을 연구하는 많은 뇌과학자는 음악교육자들 이상으로 음악활동을 강조하고 음악활동을 다양한 학습 영역으로 확장할 것을 제안한다. 따라서 음악교육에서는 비예술 교과의 수업을 지원하는 예술기반 교수 · 학습 방법

합창대회 1등은 우리 것!

의 실천을 적극적으로 고려할 필요가 있다. 특히 음악을 활용한 교수·학습 방법은 각 교과의 수업에 양질의 음악활동을 연계하여 학습을 강화시켜 주는 연결고리의 역할을 하여 향후 새로운 교수·학습 방법으로서의 발전 가능성을 지니고 있다.

제7장

동기, 정서와 음악학습

학습자들이 학업에 성공하는 가장 중요한 요인 중의 하나는 동기일 수 있다. 동시에 학습자들이 학업에 실패하는 가장 큰 이유 중의 하나도 동기의 문제일 수 있다. 이와 같이 학습자의 동기는 음악학습의 전 과정에 걸쳐 중요한 영향을 미치는 요인 중의 하나로 작용한다. 음악학습에서의 동기 유발은 학습자들이 음악수업에 흥미를 가지고 적극적으로 참여하고자 하는 마음 또는 그러한 마음의 상태라고 할 수 있다. 실제로 이러한 마음은 동기뿐만 아니라 정서와도 밀접하게 관련된 것으로, 동기와 정서는 학습자들의 마음에서 여러 가지 이유와 형태로 발생한다. 동기와 정서는 모든 학습 상황에서 뚜렷하게 구분되는 것이 아니다. 음악수업에서도 학습과정에서 동기와 정서는 서로 상당히 중첩되어 있다는 것을 이해할 필요가 있다. 제6장에서는 여러 가지 학습이론들을 살펴보고 음악교육에서의 의미를 생각해 보았다면. 제7장은 학습자들을 음악수업에 적극적으로 참여시키기 위해서 교수자가 이해하고 있어야 하는 동기와 정서 관련 요소들을 살펴보고 이를 음악 교수 · 학습 방법과 구체적으로 연계하는 내용으로 구성되어 있다.

1. 학습과 수행에 영향을 주는 동기, 정서

최근 들어 공공시설, 대형 서점, 백화점, 패스트푸드 식당 등에 키오스크(kiosk, 터치스크린 방식의 무인 단말기)가 많이 설치되어 있는 것을 볼 수 있다. 어떤 사람들은 편리하게 키오스크를 이용하기도 하지만 그렇지 못한 경우도 있다. 키오스크 이용에 익숙하게 된 것, 즉 변화하는 환경에 적응하게 된 것은 학습을 통해 일어난다. 인간은 평생 동안 학습한다. 동기와 정서 영역은 학습을 필요로 하는 상황이나 환경에서 중요한 의미를 지닌다. 특히 학교교육에서 동기와 정서는 학습자의 배움의 과정에 매우 중요한 작용을 하는 요인들이다. 여기에서는 먼저 학습과 수행의 의미, 동기와 정서의 복합적인 상태를 이해하기로 한다.

1) 학습과 수행

학습(學習)의 단어적 의미는 '배워서(學) 익힘(習)'이다. 이러한 의미를 지니는 학습은 일반적으로 '연습이나 경험의 결과로 생긴 비교적 지속적인 행동의 변화'로 정의된다. 이 정의는 학습이 연습이나 경험의 과정, 즉 배운 것을 반복적으로 익히는 과정을 필요로 하고 그 결과로는 지속성 있는 행동의 변화를 기대할 수 있다는 것을 의미한다. 따라서 연습이나 경험 이외의 자연스러운 신체적 발달이나 성숙 또는 부상 등으로 인한 행동의 변화는 학습으로 간주되지 않는다.

학습은 흔히 학습자의 수행(performance)으로 나타난다. 그러나 학습의 일반적 정의에 따르면 학습은 수행과 구분되어야 한다. 왜냐하면 학습은 비교적 지속적인 의미를 담고 있는 것에 비해 수행은 주어진 상황이나 학습자의 내적 상태에 따라 일시적으로 변하는 의미를 내포하기 때문이다. 예를 들어, 한 학생이 수년간 열심히 악기를 배우고 연습한

결과, 연주를 꽤 잘 할 수 있게 된 상황을 상상해 보자. 그런데 실제 연주 순간의 환경이나 학생의 내적 상태에 따라 이 학생이 어떤 경우에는 연주를 잘하고 어떤 경우에는 연주를 미흡하게 하였다면 이는 학습과 수행의 차이가 드러나는 예라 할 수 있다.

여기에서 학습과 수행을 다소 유사한 것으로 보든, 서로 구분된 것으로 보든 학습과 수행에 영향을 주는 학습자의 내적 요인에 관심을 가질 필요가 있다. 학습자의 내적 요인들 중에서 동기(動機, motivation)는 학습과 수행에 영향을 미칠 수 있는 가장 중요한 요인이다. 또한 이러한 내적 요인에는 학습자의 감정 상태가 중요하게 관여한다. 개인은 자신의 감정 상태에 따라 행동이 달라질 수 있고 결과적으로 수행 또한 달라질 수 있다.

음악수업에서는 학습과 수행이 모두 중요하다. 다시 말해서, 음악수업에서는 연습과 경험의 반복적인 과정, 그 결과로 생긴 음악적 행동의 지속적인 변화를 의미하는 학습도 중요하고, 구체적인 상황에서의 여러 과제 수행과 시간의 흐름 속에서 음악을 표현하는 연주로서의 수행도 중요한 것이다. 연주활동이 수반되는 음악수업에서는 학습과 수행의 차이를 구분해서 이해할 필요가 있다. 학습과 수행에 영향을 미칠 수 있는 동기, 정서와 같은 내적 요인을 이해하는 것은 학습자들의 능동적이고 지속적인 학습뿐만 아니라 성공적인 수행을 가능하게 한다.

2) 동기와 정서

일반적으로 행동을 일으키는 직간접적인 요인으로 동기를 설명하지만, 행동들은 감정(정서)에 의해 동기부여가 되며 동기는 '감정(정서)을 행동에 연결시키는 과정'으로 보기도 한다(Smith, 2009). 동기와 정서는 서로 유사한 부분이 있는데, 동기와 정서를 구분할 수 있는 기준은 다음과 같다. 첫째, 동기는 그것이 만족될 때까지 계속 유지되는 데 반해 정서는 경과가 어떻든 시간이 지나면 약해진다. 둘째, 동기는 신체적 욕구를 반영하지만 정서는 우리 주변에서 일어나는 사건들에 대한 반응으로 발생한다. 이와 같이 동기와 정서는 다른 특성이지만 실제로는 서로 엉켜 있어 어떤 일을 하고자 하는 동기의 대부분은 정서에 영향을 받는다(최현석, 2011).

정서는 개인이 현재 갖고 있는 감정 상태를 말한다. 정서는 개인의 행동이나 수행의 원인이 될 수 있기 때문에 기능적으로는 동기와 같은 기능을 한다. 동기와 정서는 모두 인간의 행동 및 행동의 변화에 결정적인 요소로 작용하게 되는 것이다. 학습과정에서 동기와 정서가 별개로, 서로 따로따로 떨어져서 일어나지 않는다는 것을 이해하는 것은 매우 중요하다. 어떤 일을 하고자 하는 동기의 대부분은 정서에 영향을 받기 때문에 학습과정에서 동기와 정서는 매우 복잡한 상호관계와 인과관계 속에서 작용하게 된다. 또한 동기와 정서는 모두 목적을 가진다. 학습과정을 지속시키기 위해서 동기와 정서는 서로 통합될 때 최적의 학습상태, 최고의 사고력이 가능해진다.

동기와 정서는 뚜렷하게 구분되는 것이 아니라 실제로는 서로 상당히 중첩되어 있다. 어원적으로도 동기(motivation)와 정서(emotion) 모두 '움직이다'를 의미하는 라틴어 *movere*에서 나온 것이다. emotion이란 말 자체는 일종의 운동(motion)으로, 밖으로(e–, out) 향하는 운동, 움직임을 의미한다.

학습과정에서 동기와 정서의 문제는 언제나 통합된 현상 속에서 이해해야 한다. 하지만 글로 나타내는 책에서는 주제에 따라 설명을 하게 되기 때문에, 이후의 내용에서는 동기와 동기이론부터 먼저 다루고 정서적 요소들과 음악학습 순서로 살펴보기로 한다.

2. 동기와 동기이론의 이해

동기는 모든 학습에 영향을 준다. 동기는 학습자의 마음과 행동에 영향을 미치는 중요한 요인이다. 동기의 의미와 기능, 동기이론을 살펴보는 것은 음악학습에서 학습자들의 음악적 행동을 이해하는 기초가 된다.

동기는 동인(動因)과도 유사한 의미로 사용되지만, 동인이 기계론적이라면 동기는 목적론적인 의미가 강하다.

1) 동기의 의미와 기능

동기는 '행동을 조작하고 활기 있게 하는 힘' '행동을 유발하고, 방향을 제시하고, 유지하는 신체적 · 심리적 상태' '인간의 행동을 유발하고, 활기차게 하고, 유지시키고, 방향을 지우고 중지시키는 내적 힘' 등으로 표현하여 약간의 차이는 있지만 대부분 유사하게 동기를 정의하고 있다.

심리학에서 동기는 행동(행위)을 일으키게 하는 힘 또는 직접 요인을 총칭하는 의미로 사용된다. 교육심리학 문헌의 내용을 종합해 보면, 동기란 인간의 행동과정에서 행동의 활성을 증가 또는 감소시키고 행동의 방향을 정해 주는 심리적 요인으로서 인간의 행동을 특정한 목표로 이끄는 내적 충동 상태(마음의 상태)를 의미한다. 때로 동기와 동기 유발은 서로 구별되기도 하는데, 실제로는 거의 유사한 의미로 사용된다.

동기의 기능을 살펴보면, 심리학자들에 따라 동기를 발생적 · 방향적 · 강화적 기능으로 구분하여 설명하기도 하며, 초발적 · 지향적 · 조정적 · 강화적 기능으로 구분하여 설명하기도 한다. 발생적 또는 초발적 기능이란 행동의 출발점 기능 또는 행동하게 하는 동인의 발생으로 이해할 수 있고, 모든 행동의 전제 조건이 된다. 이에 비해 방향적 또는 지향적 기능이란 행동의 구체적 방향을 정하고 목표를 추구하여 달성하는 기능을 의미한다. 또한 조정적 기능은 목표에 도달하기 위하여 필요한 행동을 선택하고 편성하는 기능을 의미하며 지적 기능에 영향을 미치는 경우가 있다. 마지막으로, 강화적 기능이란 외부적인 요인을 통해 특정 행동을 증가 또는 감소시키도록 유도하는 기능을 의미한다(박아청, 2002; 임규혁, 임웅, 2009). 이와 같이 동기는 행동의 심리적 원천이 되고 행동에 활력과 방향을 제시해 준다.

음악학습에 있어서도 이 네 가지 기능을 발휘하는 동기는 모두 필요하다. 즉, 학습자들이 음악활동에 참여해 음악적 행동을 시도해 보고자 하는 동기, 음악적 행동의 구체적 방향을 정하고 목표를 추구하여 달성하게 하는 동기, 음악 목표에 도달하기 위해 필요한 음악적 행동을 선택하고 집중하게 하는 동기, 외부 상황을 수용하여 음악적 행동을 강화시키고 특정한 음악적 행동을 수행하게 되는 동기는 모두 음악수업을 성공적으로 이끄는 원동력이 된다.

2) 동기의 근원: 외적 동기와 내적 동기

일반적으로 심리학자들은 학습동기를 외부 자극에 근원을 둔 외(재)적 동기와 학습자 내부에 근원을 둔 내(재)적 동기로 구분하여 설명한다. 외적 동기란 인간 행동의 원인이 '개체의 외부에서 유발된 동기'로서 보상, 사회적 압력, 처벌 등과 같이 외적이고 환경적인 것을 의미한다. 이에 비해 내적 동기란 인간 행동의 원인이 '개체가 본질적으로 가지고 있는 동기'로서 욕구, 흥미, 호기심, 즐거움 등과 같이 개인적인 것을 의미한다.

교육활동에 있어 외적 동기와 내적 동기는 학습활동을 유지시키고 촉진시킨다는 점에서 모두 중요하다. 외적 동기가 학습자의 내면적인 면에 긍정적인 영향을 줄 수도 있지만, 대체적으로 외적 동기는 내적 동기에 비해 행동의 강도 및 지속력이 약하며 행동을 바람직하지 못한 방향으로 유도할 수 있어 동기 유발은 외적 동기보다는 내적 동기를 유발하는 방향이 효과적이다.

3) 동기이론과 음악학습

인간의 행동을 설명하는 동기이론은 다양하다. 여기에서는 인간 행동의 전반적인 면을 이해할 수 있는 일반적인 동기이론을 행동주의, 인지주의, 인본주의 그리고 사회학습 접근으로 살펴본다. 이 네 가지 관점의 동기이론은 다양한 음악학습 상황에서 학습자들의 마음을 동기화시키거나 또는 동기화시키지 않는 요인들을 이해하는 데 도움을 준다.

(1) 행동주의 동기이론과 음악학습

행동주의 동기이론에서는 환경을 경험함으로써 나타나는 인간의 행동 변화를 동기라고 본다. 행동주의 동기이론에서는 행동의 동인을 환

경적인 요인으로 설명한다. 전통적인 행동주의 심리학의 관점과 마찬가지로, 보상이나 유인의 개념으로 동기를 설명하는 행동주의 동기이론은 특별한 인간의 내적 과정이나 사고과정 없이 인간 행동의 힘과 방향이 결정된다고 본다. 행동주의 심리학자들은 외적 강화물로서 동기를 이해하는데, 이러한 관점은 외적인 힘에 의한 수동적인 것으로 동기를 인식하고 있는 것이다. 그러나 인간의 모든 행동을 기계적인 자극-반응의 연합만으로는 설명하기 어렵다. 예를 들어, 명예를 중시하는 사람에게는 물질의 보상이 더 이상 행동을 동기화시키지 않는다.

외적 강화물은 효과적으로 사용되어야 한다. 나이가 어린 초등학교 저학년 수준에서는 다수의 학생에게 제공되는 보편적 강화물이 효과적이지만, 청소년 수준에서는 다수의 학생에게 제공되는 강화물보다는 소수에게만 주어지는 특별한 강화물이 더 효과적이다. 또한 지속적인 외적 강화물이나 교사의 지나친 칭찬은 오히려 학습동기를 감소시키는 결과를 초래하게 된다. 예를 들어, 음악수업 시간에 지속적으로 반복되는 외적 보상은 음악적인 흥미와 내적 동기를 저하시켜 보상이 주어지지 않으면 스스로 연습하거나 음악수업에 적극적으로 참여하고자 하는 마음을 감소시킬 수 있다. 또한 과제의 수준을 이미 알고 있는 청소년들의 경우에 쉬운 음악 과제를 수행하였을 때 주어지는 교사의 과도한 칭찬은 오히려 능력을 무시하는 것 같은 느낌을 주어 학생의 자존감을 상하게 할 수 있다.

(2) 인지주의 동기이론과 음악학습

인간의 동기를 외부적인 힘이나 환경에 의한 수동적인 것으로 설명하는 행동주의 입장과는 달리 인지적 동기이론은 '학습자의 믿음(신념)과 기대, 질서, 예측 능력, 이해에 관한 욕구'에 초점을 맞춘다(Eggen & Kauchak, 2006: 479). 인지주의 심리학자들은 '세상을 이해하려는 욕구'에 의해 동기가 부여된다고 설명한다. 인지주의에서는 인간을 능동적이고 적극적으로 사고하는 이성적인 존재로 보며 인간의 사고에 의해서 행동이 결정된다고 여긴다. 인지주의 동기이론을 대표하는 이론들로는 ① 목표를 달성하려는 의도가 동기의 근원이 된다는 성취목표이론(achievement goal theory) 또는 목표설정이론(goal setting theory), ② 과제에 대한 내적 동기가 개인의 능동적이고 자율적인 상태와 관련되어 있다고 보는 자아효능감이론(self-efficacy theory), ③ 성공이나 실패의 원인을 '왜 그렇게 되었을까?'라는 질문에 대한 답에서 찾는 귀인이론(attribution theory), ④ 외적 동기에서 내적 동기로 갈수록 자기결정이 증가하는 속성을 보이는 연속선상의 개념으로 동기를 설명하는 자기결정이론(self-determination theory) 등이 있다.

성취목표이론 또는 목표설정이론에서는 인간이 합리적으로 행동한다는 기본 가정하에 개인이 의식적으로 도달하려고 설정한 목표가 동기와 행동에 영향을 미친다고 본다. 만약에 음악 연주라는 목표를 세웠다면 목표 자체에서 연습을 해야 하는 이유, 즉 동기의 근원을 찾을 수 있다. 자아효능감이란 자신의 능력에 대한 믿음(지각, 판단)을 의미하는 것이다. Albert Bandura는 '수행을 위해 요구되는 행동을 조직하고 실행해 나가는 자신의 능력에 대한 믿음(지각, 판단)'을 자아효능감이라고 하였다(Bandura, 1997). 음악 연주라는 목표를 세우고 연습과정에서 자기 자신의 능력을 믿고 자율적으로 노력하는 사람이라면 이 관점에서 충분히 동기화된 것이다.

이에 비해 귀인이론은 자신이나 타인의 행동의 원인과 의미를 찾아내기 위해 추론하는 과정을 체계적으로 설명한다. 예를 들어, 성공이나 실패에 대하여 학생들은 자신의 음악적 행동에 대한 원인의 소재를 능력이나 노력 등의 내적 원인에 귀인시킬지, 운이나 과제 난이도 등의 외적 원인에 귀인시킬지를 결정하게 되는데, 심리학자들은 이 과정을 귀인과정이라 한다. 마지막으로, 자기결정이론은 인간 행동의 근원이 내면에 있는가, 아니면 외부에 있는가로 나뉜다. 이 이론은 동기의 질과도 관련

자기결정은 E. L. Deci와 R. M. Ryan이 제안한 개념으로 자기 자신의 행동과 운명을 자율적으로 선택할 수 있다는 믿음이다.

내가 잘 했으니까~

시험 문제가 어려웠어……

된 것으로, 학습자가 자기결정력을 가질 때는 음악수업에 흥미와 호기심으로 참여하고 내적 동기도 높지만, 반면 자기결정력을 가지지 못할 때에는 소극적으로 참여하고 외적 요구에 따르게 된다는 것이다.

(3) 인본주의 동기이론과 음악학습

인본주의 심리학은 동기를 '인간이 자신이 가진 잠재력을 모두 발휘하고자 하는 노력'이라고 본다. 인본주의 심리학에서는 인간을 주체적이고 창의적인 존재로 보며 성장을 즐기고 자아실현을 추구하려는 강한 내적 동기를 가지고 있는 존재로 여긴다. 개인의 지각과 내적 욕구에 대한 반응에 초점을 맞추고 자아를 가장 중요하게 생각하는 인본주의의 전반적인 관점에서 볼 때, 인본주의 동기이론의 중심 개념 또한 자아개념(self-concept)이다. 의식주의 생존을 추구하는 생리적 욕구에서부터 지적·심미적 욕구의 자아실현 욕구에 이르기까지 Abraham H. Maslow의 욕구위계이론(theory of the hierarchy of needs)에서 볼 때

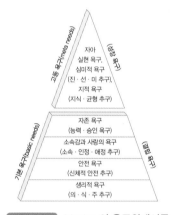

([그림 7-1] 참조), 인간은 내적 욕구를 가지고 태어나고 하위의 욕구가 충족되면 상위의 욕구를 충족시키기 위해 노력하는 존재로, 궁극적으로는 자아실현을 추구하는 존재이다. 그러나 예술 분야에 있어서 심미적 욕구, 자아실현의 욕구는 반드시 하위의 욕구가 채워져야만 가능한 상위의 욕구는 아니다. 역사적으로 볼 때, 예술 창작에서는 의식주 문제와 같이 생존을 추구하는 하위 욕구가 충족되지 않아도 예술가들이 아름다움을 표현하고자 하는 심미적 욕구를 가졌던 것을 볼 수 있다. 심지어 전쟁과 같은 생명의 위협이나 다가오는 죽음 앞에서도 두려워하지 않고 예술활동을 통해 자기를 표현하고 자아를 실현하고자 했던 예술가들의 삶은 욕구위계이론만으로는 설명이 불가능한 것이 사실이다.

그림 7-1 Maslow의 욕구위계이론

인본주의의 관점에서 인간을 동기화시킨다는 것은 인간의 내적 자원, 즉 유능감, 자존감, 자율성, 자아실현 등을 격려해 줌을 의미한다. 이 관점에서는 인간이란 스스로의 성장과 발달을 즐기는 존재이고 마

음에는 이미 긍정적인 힘이 내재되어 있는 것이다. 따라서 인본주의 입장에서 인간은 현재의 자신의 모습보다 더 향상되기를 바라는 기본 성향을 가지고 있으며, 내적으로 동기화되지 않은 학습자란 존재하지 않는다. 인본주의 관점에서 동기를 최대화하기 위해서는 학습자가 자유의지에 대한 욕구를 강조하는 것을 이해하고 자존감을 존중해 주어야 한다. 학습자들이 음악수업에 자발적으로 참여하고 스스로의 음악적 성장을 즐기고 있다면, 또한 음악수업에서 배우고 경험하는 내용이 개인에게 지적으로, 심미적으로 의미가 있다고 생각한다면, 인본주의 관점에서 학습자들은 충분히 동기화된 것이라 할 수 있다.

(4) 사회학습이론과 음악학습

사회학습이론은 사람의 행동은 다른 사람의 행동이나 어떤 주어진 상황을 관찰하고 모방함으로써 이루어진다는 이론이다. Bandura는 초기에는 행동에만 초점을 맞추는 행동주의 학습이론에서 출발해 인간의 내면에서 일어나는 인지과정도 중시하는 사회학습이론을 발전시켰다. 동기에 관련된 사회학습적 설명들은 기대가치이론(expectancy-value theory)으로 특징지을 수 있다. 기대가치이론이란, 개인은 당면한 상황에 대한 믿음과 가치에 대한 평가를 기반으로 자신의 태도를 계발하고 수정한다는 이론이다. John W. Atkinson 등의 학자들이 제시한 기대가치이론에서는 특정한 과제를 수행할 때 동기에 기대와 가치라는 두 가지 변수가 존재한다고 하였다. 첫째 변수인 '기대'는 성공할 수 있다는 믿음(즉, 과제 수행에 대한 높은 기대치)이고, 둘째 변수인 '가치'는 과제를 수행하는 것에서 발생하는 직간접적인 이익에 대한 믿음(즉, 과제 자체나 결과물에서 찾을 수 있는 가치)이다. 가치에는 중요성, 유용성, 흥미, 비용의 네 가지 요소가 있다. 기대가치이론에서 동기화된 행동은 기대와 가치가 모두 존재할 때 나타나며 한쪽의 값이 0이면 행동은 일어나지 않는다(행동=기대×가치).

> 사회학습이론은 A. Bandura가 주창하였다. 학자들에 따라서는 인지적 동기이론과 사회학습이론을 구분하지 않고 인지적 동기이론의 틀 안에서 사회학습이론을 기술하기도 하고, 동기의 사회인지 개념 틀에서 이 둘을 다루기도 한다.

동기의 기대가치이론은 기대, 가치, 실패의 두려움, 성공에 대한 희망과 같은 요소들을 포함한다. 학습 후에는 학습결과에 대한 기대를 가지게 되는데, 실패에 대한 두려움보다 성공에 대한 희망을 더 크게 가지는 학습자들이나 성취동기가 높은 학습자들은 '성공' '희망' '만족' 등에 따르는 정서를 경험하며, 실패를 예견하거나 성취동기가 낮은 학습자들은 '두려움' '불안' '걱정' 등에 따르는 정서를 경험한다. 중요성, 유용성, 흥미, 비용의 네 가지 구성 요소로 이루어져 있는 가치를 음악학습 상황에서 설명하면, 중요성은 '음악수업에서 음악활동을 잘 하는 것이 얼마나 중요한가'에 대한 학습자 자신의 믿음을 나타내고, 유용성은 미래를 위해 '음악수업의 내용이 다른 수업의 내용보다 유용한 가치가 있는가'에 대한 활용 가능성의 믿음을, 흥미는 '음악활동이 얼마큼 즐거운가 또는 재미있는가'에 대한 본질적 흥미의 믿음을, 그리고 비용은 '음악학습에 투자하는 시간과 노력은 어떠한가'와 관련하여 감지되는 비용에 관한 믿음을 나타내는 것이다.

종합해 보면, 인간의 행동을 이해하기 위한 동기의 근원과 동기이론들의 네 가지 관점은 행동주의 동기이론은 외적 동기의 강화에, 인지주의 동기이론과 인본주의 동기이론은 내적 동기의 강화에, 사회학습 동기이론은 외적 동기와 내적 동기의 강화에 있어 동기에 대한 이해를 제공한다. 행동주의 동기이론은 행동을 하게 하는 환경적 사건들, 특히 정적·부적 결과의 중요성을 강조하며, 인지주의 동기이론에서는 사고와 믿음(신념)의 역할을 강조한다. 또한 인본주의 동기이론에서는 성장과 자율성을 향한 욕구의 힘을 강조하며, 사회학습 동기이론에서는 행동의 동기화에 있어 결과의 힘과 사고, 기대의 역할 모두를 중요하게 생각한다. 이러한 네 가지 관점에서의 동기이론들은 모두 동기를 연구하고 '동기란 무엇인가'의 질문에 유용한 답을 제공한다. 인간의 행동과 학습활동을 이해하기 위한 동기는 이러한 관점들을 종합하여 포괄적으로 이해해야 할 것으로 보이며, 이는 학교 교실의 음악학습 상황에서도 마찬가지이다.

3. 학습을 위한 동기 관련 요소들과 음악학습

학습과 관련된 동기 요소들은 다양하게 연구되어 왔다. 학습과정에서 중요하고도 깊이 관여되는 요소들은 목표, 욕구, 자아효능감, 귀인, 학습된 무기력 등이다(Eggen & Kauchak, 2006; Woolfolk, 2003). 여기에서는 동기 관련 요소들이 학습과정에 어떠한 영향을 미치게 되는지를 살펴보고, 음악학습 과정에서 일어날 수 있는 행동과 행동의 원인에 대한 이해를 돕기 위해 각 요소들을 음악학습과 연계하여 기술하기로 한다. 문헌을 보면 학자들마다 동기 관련 요소들을 설명하는 데 있어 많은 차이가 있는 것을 알 수 있는데, 학습과정에 영향을 미치는 가장 중요하고 핵심적인 내용을 중심으로 기술한다.

1) 성취동기, 목표 설정과 음악학습

성취동기는 학습자의 학업성취에 가장 큰 영향을 미치는 동기 요인이다. 쉽지 않은 과제를 성공적으로 수행하려는 욕구라고 정의할 수 있는 성취동기는 Henry Murray에 의해 처음 제시되었고, 이후 D. McClelland와 Atkinson에 의해 보다 체계적으로 발전하였다. Atkinson은 학생들의 성취동기를 성공추구 동기와 실패회피 동기로 설명하였다. 그는 성취 행동을 성공에 다가가려는 경향과 실패에 대한 불안이나 두려움으로 실패를 피하려는 경향 간의 갈등으로 표현하여 이와 관련된 개념을 '성취동기=목표 접근 지향−실패 회피 경향'으로 정리하였다. 성취동기가 높으면 적절한 목적을 설정하게 되고 과제 수행과

Henry A. Murray(1893~1988)

John W. Atkinson(1923~2003)

실패회피 동기가 늘 나쁜 것은 아니다. 교사나 학부모 입장에서는 회피동기도 적절하게 유도하여 좋은 방향으로 이끌 수 있다. 예를 들면, 연습하기 싫다고 하면 연습하기보다 더 하기 싫은 것을 제시하여 더 하기 싫은 것을 회피하고 연습을 하게 할 수 있고, "90점 넘으면 ~ 해 줄게."보다 "90점 못 넘으면 ~ 못해."라고 하여 무엇인가를 못하는 상황을 회피하게 하는 방법을 사용할 수도 있다.

정에서의 어려움을 극복할 수 있으나, 성취동기가 낮거나 실패회피 동기가 높으면 자신의 능력에 비해 지나치게 높거나 낮은 목표를 갖게 되고 과제 수행에 심혈을 기울이지 않는 결과를 가져온다.

또한 성취동기를 설명함에 있어 목표의 개념을 도입하면 학습 목표와 수행 목표는 차이점이 있다. 학습 목표는 과제의 숙달, 향상, 이해 증진에 중점을 두는 반면, 수행 목표는 자신의 유능감과 능력이 다른 사람의 능력과 어떻게 비교되는지, 다른 사람들에 의해 자신이 어떻게 평가되는지에 관심을 갖는다. 학습 목표는 과제개입(task-involved), 과제중심(task-focused), 숙달(mastery) 목표라고도 하고, 수행 목표는 자아개입(ego-involved), 능력중심(ability-focused) 목표라고도 한다. 학습 목표를 가진 학생들은 수행 목표를 가진 학생들보다 더 높은 학습동기를 가지는 경향이 있다(Eggen & Kauchak, 2006; Maehr, Pintrich & Linnenbrink, 2002; Slavin, 2006; Woolfolk, 2003).

학습과정에서 많은 학생은 공부할 때 학습 목표와 수행 목표를 모두 선택하여, 학습 주제를 이해하고 시험에서 높은 점수를 받기 원한다. 마찬가지로 음악을 공부할 때에도 학생들은 음악수업의 내용을 이해하는 학습 목표뿐만 아니라, 교사와 친구들에게 인정받고 좋은 평가를 받기 위한 수행 목표도 가진다. 음악수업의 특성상 활동이 중심이 되는 것은 바람직하지만 음악수업의 목표는 수행 목표보다는 학습 목표 중심으로 기술될 필요가 있다. 수행은 동기, 감정과 연관되기에, 학생들은 실패에 대한 불안이나 두려움이 있으면 학습을 피하려 할 것이다. 일반적으로 학습 목표를 가진 학생들은 수업의 목표를 지식과 기술, 능력을 얻는 것으로 보고, 높은 자아효능감을 가지고 있으며 학습에 지속적인 관심과 노력을 기울인다. 이에 비해 수행 목표는 긍정적·부정적 측면에서 생각해 볼 수 있는데, 교사와 또래 친구들에게 자신의 능력을 보여 주고 싶어 하는 수행 지향적인 학생은 자신감 있고 높은 자아효능감을 보이는 경향이 있는 반면, 자신이 무능력하게 보이는 것을 원치 않는 수행

회피적인 학생은 자신감이 부족하고 낮은 자아효능감을 보이는 경향이
있다.

2) 욕구와 음악학습

욕구란 개체의 어떤 결핍, 결함 상태로서 심신의 평형 상태를 유지하
려는 노력이며 이로 인하여 정신적·신체적 긴장 상태가 유발되는 현
상을 말한다. 욕구는 때로 동기와 혼용되기도 하지만, 동기와는 달리 개
체로 하여금 특정 행동을 취하게 하는 목표 지향성을 가지고 있지는 않
다. Maslow는 인간의 욕구를 생득적이라고 하였으며 이를 결핍과 성
장의 욕구라는 두 가지 개념으로 구분하여 설명하였다([그림 7-1] 참조).
결핍 욕구란 무언가 충족되지 않았을 때 인간으로 하여금 그것을 채우
도록 하는 욕구이다. 생존과 안전, 소속감과 사랑, 자존(감) 같은 결핍
욕구가 충족되지 않으면, 지적 성취, 심미적 인식과 같은 더 높은 단계
의 욕구를 의식하거나 그 욕구를 충족시키기 위한 동기가 부여되지 않
는다. 결핍 욕구에 비해 성장 욕구는 반드시 충족되지 않아도 인간이 생
활하는 데에는 크게 지장이 없지만, 이러한 욕구가 충족되면 자신의 존
재의 의미를 확인하고 사회의 질서와 진리, 미(美)의 추구 등 사회 발전
에 기여하고 자아도 실현하게 된다.

인간은 결핍 욕구가 충족되면 비로소 성장 욕구에 초점을 맞출 수 있
다는 Maslow의 욕구위계이론은 인본주의 심리학의 대표적인 이론이지
만 비판도 받아 왔다. 예를 들어, 생존과 안전의 위협 속에서도 지적인
욕구나 심미적인 욕구가 강한 사람은 실제로 존재한다는 것이다. 실제
로 이러한 사례는 문학가나 예술가들의 삶이나 일화에서 다수 발견할
수 있다. 하지만 이러한 예외적인 상황을 제외하고 학교교육 환경에서
Maslow 이론의 교육적 함의를 살펴보면, 학습자들은 결핍 욕구가 충족
될 때 지속적으로 동기화되어 더 높은 성취를 추구하려는 욕구가 증가

한다. 결핍 욕구와 성장 욕구 간의 관계에 따라서 교육의 결과는 분명히 다르게 나타나는 것이다.

음악수업 시간에 충족되어야 할 가장 중요한 결핍 욕구는 생존과 안전의 욕구가 아니라 사랑과 자존(감)의 욕구이다. 자신이 사랑받고 있지 않다고 느끼는 학습자들이나, 자존감이 부족한 학습자들은 음악 지식을 추구하고 이해하는 데 동기화되지 못할 가능성이 높다. 학습자의 자존감 유무는 동기에 영향을 미친다. 내적 동기는 개인이 본질적으로 흥미가 있는 활동들에 대해 발생하며, 새로움(novelty), 도전(challenge), 또는 심미적 가치(aesthetic value)와 연관된 경험들은 내적인 동기화를 유발한다(Ryan & Deci, 2000). 그러나 음악의 아름다움을 경험하고 음악 지식을 이해하려는 지적 욕구는 음악의 아름다움을 무조건 강조하는 음악수업에서 저절로 충족되는 것이 아니라, Maslow의 이론에 따르면 자기 자신은 가치 있는 존재라 믿는 자존의 욕구가 먼저 충족되어야 추구될 수 있는 것이다.

3) 자아효능감과 음악학습

지각된 자아효능감은 '개인의 능력에 대한 판단'과 관련된 것인 반면 자존감은 '개인의 자부심(self-worth)에 대한 판단'과 관련된 것이다. 수행 중인 어떤 활동에서 개인의 지각된 자아효능감은 자신이 설정한 목표와 목표 달성을 예견하는 것에 비해 자존감은 개인의 목표나 수행에 영향을 미치지는 못한다(Bandura, 1997).

자아효능감은 수행을 위해 요구되는 행동의 과정을 조직하고 실행해 나가는 자신의 능력에 대한 판단, 즉 인식의 결과이기 때문에 '지각된 효능성(perceived efficacy)'이라고 부르기도 한다. 지각된 자아효능감(perceived self-efficacy)과 자존감(self-esteem)은 종종 서로 유사한 개념으로 사용되기도 하지만, 자아효능감과 자존감은 전혀 다른 개념이다.

자아효능감의 정의는 '행동의 과정을 조직하고 실행'하는 것을 포함한다. 이것은 지각된 능력에 대한 구체적이고 상황적인 견해를 나타내는 것으로, 여기에는 능숙한 수행을 위해 필요한 행위적 활동 또는 인지적 기술이 모두 포함된다. 예를 들어, 음악에서 자아효능감이란 단순히 악기 연주를 잘하는지의 자기인식이라기보다 구체적인 악곡을 배우거나 연주하기 위해 필요한 특별한 기술 또는 음악적인 기량을 가지고 있는지에 대한 분명한 판단이다(Maehr et al., 2002). 자아효능감에 대한 믿음은 자기이해(self-knowledge)의 중요한 면을 이루고 있다. Bandura는 네 가지 요소가 자아효능감에 영향을 준다고 보았으며, 이를 자아효능감의 근원(sources of self-efficacy)이라고 하였다. 자아효능감의 근원은 ① 능력의 지표로 작용하는 이전의 성공경험(enactive mastery experience), ② 다른 사람들의 행동결과를 관찰함으로써 얻은 대리경험 (vicarious experience), ③ 어떤 능력 또는 영향력을 가지고 있는 사람들의 언어적 설득 또는 종용(verbal persuasion), ④ 생리적 · 정서적 상태 (physiological and affective states)이다(Bandura, 1997).

이를 음악적 상황에 비추어 설명하면, 이전의 성공적인 음악적 경험은 이와 유사한 음악활동에서의 자아효능감을 증가시킬 것이고, 훌륭한 모델을 관찰함으로써 그 수준의 음악 수행을 간접적으로 경험한 것은 음악적 자아효능감을 증가시킬 것이며, 음악 분야에서 신뢰할 수 있고 영향력 있는 사람이 하는 긍정적인 말은 용기를 주게 되어 이후 성공적인 결과를 얻으면 자아효능감이 증가할 것이다. 마지막으로 생리적 · 정서적 상태가 안정적이냐 그렇지 않으냐에 따라서 자아효능감은 증가할 수도 있고 감소할 수도 있다. 음악 연주 활동에 있어 자아효능감의 중요성은 입증되어 왔으며 자아효능감은 연주의 성취결과를 예견할 수 있다고 하였다. 음악수업에서 학습자들이 자아효능감을 경험하지 못해 수업이 재미없고 지루하고 어렵다는 생각을 하게 되는 학습과정이 계속 반복되면, 결국 학습자들은 아무리 노력해도 음악을 잘할 수 없다고 느끼게 되는 '학습된 무력감'에 빠지게 된다.

무조건 열심히 노력하거나 친구들에 비해 잘하는 것보다 연주나 창의적인 과정에서 능력 향상을 스스로 느끼고 인식해야 자아효능감을 경험하게 되며, 이러한 과정에서 자아효능감을 경험하지 못하면 아무리 노력해도 잘할 수 없다고 생각하는 학습된 무력감을 느끼게 될 수 있다.

4) 귀인, 학습된 무기력(무력감)과 음악학습

귀인(歸因, attribution)이란 어떤 행동의 발생 원인들 가운데 어느 원인을 그 행동에 귀속시켜야 할지를 추론하고 결정하는 과정으로, '성공이나 실패의 이유에 대한 믿음'을 의미한다. 귀인이론은 이러한 과정에 대한 학문적 접근을 말하는 것으로 성공이나 실패의 원인을 '왜'라는 질문에 대한 답에서 찾는다.

Atkinson의 성취동기 연구는 후에 B. Weiner의 귀인이론과 통합되었다. 귀인이론을 학교 학습에 연관시킨 Weiner는, 성공이나 실패에 대해 설명하는 원인은 대체로 세 가지 차원, 즉 원인의 소재(개인의 내부에 있는지 혹은 외부에 있는지), 원인의 안정성(그 원인이 항상 같은지 혹은 변화하는지), 원인의 통제 가능성(개인의 의지에 따라 원인을 통제할 수 있는지 혹은 통제할 수 없는지)에서 특징을 설명할 수 있다고 하였다(〈표 7-1〉 참조). 자신의 성공과 실패를 어디에 귀인(귀속)하는가의 문제는 과제를 수행하는 교실 상황에서 중요한 의미를 갖는다. 귀인이론에서는 능력, 노력, 운, 과제의 난이도라는 네 가지 요소로 성공과 실패의 원인을 보는 경향이 있다. 귀인이론의 중심 가정은 사람들이 긍정적인 자기 이미지를 유지하려고 시도하기 때문에 좋은 일(성공)은 자신의 능력 또는 노력 때문이고 부정적인 일(실패)은 자신의 통제를 벗어나는 요인들 때문이라고 믿는다는 것이다(Slavin, 2006).

우리는 성공하려고 노력하지 실패하려고 노력하지는 않는다. 실패는 우리의 능력과 노력에도 '불구하고' 하게 되는 것이지 능력과 노력들 '덕분에' 하게 되는 것은 아니다. 그래서 성공은 내적인 요소로, 실패는 외적인 요소로 귀인하게 되고 외부의 탓으로 돌리는 것이 합리적이다.

〈표 7-1〉 귀인과 세 가지 차원의 관계(Eggen & Kauchak, 2006: 494)

귀인	(원인의) 소재	(원인의) 안정성	(원인의) 통제 가능성
능력	학생의 내부	안정	학습자가 통제 불가능
노력	학생의 내부	불안정	학습자가 통제 가능
운	학생의 외부	불안정	학습자가 통제 불가능
과제 난이도	학생의 외부	안정	학습자가 통제 불가능

귀인이론에 기초하여 4학년부터 12학년까지의 학생들을 대상으로 개방형 응답을 조사한 연구에서는 학생들이 음악활동에서 성공과 실패의 이유들 중 80%를 학생들 내부에 있는 내적 원인으로 응답하였다 (Asmus, 1986). 이 연구에서는 학년이 올라갈수록 내적으로 안정적인 귀인(능력)은 증가하는 반면, 내적으로 불안정적인 귀인(노력)은 감소하고 외적인 귀인(운, 과제 난이도)이 증가한다고 하였다. 다시 말해서, 능력은 분명 성공적인 음악활동에 중요한 요인이지만, 학년이 올라갈수록 학생들이 음악활동에 들이는 노력은 점차 줄어들며 운이나 과제 난이도에 자신의 음악활동의 결과를 귀인한다고 해석할 수 있을 것이다. 학생들은 왜 음악을 잘하는지(성공)에 대한 이유로는 (능력과 같은) 안정적인 귀인을, 음악을 왜 못하는지(실패)에 대한 이유로는 (운이나 과제 난이도와 같은) 외적이고 (노력과 같은) 불안정적인 이유를 들었다. 이러한 연구결과는 후속연구들의 결과에서도 유사하게 나타났다.

그러나 음악학습 및 평가의 과정에서, 아무리 노력해도 성공할 수 없을 것이라고 학습자가 느끼게 된다면, 이는 '학습된 무력감'을 나타내는 것이다. 귀인의 유형에 따라 학습동기는 영향을 받는다. 왜냐하면 귀인은 후속 행동에도 영향을 주기 때문이다. 학생들로 하여금 학습된 무력감을 극복하게 하기 위해서는 성취할 수 있는 적절한 목표를 설정하도록 하고, 노력으로 성공을 경험할 수 있도록 하며, 그 결과 자신들의 능력이 향상된 것을 확인하도록 도와주어야 한다.

4. 정서적 요소들과 음악학습

정서를 정의하는 것은 쉽지 않다. 심리학에서는 '정서란 무엇인가'를 끊임없이 연구한다. 정서 연구는 접근 방법에 따라 의미가 달라질 수 있다. 예를 들어, 발달심리학에서 설명하는 정서와 신경생리학에서 설명

〈표 7-2〉 기본 정서(감정) 범주(이배환, 2019: 24)

연구자	기본 정서(감정)
James(1950)	공포(fear), 비통(grief), 사랑(love), 분노(rage)
Tomkins(1962)	분노(anger), 흥미(interest), 모욕(contempt), 역겨움(disgust), 비탄(distress), 공포(fear), 기쁨(joy), 부끄러움(shame), 놀람(surprise)
Plutchik(1980)	수용(acceptance), 분노(rage), 기대(anticipation), 역겨움(disgust), 기쁨(joy), 공포(fear), 슬픔(sadness), 놀람(surprise)
Ekman(1992)	분노(anger), 역겨움(disgust), 공포(fear), 기쁨(joy), 슬픔(sadness), 놀람(surprise)
Izard(1994)	분노(anger), 모욕(contempt), 역겨움(disgust), 비탄(distress), 공포(fear), 죄책감(guilt), 흥미(interest), 기쁨(joy), 부끄러움(shame), 놀람(surprise)
Panksepp(1998)	기대(expectancy), 공포(fear), 분노(rage), 공황(panic)

하는 정서는 나타나는 현상의 의미뿐만 아니라 관련된 차원에 대한 설명이 다르다. 인간의 정서는 다양하다. 또한 기본 정서를 구성하는 것이 어떤 것이냐에 대해서도 연구자들의 주장은 다양하다(〈표 7-2〉 참조). 제4장에서 음악과 정서를 다루었기 때문에, 여기에서는 정서 관련 주제를 자세히 다루기보다는 음악학습과 관련된 정서 및 정서적인 요소들을 중심으로 설명하기로 한다.

1) 긍정적 정서와 부정적 정서

정서는 긍정적 정서와 부정적 정서로 구분할 수 있다. 긍정적인 정서는 즐거움, 사랑 등 좋은 것, 유익한 것으로 판단될 때 발생하는 정서를 말하며, 부정적인 정서는 공포, 분노 등 나쁜 것, 유해한 것으로 판단될 때 발생하는 정서를 말한다. 사실 정서는 단순히 감정 상태가 아니라 피드백 고리를 가진 연쇄적 사건의 사슬로서, 인지, 행위 충동, 표명 행동, 그에 따른 다양한 고리까지를 포함하는 복잡한 사건 속에서 이해해야 한다(Plutchik, 2003). 여기에서는 음악학습과 수행에 관련된 내용을 중심으로 살펴본다.

정서와 정서적인 반응은 학습과정에서 학습자에게 활력소 역할을 하는 요소이다. 흥미는 내적 동기의 한 형태로, 보통 긍정적인 정서는 흥미를 수반하며 흥미를 가지면 주의를 기울이게 된다. 상황적 흥미는 주의 집중을 하는 것에, 개인적 흥미는 어떤 활동에 지속적으로 참여할 수 있도록 하는 것에 영향을 주며, 학습자는 어떤 활동에 흥미를 가졌을 때 학습 목표를 세우게 된다. 흥미를 증진시키는 데에는 여러 가지 요인이 작용하는데, 초기의 상황적 흥미는 개인적 흥미를 향상시킬 수 있는 원인이 될 수 있다. 또한 특정 분야에서의 많은 지식과 기술은 자아효능감을 향상시키고 내적 강화를 제공한다. 따라서 흥미와 지식, 기술은 서로 분리되어 있는 것이 아니라 긴밀한 관계로 작용한다. 즉, 어떤 분야에 있어서의 개인적 흥미는 그 분야에서 보다 많은 학습을 유도하게 되며, 이러한 과정을 통해 얻어진 지식이나 기술은 지속적으로 보다 많은 흥미를 느낄 수 있는 원인이 된다.

이러한 흥미는 호기심(curiosity)을 유발한다. 호기심이란 어떤 것의 존재나 이유에 대해 궁금해하고, 알려고 하며, 항상 생동감 있게 의문을 갖고 끊임없이 질문을 제기하는 태도나 성향을 말한다. 이와 같은 태도나 성향을 지니고 있는 호기심이 있는 사람은 주변에서 일어나는 일과 현상에 대해서 '왜 그럴까' '무슨 일일까' 등의 질문을 의식적으로 제기하고, 그 질문에 대한 답을 탐색하려고 한다. 호기심은 자발적으로 지식을 습득하고, 사고하고, 행동하는 데 많은 영향을 미친다(한국교육심리학회 편, 2009: 496).

흥미나 호기심이 학습에 긍정적 요인이 되는 것과는 달리, 불안은 불쾌한 일이 예상되거나 위험이 올 것같이 느껴지는 부정적 정서 상태로 학습에 있어서도 부정적 요인으로 작용한다. 학습 상황에서 불안은 상태불안과 특성불안의 두 가지 유형으로 구분할 수 있다. 상태불안은 특정한 자극에 의해서 일시적으로 일어나는 불안이며, 특성불안은 일반적으로 항상 불안을 느끼는 것이다. 불안은 학습과 수행, 인지 과정에 영향을 주게 된다. 상태불안의 예로는 시험 불안을 들 수 있다. 어떤 학생들은 시험을 치는 상황에서 극심한 불안을 느끼고 이로 인해 낮은 성취를 가져오게 되는데, 이는 학생들이 시험의 평가적인 면을 걱정하고 염려하기 때문이다. 이러한 시험 불안은 저학년에서는 드물지만 학년이 높아짐에 따라 함께 높아지는 경향이 있고, 시험을 치르는 수행을 방해한다(임규혁, 임웅, 2009). 시험 불안은 시험이 끝나면 줄어들지만 특성불안은 특별한 이유가 없어도 지속된다. 지속적으로 느끼는 불안은 개인의 성격에도 영향을 주어 늘 긴장하고 초조해하는 불안 성격의 요인이 될 수 있다.

또한 걱정은 불안의 인지적 측면으로서 어떤 상황을 다룰 수 있는 능력에 대한 당혹스러운 생각을 포함하고 있다. 걱정은 효과적인 인지과정을 방해하며 해결 방법이 떠오르지 않는 걱정일수록 불안감을 일으킨다. 이러한 경향은 수업에서 학습이나 기억 과제가 어렵거나 장기기억으로부터 많은 인출이 필요할 때 더욱 현저하게 드러난다.

2) 동기에 영향을 미치는 정서적 요소들과 음악학습

음악수업에서는 상대적으로 비활동적인 다른 교과수업에 비해 흥미, 즐거움과 같은 긍정적인 정서들을 더 기대하는 것을 볼 수 있다. 그러나 음악수업이 늘 즐겁고 재미있을 수만은 없으며 음악학습 과정에서도 학습자들을 지속적으로 동기화시키는 것이 그리 쉬운 일은 아니다. 음악학습에서의 동기 유발은 학습자들이 음악수업에 흥미를 가지고 적극적으로 참여하고자 하는 마음 또는 그러한 마음의 상태라고 할 수 있다.

실제로 이러한 마음은 동기뿐만 아니라 정서와도 밀접하게 관련된 것으로 동기와 정서는 학습자들의 마음에서 여러 가지 이유와 형태로 발생한다.

수업에서 정서와 동기는 행동, 사고와 서로 복잡하게 상호작용하며 학업의 과정과 성취, 수행에 중요한 영향을 미친다. 일반적으로 어린 학습자들은 높은 효능감을 가지고 있다. 어떤 경우에는 비현실적으로 효능감이 높아서 자신이 거의 모든 과제를 할 수 있다고 믿는다. 그러나 학교에 다니면서 자신감을 덜 가지게 되는데, 비현실적인 효능감이 낮아지는 것은 좀 더 현실적인 효능감을 반영하는 것이다. 이와 같이 자아효능감은 발달상 차이가 존재한다. 발달과정에서 나타나는 자신감의 감소는 음악학습에서도 마찬가지인 것으로 보인다. G. E. McPherson과 S. A. O'Neill(2010)은 기대가치이론에 근거하여, 음악교과 수업에서의 학생들의 동기와 타 교과 수업(미술, 체육, 모국어, 수학, 과학)에서의 학생들의 동기를 비교 분석하였다. 연구는 8개 국가(브라질, 중국, 핀란드, 홍콩, 이스라엘, 한국, 멕시코, 미국)에서 초등학교(5~6학년)/중학교/고등학교의 학생들을 대상으로 실시되었으며, 능력(competence), 가치(values), 과제 난이도(task difficulty)의 세 가지 측면에서 분석되었다. 그 결과, 학생들의 능력에 대한 믿음, 교과의 가치, 과제 난이도 모두에서 음악교과의 순위는 다른 교과들에 비해 낮은 것으로 나타났고, 학생들의 능력에 대한 믿음과 교과의 가치에 대한 인식은 브라질을 제외한 모든 국가에서 학년이 올라갈수록 감소한 것으로 나타났다.

한국의 경우, 서울, 인천, 일산에 위치한 3개 초등학교, 4개 중학교, 4개 고등학교에서 2,671명의 학생이 참여하였다.

음악을 어려워하거나 음악이 어렵다고 음악활동에 참여하지 않으려는 유아들은 거의 없다. 그러나 초등학교에 입학하고 고학년으로 올라갈수록 음악을 어려워하는 학생들이 많아지고 개인차의 간격도 더 넓어지는 것이 사실이다. 앞에서도 설명하였듯이 음악수업에서 이전의 성공경험, 교사나 잘하는 또래를 관찰함으로써 배우는 대리경험(간접경험), 잘할 수 있다는 교사의 격려와 지지, 심리 상태의 안정은 음악수업에서 학습자의 자아효능감에 영향을 미치는 요소들로 작용한다. 음악 활동과 관련된 여러 심리학 연구결과를 통해서 알 수 있는 것은, 유아기부터 인간은 음악적 활동에 매력을 느끼며, 음악적 경험은 그 자체로 정서적 보상을 주는 활동이고, 어린 시절 양질의 음악적 경험을 한 아동들은 이후의 음악적 활동에 몰입할 가능성이 더욱 크며, 음악의 본질적 즐거움은 아동들에게 강한 동기를 부여하게 된다는 것이다. 이러한 연구결과들은 음악활동에 적극적으로 참여하고 강한 내적 동기를 경험한 경우를 설명하는 것이다.

그러나 일반 학교 음악수업에서 학습자들이 음악수업을 즐거워하지 않고, 음악학습에서의 성공을 기대하지 않으며, 음악학습의 가치를 인정하지 않는다면, 음악수업에서의 학습동기는 심각한 위협을 받고 있는 상황일 것이다. 인간은 누구나 음악적이고, 유아에서부터 성인에 이르기까지 음악 자체를 싫어하는 사람은 없다고 생각하는 믿음은 대체로 사실이지만, 음악수업을 통해 정서가 '저절로' 계발되고, 활동을 강조하는 음악수업이라고 동기가 '저절로' 유발되지는 않는다. 오히려 학년이 올라갈수록 학습자들은 음악 실기 능력에서 개인차가 크게 벌어지게 되면 음악수업에 흥미를 잃게 되고 음악적 성취동기가 낮아지는 경향을 보인다. 따라서 음악수업에서도 동기 관련 요소들의 중요성을 인지하고 '감정(정서)을 음악적 행동에 연결시키는 과정'으로서의 동기를 이해하여야 할 것이다.

5. 학습동기이론을 적용한 음악 교수 · 학습 방법

음악을 하고자 하는 마음, 즉 '음악적 동기화'는 직접적으로 관찰할 수 없기 때문에 수업을 통해 나타나는 학습자들의 행동으로부터 유추하고 판단해야 하는 개념이다. 동기화된 행동적 지표들의 예로는 ① 선택과 선호, ② 집중, ③ 지속성, ④ 과제 참여의 질 등을 들 수 있는데, 음악적 동기화 문제에 있어서도 이러한 행동적인 지표들은 동일하게 적용된다(Maehr et al., 2002). 예를 들어, ① 학습자들이 다른 활동 대신에 음악활동을 선택하거나 음악활동을 선호하고, ② 적극적으로 참여하여 몰두하는 집중력을 보이며, ③ 음악활동을 지속적으로 유지하기 위해 지루하고 힘든 연습과정을 인내하여, ④ 스스로 만족할 때까지 시간과 노력을 들임으로써 과제 참여의 질이 다르다면 이들은 음악적으로 충분히 동기화되었다고 할 수 있다. 다음의 내용은 학습자들의 음악적 동기화를 이끌어 낼 수 있는 원리와 전략들이다.

1) 학습동기이론에 근거한 음악수업

동기의 근원 및 동기 관련 요소별로 학습동기를 증가 또는 감소시키는 특성, 그리고 동기와 관련된 정서적 요소를 살펴보면 이러한 내용들을 음악수업과 어떻게 연계할 수 있는지의 실마리가 보인다. 여기에 제시하는 내용들은 사실 누구나 알고 있거나 바라고 있어도 실제 음악수업에서 적용하는 것이 쉽지만은 않은데, 학습동기이론에 근거하여 음악수업의 원리와 지향점을 살펴보기로 한다.

첫째, 음악수업은 흥미와 음악적 호기심이 유발되는 수업으로 설계되어야 한다. 학습자는 외부의 보상이나 압력, 환경에 의해 동기화되기보다는 내적으로 동기화되었을 때 음악활동에 보다 능동적으로 참여한다. 내적으로 동기화되었을 때에는 음악활동 그 자체가 보상으로 작용하기 때문에 활동을 위한 유인가가 필요하지 않으며 음악활동 그 자체에서 성취감을 경험할 수 있다. 학습자가 어리거나 다양한 상황에 따라서는 외적 동기를 효과적으로 사용하기도 하지만 지나친 보상이나 장기간에 걸친 보상은 오히려 학습동기를 감소시키는 결과를 가져온다(〈표 7-3〉 참조).

〈음악수업 원리 1〉
흥미와 호기심을 자극하는 내적 동기화를 유발시킨다.

〈표 7-3〉 동기의 근원과 음악수업

학습동기를		동기와 관련된 정서적 요소
증가시키는 특성	감소시키는 특성	
내적 동기	외적 동기	내적 동기는 흥미, 즐거움 등의 개인적인 요인들로 유발되며 호기심을 자극해 능동적인 참여를 유도한다.

　둘째, 음악수업의 특성상 활동이 중심이 되는 것은 바람직하지만 음악수업의 목표는 수행 목표보다는 학습 목표 중심으로 기술되어야 한다. 학습자들은 친구들과 자신의 음악 능력을 비교하게 되는 수행 목표보다는 수업의 내용을 이해하고 능력 향상을 위한 적절한 학습 목표를 통해 성취감을 느낄 수 있다. 학습 목표가 지나치게 개인의 실기 능력을 중시한다면 이는 학습 목표라기보다는 수행 목표이다. 수행 목표는 긍정적인 면과 부정적인 면이 있는데, 수행 지향적인 학습자들은 자신감 있고 높은 자아효능감을 보이는 것에 비해 수행 회피적인 학습자들은 자신감이 부족하고 낮은 자아효능감을 보인다. 자신이 무능력하게 보이는 것을 원치 않는 수행 회피적인 학습자들이 수행 목표 설정 상황에서는 실패에 대한 불안과 두려움을 느끼게 된다. 이런 학습자들을 위해서는 도달 가능한 현실적인 학습 목표를 세우도록 도와준다. 그러나 실기 능력이 많이 요구되는 음악활동에서는 어느 정도의 긴장을 느끼는 것은 자연스러운 현상이다. 학습자가 긴장이나 불안감을 느껴도 충분한 노력과 연습 과정을 통해 숙달된 과제를 수행할 때는 학습동기에 크게 나쁜 영향을 주거나 이후의 학습동기가 손상되지는 않는다(〈표 7-4〉 참조).
　셋째, 음악수업에서 음악의 본질적 즐거움을 경험하게 하기 위해서는, 사랑의 욕구와 자존(감)의 욕구와 같은 결핍 욕구(기본 욕구)가 먼저 충족될 필요가 있다. 친구들과의 관계에서 소속감을 느끼지 못하거

〈표 7-4〉 성취동기(목표)와 음악수업

학습동기를		동기와 관련된 정서적 요소
증가시키는 특성	감소시키는 특성	
학습 목표 (과제 개입)	수행 목표 (자아 개입)	목표를 설정하는 성취동기는 성취결과보다는 성취 과정에서 기쁨과 만족을 얻으려는 내적 욕구이다. 스스로 학습 목표를 세우는 학생들은 자신감 있고 도전을 즐긴다. 수행 목표 중심의 음악수업은 수행 회피적 학습자의 불안감을 유발하게 되고, 불안감은 실패에 대한 원인과 결과가 될 수 있다.

〈음악수업 원리 2〉
음악수업의 목표는 수행 목표보다 학습 목표 중심으로 기술한다.

나 교사에게 사랑받지 못하고 있다면, 또한 자신의 능력을 긍정적으로 인정받지 못하고 있다면 학습자들의 학습 욕구는 감소하여 결국 학습동기 역시 감소할 것이다. 피곤이나 배고픔과 마찬가지로 교사의 애정과 학습자의 자존감 등에서 욕구가 충족되지 못한다면 이는 성장 욕구에 영향을 미친다. 이러한 결핍 욕구가 충족되어야 음악의 아름다움을 경험하고 음악 지식을 추구하려는 성장 욕구, 즉 음악 지적 욕구와 미적 인식 욕구를 위한 동기 유발을 안정적으로 기대할 수 있다(〈표 7-5〉 참조).

〈표 7-5〉 욕구와 음악수업

학습동기를		동기와 관련된 정서적 요소
증가시키는 특성	감소시키는 특성	
결핍 욕구의 충족	결핍 욕구의 미충족	음악의 즐거움을 경험하는 것은 강한 동기를 부여한다. 감정을 자극하고 특히 아름다움과 연관된 경험은 내적으로 동기화된다. 음악수업의 내용을 학생들 삶에 필요한 개인적인 음악적 성장뿐만 아니라 사회문화와 연관시켜 주는 교사의 능력은 음악예술 문화의 발달에 중요한 요소이다.

〈음악수업 원리 3〉
음악의 즐거움을 경험하게 하기 위해 학습자의 결핍 욕구(기본 욕구)를 먼저 충족시킨다.

〈음악수업 원리 4〉
성공경험, 훌륭한 모델 관찰, 용기를 주는 긍정적인 말 등 자아효능감을 경험하게 하여 학습된 무력감을 예방한다.

〈표 7-6〉 자아효능감과 음악수업

학습동기를		동기와 관련된 정서적 요소
증가시키는 특성	감소시키는 특성	
성공경험, 훌륭한 모델 관찰, 긍정적인 말 등	실패경험, 부정적인 말 등	긍정적인 경험은 도전하는 열정을 가지게 한다. 자아효능감 수준이 높을수록 학습자들은 학습활동에 적극적으로 참여하고, 더 노력하며, 효과적인 학습 전략을 사용할 뿐만 아니라 스스로 불안과 긴장을 통제한다.

넷째, 음악수업 상황에서 자아효능감은 구체적인 과제를 위해 요구되는 음악 행위를 조직하고 실행하는 개인의 음악 능력에 대한 지각이다. 음악 능력에 대한 지각과 판단에 따라서 학습자가 선택하는 연습 방법 및 통제 전략, 학습의 결과는 달라지게 된다. 음악활동에 있어 자아효능감은 성공적인 음악경험을 통해 증가할 수 있다(〈표 7-6〉 참조).

다섯째, 음악수업에서 성공적인 음악경험이란 개인의 현 수준에서의 진보와 향상을 의미한다. 성공은 연습과 노력에 귀인한다. 교사는 학생들이 긍정적인 감정을 가지도록 하여 학습된 무기력에서 벗어날 수 있도록 도와주어야 한다(〈표 7-7〉 참조).

〈음악수업 원리 5〉
적절한 노력으로 성공할 수 있는 과제에 참여시켜 학습자가 노력을 기울였을 때 용기를 주고 격려하여 학습된 무력감을 완화시킨다.

〈표 7-7〉 귀인, 학습된 무기력과 음악수업

학습동기를		동기와 관련된 정서적 요소
증가시키는 특성	감소시키는 특성	
성공/실패는 통제가 가능한 원인들에 귀인	성공/실패는 통제가 불가능한 원인들에 귀인	성공은 학생 내부에, 통제가 가능한 노력과 같은 원인에 귀인한다고 생각하면 긍정적인 감정을 가지게 되지만, 성공이 학생 외부에, 통제가 불가능한 운이나 과제 난이도에 귀인한다고 생각하면 부정적인 감정을 가지게 된다. 또한 학습된 무기력은 변화에 대한 희망을 가지기 어렵게 한다.

이상의 내용만으로는 음악수업 상황에서 일어날 수 있는 다양한 요소들 간의 직간접적인 영향, 상호작용이나 연쇄 작용 등을 설명하는 것이 불가능하다. 그러나 이러한 내용으로부터 학습동기이론에 기반하여 다양한 요소의 특성을 고려한 음악학습의 설계와 학습의 내용 및 방법에 관련된 전략을 도출할 수 있다.

2) 학습동기이론을 적용한 음악 교수·학습 전략

학습자들이 동기화되는 교실 환경은 안정되고 질서가 있는 학습에 초점이 맞추어진 환경이다. 학습자들의 욕구를 파악하고 그들의 욕구에 관여할 수 있다면, 교사는 수업에서 학습자들의 정서를 보호하고 과제에 집중하게 할 수 있을 것이다. 교실 환경에서 학습동기를 높이기 위한 교사의 개인적 자질로는 교수효능감, 학습자에 대한 애정, 학습자에 대한 높은 기대 등을 들 수 있는데, 교사의 긍정적인 관심과 애정은 학습자의 동기를 증가시키는 요인이 된다. 학습동기를 증가시키기 위한 전략을 음악수업의 시작 단계, 전개 단계, 정리 단계의 세 가지 차원에서 제시하면 다음과 같다.

(1) 수업 시작 단계에서의 학습동기 유발을 위한 전략

① 주의 집중과 흥미 유발
학습은 '학습중심'의 환경 속에서 더 잘 이루어지며, 학습의 시작 단계에서 학습자의 주의 집중은 필수적이다. 아무리 좋은 음악수업을 설계하였어도 학습자가 다른 생각을 하고 있거나 집중하지 않고 있다면 학습은 이루어지지 않는다. 만약에 음악수업을 시작하는 방식이 늘 동일하다면(예를 들어, 항상 지난 시간에 배운 악곡을 부르거나 예측 가능한 방식으로만 시작된다면) 학생들은 흥미를 잃을 것이다. 따라서 수업 시작 단계에서의 음악수업은 학생들의 흥미를 유발할 수 있도록 시각적 · 청각적 · 신체적 · 다감각적 등의 새로운 접근 방식을 사용하고 개인적인 소재, 정서적인 소재 등 다양한 소재를 도입할 필요가 있다. 또한 음악행위의 가치와 음악활동의 중요성을 구체적인 예시를 들어 설명하고, 개방형 발문을 사용하여 학생들의 참여를 증진시킨다.

② 학습 목표 설정

수업에서 학습과 학습 목표는 학습자가 의식적으로 노력을 할 때 이루어진다. 음악수업 시간에 대부분의 학습 목표는 교사가 설정을 하지만 목표 설정에 학습자를 참여시키는 것은 학습동기를 유발하는 한 가지 방법이 된다. 목표를 실현하고자 하는 과정에서 정서는 중요한 역할을 한다. 이러한 이유 때문에 학습자들에게 자신들의 목표를 설정할 때 왜 특정 목표를 달성하고 싶은지의 '이유를 묻는 것'은 목표 설정만큼이나 중요하다(Jensen, 2011: 113). 음악수업에서 목표를 달성하고 싶은 이유가 없다면, 혹은 그 이유가 수행 목표 중심이고 단순한 보상 때문이라면 학습자는 음악활동 자체에 대한 가치를 느끼지 못하고 있는 것이다. 이러한 상황에서 교사는 음악활동을 통해 학습자가 성공할 수 있는 경험을 제공하여야 한다. 성공할 수 있는 음악적 경험은 효과적인 목표 설정을 통해 가능한데, 효과적인 목표는 구체적이고, 먼 미래보다 가까운 미래에 도달할 수 있으며, 적당히 도전감을 불러일으키는 특징을 가진다(Eggen & Kauchak, 2006: 490–491).

(2) 수업 전개 단계에서의 학습동기 유지를 위한 전략

① 호기심 유지

동기에 대한 잘못된 인식 중에 하나는 동기 유발이 수업 시작 단계에서 필요하다고 생각하는 것이다. 동기는 수업 시작 단계뿐만 아니라 학습의 전 과정에서 중요한 역할을 한다. 호기심이란 '어떤 것의 존재나 이유에 대해 궁금해하고, 알려고 하며, 숙고하는 태도나 성향 또는 항상 생동감 있게 주변의 사물에 의문을 갖고 끊임없이 질문을 제기하는 태도나 성향'으로 정의된다(한국교육심리학회 편, 2009: 496). '재미있기 때문에' '즐겁기 때문에' 하는 내적인 음악적 호기심은 자발적으로 음악 지식을 습득하고, 음악적으로 사고하고, 음악활동을 하는 데 많은 영향을 미친다. 수업의 전개과정에서 음악적 호기심을 불러일으키고 유지시키기 위해서는 다양한 방법이 사용되어야 한다. 호기심을 증가시키는 교사의 시범, 새로운 음악 소리나 악기의 사용, 몰입할 수 있는 음악 장면 등을 고려하고, 음악 현상에 대하여 왜, 무엇을, 어떻게 등의 질문을 의식적으로 제기하여 교사는 학습자들의 호기심을 격려하고 지지해 줄 필요가 있다. 또한 새로운 발표 방법이나 다양한 음악 매체의 사용 등으로 과제를 할 수 있도록 기회를 제공하여 내적 동기를 유지할 수 있도록 한다.

② 피드백 제공

피드백은 노력의 결과에 대한 정보를 의미한다. 학습동기를 유지시키기 위한 효과적인 피드백은 구체적이어야 하고, 명확해야 하며, 실제로 수행을 하거나 수행을 한 직후에 즉각적으로 제공되어야 한다. 음악 수업에서도 피드백을 줄 때에는 학습자의 음악적 행동에 대한 구체적인 피드백이 수행 중 또는 수행 직후에 객관적으로 명확하게 주어져야 한다. 예를 들어서, 악기 연습 시간에 악기의 운지법이나 연주법이 올바르거나 잘못되었다면 칭찬이나 수정을 연습 수행 중에 해 주고 그다음에 무엇을 해야 할지를 알게 해 주며, 성공적인 연주경험은 노력을 토대로 이루어졌음에 귀인하도록 돕는다. 능력, 노력, 운, 과제 난이도의 네 가지 귀인 중에서 동기를 지속적으로 유지하는 데 가장 중요한 영향을 미치는 것은 노력 귀인이다.

또한 피드백 제공 시에 유념하여야 할 것은 피드백을 주는 교사의 정서적인 말이나 태도는 학습자의 동기에 큰 영향을 준다는 사실이다. 음악적 활동에 대한 학생의 반응과 교사의 정서적인 공감, 긍정적인 피드백은 반복을 통해 충분히 소통할 수 있는 기회가 되어야 한다. 피드백은 대체적으로 외적인 확인이 요구되지만 피드백의 중요한 효과는 정보적·동기부여적 가치에 있다.

③ 성공에 대한 기대와 자아효능감 증진

학습자에게 있어서 성공이란 학습 과제를 수행하고 학습 목표에 도달하는 것이다. 성취동기와 자아효능감이 높은 학습자들은 음악수업에서 성공 가능성이 높지만, 학년이 올라갈수록 특히 기악수업에서는 학습 목표에 도달하지 못하는 경우도 발생한다. 음악수업에서 학습자들이 학습 목표에 도달할 수 없을 것이라고 생각하면 성취하려는 동기는 더 이상 유발되지 않는다. 그러나 성공의 의미를 어디에 둘 것인가에 따라서 성취동기는 영향을 받게 된다. 성공 여부의 근거는 학습자 수준에서의 '향상과 진보'에 있다. 학습자들이 음악활동의 성공에 대한 기대와 가능성, 희망을 가지게 하기 위해서, 교사는 음악 과제를 학습자 개인에게 너무 쉽지도 또 너무 어렵지도 않은 적절한 수준에서 제시해야 학습자의 동기는 최대가 된다. 학습자에 따라서 학습 목표가 성공을 기대하기 어려울 경우, 학습 목표는 단계별 목표로 쉽게 제시하여 학습자의 노력으로 차츰 성공을 경험하게 함으로써 자신의 능력을 믿는 자아효능감을 증진시켜야 한다. 또한 교사는 도전적 과제를 할 때 필요한 만큼만 도움을 줌으로써 성공에 대한 기대와 자아효능감을 증진시킬 수 있다.

④ 선택권 부여 및 자기조절학습 유도

학습자들은 자기결정력을 가질 때 과제에 오랫동안 참여하게 되고, 유의미하고 창의적인 사고를 하게 될 뿐만 아니라 활동에서 즐거움을 경험하고 높은 수준의 성취를 이룬다. 이에 비해 환경이나 자신의 일에 자기결정력을 가지지 못할 때에는 자신의 삶의 과정을 결정하는 데 있어 소극적이고 외적 동기에 따르게 되는 경향이 있다.

선택권 부여는 학습자들이 스스로 생각하고 표현하고 책임감을 가지고 행동하게 하며, 최적의 자유를 제공하여 수동적 존재가 아니라 가치 있는 존재임을 느낄 수 있도록 해 준다. 이를 위해서는 개인 간의 경쟁학습이 아니라 소규모 그룹으로 학습 목표를 공유하는 자율적인 협동학습을 통해서 능동적인 참여를 유도할 수 있다. 음악학습에 있어서도 어떻게 연습할 것인지, 다양한 음악활동 중 무엇을 선택하여 할 것인지, 어떤 악기를 연주할 것인지, 합주에서 어떤 악기 편성을 할 것인지, 어떻게 연습할 것인지 등에 대한 선택권을 학생 개인 또는 구성원들에게 줌으로써 선호하는 내용, 방식, 악기에 집중하게 하고, 선택한 것에 대한 책임감을 수용하게 한다. 동시에 이러한 협동학습 구조 속에서도 학습자의 개별 학습양식을 존중하고 학습자들의 상호작용을 넓힘으로써 위기에 있는 학습자들을 고려한다. 또한 학습자들이 스스로 목표 달성 여부를 점검하고 자신들의 전략이 효과적인지를 생각해 보는 상위인지를 이용할 수 있다면 자기조절적인 학습을 통해 학습동기를 높일 수 있다. 자기조절 능력이 발달하게 되면 학습자들은 점차 학습 목표에 도달하는 방법을 배우고 학습과정에서 책임감을 가지게 된다.

(3) 수업 정리 단계에서의 학습동기 증진을 위한 전략

① 효과적인 칭찬(보상)

교사의 피드백 중에서 가장 흔한 형태는 칭찬이다. 칭찬은 간단해 보이지만 효과적으로 칭찬하는 것은 실제로 대단히 복잡하고 신중한 판단이 필요하다. 초등학생들은 과장된 칭찬도 그대로 받아들이는 경향이 있으며 공개적인 칭찬에 행복해하지만, 청소년들은 조용히 개인적으로 칭찬을 할 때 더 긍정적으로 반응한다고 한다. 또한 청소년들은 진

칭찬은 수업 전개 단계에서도 중요하지만, 성취와 관련하여 수업 정리 단계에서 특히 중요하다.

실되지 않거나 부당하다고 생각되는 칭찬은 무시하며, 쉬운 과제를 하고 칭찬을 받으면 자신의 능력이 낮게 평가되고 있다고 여긴다(Eggen & Kauchak, 2006: 499에서 재인용). 따라서 칭찬을 받을 만한 일에 대해 칭찬하여야 하며, 구체적인 행동이나 실제적인 성취에 대해 칭찬하여야 한다. 다시 말해서, 학생들이 노력을 통해 성취한 것, 능력이 향상된 것에 대해 칭찬을 하는 것은 효과적이지만, 학생들이 단순히 과제를 했다는 이유로, 단순히 학습에 참여했다는 이유로 주어지는 칭찬(보상)이나 또는 학생들을 통제하기 위해 주어지는 보상은 많은 연구결과들에서 오히려 내적 동기를 감소시키는 것으로 나타난다.

② 내적 동기를 증진시키는 평가

'내적 동기를 증진하는 평가'는 '효과적인 칭찬'과 중첩되는 내용도 있지만 이 둘이 일치하는 것은 아니다.

학습에서 평가의 역할은 중요하다. 평가에는 성적이나 시험 점수와 같은 표준화 검사의 평가 기준도 활용되지만 내적 동기를 증진시켜 주기 위한 교사의 긍정적인 언어적 평가도 중요하게 작용한다. 음악수업에서 성적이나 시험 점수에 대한 평가적 언급은 최소화하고 학생들 사이에 불필요한 성취 비교는 피하는 것이 바람직하다. 피드백은 음악수업 전개 단계에서도 학습동기 유지를 위한 전략으로 사용될 수 있지만, 피드백 형식의 평가는 수업을 마무리하는 정리 단계에서도 학습동기 증진을 위한 전략으로 사용될 수 있다. 평가 시에 주어지는 교사의 자세하고도 명확한 피드백은 이후의 학습과 동기를 위해서도 중요하기 때문이다. 수업의 정리 단계에서 또는 제출한 과제에 대해서 적절한 평가가 제시되지 않는다면 학습자들은 좋은 결과와 그렇지 않은 결과의 차이를 알 수 없을 것이다. 음악수업에서는 학생들의 실기 평가를 많이 하게 되는데, 실기 능력의 향상을 확인해 주는 객관적 평가, 노력의 결과에 대한 긍정적 평가, 제출한 과제에 대한 분명한 평가 등은 스스로 점점 더 학습 목표에 도달하고 있음을 확인시켜 주고 결과적으로 학생들의 자아효능감을 높여 주게 될 것이다.

③ 귀인이론의 효율적 적용

귀인이론에 따르면 학습의 성공과 실패의 원인을 '무엇'이라고 생각하는가에 따라 학습자의 감정이나 동기, 미래 수행 기대 등은 크게 달라진다. 음악수업에서 학습 목표에 충분히 도달하지 못했다면(실패하였다면), 운이나 과제 난이도와 같은 외적 요인보다는 자신의 능력이나 노력과 같은 내적 요인에, 변하지 않을 안정적 요인보다는 변할 수 있는 불안정적인 요인에, 통제 불가능한 요인보다는 통제 가능한 요인에 귀인시킬 때 음악학습 동기는 더욱 증진될 것이다. 따라서 음악수업에서 학생들이 성공적으로 잘 수행하고 있는 부분에서는 자신의 성공을 노력의 결과에서 오는 능력의 향상에 귀인하고, 실패는 노력의 부족이나 학습 전략의 비효율적인 사용에 귀인하는 것이 바람직하다. 교사는 학습자들이 노력에도 불구하고 음악 능력이나 기량이 향상되지 않을 것이라고 생각하는 학습된 무기력(무력감)에서 벗어나도록 도와주어야 한다. 이를 위해서는 귀인 훈련과 같은 프로그램을 사용하여 귀인의 효율성을 높일 수 있다. 성공경험이 학습자의 노력 때문이라고 교사가 용기를 주고 격려한다면 학습자들은 자신의 수행결과에 대한 귀인 훈련을 통해 학습동기와 자존감이 증진될 것이다.

제8장

음악활동의 기제

음악교육의 중심은 음악활동이다. 음악활동은 청각적 감지를 통해서 소리를 지각하고 이를 음악으로 이해하기 위한 듣기활동을 포함하며, 목소리와 악기로 내면의 표현 의도를 음악으로 표출하는 연주활동, 그리고 음악적 표현과 작품을 새롭게 구성하는 작곡과 즉흥 연주 같은 창작활동을 포함한다. 모든 활동은 공통적으로 소리가 음악으로 구성되면서 형성되는 음악적 개념의 습득을 기반으로 하지만, 동시에 각 활동이 작동하는 데 필요한 기능의 습득과 함께 음악경험에서 이러한 기능을 적극적으로 적용하는 학습자의 능동적인 음악활동 참여가 중요하다. 이 장에서는 노래 부르기, 악기 연주, 음악 감상 그리고 대표적인 창작활동인 작곡활동의 기제를 탐색하고 이 과정에 관여하는 학습자의 음악적 특성과 함께 교수 · 학습 관점에서의 의미를 살펴보도록 한다.

1. 노래 부르기

노래 부르기는 인간의 가장 기본적인 활동으로 발달과 함께 자연스럽게 시작된다. 영아는 목소리의 표현으로 외부 세계와 처음 소통을 시작하는데, 목소리를 통해서 한편으로는 언어 표현 능력, 또 다른 한편으로는 노래 부르는 능력이 발현되기 시작한다. 영아를 대상으로 하는 여러 연구에서는 이미 발달 초기부터 아기들이 목소리를 사용해서 정서 표현을 시도하는 양상이 나타난다고 보고하고 있으며, 이러한 목소리 표현 능력은 발달을 거치면서 노래 부르기로 발전한다. 목소리는 우리의 몸에 내재되어 있는 고유의 표현 매체로서 발달과 훈련을 통해서 예술적 수준의 노래 부르기로까지 발전할 수 있다. 가장 보편적인 음악활동인 노래 부르기는 말과 가사와 연동되면서 인간이 시도할 수 있는 가장 직접적이고 표현력 있는 음악활동이 될 수 있다. 연주적 차원의 노래 부르기는 목소리를 조절하는 기교 습득의 심동적(psychomotor) 측면과 감정과 의미 표현이라는 정서적 측면이 신체구조를 통해서 직접적이며 즉각적으로 표출되는 매우 특별한 음악 표현활동이다.

1) 노래 부르기 능력의 발달

노래 부르기는 목소리 조절 능력과 밀접하게 연동되어 있으며, 목소리를 통한 표현은 소리를 감지하고 소리의 특성을 이해하는 음악 지각 능력과 밀접하게 연관되어 있다. 이러한 관련성으로 인하여 목소리로 표현하는 것은 소리를 듣고 지각할 수 있는 수준을 드러내기 때문에 음악 발달을 관찰할 수 있는 가장 객관적인 지표이기도하다. 특히 노래 부르기는 음악 표현 주체의 심상이 신체의 일부인 성대 조절을 통해서 표출되는 활동이라는 점에서 인간의 가장 기본적이며 직접적인 음악 표

현활동이다. 노래 부르기는 누구나 보유하고 있는 능력이며 성장기의 음악적 경험을 통해서 정상적으로 발달할 수 있는 일반적인 음악 표현 능력이다(Welch, 2016).

(1) 태아에서 유아기까지의 노래 부르기

노래 부르기와 관련된 능력은 태아가 출산 전 2개월간, 모태 내에서 양수를 통해서 경험하는 어머니의 목소리를 통해서 빠르게 발달한다. 태아는 소리의 진동 전달을 통해서 음률과 음고를 감지하며, 이때 전달되는 모체의 호르몬 균형에 따라 소리 표현과 관련된 정서를 감지한다고 알려져 있다(Johnstone & Scherer, 2000; Welch, 2005). 출생 후, 영아는 주변인들과의 상호작용을 통해서 목소리의 특징과 정서, 감정의 변화를 탐색하면서 자신의 목소리로 감정을 표현하는 적극적인 시도를 한다. 영아기에 경험하는 부모나 양육자의 목소리 어조나 빠르기, 음색, 말하는 방식 등은 영아에게는 소리정보에 의미를 부여하는 방식을 터득하는 매우 중요한 경험이다(Trehub, 2001).

최초의 목소리 표현은 울음으로, 아기의 울음소리에는 노래 부르기와 관련된 기본적인 표현 요소인 강세, 음고와 일종의 리듬 패턴적 특징들이 나타난다(Vihman, 1996). 생후 2개월이 경과하면 아기들의 목소리 표현은 의도성을 보이며, 이후 나타나는 옹알이는 차츰 언어적 옹알이와 음악적 옹알이로 분화되는 양상을 보인다. 영아의 음악적 옹알이 발달은 아기를 돌보는 엄마가 이러한 옹알이에 얼마나 적극적으로, 자주 반응을 보이는가에 영향을 받는다. 엄마가 더 자주, 많이 노래를 불러 줄수록 아기는 정서적으로 더욱 안정감을 느낄 뿐만 아니라 더욱 적극적으로 음악적 옹알이를 표현한다(Trehub & Gudmundsdottir, 2014). 일반적으로 생후 1년간 이루어지는 소리 경험과 목소리 표현 양상은 영아의 발성, 음고, 운율에 대한 감지 및 이후 성장과정에서 나타나는 음악적 표현에 영향을 미치는 것으로 알려져 있다.

(2) 유아기의 노래 부르기

자발적 노래 부르기(spontaneous singing)는 영아기 이후 유아기에 나타나는 특징적인 표현활동이다. 유아기 아동들의 자발적 노래 부르기를 살펴보면 이들이 지각하는 소리의 특성과 그것을 표현할 수 있는 음악적 작동 능력을 알 수 있다. 2세 이후부터 5, 6세에 이르는 학령전 아동들의 자발적 음악 표현은 노래를 배워서 부른다기보다는 아동들이 마음대로 지어 부르는 즉흥 표현이 주를 이루는데, 연령이 높아질수록 이들이 부르는 즉흥적인 노래에서 리듬 패턴과 가락 클러스터링, 반복과 패턴의 확장과 같은 구조적인 특징이 나타난다(Barrett, 2011; Dowling, 1999).

미취학 아동을 대상으로 하는 연구에서는 목소리의 표현에서 점차적으로 리듬, 음조, 가락의 윤곽, 조성감과 같은 음악적 요소들이 형성되어 가는 것을 관찰할 수 있는데, 특히 이 시기의 노래 부르기 양상은 아동들이 경험하는 모국 문화의 음악적 특성과 관련되어 있음이 공통적으로 나타난다(Mang, 2005; Rutkowski, 1997; Welch, 2002). 또한 연령이 높아질수록 자발적 노래 부르기에서 나타나는 패턴은 한 가지에서 세 가지 정도로 증가하면서 구조적인 확장을 보인다(Dowling, 1999). 또한 성장과 함께 아동들은 노래 표현(가락선의 윤곽, 템포 등)을 통해서 행복이나 슬픔과 같은 정서 표현을 시도하며, 이러한 정서 표현은 언어의 발달에 따라 노래에 가사를 붙이면서 더욱 적극적이 된다(Adachi & Trehub, 1999; Gabrielsson & Örnkloo, 2002).

(3) 학령기 아동의 노래 부르기

초등학교 입학 학령기인 6~7세가 되면 대부분의 아동은 배운 노래를 기억하여 부를 수 있게 된다. 이 시기의 노래 부르기는 표현 능력으로서의 노래 부르기(singing as performance)와 창의적 표현을 목적으로 하는 즉흥적 노래 부르기(creative singing)로 그 목적이 구별된다. 그런

〈표 8-1〉 Welch(1998)의 목소리 음정 정확성 발달(vocal pitch-matching develop-
ment) 단계

단계	특징
1단계	가락보다는 가사로 붙여지는 단어에 집중함. 챈팅(chanting)에 가까운 노래 부르기로 한정된 2~3개의 음으로 가락이 구성되며 상행보다는 하행이 우세하게 나타남
2단계	음정 표현에 중점을 두며 윤곽(contour)을 표현하기 위한 목소리의 조절이 가능해지고, 가락을 구성하는 음역이 확장됨. 자발적 노래 부르기에서는 문화권 내에서 경험한 노래와 유사한 패턴이 나타남
3단계	가락선과 가락을 구성하는 음들 간의 음정이 정확해지지만 노래 부르는 과정에서 조성의 불안이 나타나기도 함
4단계	아동이 속해 있는 문화권에서 통상적으로 불리는 쉬운 노래에 대해서는 매우 정확한 음정과 가락으로 노래를 부를 수 있음

데 즉흥적 노래 부르기는 창의적 음악사고 과정의 발달을 추적할 수 있는 좋은 근거가 되며, 노래 부르기에서 나타나는 음정 표현의 정교성은 목소리를 활용하는 음악적 표현 기능의 발달을 관찰할 수 있는 근거가 된다. G. Welch(1998)의 연구에서는 아동의 노래 부르기에서 나타나는 발달적인 특성을 연구하였는데, 음정 표현의 정교화에 따라 노래 부르기 능력의 발달과정을 4단계로 제시하였다(〈표 8-1〉 참조).

아동의 노래 부르기 능력의 발달은 환경과 경험 그리고 의도적인 학습에 따라 차이를 보이지만, 일반적으로 가락 윤곽 중심의 노래 부르기에서 음정의 정확한 표현으로, 말하기와 노래의 중간인 챈팅 방식에서 성악적 발성 방식으로 발달하며, 발성 방법과 음정의 정확성은 상호 관련이 있는 것으로 나타난다. 이러한 발견은 아동 가창 능력 발달에 초점을 둔 다양한 연구결과에서 유사하게 확인되고 있다(Davidson, 1994; Rutkowski, 1997). 특히 아동들의 노래 부르기 양상은 음악 인지 능력과도 밀접하게 관련되어 있어서 가락, 리듬 그리고 패턴과 음악구조에 대한 이해가 확장되면서 노래 부르기도 더욱 구체화되고 정확해지는 것

〈표 8-2〉 연령에 따른 아동 노래 부르기의 발달

연령	노래 부르기의 발달
생후 3~4개월	노래에서 선율의 윤곽이 나타남. 하행 진행 우선에서 차츰 다양한 윤곽의 선율 표현으로 확장됨
생후 1년	유아의 옹알이가 언어적 표현과 노래 부르기로 확연하게 구분되며, 자발적 노래 부르기(spontaneous singing)가 시작됨. 글리산도 표현에서 몇 개의 음으로 구성되는 클러스터링이 나타남
1~2세	말놀이(cooing)로 목소리를 지속적으로 탐색함. 몇 개의 음으로 이루어지는 가락 표현을 반복적으로 할 수 있음. 2세가 되면 선율에 짧고 단순한 프레이즈가 나타남
3~4세	경험을 통해서 기억하고 있는 몇 개의 노래의 부분들은 접속하여 표현함. 노래 부르기에서 음계 패턴이 나타나면서 조성적 특성을 보이지만 같은 노래 부르기에서 조성은 쉽게 변함
5세	안정적인 조성을 유지하면서 가락을 표현함
6~7세	가창 음역이 한 옥타브 정도로 확장되며 음정에 대한 어느 정도의 변별과 표현이 가능해짐
8세	일반적인 수준의 노래에서 정확한 음정으로 노래 부르는 것이 가능해짐

으로 나타났다(Davidson, 1994). 〈표 8-2〉는 연령에 따라 나타나는 노래 부르기 능력의 일반적인 발달 양상이다.

일반적인 능력으로서의 노래 부르기 능력의 발달은 대략 만 8세경까지 이루어진다. 발달적 차원의 노래 부르기 수준은 음악 교육, 학습과 훈련이 따르지 않는다면 아동과 어른이 큰 차이를 보이지 않는 것으로 알려져 있다.

(4) 사춘기 청소년의 변성

청소년들이 사춘기를 맞이하게 되면 노래하는 목소리의 질에 변화가 생긴다. 사춘기 이전 아동들의 성대 크기는 여아, 남아의 구분 없이 대체로 크기와 두께가 비슷하지만(Titze, 1994), 변성기에 들어서면서 남성의 성대는 길이가 길어지고 둘레 또한 커지면서 목소리는 굵고 낮아진다. 이와는 대조적으로, 여성의 성대는 성장이 덜 두드러져서 남성보다 15~20% 정도가 짧으며 이에 따라 성대 내부의 공명 공간 비율이 달라진다. 변성기는 남아와 여아 모두 12~14세에 절정에 이르는데, 변성기의 시작 시점은 개인에 따라 차이를 보인다(Cooksey, 2000; Gackle, 2000; Willis & Kenny, 2008).

근래의 연구에서 변성기의 시작이 점차 빨라진다는 결과도 나타나고 있다. 변성기가 시작되는 평균 연령은 10~12세이며 아동의 80% 정도가 11세에 시작된다는 연구결과도 있다(Killian & Wayman, 2010).

변성기에 나타나는 목소리 변화에 대한 경험적 연구는 제한적이다. 이는 목소리의 변화가 상당 시간에 걸쳐 진행되고 개인의 신체생리학적 특성에 따라 변화의 양상에 차이가 있기 때문이다. 그러나 세계 각지에서 서로 다른 인종을 대상으로 이루어진 연구들을 종합해 보았을 때, 변성기에 나타나는 목소리의 변화는 인종에 상관없이 보편적으로 나타나는 발달적 양상으로 해석되고 있다(Welch, 2016).

성별에 상관없이 변성기에는 음역의 변화가 나타나면서 발성과 호흡 그리고 음색의 불안정을 경험하게 되는데, 이러한 변화는 노래 부르기를 피하는 소극적인 행동으로 나타날 수 있다. 목소리 변화를 고려하지 않은 채 무리하게 높은 소리를 내거나 과한 발성을 시도하는 것은 성대에 심각한 손상을 가져올 수 있으므로 각별한 주의가 필요한 시기이기도 하다.

① 여성 목소리의 변성

여성과 남성의 변성 양상은 서로 다르게 진행되는데, 남성에 비하여 여성의 변성기는 외관상 크게 드러나지 않기 때문에 이에 대한 연구도 한정적이다. L. Gackle(2000)은 30년간의 경험을 토대로 여성의 변성기 변화를 '전변성기(pre-pubertal)' '생리 전 초기 변성기(pre-menarchial, beginning of mutation)' '생리 후 변성 정점기(post-menarchial, pubertal-high point of mutation)' '청년 여성기(young adult female)'의 4단계로 구

〈표 8-3〉 청소년기 여성 목소리의 변성 단계(Gackle, 2000)

여성 변성기 단계	목소리 변화 양상
1단계: 전변성기 (pre-pubertal)	• 맑고 높은 플루트와 같은 음색 • 음역에 변화 없음. 일반적 음역(D4~D5)/확장 음역 (Bb3~F5)
2단계: 생리 전 초기 변성기 (pre-menarchial, beginning of mutation)	• 11~13세 • 일반 음역에 변화 없음(D4~D5)/확장 음역(A3~G5) • 성대 발달로 성대가 부적절하게 폐쇄되어 호흡 조절 에 어려움을 겪을 수 있음 • 개인에 따라서 낮은 음역을 발성하는 데 어려움을 겪을 수 있음
3단계: 생리 후 변성 정점기 (post-menarchial, pubertal-high point of mutation	• 편하게 소리 낼 수 있는 음역이 개인에 따라 변화됨 • 음역에 따라 특징적인 음색이 나타나면서 저음부에 서 굵고 허스키한 목소리가 나타남 • 음역의 변화가 나타남(F4~A#4)/확장 음역 (D5~F#5)
4단계: 청년 여성기 (young adult female)	• 음역의 확장(A3~G5) • 호흡 조절이 향상되고 음색, 음역에 안정감과 일관 성이 향상됨

분하였다(〈표 8-3〉 참조). 4단계의 변성과정을 거치면서 여성의 목소리
에는 음역의 변화와 음질의 변화가 나타난다. 변성기의 목소리 변화는
성악적 훈련 여부에 상관없이 유사하게 진행되지만, 개인에 따라서 실
제 목소리 특성은 다양한 변화를 보일 수 있다.

② 남성 목소리의 변성

청소년 시기에 나타나는 남성 변성기는 많은 연구의 주제로 다루어
져 왔다. 남성 변성기의 일반적인 특성은 음역이 전반적으로 낮아지는
양상을 보이는 것인데, J. Cooksey는 남성 변성기를 6단계로 제시하였
다(Cooksey & Welch, 1998; 〈표 8-4〉 참조). 변성기의 시작 시점과 목소

〈표 8-4〉 청소년기 남성 목소리의 변성 단계(Cooksey & Welch, 1998)

남성 변성기 단계	목소리 변화 양상
변화 전 단계 (unchanged)	• 음역: 일반 음역(A3~F5)/확장 음역(C#4~A#4) • 맑은 음색, 발성 시 호흡의 불편함이 나타나지 않음
1단계: 미드 보이스 I (midvoice I)	• 변성의 시작 • 음역: Ab3~C5 • 노래 부르는 음정이 불안정하고, 특히 고음 발성 시 경직된 음질과 호흡의 조절이 불안정함 • 이어지는 단계에서도 고음 불안이 지속되며 낮은 음역에서는 상대적으로 편안한 발성을 보임. 이어지는 과정을 통해 약 단3도의 음역 하강이 나타남
2단계: 미드 보이스 II (midvoice II)	• 음역: F3~A4 • 변성과정의 중간 지점 • 가성 음역이 처음으로 나타나면서 경우에 따라 가성 음역대 C6~C7이 가능해짐 • 발성이 가장 불안정하며 이에 따라 목소리의 음질이 가장 떨어짐
3단계: 미드 보이스 III (midvoice III)	• 음역 하강: D3~F#4
4단계: 뉴 바리톤 (new baritone)	• 음역 하강이 나타남(B2~D#4)
5단계: 안정적 바리톤 (settling baritone or adult voice)	• 음역: 일반 음역(A3~F5)/가성 음역(C#4~A#4) • 음색이 맑아지고 호흡 조절이 향상됨

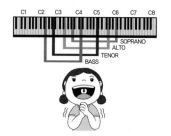

리 변화의 속도는 개인에 따라 차이를 보이기 때문에 같은 연령에서 다양한 목소리의 특성이 나타난다. 이러한 남성 목소리 변화의 다양성은 청소년기의 성악 제재곡, 특히 남성 합창 제재곡 선정에 어려움을 줄 수 있어서 다양한 음역의 악곡 편성과 편곡이 필요할 수 있다.

(5) 노래 부르기 발달에 영향을 미치는 요인

이상에서 살펴본 바와 같이 노래 부르기는 모든 사람이 가능한 일반적인 능력으로서 발달적인 특성을 지닌다. 노래 부르기가 일반적인 능력이라는 점은 모든 발달 단계에서 어떤 방식으로든지 노래 부르기를 필요로 하며, 동시에 적극적으로 권장될 필요성이 있다는 것을 의미한다. 특히 영아기와 유아기의 노래 부르기에서 나타나는 정서 표현적인 특성은 노래 부르기가 음악적 표현 기능으로서뿐만 아니라 음악적 심성과 정서 발달과도 밀접하게 연계되어 있다는 점을 시사한다. 동시에 유아기와 학령기의 노래 부르기는 음악 개념 형성과 밀접하게 연동되어 있으므로 노래 부르기를 통하여 다양한 음악 특징을 인지하고 이해하는 활동이 적절하게 제공될 필요가 있다.

G. Welch(2016)는 노래 부르기에 대한 긍정적인 자기평가의 중요성을 강조한다. 성장과정에서 자신의 노래 부르기에 대한 부정적인 경험은 이후 적극적인 노래 부르기를 위축시켜, 스스로 자신의 노래 부르기 능력을 과소평가하는 결과를 가져올 수 있다고 지적한다. 노래 부르기는 모든 사람에게 가능하며 반드시 필요한 음악 표현활동이라는 점을 고려할 때, 연령에 따른 발달 특성에 맞는 보편적 노래 부르기를 적극적으로 장려하는 것이 중요하다.

유아기의 자발적 목소리 표현으로부터 시작되는 노래 부르기가 성악적 요소를 갖추기 위해서는 적정한 시기에 아동으로 하여금 목소리를 사용하는 다양한 방법이 있다는 것을 체득하도록 도와주는 것이 중요하다. 목소리 표현은 유아기의 자발적 표현에서 발전하여 아동기 놀이노래의 챈팅(chanting) 방식으로 나타나며 점차로 호흡과 성대의 긴장을 조절하면서 노래 부르는 목소리를 구별하여 활용할 수 있게 된다. 이러한 자연스러운 발달을 위해서는 평소 생활 안에서 다양한 방법으로 목소리를 활용할 수 있는 환경의 조성과 함께 아동의 발달과정에 적합한 학습과 훈련이 필요하다.

노래 부르기를 음악 능력 발달의 핵심 활동으로 적용하고 있는 코다이 교수법에서는 아동이 말하기를 시작하며 노래 부르기도 동시에 장려되어야 할 것을 강조하고 있다.

챈팅(chanting)은 '낭독'의 의미로 일반적인 말하기와는 달리 몇 개의 단어 또는 가사를 1~3가지의 음으로 반복하여 읊조리는 것을 의미한다. 아동들이 놀이의 흥을 돋우기 위해서 부르는 전래동요나 놀이요들은 챈팅 방식으로 노래 부른다.

2) 음악 표현활동으로서의 노래 부르기 학습

노래 부르기 학습은 목소리를 매체로 하여 음악을 표현하는 활동으로, 좋은 목소리를 내도록 하는 '가창 페다고지(voice pedagogy)' 측면과 가창을 통해 악곡을 음악적으로 표현하기 위한 '가창을 통한 음악학습(learning music through singing)' 측면이 있다. 노래 부르기의 정확한 의미가 '노래를 노래 부른다(sing the song)'로 구체화된다는 점에서 노래 부르기 학습에서 두 가지 측면을 분리할 수는 없지만 '가창 페다고지'는 개인이 가지고 있는 최상의 목소리를 '악기'로 하여 음악을 표현하는 것을 목적으로 둔다는 점에서 발성체로서의 목소리의 메커니즘과 그에 따른 훈련이 필요하다. '가창을 통한 음악학습'에서는 노래 부르기를 대부분의 아동이 발달과 함께 행할 수 있는 가장 기본적인 음악활동으로 보고, 노래 부르기를 통해 음악을 경험하고 이해하기 위한 보편적 활동으로 적용하는 접근이라고 볼 수 있다.

그러나 음악교육에서 목소리로 음악을 표현한다는 것은 자신이 낼 수 있는 좋은 목소리로 자신의 느낌을 살려 노래 부른다는 의미로, 여기에는 단순히 목소리를 조절하는 기능적인 측면 외에 부르고자 하는 악곡의 특징에 대한 이해, 가사의 의미 전달과 감정이입 등의 정서 표현적 측면이 복합적으로 관여한다. 다음에서는 음악적 표현 매체로서 목소리의 특성과 함께 음악 표현활동으로서 노래 부르기 교수 · 학습 과정에서 고려해야 할 점에 대하여 알아본다.

(1) 음악적 표현 매체로서의 목소리

말하기와 노래 부르기는 모두 호흡과 성대 조절을 동반하는 감각운동적(sensorimotor) 활동이다. 성대의 긴장도 조절을 통해서 목소리의 높낮이를 조절하며, 호흡을 통해서 목소리의 음량과 음색 등을 조절하게 된다. 좋은 목소리로 노래 부르기를 목적으로 하는 성악적 발성에서는 호흡과 성대의 긴장 조절에 따른 목소리의 다양한 변화를 인지하고 이를 조절할 수 있는 협응 능력을 기르는 것이 필수적이다. 다른 악기와는 달리 목소리는 인간의 신체에 내재되어 있는 표현 매체로서 이를 조절하는 과정에서 몸의 자세와 근육의 이완, 호흡 조절, 비강의 공명 등, 목소리 자체뿐만 아니라 신체 전체의 균형과 조절, 협응이 관여하게 된다.

몸의 자세와 호흡은 좋은 목소리를 내기 위한 성악적 발성에서 중요한 요인이다. 두부에서 척추로 이어지는 바른 자세와 호흡은 폐활량뿐만 아니라 후두와 성대의 위치 기울기에 영향을 미치기 때문에 음악의 장르에 따라 요구되는 목소리 표현에 적합하게 조절할 수 있어야 한다. 교수법에 따라 호흡 조절을 위한 다양한 전략을 제시하고 있는데, 공통적으로 복식 호흡을 중요시하며 목소리의 음고에 따라 복부의 압력을 조절하여 성량과 목소리의 질을 조절한다.

발성에서는 자주 입모양의 중요성을 강조하며, 구강 안의 공간과 혀의 위치에 따른 발음과 음질의 조절을 중요시한다. 해부학적으로 성대와 후두, 혀의 아래쪽이 설골이 연결되어 있기 때문에 혀의 움직임과 위치는 발성에 직접적으로 영향을 미치며, 발음을 할 때의 입술의 모양은 목소리의 중심과 공명에 영향을 미친다. 폐의 공기가 목과 구강, 비강을 통해 배출되면서 목소리가 울리게 되기 때문에 척추를 중심으로 하는 몸의 자세와 두부의 위치가 연동되면서 음악을 표현하는 악기로서의 목소리의 조절이 이루어진다([그림 8-1] 참조).

성악 페다고지의 많은 부분이 자세와 호흡, 목소리 조절을 위한 기능과 관련되어 있지만 목소리를 조절하여 내고자 하는 음이란 음악의 표현을 위한 것이기 때문에, 음정, 리듬, 프레이즈, 아티큘레이션, 셈여림의 조절, 정서 표현을 위한 음색의 조절 등은 결국 음악에 대한 이해를 필요로 한다는 점에서 목소리의 훈련만으로 만족할 만한 음악적 성취를 이룰 수는 없을 것이다. P. M. Fitts(1964)는 표현 기능으로서의 노래 부르기를 인지(cognitive)-연합(associative)-자동화(autonomous) 과정

전문 성악 발성에서뿐만 아니라 학교 가창수업에서도 노래 부르는 바른 자세와 함께 좋은 목소리를 내기 위한 바른 자세를 알고 체화하는 것은 즐거운 노래 부르기의 기본 과정이다.

복식 호흡에서는 횡격막의 조절이 중요한데, 복부가 팽창되면 횡격막은 내려가고, 복부가 수축되면 횡격막은 올라간다. 높은 음을 낼 때는 일반적으로 복부는 안쪽으로 들어가면서 횡격막이 올라가는 방식으로 압력이 가해지며, 지속적이고 안정적인 소리를 내기 위해서는 복부의 팽창을 유지하는 것이 도움이 된다(Nix, Ferström, & Jers, 2012). 발성 방법은 음악 장르에 따라 추구하는 목소리가 다를 수 있는데, 서양 정통 성악, 우리나라 민요, 대중가요나 재즈에서 각기 차이를 보인다.

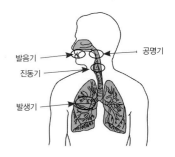

그림 8-1 음성의 발성 원리

을 거치는 감각운동적(sensorimotor) 학습으로 보았다. 노래 부르기 학습은 듣기를 통해서 제시된 소리의 심상을 형성하고 자신의 목소리를 조절하게 되는데, 목소리 발성 방법을 인지하고 실제로 발성하는 과정에서는 성인이나 교사의 모델링과 외부로부터의 피드백이 중요하게 작용한다. 목소리와 음악적 표현에 대한 심상을 형성하고 조절 방법을 인지하게 되면 여타 목적 지향적 기능 습득에서와 마찬가지로 지속적인 연습이 필요하다.

(2) 노래 부르기의 교수법적 접근

노래 부르기를 교수법적으로 접근한다는 것은 목소리를 음악적 목적에 맞게 훈련하여 음악적 표현을 위한 노래 부르기 능력을 기른다는 것이다. 노래 부르기 학습에는 목소리를 조절할 수 있는 기술뿐만 아니라, 자신의 목소리를 들을 수 있는 지각 능력, 목소리로 표현하고자 하는 음악 장르에 대한 이해, 제재곡의 특징과 가사의 의미, 프레이징과 아티큘레이션의 처리를 위한 악곡 해석까지 다양한 측면이 포함된다. 또한 노래 부르기는 연주자의 몸이 악기라는 점에서 연주자의 신체적·정서적·경험적 특징이 발성과 목소리의 표현에 직접적으로 영향을 미치기 때문에 여타 유형의 음악 표현활동과 차별성을 갖는다.

노래 부르기를 배우는 과정에는 심동적 기능으로서의 발성 기법을 익히는 과정과 음악 개념 습득과정이 상호 연계적으로 작용한다. 예컨대, 가락에 대한 심상과 그 가락을 이루는 각 음들의 음고를 알고 성대의 긴장과 호흡을 조절하여 정확한 음들을 좋은 음색으로 발성하는 것이다. 이를 위해서는 호흡, 성대의 긴장, 발음에 따라 변화하는 자신의 목소리를 잘 듣고 조절할 수 있는 기능을 익혀야 한다. 학습자는 소리의 다양한 특징을 인지하고 그와 같은 소리를 재현하기 위해서 스스로의 목소리를 조절하는 시도를 하게 되는데, 이때 학습자가 보유하고 있는 음악적 스키마, 즉 악곡의 특징과 관련된 음악 개념의 이해 수준이 영향

⟨표 8-5⟩ 노래 부르기에 영향을 미치는 요인

능력 요인	특징
청각 변별 능력	주의를 집중하여 음고, 음길이 등을 감지·지각하고 변별할 수 있는 능력
청각적 기억 능력	들은 음, 패턴들을 기억하고 연상할 수 있는 능력
악곡의 특징 변별 능력	소리 패턴의 특성, 선율적 윤곽(melodic outline)이나 상행 및 하행의 선율 방향, 악구 등을 인지하여 목소리 표현에 적용할 수 있는 능력
심리적 성향	노래하고자 하는 동기와 의욕
신체 조절 능력	소리 내는 데 필요한 발성기관의 역할과 조절 방법을 알고, 의도한 소리의 음정과 음량, 음색을 내기 위해서 자세와 호흡을 조절하고 발성 관련 근육을 적절히 사용하는 능력

을 미친다. 노래(어떤 악곡)를 부를 수 있다는 것은 그 노래의 음악적 특징을 알고 자신의 목소리를 조절해서 기능적으로 표현할 수 있다는 의미이다. ⟨표 8-5⟩는 노래 부르기와 관련되는 요인들이다.

가창 교수·학습에서 청각적·시각적 모델링은 가창지도의 주요 방법이다. 가창 모델링은 정확한 음고의 인지뿐만 아니라 성악적 발성에서 요구되는 음질의 인지에도 필수적인 과정으로 학습자의 특성을 고려하여 적합한 모델링을 제시할 수 있어야 한다. 고선미(2014: 15)는 노래 부르기를 가르치는 과정에서 제일 중요한 조건은 학생이 모방할 수 있는 올바른 소리모델의 제공이며, 교사가 어떤 소리모델을 제공하는가와 학생들의 실행에 대해 어떠한 판단 기준을 갖고 피드백을 주는가로 인해 발성지도의 성패가 좌우된다고 강조하였다.

아동의 가창학습과 관련된 다양한 연구결과를 볼 때, 아동은 독창 기능이 제창 기능보다 먼저 발달하므로 개별적인 가창지도가 우선하는 것이 효과적이며, 음고 식별력과 가창 기능이 각각 독립적인 능력이라

는 주장도 있으나, 훈련을 통해 상호 관련적으로 함께 신장되는 능력이라는 인식이 지배적이기 때문에 저학년 아동에게는 이 두 가지 기능을 동시에 지도하는 것이 효과적이다. 특히 노래 부르는 과정에서 자신의 목소리 음고를 지각하기 위해 집중하도록 지도하는 것이 중요하다(이연경, 1999).

교수·학습적 측면에서 볼 때, 노래 부르기에서 중요하게 강조되는 음악 인지과정과 반복학습을 포함하여 악곡을 이해하여 정교한 표현으로 연주를 완성하는 학습 과정으로서의 노래 부르기는 연주를 위한 악기학습과 공유하는 부분이 많다. 더불어 가사를 가지고 있는 대부분의 성악곡에서 가사의 의미를 이해하고 이를 음악적으로 표현하기 위한 감정이입, 노래 자체에 대한 심미적 공감은 목소리 표현의 기교를 넘어 교육적으로 중요하게 다루어야 할 가창학습의 중요한 목표이다.

보편적 음악성의 발달을 목적으로 두는 학교 음악교육에서 노래 부르기는 모든 아동에게서 나타나는 일반적인 표현 능력이며 발달적 특성을 지닌 능력이라는 점을 고려해야 한다. 또한 연령에 적합한 노래 부르기 방법과 제재를 적용하여 노래 부르기에 대한 긍정적인 태도를 갖도록 지도하는 것이 중요하다. 가창활동이 갖는 의미 중 음악 고유의 표현적 특성과 가사의 의미가 연동되어 이끌어 내는 정서교육적 측면의 중요성은 모든 형태의 노래 부르기 학습에서 간과해서는 안 될 것이다. 또한 변성기에 경험하게 되는 노래 부르기에 대한 실패, 좌절, 당황스러움과 같은 부정적인 경험은 스스로의 음악적 가능성을 평가 절하하고 노래 부르기를 기피하는 태도로 고착될 수 있다는 점에 유의하여 학생의 발달적 특성과 정서적 상태를 배려한 차별화된 지도가 필요할 것이다.

2. 악기 연주

악기를 다루는 기악학습은 가창, 감상, 창작과는 또 다른 음악 경험을
제공한다. 기악학습은 음악을 연주하는 매체로서의 악기 특성의 이해,
악기 소리 내기를 위한 기본 주법 익히기, 반복 연습을 통한 기초 기능
의 습득과 함께 다양한 수준과 형태의 악곡을 연주하면서 연주 기량을
향상시키는 과정을 포함한다. 기악학습의 우선적인 목적은 학생들이
여러 가지 악기를 접하고 다양한 악곡의 연주 경험을 통해 음악을 즐기
고 표현할 수 있는 능력을 기르는 것이다. 또한 악기 연주는 개인의 지
속적인 노력과 자기훈련에 따라 높은 수준의 연주 능력(expertise)으로
발전할 수 있다.

1) 연주 기능 습득의 심동적 과정

활동 특화적인 측면에서 기악학습이 갖는 차별화된 특징은 악기 연
주 기능의 습득이다. 악기 연주 기능 습득은 악기의 작동 방법을 알고
의도하는 소리를 표현하는 연속적 과정을 즉각적으로 구사할 수 있도
록 연마하는 일련의 '체화'과정이다. 이 체화과정에는 근육의 반복적 훈
련 외에 음악의 특징을 지각, 인지, 이해하고 이를 의도대로 표현할 수
있는 작동적 기능의 조절이 관여한다. A. Gabrielsson(1999)은 완성도
있는 음악 연주를 위해서는 음악의 구조 및 음악적 의미에 대한 이해와
악기 연주를 위한 기교적 완성의 두 가지 조건이 필요하다고 강조하였
다. 음악에 대한 정신적 표상과 손이 그것을 만족스럽게 표현할 수 있
기까지의 훈련과 연습이 필요하다는 의미이다. 특히 기능의 습득과 지
속인 발전은 악기학습의 핵심으로, 효과적인 악기 교수 · 학습을 위
해서는 겉으로 드러나는 악기 연주 기능 수준과 함께 이러한 기능 수행

의 이면에 관여하고 있는 인지적 작용을 잘 이해할 필요성이 있다. 음악적 기능은 단순히 운동적 조작만이 관여하는 기능적 작동이 아니라 소리로 나타나는 음악적 표현을 목적으로 하기 때문에 청지각적 요인이 중요하게 작용한다는 점도 일반적인 도구 사용을 위한 기능 습득과는 차별성을 지니는 부분이다. 음악적 표현을 위한 기악학습의 과정은 '지각-인지-작동'이 복합적으로 작용하는 인지·심동적 학습과정이라고 보아야 할 것이다.

음악교육 영역에서는 악기 연주 기능 습득과 관련하여 '심동적 (psychomotor)'이라는 단어를 사용하는데 이는 정신-운동적이라는 의미로 운동적 작동에 지각, 인지적 조절이 작용한다는 의미이기도 하다. E. J. Simpson(1972)이 제시한 심동적 학습 분류에는 수행을 시도하기에 앞서 시각, 청각 등의 감각이 수행해야 할 행위를 감지하는 '지각(perception)' 단계를 선행 단계로 제시하고 있으며, S. Hallam과 A. Bautista(2012)는 기악학습에서 나타나는 기능 습득의 과정을 '인지 단계-연합 단계-주도화 단계'의 순환적인 과정으로 제시하고 있다([그림 8-2] 참조).

인지 단계는 수행해야 할 기능, 기술을 파악하는 단계로서 기악학습

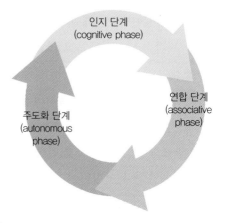

그림 8-2 기능 습득의 내적 메커니즘(Hallam & Bautisca, 2012에 기반)

에서는 악기로 표현되어야 할 소리를 듣고 심상(imagery)으로 담는 과정으로 청지각적 인지(aural-cognitive) 능력이 중요한 역할을 한다.

연합 단계는 인지된 수행 목표를 실천하는 단계로서 '시행착오(trial & error)'의 과정을 거치면서 심상에 담긴 소리의 상(像)과 실제 자신의 연주에서 나타나는 소리와의 오차를 줄여 가면서 기능을 익혀 가게 된다. 연합 단계에서는 정확한 기능적 작동 수행을 완성하는 것이 핵심이며, 이때 표현하고자 하는 소리 혹은 음악적 표현에 대한 연상적인 지표인 '음악적 심상(musical imagery)'을 가지고 있는 것이 무의미한 반복을 되풀이하는 것보다 효과적이다. 연합 단계에서 교사는 적절한 재료와 교수 · 학습적 방법을 선택 · 적용하여 목적하는 기능의 수행이 효과적으로 연동될 수 있도록 해야 할 것이다.

주도화 단계는 기능이 숙달되어 학습자가 스스로의 의지대로 악기를 다루거나 특정 기능, 기교를 주도적으로 구사할 수 있는 단계로서, 체득한 기능을 다양한 상황에 어려움 없이 적용할 수 있게 된다. 이렇게 익힌 기능은 상위 단계의 기능을 새롭게 시도하고 익히는 기반이 된다.

연주 기능 익히기의 '인지-연합-주도화'의 과정은 세부 기능 습득과정에서 반복-순환적으로 적용되면서 연주 수준의 단계가 점차로 발전하게 된다. 연주 기능 과정에서 단위 소리 또는 음악에 대한 심상이 인지적 지표로서 중요하게 작용한다는 점은 연주 기능 습득에서도 듣기의 중요성을 강조한다.

> 기악학습에 관련되는 인지 기능에는 소리를 듣고 감지하는 지각적 단계에서부터 확인, 변별, 구별, 이해, 연관, 연합하기에 이르기까지 다양한 단계의 인지활동이 관련될 수 있다.

2) 악기 연주 기능의 발전 단계

심동적 기능의 발전과정을 이해하는 것은 효과적인 기악학습 활동을 구성하는 데도 도움이 된다. 심동적 기능의 습득은 교사 또는 선행자가 제시하는 작동과정을 관찰하고 모방하는 것에서부터 시작된다. 학습자는 교사가 제시하는 작동과정을 모방하면서 작동에 필요한 원리와 동

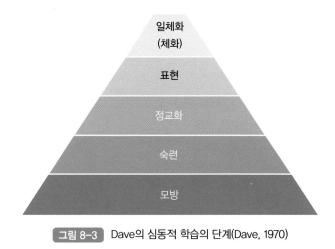

그림 8-3 Dave의 심동적 학습의 단계(Dave, 1970)

작 메커니즘을 터득하게 되고, 이를 스스로의 연주에 반복적으로 적용하면서 능동적으로 기능을 수행하는 단계에 이르게 된다. 심동적 학습에서 보편적으로 적용되는 모형은 R. H. Dave(1970)의 모형으로, 모방-숙련-정교화-표현-일체화의 다섯 단계를 기능학습의 발전과정으로 제시하였는데([그림 8-3] 참조), 이는 기악학습의 기능적 숙련 단계에도 동일하게 적용될 수 있다(정진원, 승윤희, 2016).

기능 습득은 주어지는 과제의 수준과 이를 수행하는 일련의 훈련 및 연습을 통해서 발전하는 것으로, 단계와 단계를 구분 짓는 명확한 기준을 확정하는 것은 어렵지만, 교사는 활동을 지시하는 발문과 기대되는 성취 수준을 의도적으로 구별하여 제시하면서 학생의 도전 방향과 목표를 지시할 수 있다(〈표 8-6〉 참조).

모방(imitation) 단계는 기능 습득의 초보 단계로서 모방을 위해서는 관찰이 필수적이다. 악기 연주를 위해 모범적으로 제시되는 신체의 자세, 운지, 손이나 손가락의 모양, 관악기의 경우 입술의 모양 등을 정확히 관찰하여 모방하는 과정이다. Dave는 모방 단계에서 적용할 수 있는 활동의 특징을 '시도하다' '모방하다' '따라 하다' '보고 반응하다' '반복하다' '연습하다' 등의 동사로 제시하고 있다.

숙련(manipulation) 단계에서 학생은 특정 기술과 기능을 지속적으로 연습함으로써, 새로운 기능에 서서히 익숙하게 되고 이를 연주에 활용하는 것이 점차 정확해지지만, 아직 정교성이나 자신감의 측면에서 완벽하다고 보기는 어려운 단계이다. 숙련 단계의 주요 활동 특징은 '습득하다' '조합하다' '완성하다' '보여 주다' '연주하다' '조절하다' 등의 동사로 제시하고 있다.

〈표 8-6〉 Dave의 심동적 학습 단계의 행동 양상(Dave, 1970)

	단계	행동 지표	행동 수준
1	모방	• 학생이 활동을 시도할 준비를 함 • 교사가 제시하는 자세, 행동, 기능, 기교 등을 보고 반복해서 수행함 • 연습, 오류의 수정을 통해서 점차 기대되는 반응을 보임	시도하다, 모방하다, 따라 하다, 보고 반응하다, 반복하다, 연습하다
2	숙련	• 기능과 기술이 숙달(habitual)되기까지 연습을 수행함 • 모델링이 없이도 지시에 따라 기능과 기교 등을 수행할 수 있음 • 학생은 어느 정도의 이해를 가지고 연주하지만 정확도의 수준을 자신할 수는 없는 단계	습득하다, 조합하다, 보여주다, 연주를 시도하다, 조절하다
3	정교화	• 하나의 기능 혹은 기능들을 완전히 습득하게 되어 주어진 과제나 연주를 신속하고 안정감 있게 그리고 정확하게 수행할 수 있는 단계 • 대부분의 기능이 정확하고 실수가 거의 없는 단계 • 다른 사람에서 자신의 연주를 자신감 있게 보여 줄 수 있음	달성하다, 성취하다, 연주를 완성하다, 정련하다, 자동화되다
4	표현	• 주어진 과제를 처리함에 있어서 기능과 기교를 연합하거나 연계하여 적용할 수 있음 • 정교하고 높은 수준의 표현을 할 수 있으며 차별화된 표현을 할 수 있음	수용하다, 바꾸다/변화를 주다, 재구성하다, 연합하다, 연계하다
5	일체화	• 기능과 연주 수준이 자동화 · 숙달되어 완벽한 기능이 무의식적으로 수행될 수 있음 • 목적을 정련하고 그에 따라 기능을 전략적으로 적용, 변형, 창출해 낼 수 있음	처리하다, 연관 짓다, 구성하다, 창조하다, 디자인하다, 확장하다

정교화(precision) 단계는 기능과 기교가 완전하게 습득되어 연주 수행에 있어서 어려움이 없고, 정확하며 유연성을 보이는 단계이다. 기능의 수준 및 실행의 수준도 점점 심화되어 연주에 있어서 망설임이나 어려움 없이 기능과 기술을 적용하게 된다. 정교화 단계의 활동 수준은 '달성하다' '성취하다' '극복하다' '마스터하다' '정련하다' '진보하다' '자동화되다' 등의 동사들로 제시할 수 있다.

표현(articulation) 단계는 정교화 단계를 뛰어넘는 기교를 수행할 수 있는 고급 기능 습득 단계이다. 학생은 작동 형태나 움직임의 패턴을 주어진 과제의 특성이나 상황에 따라 더 나은 형태나 방법으로 변형할 수 있는 수준에 이른다. 표현 단계의 활동 수준을 나타내는 동사들로는 '수용하다' '바꾸다' '변화를 주다' '재구성하다' 등을 들 수 있다.

일체화(naturalization)로 표현되는 마지막 단계는 연주와 관련된 반응이 완전 자동화(automatic)된 단계로 연주의 수준이 완벽할 뿐 아니라 특별한 의식 없이도 기능의 수행을 정확히 할 수 있는 단계이다. 이 단계에서는 기능 수행보다는 주어진 표현재료에 대한 이해와 해석이 주요 관점이 되며, 기능적인 측면에서는 완전히 새로운 기교를 창출하거나 창의적인 표현과 제시 방식에 관심을 기울이게 된다. 이 단계의 활동 수준은 '처리하다' '연관 짓다' '구성하다' '창조하다' '디자인하다' '확장하다' 등의 동사들로 특징지을 수 있다.

학생의 악기 연주 수준이 상승함에 따라 지지되어야 할 인지활동은 다양해지고 복잡해질 것이다. 예컨대, 악기학습의 초기 단계에서는 청지각 기능, 인지 기능, 작동 기능 등이 독립적인 요인으로 활동에서 다루어지는 비중이 크지만, 연주 능력의 수준이 향상되어 연주를 위한 기초 기능들이 숙련되면 연주의 정교화와 표현성 그리고 연주를 통한 창의적인 시도와 같이 인지-심동-정서적인 요인들이 복합적으로 연계되는 활동의 비중이 커질 것이다. 따라서 기악학습 활동 구성에 있어서 교사는 학생의 연주 기능의 수준, 전반적인 음악적 이해 능력의 수준 등

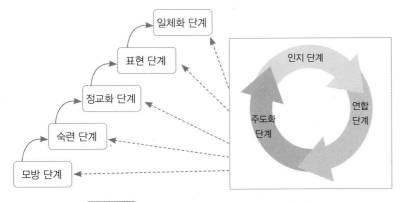

그림 8-4 악기 연주 기능 습득에 따른 단계적 발전

을 정확히 판단하여 관련된 인지활동과 기능적 수행이 적절하게 연동될 수 있도록 교수·학습 활동과 전략을 모색해야 할 것이다([그림 8-4] 참조).

연주 기능 습득을 목표로 하는 기악학습 활동을 구성 시, 교사는 인지적 측면과 작동적 측면을 복합적으로 고려하며 수업의 구성에 접근할 필요가 있다. 악기 연주 능력 발달 수준의 측면에서는 개별 학생 혹은 전체 학급 학생들의 연주 기능의 적용 수준이 음악적으로 어떠한 단계까지 심화되고 있는지를 고려해야 할 것이며, 각 단위수업의 측면에서는 단계별 기악수업 활동에서 구체적으로 어떠한 음악재료와 교수 방법을 적용하여 인지-연합-주도화 과정을 효과적으로 유도할 것인가를 고려해야 할 것이다.

3) 악기 연주의 교수법적 접근

전통적인 음악 영역에서 악기 학습과 훈련, 연주의 목적은 음악적인 연주가 가능한 수준의 연주 기능을 습득하는 것이다. 음악교육이 보편화되면서 악기 연주는, 노래 부르기에 이어 교실에서 이루어지는 보편적인 음악활동으로 인식되고 있다. 일반 음악교육에서 악기학습의 목

음악적 연주의 수준은 개인적으로 좋아하는 어떤 작품을 연주할 수 있는 정도에서부터 악기 연주를 어려움 없이 즐길 수 있는 수준, 또는 전문 연주가 수준의 기량을 습득하는 데까지 다양하게 설정될 수 있을 것이다. 그러나 악기학습의 공통적인 목표는 악기를 활용하여 음악을 '연주'하는 경험에 도달하는 것이다.
연주를 의미하는 영어의 단어로는 'play'와 'performance'를 생각할 수 있는데, 'play'가 스스로의 즐거움을 위한 악기 연주라면 'perform'은 보다 소통적 의미, 즉 청중을 위해서 이루어지는 연주로 구별하여 생각해 볼 수 있다. 청중을 위한 연주는 연주회장 또는 연주를 위해 특별히 만들어진 무대 위에서 이루어지는 실연을 의미했지만, 테크놀로지가 발달하면서 청중을 위한 연주는 다양한 형태로 제공되고 있다.

적은 연주 기능 향상보다는 다양한 음악학습 경험을 통하여 학생들의 잠재적 음악성을 계발할 수 있는 기회를 주는 것으로 인식되고 있다.

승윤희 등(2019: 223)은 악기 연주하기의 중요성에 대해 ① 악기를 매체로 하는 음악활동은 사람의 목소리로 표현하기에는 불가능한 큰 음량, 넓은 음역, 다양한 음색의 조화와 어려운 기교의 표현 등을 가능하게 하며, ② 다양한 소리와 음색에 대한 청감각을 계발하여 음악적 소리의 아름다움을 발견하고, 리듬, 가락, 화성, 형식, 셈여림, 빠르기, 음색 등의 음악적 개념을 습득하게 하며, ③ 독주뿐 아니라 다양한 중주와 합주 활동을 통해 소리의 어울림을 경험하고 타인과의 협력을 통해 음악적 소통 능력을 향상시키며, ④ 즉흥연주를 통해서 감정과 사고를 자유롭게 발전시킬 수 있는 창의성을 향상시킬 수 있으며, ⑤ 가창과는 또 다른 측면에서 학생들의 음악적 잠재력을 계발시킬 수 있다고 하였다. 이와 같이 악기 연주는 음악을 경험하는 기초 활동의 역할부터 음악적 잠재력의 지속적인 계발에 이르기까지 다양한 의미와 목적을 갖는다.

(1) 악기의 선택

노래 부르기가 발달에 따라 모든 아동에게서 나타나는 보편적인 능력인 데 비하여, 악기 연주는 의도적인 선택과 훈련을 통해서 이루어질 수 있는 음악활동이다. 악기 연주는 악기의 경험으로부터 시작되는데, 각기 다른 발현 경로와 음색, 소리의 질을 갖는 악기의 특성으로 인하여 같은 연령의 아동이라도 관심을 갖는 악기의 종류는 각기 다를 수 있으며, 어떤 악기를 선택하는가에 따라 학습의 발전 양상도 다르게 나타날 수 있다. 악기 선호 성향은 개인에 따라 다르게 나타나기도 하지만 효과적인 악기학습을 위해서는 연령에 따른 신체적·인지적 특징도 동시에 고려해야 한다.

'악기를 몇 살에 배우기 시작하는 것이 좋은가'는 전문적인 악기 연주를 목적으로 하는 악기교육의 영역에서는 빈번히 제기되는 질문이다.

유난히 신동이 자주 발견되는 음악 영역에서 정식 악기학습 시작 시기를 단정하는 것은 어렵다. 보통 아동이 악기 활동에 몰입할 수 있는 주의 집중 수준과 주의 집중 시간이 학습하기에 충분할 정도라면 어린 연령이라도 정식 악기교육을 시작할 수 있다. 단지 악기의 선택에서는 아동의 신체 조건을 고려하여야 하는데, 아동의 신체에 비하여 너무 큰 악기나, 아직 폐의 발달이 완성되지 않은 상태에서 관악기를 너무 일찍 시작하는 것은 적합하지 않다고 알려져 있다. 또한 처음부터 진지하고 심각한 분위기에서 악기학습을 바로 시작하는 것보다는 편안하고 유연한 놀이적 분위기에서 축소형 악기를 가지고 노는(playful) 방식으로 접근하여 아동의 악기 취향과 음악적 성향을 탐색하는 것이 좋다.

일반적으로 아동이 충분히 집중만 할 수 있다면 건반악기는 2～3세부터도 시작할 수 있으며, 스즈키 바이올린 학습은 3세부터 가능하다. 관악기는 아동의 호흡 기능을 고려했을 때 6～7세 정도는 되어야 적합하다(McPherson, Davidson, & Evans, 2016).

학교 음악교육에서는 주법의 난이도와 악기 구입의 경제적인 측면을 고려하여 기본 악기를 선정하게 되는데, 타악기와 리코더를 공통 악기로 지도하는 것이 일반적이다. 타악기는 두드리기를 기본적인 주법으로 하기 때문에 소리를 쉽고 다양하게 표현할 수 있으며, 리코더는 주법을 익히기가 용이하며 동시에 경제적으로 부담 없이 구입할 수 있다는 장점이 있다. 그러나 음색이나 음질의 측면에서 저렴한 악기들은 상대적으로 아동들에게 호기심과 매력을 끌기에는 적합하지 않을 수 있다는 점에 유의해야 할 것이다(O'Neill, 2001). 실제로 몇몇의 연구에서는 아동이 진지한 악기학습이 시작되는 동기부여 요인으로, 학교 음악수업에서보다는 비정규 교육과정이나 학교 밖에서 이루어지는 음악활동 참여의 경우가 우세하다고 보고한다(Davidson & Burland, 2006; Sloboda, Davidson, Howe, & Moore, 1996).

O'Neill의 연구에서 아동들은 리코더를 가장 매력적이지 않은 악기로 선택했다.

아동의 악기 선택에 있어서 일관적인 기준이나 원칙은 없지만, 연구들은 가능한 한 일찍 다양한 악기를 편안한 분위기에서 경험할 수 있도록 하는 것이 중요하다고 보고한다. M. Cooke과 R. Morris(1996)의 연구에서는 연령에 따라 나타나는 악기학습에 대한 동기화를 조사하였다. 그 결과, 5～6세에서는 48%의 아동이 악기를 배우고 싶다고 답하였는

대중음악 스타들, 특히 록밴드 음악가들 중에는 10대에 우연찮은 계기로 기타와 같은 악기에 매료되어 전문 연주가가 된 사례들이 드물지 않다(Gullberg & Brändström, 2004).

데, 7세에서 이 비율이 1/2, 11세에서는 1/4로 줄었으며, 14세에서는 단지 4%만이 악기를 배우고 싶다고 답하였다. 그러나 악기학습에 대한 동기화는 배울 수 있는 악기의 종류와 경험의 맥락에 따라 급격히 변화할 수 있는 요인으로, 청소년기에는 어떤 특별한 경험이나 계기를 통해서 악기 배우기에 몰입하여 연주가로까지 발전하는 사례도 다수 발견된다.

(2) 독보

악보는 음악작품을 보존하고 전달하는 가장 보편적인 수단 중에 하나이다. 축음기가 발명되고 녹음 기술의 발달과 함께 현대 테크놀로지가 발달되면서 소리로서의 음악을 그대로 담고 재생할 수 있는 다양한 방법이 있지만, 악보는 작품에 담긴 작곡가의 음악적 사고와 음악의 구조를 객관적으로 볼 수 있게 해 주는 가장 신뢰할 만한 수단이다. 따라서 가창과 기악을 포함한 모든 음악연주에서 악보를 읽고 해석하여 연주로 재현하는 과정은 필수적이다. 현재는 오선보가 가장 보편적인 기보 방식이지만, 각 문화권은 그 문화 고유의 음악을 담아내기 위한 고유의 기보법을 가지고 있는 경우가 많다. 일반적으로 악보에는 음고와 음가 외에 실제 음악을 재현하는 데 도움이 되는 다양한 정보가 담겨 있지만 어떤 악보도 음악에 대한 완전한 정보를 담아내지는 못한다. 따라서 음악 연주를 위해서는 악보에 담긴 기본적인 정보를 해독할 수 있는 능력 외에 악보에 담긴 음악적 의도와 의미를 해석할 수 있는 이해력이 필요하다.

노래 형식에 비하여 길이나 구조적 측면에서 확장된 규모를 가지고 있는 기악 음악의 연주에서 독보 능력을 기르는 것은 필수적이다. 연주자는 독보를 통해서 악곡 표현을 위한 정확하고 구체적인 정보들을 해독하여 표현할 수 있으며, 무엇보다도 연주 가능한 악곡의 범위를 빠르게 넓힐 수 있어 음악적 기량 발전에 도움이 된다.

악기 연주과정에서는 단순히 악보를 읽을 수 있는 독보력 외에 악보를

보는 시각적 처리와 연주로 재현하는 근운동 간의 원활한 협응력도 중요
하게 작용한다. 악보를 보면서 연주를 하는 동안, 연주자의 시각은 연주
의 정확도를 높이기 위해 연주하고 있는 지점과 그보다 앞선 지점을 오고
가면서 움직이는 것으로 알려져 있다(Goolsby, 1994; Waters et al., 1997).
음악의 구성적 특징은 악보를 읽는 시선의 움직임에 영향을 미치는데,
대위법적 악곡에서는 성부의 진행을 읽기 위한 횡적 움직임이 많고 화
성적 음악에서는 상하 움직임이 두드러지는 것으로 나타난다(Weaver,
1943). 연주해 본 적이 없는 악보를 처음 보면서 연주하는 것을 의미하
는 초견(sight-reading)은 독보 능력과 관련하여 중요하게 다루어지는 능
력으로, 악보를 보고 소리를 떠올릴 수 있는 음악 연상 능력(imagery)과
초견경험, 음악 인지 스타일 그리고 연주 기능과 관련되어 있다.

> 연주 지점에서 얼마나 앞서 움직이
> 는지에는 3～4마디에서 7～8마디
> 까지 개인차가 나타난다(Goolsby,
> 1997; Sloboda, 1984).

(3) 인지적 전략의 활용

성공적인 학습자들에게서 발견되는 공통적인 특징은 인지적 전략을
적용하는 것이다. 악기학습에서도 훈련과 반복은 필수적인 과정이지만
무엇을, 왜, 어떻게 반복해야 하는지에 대한 인지적 전략은 훈련과 연습
을 효과적으로 만든다.

연주해야 할 음악에 대한 심상(imagery)을 갖는 것은 연주 기능 습득
에 도움이 된다. 이는 비슷한 수준의 악곡이라도 한번 들어 봤거나 또는
노래 부르기로 익힌 경험이 있을 때 악기로 연주하는 것을 훨씬 빨리 익
히게 되는 경험과도 일맥상통하는 것으로, 무작정 악기로 소리부터 내
는 것보다는 연주해야 할 악곡의 박자, 시작 음과 가락의 진행, 반복되
는 부분과 달라지는 부분 등을 미리 살펴보고 표현을 시도하는 것이 훨
씬 효과적이다.

악기 연주 기능 습득과정에서 시행착오는 필수적인 과정이지만 자신
의 실수과정을 집중해서 관찰하고 원인이 될 만한 요소들을 학생이 스
스로 찾아보도록 하는 것은 연습의 효과를 높일 수 있는 전략이다. 통

상, 학생들은 기계적으로 진행되는 반복 연습으로 무의미하게 시간을 보내게 되는데, 만일 잘못된 방법으로 반복하게 된다면 오히려 수정이 점점 더 어려워질 수도 있을 것이다. 자신에게서 발견되는 문제점을 찾고 그 해결을 위해서 적극적으로 방법을 찾도록 유도하는 것은 자발적이며 효과적인 악기 연주 학습에서 중요하다.

4) 악기 연주와 자기조절학습

(1) 자기조절학습의 개념

악기 연주 영역은 학습자의 인지 · 심동 · 정서적 측면을 총체적으로 포괄하는 영역이다. 악기의 연주법을 습득하고 연마하여 질적으로 우수한 연주를 할 수 있는 능력을 습득하기까지는 학습자의 음악적 자질뿐만 아니라 그와 동반되는 '연습(practice)'이라는 유형의 집중적인 노력이 요구된다는 점에서 학습자의 자기조절학습 능력이 특히 중요하게 작용하는 영역이라고 볼 수 있다. 따라서 기악학습 과정과 연습과정을 중심으로 나타나는 학습자의 자기조절학습 성향과 학습성취 간의 상호연관 관계의 탐구는 음악학습에서 학습자의 특성을 효과적으로 관찰하고 그에 따른 적절한 교수 · 학습 지도를 위해 중요한 의미를 갖는다고 볼 수 있다.

교육적 측면에서의 '자기조절학습'이 하나의 학습이론으로 제시된 것은 1980년대 중반부터이다. 일반적인 학습과정에서 어떻게 학생들이 학습과정의 주체가 되는가라는 문제의 제기로부터 시작되는 자기조절학습에 대한 탐구는 학생의 지적 능력이나 학습에서 요구되는 개개의 학습 수행 능력보다는 학습자가 어떻게 자신의 능력을 학습하는 과정의 장면 장면에 관련지어 적용하는가의 문제에 더욱 초점을 맞춘다. 따라서 자기조절학습은 학습을 단순한 교수 · 학습 과정의 피상적인 결과보다는 학습자가 자기 스스로를 위해서 수행하는 자발적 활동과정으로

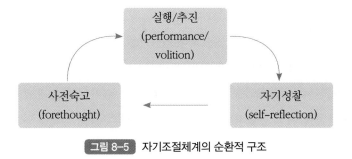

그림 8-5 자기조절체계의 순환적 구조

본다(Zimmerman, 2000).

B. Zimmerman(2000)은 자기조절학습 이론의 바탕이 되는 자기조절 체계의 틀로서, 사전숙고(forethought), 실행과 그의 추진을 위한 자발적 의지의 조절(performance and volitional control), 그리고 자기성찰(self-reflection)의 세 요소의 순환적 체계를 제안하였다([그림 8-5] 참조).

사전숙고란 행동의 실행에 앞서 일어나는 행위자의 의지와 그 준비 과정에서 나타나는 노력이라고 이해할 수 있다. 실행과 자발적 의지는 실제로 문제해결이나 학습과정에서 나타나는 행위 또는 전략의 유형, 학습자의 집중력, 지속적인 수행을 위한 구체적 노력 등을 포함한다. 마지막으로, 자기성찰은 목적 달성을 위한 일련의 노력과 실행한 후 그 전반적인 과정과 결과에 대한 개인의 반응이다. 자기성찰의 결과는 다시 다음번의 유사한 수행과정에 대한 사전숙고의 주요한 정보가 되어 결과적으로는 수행과 그 추진에 영향을 미치게 된다.

(2) 연습에서의 자기조절학습

음악학습, 특히 기악학습에서의 연습과정은 학생의 인지적·기술적 그리고 자기관리적인 능력을 살필 수 있는 중요한 요소들을 포함하고 있다. 특히 목표하는 연주 능력의 단계가 심화될수록 학습과정 전반에 대한 포괄적인 조절 능력이 요구된다는 점에서 음악학습에서의 자기조절학습 능력은 지속적인 학습을 가능하게 하는 중요한 요소이다

(McPherson & Zimmerman, 2011; 정진원).

특히 악기학습에서 연습은 피해 갈 수 없는 과정인데, 연습을 즐길 수 있는 학생을 발견하기란 어렵다. 자기조절학습은 연습과정을 즐기도록 이끌 수는 없더라도 투여되는 연습 시간을 가능한 효과적이 되도록 한다는 점에서 중요하다. 초보 학생들의 악기 연습 방식을 연구한 여러 연구에서 대부분의 학생(90%)이 처음부터 끝까지 반복하는 연습 방법을 취하고 있는 것으로 나타났다(Barry & Hallam, 2002; McPherson & Renwick, 2011). 이런 연습 방법에서는 학생들이 자신이 계속 실수하는 이유를 발견하기 어려울 뿐만 아니라 전체 과제 수행을 위해서 세부 계획과 목표를 체계적으로 세우는 것도 기대하기 어렵다. Hallam(1997)은 학생들의 연습 효율성을 다섯 단계로 구분하였다. 즉, ① 전체를 완결하지 않고 자신이 연주 가능한 처음 부분만 연습하는 유형, ② 처음부터 끝까지 틀려도 수정하지 않고 연습하는 유형, ③ 틀리는 부분에서 멈추지만 틀린 부분의 음표들만 반복해서 연습하고 다음으로 진행하는 유형, ④ 틀린 부분을 수정할 때 작은 부분으로 나누어 연습하고 전체를 이어 다시 연주해 보는 유형, ⑤ 악곡의 흐름을 알기 위해 전체를 연주해 보고 연습이 필요한 주요 부분들을 따로 분리하여 연습하는 유형이다. 이런 연습 유형의 차이는 연주 수준의 전문성과 연관된 것으로, 효과적인 연습을 위해서는 악기학습의 초기 단계에서 연습하는 악곡을 청각적으로 연상하고 자신이 연주하는 소리와 비교하면서 오류를 발견하고 수정하는 연습과정을 습득하도록 유도하는 것이 중요하다. 이와 같은 성찰적 연습 성향은 학생 수준에 적합한 난이도와 길이의 악곡을 연습하면서 전략적으로 익힐 수 있도록 유도하는 것이 중요하다.

중등 피아노 전공자를 대상으로 한 자기조절학습 성향에 대한 연구(정진원, 2004, 2007)에서는 자기조절학습 성향과 연주성취 간에 유의미한 관계성이 있는 것으로 나타났다. 연구에서는 연습과정에서 적용되는 자기조절학습 전략을 '사전숙고-실행/추진-자기성찰'의 세 영역으

연구 대상은 예술중학교에 재학 중인 예비 피아노 전공자로, 일정 수준 이상의 연주 전문성을 갖추고 있으면서 매 학기의 실기시험을 통해서 성취도 테스트를 받고 있다는 점에서 자기조절 성향 추적에 적합한 대상으로 선정되었다.

로 질문하고 그 답을 분석하였는데, 그 결과는 다음과 같았다. 첫째, 학생들은 연습과정에서 다양한 연습 전략을 적용하고 있었으며 성향과 방법에서 개인적인 차이를 보이고 있었다. 둘째, 기본적인 연습량이 확보된 경우라면 자기조절학습 전략이 연주 목표 달성과 결과의 수준에 영향을 미치는 요인으로 나타났다. 셋째, 연주성취에 영향을 미친 요인들로는 적절한 연습 방법의 적용, 학습과정 관찰 성향, 시험 등 학습결과에 대한 분석적 태도가 가장 중요하게 확인되었으며 동기화와 과제에 대한 사전 분석은 간접적인 영향만을 미치는 것으로 나타났다. 연구에서는 자기조절학습 능력은 영역 특화적인 성향으로서 스스로를 잘 관리하는 능력이라는 피상적 의미의 막연한 개념이 아니라 사전 분석, 과정 관리, 결과 반성의 구체적인 체계를 가진 학습 관리과정이라고 볼 수 있으며, 악기 연주 학습에서 학생의 학습 성향을 분석하고 적절한 변화 방향을 제시하기 위한 기준으로 적용 가능성이 있음을 시사하였다.

자기조절학습을 영역 내 경험을 통해서 습득되는 성향으로 이해할 때, 교사는 학생들에게 연습과정에서 전체 작품의 구조와 특징이 어떠한지, 기교적으로 어려운 부분이 어디인지, 문제를 해결할 수 있는 방법이나 전략은 무엇인지를 질문함으로써 연습해야 하는 과제에 대한 이해를 유도할 수 있다. 또한 부분 연습을 위해서 섹션을 나누어 보도록 하고, 어려운 부분에 대한 연습 방법을 함께 탐색하며, 학생들이 집에서 어떤 방법으로 연습했는지를 질문함으로써 연습 전략을 자발적으로 탐색하도록 도와야 한다. 학생들은 교사와의 협력을 통해서 단기적으로 성취할 수 있는 작은 목표들을 세워 보고 목표성취 과정을 반성적으로 성찰함으로써 자신의 연습과정을 적극적으로 관리하는 자기조절학습 성향을 차츰 발전시킬 수 있을 것이다. 자기조절학습의 일반적인 요인들과 관련지어 악기 학습 및 연습 과정에서 나타나는 자기조절학습 요인들은 [그림 8-6]과 같다.

연습량은 연주 완성도를 예측할 수 있는 중요한 지표로 이해되지만, 해당 연구에서 실기성취도 상위 수준의 학생들의 연습 시간은 평균 수준으로 나타났다.

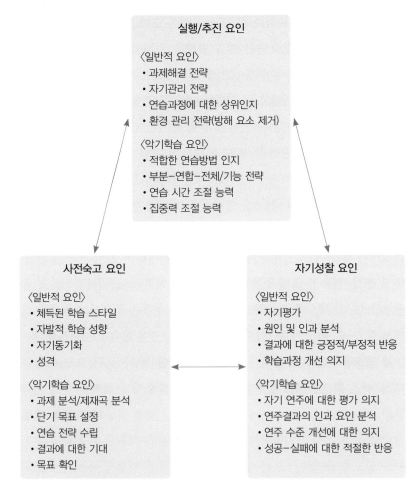

실행/추진 요인

〈일반적 요인〉
• 과제해결 전략
• 자기관리 전략
• 연습과정에 대한 상위인지
• 환경 관리 전략(방해 요소 제거)

〈악기학습 요인〉
• 적합한 연습방법 인지
• 부분–연합–전체/기능 전략
• 연습 시간 조절 능력
• 집중력 조절 능력

사전숙고 요인

〈일반적 요인〉
• 체득된 학습 스타일
• 자발적 학습 성향
• 자기동기화
• 성격

〈악기학습 요인〉
• 과제 분석/제재곡 분석
• 단기 목표 설정
• 연습 전략 수립
• 결과에 대한 기대
• 목표 확인

자기성찰 요인

〈일반적 요인〉
• 자기평가
• 원인 및 인과 분석
• 결과에 대한 긍정적/부정적 반응
• 학습과정 개선 의지

〈악기학습 요인〉
• 자기 연주에 대한 평가 의지
• 연주결과의 인과 요인 분석
• 연주 수준 개선에 대한 의지
• 성공–실패에 대한 적절한 반응

그림 8-6 자기조절학습 과정의 일반적 요인 및 악기학습 요인

3. 듣기와 감상

음악은 날마다의 삶에서 우리를 둘러싸고 있다. 라디오의 로고송에
서부터 전철역에서 들리는 배경음악, 광고, 영화, TV 프로그램 등, 음
악은 도처에서 우리와 함께한다. 그런데 우리는 정말로 이 모든 음악을
'듣는' 것일까? 아마도 청감각에 손상을 입지 않았다면 어디선가 들려오

는 음악을 '들을 수' 있겠지만, 동시에 심리적인 관점에서는 '안 들을 수'
도 있다. 이는 눈으로 보이는 모든 대상에 의미를 두지 않으면 상(像)으
로 남지 않듯이 귀로 들리는 모든 음악이 우리의 인식에 전혀 음악으로
남지 않을 수도 있다는 의미이다.

　음악교육에서 다루어지는 활동 중에 듣기는 모든 음악활동의 기본적
인 과정이라고 볼 수 있다. 듣지 않고 노래를 부르거나 악기 연주를 할
수는 없으며, 청각적 심상을 포함하여 듣기와 결별한 채 음악을 창작하
기도 불가능하다. 이렇게 듣기는 모든 음악활동의 시작점이자 음악의
느낌과 의미를 정신에 담는 핵심적인 활동이다. 듣기는 모든 음악적 활
동에 필요한 가장 기본적 활동이지만 모든 듣기가 감상으로 이어지는
것은 아니다.

　예술작품의 이해를 위한 '감상(感賞)'은 예술작품을 감식하여 그 성질
과 특징, 가치 등을 깊이 음미하고 이해하는 것이며, 이러한 감식적 경
험은 감상자에게 마음의 느낌과 생각을 불러일으키게 하는 '감상(感想)'
의 상태에 이르도록 할 수 있다. 듣기는 감상(感賞)을 위한 과정으로서
'음악'을 집중해서 듣고 변별하는 과정이며, 이때 일어나는 다양한 반응
과 사고를 통해서 감상자는 음악을 이해하며 음악경험의 의미와 음악
의 가치를 발견하게 되는 '감상(感想)'에 이르게 될 것이다.

> 감상의 과정에는 소리로서의 음악을 감지하고 특징을 변별하는 '듣기(listening to)'의 측면과 음악의 질적 가치와 음악 경험에 대한 의미부여를 하는 '감상(appreciation)'의 두 측면이 있다고 볼 수 있다.

1) 듣기

　듣기를 적극적인 음악활동으로 보는 시각에는 음악을 청취자 중심으
로 보는 관점이 적용된다. 오선보에 그려진 음악이 작곡가의 정신에 존
재하는 음악을 기호로 담은 것이고, 연주되는 음악은 연주자가 이해하고
상상하는 음악을 소리에 담은 것이라면, 들린 음악은 소리로서의 음악이
청취자의 정신에 자리 잡게 될 때 비로소 생성되는 것이기 때문이다.

　청취자 중심적으로 보았을 때, 음악이란 듣는 것에서부터 시작된다.

듣기로서의 음악은 소리에 대한 감각으로부터 시작되며, 감각을 통해서 소리정보가 수용되기 시작하면 우리의 정신은 이들 소리정보를 변별하고 분류하면서 정보를 의미 있게 변환시키는 지각과정을 거치게 된다. 듣기과정은 순식간에 무의식적으로 많은 음악정보를 처리하고 분류하며, 이 중 중요한 것에 주의(attention)를 기울임으로써 선택적으로 보유한다. 이같이 음악에 주의를 기울인다는 것은 음악 감상의 인지적 과정에 있어서 일차적 토대가 된다(박유미, 2004: 105).

2) 감상

감상을 듣기의 특별한 형태로 본다는 의미에서 '감식적 듣기(appreciative listening)'로 표현하기도 한다.

목적을 가지고 음악을 집중하여 듣는 감상은 활동 특성상 듣기의 특별한 형태로 볼 수 있다. 그러나 감상은 단순히 음악을 집중하여 듣고 특징을 변별하는 지각적인 처리 외에 경험에 대한 반응을 포함하며, 대상에 대한 다각적인 이해를 목표로 한다는 점에서 일반적인 듣기와 차별화된다. 음악 감상에서 듣기와 감상을 분명히 경계 짓기는 어렵기 때문에 여러 학자는 듣기의 몰입 수준을 다양한 용어로 구분하여 설명한다. E. Boardman(1996)은 음악 감상활동을 단순한 음악 듣기와 구별하여 인지적으로 음악적 사건에 몰입하여 참여하고 이해해야 한다는 의미에서 'hear'나 'listen'을 넘어, 'describe(묘사하다, 설명하다)'라는 용어를 사용하였다. 이것은 음악을 감상한다고 하는 것이 귀에 들리는 대로 듣는 수동적 행위가 아닌, 들은 것을 서술하고 표현할 수 있는 능동적인 활동이어야 한다는 것을 강조하는 것이다. White(2005)는 "그저 음악을 단순히 듣는다는 것은 음악을 지적으로 즐길 수 있는 경지로 유도해 낼 수 없으며, 음악적 즐거움을 갖기 위해서는 음악을 이해하는 것이 중요하다."라고 하여 음악 감상에 있어서 인지적 과정과 해석적 과정의 중요성을 제시하고 있다.

이같이 음악을 감상한다는 것은 음악에 주의를 기울여 집중해 들으며 사고함으로써 음악의 미적 특성과 의미를 이해하고 음미하는 행위이다. 음악 감상은 음악을 형성하고 있는 음악적 요소들, 즉 리듬, 가락, 화성, 셈여림, 빠르기, 음색 등의 생성 원리와 의미를 파악함으로써 감상자가 음악의 작곡자나 연주자의 의도를 이해하고, 음악작품에 내재된 의미를 분석하고 수용하는 동시에 들은 것을 서술하고 표현할 수 있는 능동적이며 생산적인 활동이라고 할 수 있다. 능동적으로 감상을 할수 있으려면 음악에 대해서 집중하고 주의를 기울여 들을 수 있어야 하며, 적극적 듣기를 통해 음악을 구성하고 있는 여러 요소를 이해하는 것뿐만 아니라 그 속에 함축하고 있는 음악적 의미를 이해할 수 있게 될 때에 비로소 듣기는 음악 감상으로서 가치 있는 음악적 경험이 되고, 음악적 능력의 발달과 음악적 심성의 개발에 도움이 될 수 있다.

3) 감상의 유형

감상의 유형은 시각에 따라 다양한 용어로 설명될 수 있다. 이러한 유형의 제시에서 알 수 있는 것은 감상의 과정에서 나타나는 의식의 수준이 다양하다는 것이며, 각각의 이론에서 적용되는 명칭은 다르지만 무의식적 반응에서 의식적 반응으로, 표면적 단계에서 내면적 단계로, 부분적 이해에서 종합적 이해로 점차 심화되어 가는 양상이 발견된다는 것이다. 보다 심화된 단계의 감상을 위해서는 더욱 많은 감상의 경험과 그에 필요한 지식이 요구되기도 한다. 이러한 심화 단계의 감상은 학습과 상관없이 독립적으로 일어나지 않으며, 의식의 몰입을 위한 이전 단계의 과정을 단계적으로 거치며 가능해진다.

감상의 단계를 좀 더 구체적으로 살펴본다면, 주의 집중-감각적 감상-정서적 감상-분석적 감상-심미적 감상의 다섯 유형으로 세분화할 수 있을 것이다(승윤희 외, 2013, 2019). '주의 집중'은 비로소 음악에 관심을 갖고 듣기 시작하는 단계이다. 청감각은 매우 주관적인 측면이 있어서 청자가 음악을 의미 있게 받아들이기로 결정하지 않는다면 '들리는데 듣지 않는' 상황이 발생한다. 다시 말해서, 물리적으로 음악이 존재하고 청신경을 자극하고 있지만 학생은 이를 '듣는' 대신 '다른 생각'을 할 수도 있게 되는 것이다. 따라서 음악의 존재를 인식하고 이를 '들어 보기로' 결정하는 주의 집중의 단계는 음악 감상을 가능하게 하는 가장 중요한 단계로 볼 수 있다.

'감각적 감상'은 음악의 소리가 불러오는 감각적인 즐거움을 느끼는 것을 의미한다. 이러한 유형의 감상은 음악에 대한 전문적인 지식이 없이도 즐기는 것이 가능하다. 다양한 매체로 생성되는 음악적 소리 자체의 아름다움도 매력적일 뿐 아니라 소리와 소리들이 어우러져 만들어 내는 음향적 조화로움은 그 자체만으로도 즐거움을 줄 수 있다. 감각적 감상이란 이같이 음악에서 나타나는 음향적 특징이나 음악의 국지적 효과가 일으키는 분위기, 느낌 등에 의존하여 음악을 즐기는 단계이다.

'정서적 감상'은 음악에 대한 정서적 반응에 몰입하고, '분석적 감상'은 악곡의 요소와 구성적 논리에 집중한다는 점에서 차이가 있으나 이를 위해서는 지속적으로 음악에 몰입하여 적극적으로 반응해야 한다는 점에서 심화된 감상의 단계라고 볼 수 있다. 정서적 감상은 음악이 불러오는 정서나 분위기와 함께 음악에 대한 자신의 반응에 더욱 커다란 비중을 두며 감상하는 상태이며, '분석적 감상'은 악곡을 이루고 있는 음악적 요소와 이들의 구성적 전개에 집중하여 듣는 방법이다. 특히 분석적 감상을 위해서는 분석의 기준이 되는 음악적 기초 지식이 필요하다는 점에서 학습과 훈련이 요구된다. 이 같은 까닭에 분석적 감상을 정서적 감상보다 심화된 감상 유형으로 보기도 하지만, 음악을 분석적으로 들을지 혹은 정서적으로 들을지는 청자의 선택적 측면이 많이 작용한다고 볼 수 있다.

마지막으로 '심미적 감상' 단계는 앞서 언급한 감상의 여러 유형을 포괄함과 동시에 청자의 주관적인 해석과 가치 평가의 단계가 더 추가되며, 극히 몰입된 음악경험으로부터 새로운 가치와 아름다움을 발견하게 되는 것을 의미한다. 이때의 의미와 가치는 지적 이해와 정서적 반응 모두를 포함하는 다양하고 복합적인 요소의 작용으로 유발된다고 볼 수 있다.

이러한 다섯 단계의 유형이 반드시 위계적 관계로 존재하는 것은 아니지만 주의 집중과 감각적 감상은 비교적 감상의 처음 단계에서 일어나며, 정서적 감상과 분석적 감상은 감상자의 보다 적극적인 참여와 인지적 활동이 필요하고, 심미적 감상은 작품으로서의 음악에 심취하여 새로운 질적 가치를 발견하게 된다는 점에서 가장 심화된 수준의 감상 형태라고 볼 수 있을 것이다. 그러나 심미적 감상이 가능한 청자의 경우에도 들을지 말지, 얼마나 집중하여 무엇을 어떻게 들을지 등은 청자의 주관적 결정에 의한 것이며, 같은 악곡을 같은 연주자가 연주하는 경우라도 소리 자체가 갖는 음향적 명징성이 감상에 큰 영향을 미친다는 점을 고려 할 때, 주의 집중이나 감각적 감상 역시 감상의 중요한 과정이다.

그림 8-7 음악 감상의 과정(승윤희 외, 2013, 2019)

4) 음악 감상활동의 지도

음악 감상은 가창이나 기악과는 달리 학생의 내면에서 발생하는 정신적 활동이다. 따라서 감상이 일어나고 있는 동안 학생의 정신이나 마음에서 어떠한 변화가 일어나고 있는지를 객관적으로 관찰하기는 어렵다. 음악 감상은 적극적 듣기가 필요한 활동으로 학생이 음악에 의식적

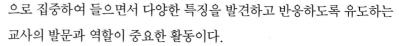

감상 후 선생님이 학생들에게 묻는 "어땠어?"라는 질문에 일반적으로 돌아오는 답은 "좋았어요!"이다. 이때 만일 선생님이 "왜 좋다고 생각하지? 이유를 세 가지만 말할 수 있을까?" 또는 "음악에서 무엇이 좋다는 거지? 음악에서 들었던 어떤 점이 좋았다는 것인지 세 가지만 말할 수 있을까?"라고 질문을 바꾸게 되면 아마도 학생들은 "선생님 음악을 다시 듣게 해 주세요!"라고 요청할 것이다.

으로 집중하여 들으면서 다양한 특징을 발견하고 반응하도록 유도하는 교사의 발문과 역할이 중요한 활동이다.

감상 악곡에 대한 교사의 질문은 학생들로 하여금 음악경험의 다양한 측면을 생각하게 하는 역할을 한다. 듣기경험의 어떤 측면에 대하여 질문하는가에 따라 학생들의 청취 관점은 달라지며, 청취 관점이 달라지면 음악에서 이전에는 듣지 못했던 새로운 소리와 새로운 느낌, 새로운 생각이 떠오르게 된다. 감상지도는 일반적으로 기대되는 감상의 과정에서 학생들이 주의를 집중하여 음악을 듣고, 듣는 과정에서 음악의 특징을 분석적 · 정서적 · 심미적 관점으로 들을 수 있도록 다양한 발문과 듣기 관점을 제안하는 것이다.

(1) 흥미 유발과 주의 집중

감상의 첫 단계는 주의 집중으로부터 시작된다. 주의 집중은 음악에 대하여 흥미와 관심을 갖게 될 때 시작되는 것으로, 이어지는 감상에 몰입할 수 있는 열쇠이기도 하다. 감상의 목적이 듣기를 통해서 음악작품을 이해하는 것이라고 전제한다면 감상활동에 영향을 미치는 가장 큰 요인은 감상의 대상이 되는 음악작품 그 자체일 것이다. 특히 개인이 자신의 취향에 따라 감상곡을 선택하여 듣는 것이 아닌 음악수업으로서 감상활동이 이루어질 때, 감상 악곡에 대한 흥미도는 청취자의 집중도를 결정하는 매우 중요한 요인이다.

주의 집중에 가장 직접적으로 작용하는 것은 제재 악곡의 매력도로서, 음악 자체가 청자의 호기심을 불러일으키기에 충분히 흥미롭다면 가장 바람직할 것이지만 대부분의 경우는 악곡에 대한 관심 유발을 위한 노력이 요구된다. 악곡의 배경지식이나 관련된 에피소드, 상황 등을 아는 것은 악곡에 대한 관심을 높이는 데 효과적이며, 악곡에 대한 이해를 넓히는 데도 도움이 된다.

(2) 연상적 듣기

주의를 기울여 음악을 듣는 모든 과정에서는 어떠한 형태로든지 반응이 나타나게 된다. 그러나 음악 감상과정에서 음악에 대한 반응은 음악과 함께 흘러가 버리게 되는데, 교사는 적합한 질문을 던짐으로써 학생으로 하여금 음악에 대한 자신의 반응에 집중하도록 유도할 수 있다. 음악에 대한 느낌은 추상적이며, 개인적이고 주관적이다. 특정 반응을 유도하기보다는 음악에 대한 인상을 자유롭고 편안하게 말할 수 있는 분위기를 조성하여 음악을 듣고 떠오르는 느낌과 인상에 집중하도록 한다. 악곡에 대한 느낌은 듣는 사람의 음악적 경험뿐 아니라 음악 감상 활동 바로 전의 경험이나 정서적 상태에 영향을 받을 수 있다.

> 학생들의 적극적인 참여를 유도하기 위해서는 학생들이 고를 수 있는 형용사표를 제시하거나, '다섯 개의 단어로' '떠오르는 장면으로' 등의 흥미를 끌 수 있는 유도 질문이나 활동을 제시하는 것도 효과적이다. 어휘의 성격에 제한을 두지 말며 가능한 음악과 연관 지어 다양한 특징과 인상을 설명할 수 있도록 유도한다.

(3) 반복적 듣기

반복적 듣기는 음악 감상의 대표적인 전략이다. 아무리 집중하여 들어도 한 번의 듣기로 음악의 다양한 특징을 단번에 파악할 수는 없기 때문이다. 듣고, 다시 듣고, 또 듣기를 하면서 매번 악곡의 새로운 특징들을 찾아가는 것은 감상의 즐거움이라고도 할 수 있다. 감상을 교수·학습적으로 접근할 때, 반복적인 듣기가 무의미하게 이루어지지 않도록 적절한 발문과 과업을 부여하여 학생들이 매번의 듣기에서 새로운 특징들을 발견할 수 있도록 유도하는 것이 중요하다. 악곡은 다양한 구성적 특징을 가지고 있으므로 한 번에 한두 가지의 특징에 집중하여 듣고 구별해 가면서 악곡의 다양한 특징을 복합적으로 파악할 수 있도록 유도하는 것이 중요하다.

> 특징을 변별하여 듣고 구체적으로 설명하는 과정을 통해서 음악적 경험을 객관적으로 설명할 수 있는 어휘들(음이 높고/낮고, 빠르고/느리고, 복잡하고/단순하고, 크고/작고, 부드럽고/딱딱하고, 목소리/악기 소리 등)을 활용할 수 있게 된다.

(4) 분석적 듣기

분석적 듣기는 악곡의 구성 요소에 더욱 초점을 두고 이러한 요소들 사이의 관련성을 찾도록 한다. 특징을 묻는 것은 객관적으로 확인할 수 있는 요인을 찾도록 하는 데 효과적이다. 막연하게 듣기를 요청하기보다 박자, 가락의 움직임, 연주 악기, 강약의 변화, 반복과 대조, 장조와 단조 등과 같이 들어서 변별하거나 찾아내야 할 구체적인 목표를 제안하는 것은 집중적인 듣기에 도움이 된다. 악곡의 구조적 특징을 나타내는 그림악보, 도표악보와 같은 시각적 자료를 활용하면 분석적 듣기에 많은 도움이 된다.

(5) 해석적 듣기

해석 단계에서는 학생이 무엇을 들었는가에 더하여 그에 대한 느낌, 그리고 그것이 무엇을 의미하는지와 같은 청취자의 주관적 반응을 유도함으로써 감상하는 작품에 대한 보다 심도 있는 반응을 이끌어 낼 수 있다. 처음 들었을 때의 느낌, 전체적 특징들을 다시 상기하면서 그러한 느낌들이 음악의 어떠한 요소들과 연관된 것인지를 생각해 볼 수 있으며, 이에 더하여 음악에 대한 학생들의 적극적인 판단을 더할 수 있다는 점에서 보다 확장된 감상활동이라고 볼 수 있다.

학생들은 자신들의 상상과 자신의 실제 생활에서의 경험 등과 관련지어 악곡 감상에 대한 자신의 느낌과 생각을 설명할 수 있으며, 학생의 문화적 특성, 개인적 관점, 과거의 음악적 경험에 따라 악곡에 대한 생각은 다를 수 있다. 교사는 학생 각자가 들은 것에 대하여 자신감을 갖도록 하여, 판단, 비평, 평가의 두려움 없이 스스로의 느낌과 생각을 적극적으로 표현할 수 있는 분위기를 조성하는 것이 필요하다.

(6) 감상활동에 영향을 미치는 요인

듣기를 기반으로 하는 감상활동은 소리로서의 음악에 집중하는 활동이기 때문의 감상에 쓰이는 음악의 음향적 질도 영향을 미친다. 아무리 좋은 음악이라도 음향적으로 적합하게 제시되지 않는다면 청취자의 관심을 끌기 어려울 것이다. 음악의 음향적 질과 더불어 감상에 몰입할 수 있는 환경 조건도 진지한 감상에 영향을 미친다. 어수선한 분위기나 음악에 집중하는 데 방해가 되는 주변 환경은 감상에 대한 주의 집중이나 음악적 매력도 확보에 부정적인 영향을 미친다. 음악에 대한 선호도 형성에서와 마찬가지로 음악과 관련된 학생의 사전 경험, 예컨대 학습경험, 연주경험, 관심 음악 장르 등은 음악 감상에서 특정 음악에 대한 선호도나 취향에 긍정적ㆍ부정적인 영향을 줄 수 있다.

4. 작곡

작곡(composing)은 음악 인지 및 창의적 음악사고와 가장 밀접하게 연관되어 있는 활동이다. 작곡은 음악적 재료를 활용해서 자신이 생각하고 있는 음악적 의도를 표현하는 과정으로, 창의적 표현과정으로서의 작곡(composing)과정에서 산출되는 결과물들은 활동 주체의 음악적 사고 수준과 음악 이해 방식을 드러내기 때문에 음악심리학에서는 아동의 음악 인지 발달 수준을 추론하는 중요한 지표로 활용되어 왔다. 음악교육 영역에서 작곡활동은 완성된 음악작품 산출이라는 결과 지향적 목적보다는 작곡의 과정에서 기대할 수 있는 다양한 음악학습 가능성에 비중을 두어 왔다. 작곡하기를 통해서 음악을 구성하는 주요 개념을 익힐 수 있으며, 소리를 구성하여 음악을 만드는 작곡과정 자체를 경험할 수 있고, 음악의 원리와 악곡 구성의 전략들을 학습할 수 있으며, 자신이 상상하는 음악을 실제로 구현할 수 있는 다양한 방법을 학습할 수 있다. 이와 같이 작곡은 음악적 생각을 주체적이며 창의적으로 표출하는 가장 적극적인 표현활동이다. 다음에서는 다양한 연구와 이론적 탐구에서 나타나는 작곡활동의 특성을 탐색해 보도록 한다.

1) 인지적 사고로서의 작곡

음악심리학적 관점에서 작곡은 인간의 음악 인지과정이 총체적으로 관여하는 정신활동으로 조망되어 왔다. F. Lehdal(1988)은 인간의 작곡 행위에 대한 연구에서 주목해야 할 것은 결과물로서의 작품에 대한 것이 아니라, 결과물을 이끌어 내는 사고과정이라고 보았다. 또한 작곡은 특별한 개인만이 할 수 있는 음악 창조활동이라기보다는 모든 인간의 본성에 내재되어 있는 공통적인 인지적 사고에 기반을 두고 있다고 보았다.

Lehdal(1988)에 따르면 작곡은 소통을 전제로 시도되기 때문에, 언어와 마찬가지로 음악 어법 또는 음악적 문법이라는 구성 원리에 따라 이루어진다. 음악 어법 또는 음악적 문법은 음악을 듣고 이해하는 방식과 밀접하게 관련되어 있어서, 대부분의 청자는 자신이 이해할 수 있는 수준에서 음악에 공감하고 반응한다. 가장 이상적인 차원에서 작곡가가 상상하는 음악과 연주자가 표현하는 음악 그리고 청자가 듣고 이해하는 음악이 동일한 수준에서 소통될 수 있다면, 작곡과정은 음악적 사고의 생성과정이자 인지과정으로서 객관적인 탐색이 가능할 것이다. 그러나 음악 인지의 수준은 주체의 음악적 경험, 학습 수준, 음악 문화적 환경 등에 영향을 받을 뿐만 아니라, 음악적 심상을 작곡을 통해서 구체화시키는 데는 생각하는 음악을 실제 소리로 실현하는 연주적 재현 가능성, 떠오르는 음악을 악보에 담아내는 기보의 한계 등에 제한을 받게된다. 이러한 이유로 작곡이 음악적 사고, 음악 인지 전개과정과 밀접하게 관련되어 있을 것으로 널리 인정되고 있지만 그 관련성을 경험적으로 밝히는 연구는 제한적으로 시도되어 왔다.

Lehdal(1988)은 작곡에 작용하는 음악 어법 또는 음악적 문법은 인지적 측면과 사회-문화적 측면을 동시에 갖는다고 보았다. 그에 따르면 조성(음계)과 박, 리듬은 음악 장르에 따른 음악 어법의 다양성에 앞서

작곡과정에 대한 연구는 작곡과 관련된 인지과정을 과학적으로 밝히는 경험적 연구보다는 작곡가의 작품 분석, 회고적 인터뷰 등을 기반으로 하는 추론적 모델을 제안하는 연구가 많았다.

시대, 문화, 장르에 따라 서로 다른 관습적 특성을 띠지만 동시에 소리를 인지적으로 처리하는 데 있어서는 공통적으로 작용하는 원리가 있는 것으로 보았다.

공통적으로 작용하는 음악 구성 요소로서 음악정보를 처리하고 음악을 표현하는 인지 원리이다. 그러나 작곡에 작동하는 관습적 음악 문법은 경험과 학습에 의하여 구축되는 것으로, 음악적 문법이 청자와 공유 되는 수준에서 음악에 대한 반응과 이해, 나아가 결과물에 대한 의미와 가치가 소통될 수 있다고 보았다.

　작곡을 인지과정으로 보는 관점은 음악심리학과 음악교육의 다양한 연구에서 지속적으로 적용되어 왔다. 이러한 근거를 기반으로 음악 인지 및 음악사고 발달 수준을 규명하는 많은 연구에서는 작곡이나 즉흥 연주의 결과물에서 나타나는 음악 구조화 양상과 수준을 분석하여 음악적 인지사고 특성을 설명해 왔다.

2) 작곡과정 모델

　작곡에 따른 창의적 결과물의 수준은 작곡자의 음악 인지 발달 단계, 음악적 경험, 음악학습 수준, 음악 문화적 환경 등의 영향을 받는다. 그러나 인지적 과정으로서의 작곡과정에는 결과물의 수준에 상관없이 공통적으로 거치게 되는 생성적 과정(generative process)이 작용하는 것으로 추론되어 왔다.

　J. Sloboda(1987)는 시대와 문화적 배경에 따른 음악의 양식적 차이에도 불구하고 모든 음악 작곡은 인지적 단계가 적용되는 일련의 생성적 과정을 거친다고 보았다. 이러한 추론의 전제는 언어의 구문론이나 문법처럼 음악도 음악 어법과 음악적 문법체계에 따라 구성된다는 것이다. 이러한 음악적 문법은 장르에 따라 특징적인 구조를 띠지만, 조성(tonality), 박자(meter), 리듬(rhythm)은 음악적 구조가 다양한 방식의 장르로 분화하는 시작점에 공통적인 인식 요인으로 작용하는 것으로 인식되고 있다. Sloboda는 서양의 조성음악 작곡가들의 작곡과정과 관련된 기존의 연구들과 자료들을 분석하여, 작곡과정에서 나타나는 전형

적 과정을 의식적 과정과 무의식 과정의 두 단계 모형으로 제안하였다. 의식적 과정에서는 조성, 리듬과 같은 음악에 대한 구조적 지식과 개념, 작곡 기능처럼 당장 적용하고 활용할 수 있는 지식과 기능이 관여하며, 무의식적 과정에서는 작곡자의 내면에 장기기억으로 저장된 음악에 대한 경험과 인식, 음악적 성향, 작곡경험과 같이 오랜 기간 동안 형성된 요인들이 작용하여 다양한 가능성 중에 어떤 음악적 재료를 선택하여 어떤 전개와 구조를 구축할지에 비가시적인 영향을 미치면서 작용하게 된다.

S. Emmerson(1989)은 전자음악 작곡과정을 관찰한 연구에서 작곡과정을 단순 작곡(simple composing)과 연합적 작곡(incorporated composing)의 두 단계 모델로 제시하고 있다. 단순 작곡 단계에서 작곡자는 주어진 소리재료를 실행적으로 연결하고 조작하고 들어 보면서, 구성한 것을 보존할지 또는 폐기할지를 결정하여 이를 보존하거나 다시 새로운 시도를 하는 순환과정을 거친다. 이 과정의 결과물들은 짧은 리듬 패턴 또는 가락 패턴으로 나타난다. Emerson의 단순 작곡과정은 소리를 조작하여 구성해 보는 실행(action), 듣기를 통해서 실행의 적합성을 확인하는 검증(test), 구성한 것을 보존할지 또는 폐기할지를 결정하는 판단(judgement)의 세 과정을 거친다. 연합적 작곡 단계에서는 '단순 작곡' 단계를 거치며 만들어진 조각들을 연결하는 과정으로, 작곡을 어떻게 이어 갈지에 대한 구조적인 판단이 작동되는데, 이 과정에서 작곡자의 작곡경험, 맥락적 요인 등이 작용하면서 음악 어법, 작곡 기법을 따를 것인지, 아니면 직관에 의존하여 전개할 것인지가 결정된다고 보았다. Emerson의 연구에서도 조성, 박자, 리듬은 작곡의 단위 패턴을 구성하는 기본적인 구조로 작용하고 있는 것으로 나타났다.

일반적인 과제해결에 적용되는 '실행-검증 및 평가-확장'의 과정은 다양한 수준의 작곡과정을 탐구한 A. Colly 등의 연구에서도 유사하게 나타나고 있다(Colly, Banton, Down, & Pither 1992). Colly 등에 따르면 비록 작곡의 결과인 작품의 수준은 작곡자의 음악경험, 음악 지식 등의 요인에 따라 다르게 나타나지만, 작곡의 과정은 음악적 아이디어를 적용하고 결과를 검증하는 투입(input)과 산출(output)의 정신적 순환과정으로 볼 수 있으며, 이때 음악 구조와 형식에 대한 작곡자의 이해 수준 외에 음악적 경험, 작곡경험 그리고 음악적 영감(intuition)이라고 불리는 요인들이 작곡의 완성도와 작품의 독창성을 결정하는 데 관여하는 것으로 설명하고 있다.

이상의 연구들을 종합하여 볼 때, 작곡과정에는 음들을 작은 단위로 조직하고 들어 보면서 음악의 표면적인 소재들을 구성하는 1차적 단계와 이렇게 구성된 재료들을 연결하여 보다 확장된 구조로 조직하는 2차적 단계로 진행됨을 알 수 있다. 특히 1차적 과정에서 공통적으로 조성과 박, 박자 등의 요소가 인지적 구성 요인으로 작용하고 있다는 점은 음악 구성과 관련된 기본 개념의 형성이 작곡과정에서도 중요하게 작용한다는 점을 시사한다.

3) 창의적 사고와 작곡

창작으로서의 작곡과정은 복합적이며, 다면적인 특성을 함축하고 있는 활동이다. 작곡은 새로운 음악을 만들어 가는 과정이며, 음악을 상상하고 이를 실제의 소리로 구성하는 과정으로, 음악의 다양한 측면을 고려해야 하는 본질적으로 창의적인 사고과정이다. 작곡과정이 음악 인지에 따른 일련의 생성적 단계로 전개된다고 추론되지만, 작곡에는 다양한 내적·외적 요인들이 복합적으로 영향을 미치면서 예술적 결과물로서의 다양한 수준의 질적 가치를 창출하게 된다. 작곡의 과정에는 해당 장르의 음악 어법이나 관습이 기반으로 작동하지만, 개개의 작품에 개성을 부여하고 음악적 의미를 창출하는 것은 각각의 작품을 독창적으로 만드는 작곡가의 음악적 창의성이라고 볼 수 있다.

창의성에 대한 연구가 누적되면서 음악적 창의성과 작곡활동의 창의적 본질을 보는 관점도 다면화되고 있다. 창의성을 문제해결 또는 결과 창출의 관점으로 접근하는 일반 창의성 연구에서와 마찬가지로 음악적 창의성 역시 작곡이나 즉흥연주뿐 아니라 음악적 결과 창출을 의도하는 모든 음악활동에서 요구되며, 다양한 방식으로 발현될 수 있다. 창의적 음악사고 모형을 제시한 Webster(2002)는 일반 창의성 이론에서 제시하고 있는 '준비(preparation)-관망(time away)-수행(working through)-검증(verification)'의 과정이 창의적 음악사고 과정에서도 핵심 과정으로 작동한다고 보았는데, 특히 작곡활동은 창의적 사고의 네 가지 사고 단계가 순환적으로 작동하는 대표적인 활동이다. 그러나 음악적 결과물을 창의적인 측면에서 특별하게 만드는 데는 창의적 행위자의 음악적 성향과 학습 수준, 표현 기능뿐 아니라 사회문화적 환경 요인들이 복합적으로 영향을 미치는 것으로 설명하고 있다.

이상의 탐구를 종합한다면, 작곡과정은 소리를 음악이라는 의미체계로 구성하는 과정으로서 기본적으로 음악 인지에 기반을 둔 창의적 음악적 사고와 긴밀하게 연동되어 있다고 볼 수 있다. 또한 작곡과정은 음악적 아이디어를 반복적으로 실험하고 수정하여 정교화하는 실행적 과정으로, 활동 주체의 내재적 능력 요인뿐 아니라 다양한 외부 요인이 관여하는 역동적 과정이라고 볼 수 있다.

4) 작곡학습을 위한 접근

작곡과정에 대한 음악심리학적 연구들에서 제시하고 있는 것처럼 작곡과정은 기본적으로 인지적 사고과정으로 지각, 변별, 분류, 비교, 통합 등의 다양한 수준의 인지적 사고가 관여한다. Sloboda, Emerson, Colly 등이 제시한 작곡의 생성적 과정에 따르자면, 작곡과정에는 음악의 단위재료를 조직하고 구성하는 미시적인 과정과 악곡의 전체 구성을 바라보면서 단위소재들을 연합하고 이끌어 가는 거시적인 과정이 복합적으로 작용하는 것을 알 수 있다.

작곡의 시작 단계에서 나타나는 초기 시도들이 조성, 박, 박자를 중심으로 전개된다는 점을 고려했을 때, 실음경험을 기반으로 하는 음악적 개념 형성과 작곡은 밀접하게 연관되어 있음을 알 수 있다. 다양한 음악 경험을 통해서 형성된 음악 구성 요소에 대한 개념은 음악적 어법에 따라 음들을 조직하고 구성하는 데 도움이 될 수 있으며, 동시에 작곡과정의 경험을 통해서 음악의 구성 원리에 대한 이해와 직관을 발전시킬 것이다. 일반적으로 작곡학습은 음악 구성의 위계적 구조에 따라 전개되는데, 소리의 탐색으로부터 시작하여 패턴, 악구, 악절 등으로 확장하여 시도할 수 있다.

작곡학습의 시작은 작곡의 재료가 되는 소리에 대한 충분한 탐색으로부터 출발해야 한다. 소리의 다양한 특성을 탐색하고 조직해 보면서 실제 소리로 표현되었을 때의 느낌을 알고 그 속성을 체득하는 것이 중요하다. 소리에 대한 다양한 탐색은 소리의 특성 이해뿐만 아니라 음악적 상상을 유발하는 데도 도움이 될 것이다.

작곡과 관련된 연구에서도 제시되었듯이 박, 박자, 조성을 중심으로 구성되는 음악 생성과정은 작곡학습에서도 적용될 수 있다. 음악 창작과정에서는 음악 구성 요소를 중심으로 듣고, 노래로 부르고, 악기로 표현해 보는 과정을 통해서 음악 구성을 위한 기본적인 음악 어법을 익히는 과정이 필요하다.

개념의 특성을 익혔다면, 다음 단계에서는 작은 단원의 리듬 패턴, 가락 패턴을 만들어 보면서 재료로 구성할 수 있는 다양한 음악적 가능성을 실험한다. 이 단계에서는 상상한 소리를 실험적으로 조직해 보는 즉흥연주 방식의 시도들이 필요하며, 동시에 적합한 표현들을 구조적으로 연합해 보는 것을 시도할 수 있다.

짧은 패턴을 구성하는 것은 음악 작곡의 기본 과정으로 리듬 패턴에서 가락 패턴으로 진행하며, 적용하는 음재료도 학생의 수준을 고려하여 2~3음에서 시작하여 차츰 확대하는 것이 효과적이다. 기존에 학습한 악곡을 변형하거나 오스티나토나 보르둔과 같은 기법을 적용하여 다양한 표현 가능성을 탐색하는 것이 도움이 된다. 개념 이해의 수준이 높아지면 가락의 진행과 화음의 구성으로 진행하면서 창작의 내용과 어법의 다양성을 점차 확장시키도록 한다.

창작의 마지막 단계는 창작을 위해 주어진 조건들을 적용하여 산출물을 정교화하고 음악적 표현을 위해 세부 사항을 결정하여 창작을 완결하는 과정이다. 작곡에서는 결과물을 기보화하여 음악작품으로서 완성하게 된다. 마지막 완결과정에서는 결과물을 실음으로 재현하면서 본래 창작 의도에 맞도록 수정하는 과정을 거쳐 창작물의 완성도를 높이도록 한다.

일반적으로 작곡을 위한 교수·학습적 접근에서는 음악의 구조적 위계에 따른 접근이 일반적으로 제안되고 있지만, 일정 수준 이상의 음악 지식과 작곡 기량을 갖춘 전문 작곡가의 작곡과정에서는 다양한 접근 방식이 나타난다. Beethoven, Tchaikovsky와 같은 작곡가들의 회고적인 작곡 일화를 중심으로 작곡의 스타일을 연구한 Bahle(1947/1982)은 작곡 유형을 '작업형(working type)'과 '영감형(inspirational type)'으로 구분하였다. 작업형 작곡에서는 작곡 소재의 선택, 발전과 확장을 단계적·체계적으로 관리하면서 결과물을 창출하는 데 비하여, 영감형 창작에서는 작곡과정에 집중하기보다는 우연하게 떠오르는 음악 아이디어나 해결 방법에 의지하여 직관적으로 결과물을 완성한다.

작곡가들의 작곡과정에 대한 자기보고(self-report)를 분석한 연구들에 따르면, 작곡가 개인의 취향에 따른 다양한 작곡 스타일에도 불구하고 대부분의 작곡가는 작품과정의 전개에서 상위인지적 논리를 적용하는 것으로 나타난다. 작곡을 위한 상위인지적 논리에는 작곡가에 따라 리듬, 조성, 화성, 짜임새 등의 음악 구성 요인들이 관련되어 있으며, 현대 음악 작곡들에는 수학적 논리가 적용되기도 한다. 이러한 상위인지적 논리는 음악적 사고를 전개하는 형태심리학적 원리로 작용하는 것으로 실제 작곡 스타일은 작은 소재들의 결합으로 전체를 구성해 가는 상향 접근, 전체 구조를 설정하고 부분을 채워 가는 하향 접근 등으로 다양하게 나타날 수 있다.

　이상의 논의를 종합하여 보았을 때, 창의적 사고과정으로서의 작곡은 매우 복합적인 특성을 띠며 다양한 방법으로 전개될 수 있지만, 기본적으로 소리가 음악으로 구성되는 과정에서 생성되는 음악 구성 요소와 개념에 대한 인식과 음악의 전체적인 구조를 이해할 수 있는 음악적 상위인지의 형성이 중요하게 작용한다는 것을 알 수 있다.

제9장

음악 창의성

창의성은 지난 수십 년간 심리학 분야의 핵심적인 연구 주제 중 하나였다. 21세기에 들어오며 창의성은 학문적 관심의 범주를 넘어 문화, 사회의 전 영역을 아우르는 실용적인 가치로까지 강조되고 있다. 음악적 활동은 인지ㆍ정서ㆍ심동적인 속성이 경험적ㆍ맥락적 배경 안에서 복합적으로 작용하는 것이기 때문에 이 모든 요인을 포용하는 음악적 창의성에 대한 개념과 특성을 명쾌하게 설명하는 것은 쉬운 일이 아니다. 그러나 음악교육의 목적이 예술로서의 음악을 가장 효과적이고 의미 있는 방법으로 가르침으로써 학생의 음악적 잠재력을 최대한으로 이끌어 내는 데 있음을 고려할 때 음악적 창의성에 대한 체계적인 이해는 매우 중요한 의미를 갖는다. 이 장의 목적은 음악적 창의성에 대한 이해를 돕는 것으로, 이를 위해 창의성 자체에 대한 의미와 특성을 살펴보고 이어 음악적 창의성의 의미와 특성 그리고 관련 연구에서의 발견들을 탐색한다.

1. 창의성이란

창의성에 대한 연구가 확장되어 오면서 창의성의 개념은 연구의 영역, 연구 관점에 따라 다양해졌다. 창의성에 대한 관점의 변화는 창의적 인재의 발굴, 창의적 교수·학습 방법, 창의적 환경 조성과 같은 창의성 교육뿐만 아니라 음악교육을 포함한 제반 교육에서 학습자의 창의성을 어떻게 이해하고 다루어야 할지에 영향을 미쳐 왔다. 다음에서는 일반적 의미의 창의성의 개념과 특성에 대하여 탐색해 보도록 한다.

1) 창의성의 개념과 창의성 연구

(1) 창의성의 정의

'창의성'은 영역과 분야를 막론하고 가장 활발하게 논의되고 있는 주제이다. 그러나 막상 '창의성이란 무엇인가'에 대한 명쾌한 개념을 제시하는 연구나 이론들은 많지 않다. 사실상 창의성의 정의는 창의성이 영향을 미친다고 생각되는 영역에서 창의성에 관심을 두는 학자들의 수만큼 존재한다고 해도 과언이 아니다. I. A. Taylor(1959)가 창의성의 정의를 위해서 관련된 연구들을 조사할 당시, 창의성의 정의는 이미 백 가지를 넘고 있었다. 인문, 사회, 예술의 영역별로 창의성의 유형이 다를 뿐 아니라 각 영역의 세부 영역 간에도 창의성은 공통점과 함께 미묘한 차이점을 갖는다. 그러나 이와 같은 다양성에도 불구하고 창의성이란 어때야 하는가라는 질문에 대하여 제시되는 견해들에서는 다음과 같은 공통점이 발견된다.

- 새롭거나 독창적이어야 한다.
- 창의성은 아이디어, 통찰, 구조, 발명, 예술의 영역에서 나타난다.

창의성에 대한 관심은 지속적으로 있어 왔지만, 창의성이란 하늘로부터 타고난다는 유전적 관점이 강하게 작용해 왔으며, 창의성에 대한 과학적·분석적인 규명이 시작된 것은 20세기 중반부터로 볼 수 있다.

무엇인가 새로운 결과물을 생산해 내야 하는 예술 영역은 근본적으로 창의적이라는 인식이 있어 왔다. 그러나 단지 없던 것을 창출해 냈다는 것만으로 창의성이 작용한다고 볼 수는 없으며, 새롭게 만들어진 모든 결과물이 창의적이라고 평가할 수 없다는 것이 일반적인 견해이다.

- 해당 분야의 전문가가 가치 있다고 인정해야 한다.
- 과학 분야, 기술 분야, 예술 분야, 사회 분야 등, 해당 분야의 검증을 거쳐야 한다.
- 시간이 경과해도 그 가치 평가가 계속 수용되고 적절해야 한다.

창의성은 창의성을 바라보는 영역의 성격과 입장, 창의성이 발휘되는 상황과 맥락에 따라서 다양하게 정의되어 왔다. 백 가지 이상의 창의

〈표 9-1〉 **창의성에 대한 다의적 관점과 창의성의 수준(Taylor, 1959)**

창의성에 대한 관점	지각심리학적 관점	보다 나은 지각 원리를 선호해서 기존의 지각 원리에서 벗어나 새로운 지각 방식으로 재구성하는 과정
	최종 산출 중심적 관점	특정 관점과 특정 집단에 의해서 가치 있고 참신한 것으로 받아들여질 수 있는 것(작품, 제품, 결과물)
	심미적 관점	아주 새로운 표현 방식을 택하게 됨으로써 새로운 심미적 · 표현적 가치를 지닌 결과물을 만들어 낼 수 있는 것
	자아 역동적 관점	자아(ego)의 전의식적 · 무의식적 재료가 밖으로 튀어 나가도록 하는 것
	문제해결적 사고의 관점	문제해결을 위한 사고의 과정, 문제해결보다는 이에 도달하는 사고의 과정에서 나타나는 발견적 요인과 확산적 요인
	지식의 다양성 관점	인류의 현존하는 지식에 새로이 무엇인가를 첨가하는 과정
창의성의 수준	표현적 창의성	아동의 자발적 그리기, 결과물의 질보다는 개성 표출 자체가 중요
	생산적 창의성	예술작품 제작, 과학적 발명, 발견, 기술 개선 등 인정받을 만한 결과물에서 나타나는 창의성
	발명적 창의성	획득한 경험을 독자적인 방식으로 이용하는 창의성
	혁신적 창의성	개념화, 수정, 변화를 통해서 개선을 가져오는 창의성
	발생적 창의성	새로운 원리, 가정이 성립되고 새로운 원리를 창출하는 창의성

성 정의를 분석한 Taylor(1959)는 창의성의 개념 정의에서 서로 다른 여섯 가지의 입장(지각심리학적 · 산출 중심적 · 심미적 · 자아 역동적 · 문제해결적 사고, 지식의 다양성)을 발견하였으며, 다섯 가지 수준의 창의성(표현적 창의성, 생산적 창의성, 발명적 창의성, 혁신적 창의성, 발생적 창의성)을 차별적으로 정의하였다(〈표 9-1〉 참조).

Taylor는 창의성이 영역과 관점에 따라 다양한 유형으로 나타날 수 있으며, 결과물의 성격과 발현 빈도에 따라서 일반적인 수준에서 특별한 수준까지 위계적으로도 차별성을 보인다는 점을 강조하였다([그림 9-1] 참조). 개인의 수준에서 새로운 아이디어, 더 나은 결과를 창출하는 수준에서부터 영역의 원리나 사고 기준을 획기적으로 바꾸는 수준까지 창의성은 유형뿐 아니라 영향력의 범위와 수준에서도 다양한 차이를 보인다.

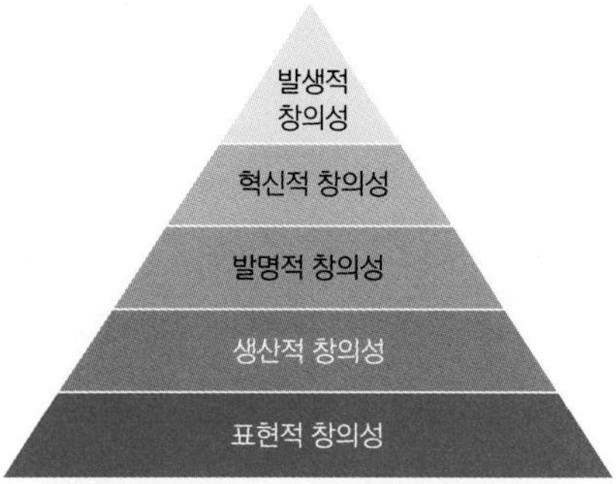

창의성의 관점과 수준에 대한 견해가 다양화되면서 창의성에는 영역의 흐름을 바꾸는 세기적 차원의 창의성(big-C)뿐만 아니라 대부분의 개인의 일상에서 나타나는 의미 있는 수준의 창의성(little-C) 역시 창의성으로서의 의미를 지닌다고 보는 이원화 시각이 적용되었다(Byrne, 2005). 근간 Kaufman과 Beghetto(2009)는 개인의 little-C 이전에 경험, 시도의 과정에 내재되어 있는 'mini-C'와 영역 내의 전문적 수준의 창의성을 의미하는 'pro-C'를 더하여 창의성에 대한 '4C'모델을 제안하였다. '4C'모델에 의하면 창의성은 경험, 학습, 견습과 훈련, 의도적인 창작 훈련 등을 통해서 잠재적 차원의 'mini-C'로부터 시작하여 'little-C', 'pro-C' 그리고 'big-C'로까지 발전할 수 있다([그림 9-2] 참조).

그림 9-1 Taylor의 창의성의 위계 수준

발생적 창의성 / 혁신적 창의성 / 발명적 창의성 / 생산적 창의성 / 표현적 창의성

mini-C   little-C   pro-C   big-C
내재적 창의성   일상적 창의성   전문적 창의성   세기적 창의성

그림 9-2 창의성의 '4C'모델

(2) 창의성 연구

창의성에 대한 학문적 연구가 본격화된 것은 미국의 심리학자 J. P. Guilford가 1950년 미국심리학협회에서 인간 지능의 구조에 대한 120가지의 서로 다른 지적 요인으로 구성된 모델을 제안하면서이다 (Treffinger, Isaksen, & Firestien, 1982). 특히 그가 강조한 두 가지로 구별되는 사고과정인 수렴적 사고(convergent thinking)와 발산적 사고 (divergent thinking)의 개념은 이후 창의성 연구를 이끈 중요한 시작점이라고 볼 수 있다.

Guilford에 따르면 수렴적 사고를 있는 그대로 이해하는 것, 이에 대하여 발산적 사고란 이미 알려진 것을 재고하여 새로운 영역으로 확장하는 것을 의미한다. Guilford는 발산적 사고의 실체를 단정적으로 정의하는 대신 유창성(fluency), 융통성(flexibility), 독창성(originality)의 세 가지 특징을 들어 설명하였고, 이후 발산적 사고는 창의력을 이해하기 위한 중요한 지표로 활용되어 왔다(Treffinger et al., 1982).

초창기의 창의성 연구는 역사적으로 창의적인 산출물을 창조한 인물들을 대상으로 그들의 인지적·성향적인 특성을 규명하는 데 집중하였다. 그러나 영역이 다양한 만큼 창의적인 인물들이 보이는 특성도 다양하여 창의성을 규명할 수 있는 공통된 특성을 찾기란 쉽지 않았다. 창의성에 대한 연구가 진행되면서 창의성 연구의 방향은 ① 창의적 산출물(creative product), ② 창의적 활동의 과정에서 일어나는 창의적 사고과정(creative process), ③ 창의적 인물의 인지적·성격적 특성(creative person), ④ 창의적 사고를 발생시키는 환경적 조건(creative press)의 네 가지의 관점을 중심으로 이루어져 왔다.

① 창의적 산출물(Product)

창의성 이해의 첫 번째 접근은 창의성의 실체를 창의적 산출물의 특성을 통해 규명하는 것이다. 산출물 중심의 창의성 연구에서 연구자들

이후 창의성 속성에는 정교성(elaboration)이 더해져서 네 가지의 특징으로 설명되기도 한다.

- 유창성: 얼마나 쉽게 단어나 아이디어를 병합할 수 있는가
- 융통성: 문제 또는 과제 해결의 방법을 변화시킬 수 있는가
- 독창성: 다른 사람이 생각하지 못한 것을 보거나 생각해 낼 수 있는가
- 정교성: 결과를 정교하게 다듬고 쓸모 있게 만들었는가

창의성을 산출물(Product), 사고과정(Process), 인물(Person), 환경(Press)의 다각적 요인으로 접근하는 관점을 '창의성의 4Ps'라고 한다.

은 만일 어떠한 산출물이 다수의 사회 구성원으로부터 '탁월한' '예술적인' '훌륭한' 등의 질적 수준을 갖추었다고 평가받는다면 그러한 산출물을 만든 사람은 창의성을 가지고 있다고 보는 것이다. 산출물 중심의 창의성 연구에서 중요한 것은 산출물의 창의성 평가를 위한 기준을 설정하는 것이다. 기준 설정이 합의에 의하여 이루어진다는 점은 산출물 중심 창의성 연구의 난제로 지적되어 왔는데, 아름다움의 기준을 정하는 것만큼 창의적인 산출물의 기준을 설정하는 것 역시 주관적 관점이 개입할 여지가 많기 때문이다. 일반적으로 제시되는 조건은 창의적 산출물이란 그것을 만들어 낸 주체에게 참신한 것이어야 하며 동시에 해당 영역의 관습적 맥락에서 가치 있게 받아들일 수 있거나 적어도 용납될 수 있는 것이어야 한다. 창의적 결과물은 일반적으로 정교성, 유창성 그리고 독창성의 규준에서 정한 기준을 중심으로 '창의적'인 정도가 평가된다. 다시 말해, 모든 새로운 산출물이 동일하게 창의적이라고는 볼 수 없으며 각기 서로 다른 수준의 창의적 가치를 갖게 된다고 해석할 수 있을 것이다.

② 창의적 사고과정(Process)

창의적 사고과정을 중심으로 하는 접근은 산출물 중심의 결과 평가보다는 창의적 산출물을 생산하는 과정에서 적용될 것이라고 추측되는 사고과정에 대한 것이다. 음악에 적용하자면 작곡과 즉흥연주와 같이 완전히 새로운 음의 구조물을 만들어 낼 때, 이를 창조하는 사람들은 어떠한 사고과정을 거치는가를 밝히고자 하는 것이다. 사고과정으로서의 창의성 이론은 창의성을 하나의 정신구조적인 특성으로 보며, 창의적인 산출물을 생산하는 창의적 사고과정에서는 일반적 사고와는 구별되는 속성을 보이게 될 것이라는 가정을 가지고 접근한다. 창의적 사고과정은 20세기 창의성 연구의 주류를 이루게 되는데, '준비(preparation)—부화(incubation)—조명(illumination)—검증(verification)'의 네 단계로 제

준비 부화 조명 검증

그림 9-3 Wallas의 창의적 사고과정

시한 G. Wallas의 초기 창의적 사고 모형(Wallas, 1926; [그림 9-3] 참조)
은 창의적 사고과정의 기초 모형이 되어 왔다.

③ 창의적 인물(Person)

창의성에 대한 심리학적 접근에서는 창의적인 인물의 인지 유형, 성
격적 특징에 초점을 둔다. 창의적 학습자 또는 빈번하게 창의적 산출물
을 생산하는 인물들의 공통적인 특성을 분석함으로써 창의성의 본질을
규명하고자 한다. 창의적 인물에 대한 연구에서 자주 등장하는 연구 주
제는 창의성과 지능의 관련성과 성격 특성이다. 창의적 인물들에게서
유사하게 나타나는 특성으로는 과제 집착력, 지속적인 변화의 추구, 도
전의식, 충동적이며 비순응적인 특성, 계획과 규칙을 무시할 수 있는 용
기 등을 들고 있다(Cropey, 2001).

④ 창의적 환경(Press)

창의적 사고과정과 창의적 인물에 대한 연구에 이어 창의성 계발에
필요한 환경 조건에 대한 관심은 지속적으로 커지고 있다. 창의적 산출
물을 만들어 낼 수 있는 조건들, 예컨대 비슷한 수준의 인지적 · 성격적

특성을 갖춘 경우에도 해당 영역의 흐름을 바꾸어 놓을 수 있었던 획기적 산출물들이 출연하게 되는 환경적 요인들을 분석하는 연구 입장으로, 이때 환경은 '인간과 환경의 관계'를 의미한다. 창의적 환경은 창의적 결과를 직접 형성하지는 못하지만 창의적 인물, 창의적 사고과정에 영향을 미침으로써 창조의 과정을 중재하거나 완화한다. 환경에는 물리적·사회적 환경 요인들이 모두 포함되며 창의적 인물, 창의적 과정과 관련된 다양한 변수가 탐구된다.

20년 이상 창의성 발현의 조건에 대한 포괄적인 연구를 수행한 M. Csikszentmihalyi(1994)는 창의적 인물의 특성, 사고 방법에 앞서 창의성이 무엇인지를 파악하기 위해서는 창의성이 발동되는 활동의 맥락을 이해하는 것이 중요하다는 결론에 도달하였다. 교실수업에서 학생들의 창의성 발현에 있어서도 창의성을 자극하고 고무시키는 교실의 환경이 중요한데, 이때 환경의 의미에는 물리적 분위기, 지적 분위기, 정서적 분위기가 포함된다(Odena, 2018).

창의성은 그 개념이나 특성에 있어서 쉽게 정의를 내리기 어렵다. 창의성에 대한 4Ps 요인을 보다 실질적으로 적용하기 위해서는 창의성에 영향을 미치는 복합적인 요인들의 상호관계를 이해해야 한다는 주장이 설득력을 얻고 있으며, 창의적 산출물과 이를 창출하는 창의적 인물, 창의적 사고과정과 환경의 요소는 별개로서가 아니라 수렴적으로 탐색할 때 창의성에 대한 더 많은 이해가 가능하다는 점에 많은 학자가 동의한다([그림 9-4] 참조).

창의성에 대한 '4Ps'의 논의를 종합하여 보자면, 창의성은 산출물로 확인되어야 하며 그 가치를 인정받아야 하는데, 이를 위해서는 특정 영역에서 가치를 두는 창의적 생산물의 종류, 속성 및 창의적인 산출물로 인

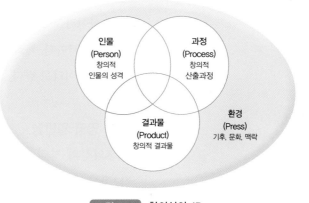

그림 9-4 창의성의 4Ps

정받을 수 있는 준거의 설정이 필요하다. 창의적 개인은 그가 생산해 내는 지적 · 물리적 산출물들을 근거로 창의성을 인정받을 수 있으며, 이는 창의성 판별의 주요한 근거가 될 수 있을 것이다. 특정 개인이 창의적이라면, 그가 의도를 가지고 만들어 낸 지적 · 물리적 산출물이 해당 영역에서 정한 창의적인 규준을 만족시켜야 할 것이다. 또한 창의성은 창의적 산출물의 생산을 가능하게 하는 사고과정을 통해서 본질적 이해가 가능하다. 특히 창의성의 교육적 측면을 고려한다면 창의적 사고과정을 이해하고 대상의 창의적 잠재력을 개발하는 것은 중요한 의미를 갖는다. 또한 복합적인 요인이 맥락에 따라 작용하는 창의성의 속성상 인지적 · 성격적 요인 외에 이를 발현시키는 환경적 · 맥락적 요인이 중요한 역할을 한다. 따라서 잠재력으로서의 창의성을 이끌어 내기 위한 촉매적 요인을 이해하는 것 역시 중요하다고 볼 수 있다.

2) 창의성의 영역 일반성과 영역 특수성

창의성 연구에서는 창의성이 모든 영역에 작용하는 일반적인 특성인지, 아니면 어떤 특정 영역, 예컨대 음악, 미술, 무용, 문학, 과학 등의 분야에 따라 각기 독립적으로 작용하는 특성인지에 대한 논의가 지속되어 왔다. 이러한 논쟁에서 모든 영역에 공통적으로 작용하는 일반적 특성이라고 보는 관점을 영역 일반성(domain-generality)이라고 하고, 각 영역마다 특화되어 있다고 보는 개념을 영역 특수성(domain-specificity)이라고 한다.

(1) 영역 일반성
창의성의 영역 일반성을 지지하는 Runco(2004)는 "누가 창의적인가?"라는 질문에 대하여 "모든 사람이 창의적이다."라고 답하고 있다. Runco가 의미하는 일반적 창의성은 일상의 경험을 독창적으로 해석할

수 있는 경향, 또는 잠재력으로서 일상에서 문제 상황을 만나게 될 때
발동되는 일종의 정신 능력이다. 이러한 일반적 창의성은 비록 개인에
따라 정도의 차이는 있지만 모든 사람이 가지고 있으며, 구체적인 경험
과 상황에 의해서 실제적인 수행으로 나타난다. 잠재력으로서의 창의
성은 유전적으로 내재되어 있는 속성으로 이해되며 경험과 개인 요인
으로 구체화되는 실제적 창의성과는 개념적 접근이 다르다고 볼 수 있
다. 우리가 관찰할 수 있는 실제적 창의성은 맥락과 개인적 요인에 의해
잠재적 창의성과는 격차를 갖는다고 본다(Runco, 2004; 26-28).

(2) 영역 특수성

영역 특수성이란 각 영역에서 발휘되는 창의성 간의 상관관계가 낮다
는 점에 근거하여 각 영역에서의 창의성을 독립적으로 본다. 영역 특수
성의 관점은 창의성을 객관적으로 측정할 수 있는 정신 기제로 보는 기
존의 견해를 비판하면서 창의성에 대한 질문을 '무엇이 창의적인가?'로
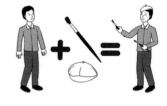
전환한다. 이 질문은 창의적 산출물의 영역적 배경을 중시하는 것으로,
창의성은 복잡하고 다양한 형태로 표현되고 여러 가지 잠재적 영향에 의
하여 결정되기 때문에 창의성의 이해를 위해서는 관찰 가능한 산출과정
과 관찰 가능한 산출물에 근거하여 설명할 수 있기 때문이다. 영역 특수
성의 견해에서는 창의성이란 특정 영역 없이 떠도는 실체가 아니라, 어
떤 특정 영역에서 무언가가 이루어지기 때문에 반드시 어떤 내용 영역을
갖는다. 따라서 창의성의 발현에는 해당 분야의 지식이 필수적으로 요청
되며 이러한 점에서 창의성을 영역 특수적으로 이해하는 입장이다.

창의성에 대한 영역 일반성과 영역 특수성은 창의성을 잠재적인 내
적 성향으로 볼 것인가 또는 실제적이며 구체적으로 발휘되는 능력과
결과로 볼 것인가에서부터 차이를 보인다. 그러나 이 두 견해는 완전히
배타적일 수 없다. 창의성을 설명하는 R. Sternberg와 T. Lubart(1995)

의 투자이론에서도 지식 요인은 영역 특수적이고 과제 특수적이지만 유추와 은유를 활용하여 정보를 선택적으로 결합하는 능력이나 위험을 감수하는 요인은 영역 일반적인 특성으로 볼 수 있으며, 창의적 수행은 이러한 요인들의 상호작용으로 일어나는 것이기 때문이다. 따라서 학생의 긍정적 발전을 도모하는 교육에서 창의성을 영역 일반적이거나 영역 특수적인 것으로 구분하기보다는 창의성의 복합적인 특성에 따라 학생들이 실제적 문제 상황에서 창의적으로 문제를 해결하는 것을 도울 수 있는 통합적 관점을 적용해야 할 것이다(김명숙, 최인수, 2005).

3) 창의적 사고 단계

창의적 사고과정을 단계로 기술한 것은 프랑스의 수학자 H. Poincare(1904)의 저서 『수학적 창조(Mathematical Creation)』에서 나타난다. 1926년 G. Wallas(1926)는 이를 다시 자신의 저서 『사고의 기술(The Art of Thought)』에 소개하게 되는데, 이는 이후 많은 연구에서 창의적 사고 단계 모형의 모체가 되어 왔다. Wallas의 모형은 창조의 과정을 4단계에 대한 여섯 가지 과정으로 정리하고 있다. 이후 Walls의 창의적 사고 모형은 창의적 음악사고 과정을 포함하여 다양한 영역에서 창의적 사고과정의 기본 구조로 적용되고 있다.

〈표 9-2〉 Wallas의 창의적 사고과정

단계	과정
준비(preparation)	1. 문제를 감지 2. 관련된 자료를 수집 3. 문제해결을 위한 시도와 노력
부화(incubation)	4. 숙고, 좌절, 고심을 통해서 문제해결 방법을 모색
조명(illumination))	5. 직관적 · 통찰적 아이디어가 떠오름
검증(verification)	6. 분석과 증명을 통해 문제해결 종료

(1) 준비

준비 단계에서는 문제를 파악하고 문제해결을 위해 필요한 아이디어를 찾는 단계이다. 이 단계에서는 필요한 지식과 경험을 쌓는 것에서부터 직접적으로 소용이 될 자료를 수집하고 그것을 정리하고, 분석·통합하는 일련의 과정을 포함한다. 준비과정에서 적절한 방향과 필요한 정보, 아이디어를 수집하지 못한다면 문제해결은 좌절될 수 있다. 준비 단계에서의 노력은 문제해결에 필수적이지만 많은 노력이 반드시 창의적인 활동을 유발하는 것은 아니다.

(2) 부화

새가 알을 품는 시기로 비유할 수 있다. 의식적으로는 문제에 대한 생각에서 벗어나 있지만 정신의 어느 수준에서는 지속적으로 그 문제에 대해서 생각하는 단계이다. 의식적으로 문제에서 벗어나 있다는 것은 문제해결의 시도들이 좌절되었거나, 잠시 그러한 시도에서 벗어나 있는 상태로 외관상으로는 쉬는 상태로 보인다. 그러나 무의식에서는 문제에 대한 사고가 지속되다가 예측치 못한 순간에 사고의 억제가 해제되면서 반응이 의식 위에 떠올라 해결 방법이나 해답을 알아차리는 순간으로 이어진다. 부화 단계에서는 의식적·무의식적으로 진행해 온 작업을 재음미하고 과정을 재가동시키고, 문제를 재구성하고 새로운 시도를 되풀이하는 노력이 필요하다.

(3) 조명

창의적 사고에서 문제해결은 돌연히 떠오르거나 찾아오는 것으로 이해된다. 이러한 순간을 영감의 순간이라고도 하는데, 이는 노력의 결과로 출현하는 것이 아니라 돌발적으로 나타나는 것으로 보이지만 준비 단계의 생각이 축적되고 부화 단계를 통한 숙성이 전제된다.

(4) 검증

도출한 해결책을 실용성, 효율성, 적합성에 비추어 검토하고 정교화하는 과정이다. 영감에서 얻어진 해답을 응시하는 단계에서 벗어나 이를 현실에 적용하고 정교하게 정리해서 사회적으로 가치를 인정받을 수 있는 최종 결과 또는 결과물로 완성하는 과정이다. 모든 아이디어가 검증과정을 통과하는 것은 아니며, 이 과정에서 오류가 발견되면 처음 과정부터 다시 시작될 수도 있다.

이같이 창의적 사고과정은 당면한 문제의 해결에서 나타나는 일련의 연속적 사고과정이다. 창의적 사고과정에는 문제를 파악하고 그에 따른 정보를 수집하고 분류·분석하는 수렴적 사고, 문제해결의 결정적 단서를 발견하는 발산적 사고가 공존한다. 창의적 해결 방안이나 결과물을 창의적으로 만드는 결정적인 요인이 발산적 사고과정에서 나타나지만, 만일 이에 앞서 수렴적 사고가 없거나 부실하다면 창의성의 결정적 순간은 기대하기 어렵다. 수렴적 사고는 창의적 문제해결, 창의적 산출의 마지막 단계인 검증 단계에서도 중요한 역할을 하게 되는데, 영역과 사회에서 통용되는 규준을 적용하여 창의적 발상을 평가, 정리 및 정교화하는 과정을 통해서 창의적 발상을 가치 있는 산출로 완성하는 데 기여한다. Wallas의 창의적 사고 모형에서 창의성은 수렴적 사고와 발산적 사고가 모두 중요한 역할을 한다. 이 모형에 따르면 창의적 사고란 문제 맥락 인식과 기존 지식의 이해를 기반으로 하는 사고의 점진적 도약 과정이라고 이해할 수 있다.

4) 창의성 교육

현대 사회의 급진적 발달과 그에 따른 사회의 다변화가 확산되면서 '창의성 교육'은 현대 교육의 핵심적인 과제로 다루어지고 있다. 우리나라 교육과정에서도 '창의와 배려의 조화를 통한 창의적 인재육성'이란 교육적 목표가 꾸준히 강조되어 왔으며, 이에 따라 창의성 계발은 교육을 통해서 달성해야 할 주요 역량으로 실천을 위한 구체적인 방안 모색이 지속되고 있다.

교육 영역에서 관심을 갖는 창의성의 요인들은 크게 인지적 요인, 성향적 요인 그리고 동기적 요인의 세 가지이다. 창의적 문제해결 과정이나 창의적 결과물의 산출과정에 필수적으로 포함되는 것이 창의적 사고과정이라는 점을 고려할 때, 인지적 요인은 가장 중요한 조건이라고 볼 수 있다. 그러나 인지적 요인 역시 그 하위에 다양한 사고의 유형을 포함하고 있으며 이러한 사고의 능력은 해결해야 할 문제와 관련된 일

〈표 9-3〉 학교교육을 위한 창의성 요인(문용린 외, 2010에 기반)

창의성 요인			내용
인지적 요인	사고의 확장	확산적 사고	다양한 관점에서 새로운 가능성이나 아이디어들을 다양하게 생성해 내는 능력
		상상력/시각화 능력	이미지나 생각을 정신적으로 조작하고, 마음의 눈으로 사물을 그릴 수 있는 사고 능력
		유추/은유적 사고	사물이나 현상 또는 복잡한 현상들 사이에서 기능적으로 유사하거나 일치하는 내적 관련성을 알아내는 사고 능력
	사고의 수렴	논리/분석적 사고	부적절한 것에서 적절한 것을 분리해 내고 합리적인 결론을 끌어내는 사고 능력
		비판적 사고	편견, 불일치, 견해 등을 인식할 수 있는 능력, 객관적이고 타당한 근거에 입각하여 판단하는 능력
	문제 해결력	문제 발견	새로운 문제를 찾고, 형성하고, 창조하는 것
		문제해결	문제를 인식하고 현재 상태에서 목표 상태에 도달하기 위해 진행해 가는 일련의 복잡한 사고활동(문제 발견-자료의 탐색 및 해결안 생성-실행 및 평가)

		다양성	다양한 아이디어나 입장을 수용하는 열린 마음
성향적 요인	개방성	복합적 성격	서로 모순되는 정반대(양극)의 성격을 동시에 가지고 있는 것
		애매모호함에 대한 참을성	불확실함과 모호함을 잘 견딤으로써 새로운 방향으로 문제의 해결을 잘 이끄는 성향
		감수성	미세하고 미묘한 뉘앙스를 잘 느끼고 감지하는 것, 정서/자극에 대한 민감성
	독립성	용기	모험심, 위험 감수, 개척자 정신, 도전정신
		자율성	타인의 말에 쉽게 흔들리지 않고 스스로 선택하고 행동하는 성향
		독창성	자기만의 방식으로 현상을 판단하고 유행을 따르지 않는 성향
동기적 요인	호기심/흥미		주변의 사물이나 현상에 대해 끊임없는 의문과 관심을 갖는 성향
	몰입		어떤 일에 시간 가는 줄 모르고 몰두하게 되는 완벽한 주의 집중 상태

련의 기반 지식과 학습 및 훈련을 요한다는 점에서 창의성은 교육 의존적인 측면이 있다. 또한 인지적 요인 외에 개인의 성향적 요인은 자신의 지적 잠재력을 어떤 방식으로 활용하게 되는가에 영향을 주게 되며, 이는 창의성 계발에 있어서 교육적으로 고려하여야 할 중요한 요인들이다. 마지막으로, 동기적 요인은 문제에 대한 흥미와 중요성을 부여함으로써 개인의 인지적 자원과 성향적 특성을 연계·집중시킬 수 있다는 점에서 중요하다. 창의성 교육에서는 학교교육에서 고려해야 할 창의성 요인을 설정하고 이를 각 교과의 교과 내용 및 교수·학습 방법에 연동시킴으로써 학생들의 잠재적 가능성 계발을 위한 교육 방법과 교육 환경 제공을 학교교육의 지속적 목표로 삼고 있다. 〈표 9-3〉은 학교교육을 위한 창의성 요인과 그 내용이다(문용린 외, 2010).

2. 음악 창의성

고전적 의미의 음악적 창의성은 작곡이나 즉흥연주와 기획된 공연물과 같이 새로운 음악을 창조하는 능력으로 이해되어 왔다. 따라서 음악적 창의성이 직접적으로 관여하는 영역은 작곡, 즉흥연주와 같은 음악 창작 영역이라고 생각되어 왔다. 그러나 창의성에 대한 학문적 탐색이 누적되면서 음악적 창의성에 대한 시각도 창작에 대한 막연한 환상에서 벗어나 음악 행위 전반에 작용하는 보편적이며 잠재적인 가능성으로 인식되고 있다(Custodero, 2011; Odena, 2012).

음악 창의성 연구는 일반적인 창의성 이론에 크게 의존하는 경향을 보인다. 특히 일반 창의성 연구에서 나타나고 있는 창의적 사고과정에 대한 규명을 위한 접근은 음악 창의성에도 다양한 영향을 미치면서 창의적 음악사고의 본질과 함께 발달과 학습에 따라 나타나는 창의적 음악 표현 및 사고의 변화에 대한 다각적인 연구가 이루어져 왔다. 그러나 일반 창의성에 대한 다양한 관점이 존재하는 것과 마찬가지로 음악 창의성의 경우도 개념이나 구성 요인에 대한 명확한 규명은 지속적으로 탐구해야 할 과제로 남아 있다. 그러나 연구가 누적됨에 따라 음악 창의성에 대한 관점 역시 천부성에 중점을 두었던 과거의 관점에서 벗어나 다양한 요인과 환경적 조건, 그리고 학습을 포함한 교육적 요인들이 작용하는 복합적인 특정으로 보는 다각화된 관점이 적용되고 있다.

1) 음악 창의성의 개념

일반 창의성에서와 마찬가지로 음악 창의성이 무엇인지를 명쾌하게 정의하는 것은 어렵다. 음악 창의성에 대한 연구는 1970년대 초반부터 활발하게 진행되고 있지만 연구의 관점은 대상, 방법, 음악적 상황에 있어서 매우 다양하며, 현재까지의 연구를 기반으로 음악 창의성에 대한 일관성 있는 원리를 제시하기에는 충분한 논의가 이루어지지 못한 상황이다.

음악 창의성 연구에서 창의성이라는 단어는 여러 가지 다른 상황에서 사용되어 왔다. Hounchell(1985)은 이 용어의 개념이 연구자에 따라 서로 다르게 정의되고, 때로는 무의미한 방식으로 사용되는 경향이 있음을 지적했다. K. Swanwick(1985: 12)은 '창조적' 활동이란 일반적으로 "예술 활동 또는 자발적인 상상력과 구성에 초점을 두는 활동"으로 간주된다고 제시하였다. 반면, Regelski(2004)는 학생들이 창의적 잠재력을 가지고 있으며 음악교육은 이러한 학생들의 창의적 잠재력을 보편적 차원에서 계발해야 한다고 제안했다. 이러한 Regelski의 견해는 창의성의 수준보다는 새로운 것을 추구하는 시도 자체에 중점을 두고 있다.

음악 창의성 연구에서 '창의성'은 음악에 대한 '상상'의 의미로 적용되기도 하지만 일반적으로는 작곡과 즉흥연주를 지칭하는 경우가 대부분이다. 그러나 음악 창의성은 작곡과 즉흥연주 외에 연주와 같은 재현과정이나 연주회장이나 음악 감상을 통해서 음악에 반응할 때도 관여한다(Custodero, 2011; Odena, 2012). 음악 창의성에 대한 연구에서도 음악 창의성에 대한 다양한 관점과 주제를 적용하고 있는데, 1940년대 이후 음악 창의성과 관련된 170개의 연구를 분석한 Hickey와 Webster(2002)는 음악 창의성 연구의 주제를 연령에 따라 발현되는 아동의 창의적 특성에 대한 연구, 창의성 발현에 영향을 미치는 복합적인 요인들에 대한 연구, 창의적 음악사고 과정에 대한 연구 그리고 창의성과 창의적 산출물의 평가에 대한 연구로 분류하였다.

이와 같이 음악적 창의성에 대한 이해에 있어서도 그 개념을 단일한 관점과 특성으로 규명하는 것은 어려워 보인다. 그럼에도 불구하고 창의성은 음악성과 관련된 매우 중요한 능력 요인으로 보고 창의적인 학습자, 창의적인 산출, 창의적 사고과정, 창의성 장려를 위한 환경 등에 대한 다양한 연구에 대한 관심이 촉구되고 있는 상황이다(Hounchell, 1985; Kratus, 1995; Webster, 2002).

2) 음악 창의성의 발달

음악 창의성이 다양한 음악활동에 관여한다는 점은 분명하지만, 음악 창의성의 발현을 객관적으로 확인할 수 있는 가장 분명한 증거는 새로운 음악 표현을 시도하는 창의적 음악활동이다. 이러한 창의적 음악활동에는 학습이나 훈련이 개입되지 않는 자발적 음악 표현(spontaneous music creation)활동과 구성과 체계를 갖추어야 하는 구조적 작곡(structural composing)활동이 있다. 아동들이 나타내는 창의적 음악활동의 특성은 음악 창의성이 어떻게 발달하는지를 유추할 수 있는 근거를 제공한다.

(1) 자발적 음악 표현

유아기 아동들은 민감하게 소리를 탐색하면서 소리를 통해 의사소통과 감정을 표현하는 다양한 방법을 찾게 된다. 이 과정에서 나타나는 행동 특성들은 음악에 대한 창의적 사고의 초기 단계를 보여 준다(Hickey & Webster, 2001; Moore, 1990).

보육원 환경에서 아동이 시작한 음악 연주를 관찰하고 기록한 E. Moorhead와 D. Pond(1978)는 보육원의 음악 프로그램에 참여한 생후 3~8개월 된 3명의 유아의 음악적 행동을 4개월간 관찰하였다. 프로그램에서는 드럼, 징, 심벌즈, 벨, 사롱과 같은 세계 악기들과 피아노, 장난감 피아노, 마림바, 기타, 우쿨렐레, 바이올린, 마라카스, 사운드 블록이 사용되었다. 이 과정에서 3명의 유아는 각기 다른 악기에 관심을 보이면서 서로 다른 방법으로 악기를 탐색하였으며, 서로 다른 형태로 음악을 표현하였다. 그러나 유아들은 다른 유아의 표현에 관심을 보이면서 일종의 커뮤니케이션이 이루어지는 것을 발견하였다. 관찰이 진행되면서 유아의 음악적 표현에는 반복되는 패턴과 형식(독자적 표현 방식)이 나타나는 것을 관찰할 수 있었다. 연구자들은 유아들이 자발적 음악 표현을 통해서 감정과 정서를 소통할 수 있다고 보았으며 악기와 목소리의 상호작용이 리듬적인 표현을 지원하였다고 해석하였다(Moorhead & Pond, 1978).

V. Cohen(1980)은 Moorhead와 Pond의 연구를 기반으로 유치원 아동들의 악기를 사용한 자발적 음악 표현을 연구하였다. 대상은 2명의 유치원 아동으로 한 명은 봉고 드럼, 다른 한 명은 피아노를 사용하였다. 이 연구에서 Cohen은 아동들의 창의적 음악 표현을 탐색(exploration)-숙달을 위한 연습(practice or effect towards mastery)-음악적 표현의 산출(production of musical gesture)의 세 단계로 분류하였다. 이 과정에서 신체 움직임은 유아의 음악 표현의 기본 요소라고 주장하였다.

S. Young(2003)은 95명의 미취학 아동을 대상으로 타악기를 사용한 자발적 음악 표현과 상호작용에 대한 연구를 시행하면서 음악적 상호작용을 조사하였다. 실로폰을 음악 표현도구로 사용했으며 녹화된 아동의 활동을 통해서 아동의 음악 창작의 특징을 분석하였다. Young은 관측 데이터의 분석에서 반복, 클러스터링 그리고 클러스터링의 연결을 통해서 아동이 음악적 아이디어를 확장하는 것을 발견하였다. 특히 클러스터링은 반복을 통해서 형성되었으며 일단 클러스터가 형성되면 이들을 연결하여 더욱 긴 연속구를 구성하려는 시도를 하는 것으로 관찰되었다. 이 중 몇몇의 아동은 '작은 별'의 주제와 같이 6~7개의 음표로 구성된 클러스터를 표현하였다. Young은 이 세 가지 전략이 성인 음악가들이 음악을 작곡하는 방식과 유사하다고 주장했다.

Moog(1976)의 연구에서는 2~4세 아동들의 창의적 노래를 분석한 결과 상상, 이야기 그리고 여러 가지 요소가 혼합된 세 가지 형태의 자발적인 노래 표현 방식이 나타났다. 상상의 노래는 전혀 새로운 표현의 노래로 무의미한 음절이나 목소리의 임의적인 표현으로 이루어진 노래이며, 이야기 노래는 이야기처럼 진행되거나 일련의 말이 되지 않는 단어 또는 학습된 노래와 유사하지만 변형된 형태의 노래이고, 혼합형 노래는 배운 노래, 단어, 멜로디 및 독창적인 즉흥 연주가 섞여 있는 노래이다.

Mang(2005)은 어린 아동의 초기 노래를 관찰하는 것은 노래를 통해서 인코딩된 유아 음악 창의성을 이해하는 데 도움이 된다고 제안하였다. 6명의 2~4세 아동을 대상으로 자발적 노래 부르기를 42개월간 관찰하였는데, 아동들은 학습한 노래의 일부 패턴을 자신의 즉흥적인 표현과 결합시켜 새로운 노래를 생성하는 것으로 분석되었다. 아동의 노래 부르기는 언어와 밀착되어 있어서 노래의 단어를 잊었을 때 일반적으로 가락을 기억하지 못하는 것으로 나타났다.

Barrett(1997)은 음악 훈련을 받지 않은 4~5세 아동 20명을 대상으로 자발적 음악 표현에 대한 연구를 시행하였다. 연구에서 아동들은 악기 탐색, 음악적 특징, 음악적 제스처 표현에 상징적인 표기를 사용할 수 있는 것으로 나타났다. 아이들은 무작위적인 표현으로 어떤 사건과 음악적 표현을 연결 지었으며, 이때 사건을 사용된 악기 그림으로 표현하여 연결을 구성하는 것으로 나타났다. 그림을 통한 표기에서 악기의 그림을 여러 번 겹쳐 그림으로써 큰 소리를 나타내고 그림의 위치를 통해 음의 높낮이를 나타내려는 시도들이 분석되었다. 아이들은 작곡을 기록하기 위해 별개의 기호를 사용하여 음악적 사고의 진행을 표현하였다. Barrett(1977: 2)은 "아동이 발명한 표기법은 의미를 전달하기 위한 수단으로, 성인이 사용하는 문화적으로 합의된 상징체계 발달의 초기 증거로 볼 수 있다."라고 주장하였다.

(2) 즉흥연주와 구조적 창작

Kratus(1989)는 7, 9, 11세의 아동 60명을 대상으로 음악 창작과정에서 나타나는 특징을 조사했다. 아동들의 창작과정은 일정 기간 동안 지속적으로 관찰되었으며 과정에서 수집된 자료들을 분석하여 전체 창작 과정을 탐색(exploration), 개발(development), 반복(repetition) 및 침묵(silence)의 관점에서 분석하였다. 7세의 아동들은 주로 탐색 과정에서 시간을 보냈는데, 이 과정에서 나타나는 음악적 표현은 창작 학습 초기에 아동들에게 들려주었던 음악과는 다른 표현들이었다. 이와 비교하여 9세와 11세 아이들은 개발과정에서 많은 시간을 보냈는데, 이들의 음악표현은 프로그램 초반에 들려주었던 음악과 유사했다. 11세 아동들의 표현에서는 7세 아동들의 표현에서보다 훨씬 더 많은 반복을 사용하는 것이 나타났다. Kratus는 7세의 창작 구성에서는 이전 아이디어를 수정하기보다는 새로운 아이디어를 탐구하는 성향이 강한데 이는 음악 구성에서 즉흥성이 우세하다는 의미라고 해석하였다.

Kratus(1989)는 이러한 결과를 바탕으로 연령에 따른 창작과정 특성과 작품 특성을 비교하여 분석하였다. 음악을 정확히 기억하여 재현하는 것이 어려운 아동(주로 7세)은 반복을 사용하지 않는 것으로 나타났으며, 이런 경우 아동들은 작품중심보다는 과정중심으로 창작을 진행하는 것으로 분석되었다. 반면에 창작에 반복을 활용한 9세와 11세의 아동들은 음악 생성에서 반복 전략이 필요하다는 것을 인식하는 것으로 분석되었다. 이들의 창작은 작품 지향적이라고 볼 수 있는데, 새로운 소리와 표현을 탐구하는 것보다 음악작품에 대한 이전 경험에 비추어 창작을 완성하는 데 더 중점을 두는 것으로 분석되었다. Kratus의 연구결과에 따르면, 7세 이전의 아동들은 비공식적이고 구조화되지 않은 창작, 즉즉흥연주와 같은 활동에 더욱 호응한다고 볼 수 있다.

Kratus는 즉흥연주는 자발적 표현을 통해서 음악적 구조에 대한 인식을 형성해 가는 기반 활동으로서, 창의적 음악사고를 확장시키는 중요한 과정이며, 아동의 즉흥연주 양상을 통해서 음악적 사고의 발달을 유추할 수 있다고 보았다(〈표 9-4〉 참조).

〈표 9-4〉 Kratus(1996)의 즉흥연주의 단계

단계	내용
1단계: 탐색(exploration)	연주 기능, 연주를 통한 음악적 개념 습득
2단계: 과정중심 (process oriented)	음악적 아이디어를 단편적으로 연주해 봄으로써 즉흥연주의 기본 어휘를 익힘
3단계: 결과중심 (product oriented)	음악적 기본 표현 외에 숙어적 음악 표현을 연주 기술을 살려 표현할 수 있음
4단계: 기능적 유연성 (technical fluency)	즉흥연주의 기본 기능을 익히고 음악적 표현 의도 와 연주 기능이 더욱 자연스럽게 연결됨
5단계: 구조적 즉흥연주 (structured improvisation)	즉흥연주의 전체를 볼 때 분명한 구조와 음악적 통 일성을 갖추며 연주의 정교함이 이를 뒷받침함
6단계: 양식중심 (style oriented)	해당 장르의 음악 어법을 준수할 뿐 아니라 연주자 자신만의 특징적인 스타일로 발전함

즉흥연주 능력이 음악적 사고 능력과 직접적으로 연계되어 있다는 사실은 다양한 연구에서 나타나고 있다. Dowling(1988), Azzara(2002), Brophy(1999) 등의 연구에서 아동들은 한정된 음정과 리듬을 활용한 자 발적 즉흥연주 능력을 보유하고 있으며, 반복적인 학습과 훈련을 통해 이러한 능력들이 발달될 수 있음을 보고하고 있다. 어린 아동들의 경우 반복적인 즉흥연주를 통해서 가장 먼저 달라지는 것은 리듬 패턴 활용 의 다양성과 그에 따른 구조화였다. 그러나 가락의 적용을 확장하고 즉 흥연주에 형식적 구조를 반영할 수 있는 능력도 보다 구조화된 학습이 제공된다면 가능한 것으로 나타났다(Ott, 1996).

Swanwick과 Tillman(1986)은 아동들의 창작과정을 통해서 음악 능 력의 단계적인 발달 양상을 제시한 바 있다. 이 연구의 목적은 아동들 내면에서 이루어지는 소리 표상 방식을 발달적 차원에서 규명하는 것 이었다. 그들의 최초 연구에서는 3~9세 아동들이 악기로 즉흥연주를 하거나 또는 작곡을 시도하는 과정에서 나타나는 산출물을 분석하였는

데, 흥미롭게도 5~6세 아동들의 산출물에서 독창적인 스타일을 나타
내는 특징적인 패턴의 사용이 나타났다. 창작 초기에 나타나는 이러한
패턴들은 음악적으로 보았을 때 통상적이지 않았으며, 음악적 전개 양
상도 예측하기 어려웠지만 발달이 진행되면서 산출물의 음악적 구조가
차츰 체계를 갖추어 가는 것을 발견할 수 있었다. 5세가 지나면서 가락,
조성적 특성이 보다 분명해졌는데, 이는 아동들이 일상 환경에서 듣게
되는 노래의 특징을 자신의 창의적 표현에 반영한 것으로 해석하였다.
Swanwick과 Tillman은 연구에서 관찰된 아동들의 창의적 산출물의 특
징을 음악 능력 발달이론으로 정립하였는데, 그들의 이론에서는 아동
들의 창의적 산출의 특징은 음악재료 탐색에 몰입하는 숙련(mastery) 단
계에서 음악의 구조적 특징을 조절할 수 있는 상위인지(meta-cognition)
단계로 발전하는 4단계로 구분하였다. 48명의 대상에 대한 한정적인 결
과에 근거하였다는 한계를 지니고 있지만, Swanwick과 Tillman의 음악
사고 발달에 대한 이론은 특히 초등학교 시기 아동들의 구조적인 음악
사고 발달 양상을 이해하는 데 도움이 된다.

3. 창의적 음악사고

음악 지각과 인지, 음악 지식과 표현 기능 등의 요인이 복합적으로 작
용하는 음악 행위의 특성상 음악 창의성을 별개의 특성으로 추출하여
정의하는 것은 쉽지 않다. 이러한 이유로 창의적 음악 문제 수행에 개입
하는 음악사고과정의 규명을 통해서 음악 창의성을 이해하고자 노력하
여 왔다.

1) 창의적 음악사고에 관한 접근

음악 창의성에 대한 담론에서 Mozart와 Beethoven의 창작과정의 차이는 음악 창의성의 서로 다른 측면을 보여 준다. Mozart는 악보로 쓰기도 전에 이미 작곡이 명확히 끝나 버려 검토라는 것을 하지 않았던 것으로 유명하고, Beethoven은 이미 그려 넣은 음표들도 계속 고치면서 악곡에 대한 생각을 악보 여백에 빼곡히 써 넣어 가면서 노력했던 흔적으로 유명하다. 오늘날의 방식으로 표현하자면, Mozart는 형식과 내용이 단일 이미지로 융합되어 나타나는 '결정화(crystallized)' 혹은 형태화 체험으로 설명될 수 있다. 그리고 Beethoven의 스타일은 '발견 지향적(discovery oriented)' 유형으로, 이는 예술적 재료들이 한 음에서 다음 음으로, 한 붓에서 다음 붓으로 이어지며 '의미를 표현할 수 있도록(speak)' 만들기 위해서 본래의 생각을 기꺼이 바꾸어 가는 유형에 비교될 수 있을 것이다. Tchaikovsky 역시 1878년 6월에 이와 유사한 자신의 창작과정을 편지에 쓰고 있다. 그는 본래의 스케치로부터 진행되는 자신의 작곡과정을 "단순히 베껴 쓰는 것이 아니라 고치고 첨가하거나 축소하기도 하는 비판적인 점검과정"으로 묘사하였다(Barron, Montuori & Barron, 1997: 183). 작곡가들의 이와 같은 자전적 기록들은 음악 창작과정에서 거치게 되는 창조자의 정신적 여정을 유추할 수 있게 해 준다. 초창기의 음악 창의성 연구는 음악적으로 창의적인 인물들, 즉 작곡가를 중심으로 수행되어 왔지만 근간의 연구에서는 전문 작곡가뿐 아니라 일반인의 음악 창작과정에서 나타나는 특성들을 분석함으로써 창의적 산출을 만들어 내는 과정에 작동하는 사고과정을 밝히는 데 초점을 두고 있다.

창의적 사고에 관한 초창기 연구에 속하는 M. Vaughan(1973)의 연구에서는 음악적 창의성의 발현과정을 세 단계로 제안하였다. 첫 번째 단계는 습득(acquisition) 단계로 학생들이 경험한 리듬이나 가락을 상상하고 이를 나름의 방법으로 기보하기 위해서 이미지로 표현하는 과정이다. 두 번째 단계는 조합(combination) 단계로 아동들이 획득한 음악적 개념들을 연결하는 과정인데, 이 과정에서 발산적 사고가 개입하는 것으로 보았다. 마지막 세 번째 단계는 사고의 발전(development) 단계로, 이 과정에서 단순한 산출과 창의적 산출이 구분된다. Vaughan(1973: 36)에 따르면 창의적인 사고는 단순히 생산성을 높이는 것이 아니라 음악적 아이디어 연결에서 특정 관계의 중요성과 아이디어를 표현하는 방식에 내재된 통찰력과 직관을 극대화시키는 것을 의미한다. 창의적인지 아닌지는 산출의 최종 단계에서 평가가 관여하면서 결정되는데, 이 단계에서 창조적인 결과물은 영역의 규범에 따라 사회적 인정과 지지를 획득하게 된다.

Webster(2002)는 음악에서 창의적 사고에 대한 포괄적인 개념 모형을 제공함으로써 사고과정으로서의 음악적 창의성에 대한 틀을 제시하였다. 그의 창의적 사고 모형의 초기 버전은 Wallas(1926), Guilford(1967)와 Gordon(1979)의 영향을 받았는데, Webster 모형에 적용된 Wallas(1926)의 모형은 음악 창조의 과정에서도 창의적 사고과정의 일반적인 순환이 적용된다는 접근을 가능하게 함으로써 음악 창의성에 대한 구조적 연구의 가능성을 열어 주었다.

2) Webster의 창의적 음악사고 모형

Webster는 창의적 사고, 특히 음악을 통한 창의적 사고(creative thinking in music)에 대한 개념적 모형을 두 차례에 걸쳐서 제시하였다(Webster, 1987, 2002). Webster는 창의적 사고는 영역에 상관없이 '문제해결'의 과정에서 발생한다고 전제하며, ① 문제-해결 맥락, ② 확산적 사고와 수렴적 사고의 속성, ③ 문제 해결을 위한 사고과정의 메커니즘, ④ 해결 방법의 참신함과 기발함, ⑤ 결과의 유용성의 다섯 가지 조건을 중심으로 설명되어야 한다고 밝히고 있다(Webster, 2002: 28).

Webster의 창의적 음악사고 모형은 크게 창의적 의도와 창의적 사고 과정 그리고 그에 따른 결과물로 얻어지는 창의적 산출물의 세 영역으로 구성되어 있다. 창의적 산출물을 기대할 수 있는 음악적 활동을 작곡, 작곡된 작품의 연주, 듣기 그리고 창작과 연주가 결합된 즉흥연주로 제시하고 있으며, 듣기의 경우 일회적 듣기와 반복적 듣기를 구분함으로써 생산과정에서 회기적 사고의 가능 여부를 함께 고려하고 있다. 모델의 핵심은 음악적 결과가 창의적일 때 이를 가능하게 하는 음악사고

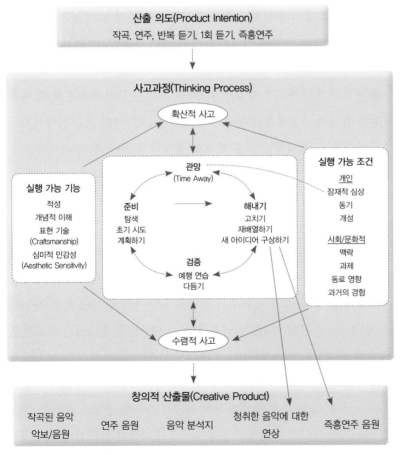

그림 9-5 창의적 음악사고 과정 모형(Webster, 2002: 27)

의 과정을 밝힘으로써 창의적 음악사고의 속성을 제안하는 데 있다([그림 9-5] 참조).

Webster는 창의적 음악사고를 확산적 사고와 수렴적 사고가 상호 전환되는 역동적 과정으로 설명한다. 창의적 사고는 확산적 사고와 수렴적 사고가 전환되는 역동적인 과정으로, 사고의 진행과정에서 유전적으로 타고났거나 또는 후천적으로 학습된 다양한 기능과 특정한 조건들로부터 영향을 받으면서 마지막 결과물을 산출하게 된다. Webster는 창의성을 천부적으로 타고나는 재능이나 영감보다는 모든 사람의 사고과정에서 나타날 수 있는 보편적인 사고 능력으로 본다. 이렇게 보편적 능력으로서의 창의적 사고 능력은 유아들의 자발적 노래 부르기로부터 위대한 음악가의 작품에 이르기까지 다양한 수준에서 나타날 수 있다(Webster, 2002: 26).

음악적 의미의 창의적 사고과정에서는 주어진 문제(활동 유형)에 따른 다양한 음악적 가능성을 찾아내고 수집하여 그중 어떤 것을 선택하거나 변형시키며 가장 적합한 해결 방법을 결정하게 된다. Webster(2002)는 창의적 음악사고의 핵심을 확산적 사고(divergent thinking)로 보는데, 확산적 사고는 고정된 방식이나 순서에 따라 진행되지 않으며 직관적이고 산발적으로 일어난다고 보았다.

확산적 음악사고를 유발시키는 단서는 짧은 리듬적·가락적 동기, 인상적인 하나의 화성 울림, 독특한 악기의 음색 또는 보다 길고 복잡한 음악적 패턴 등 음악적 경험에서 만나게 되는 어떠한 요소라도 가능하다. Webster는 경험자에게 이러한 창의적 상상력을 일으키는 요소들을 '원초적 움직임(primitive gestural: PGs)'으로 명명하고 음악적 상상력을 불러일으키는 동기부여 요인이며 창의적 음악사고의 시작점이라고 설명하고 있다. 음악적 의미의 확산적 사고는 소리를 중심으로 하는 상상적(imaginative) 사고이며 창의적 음악사고의 대부분은 확산적 속성에서 시작된다고 보고 있다.

확산적 사고에 대한 상대적 개념인 수렴적 사고(convergent thinking)는 연속적이며 순차적이고 분석적인 사고이다. 수렴적 사고는 보관된 기억을 인출하고, 경험된 정보를 정리 분석하고 미적인 차원에서의 적합성을 결정하는 데 관여한다. 확산적 단계에서 음악적 상상을 불러일으킨 '원초적 움직임(PGs)'들은 수렴적 사고를 통해서 의미를 갖는 '전체(entities)'를 형성하게 된다. 이 같은 수렴적 사고를 거치며 음악적 생산물은 정련화된다. 수렴적 사고의 과정은 변별력에 기초하며 계획성을 띠는 사고이다. 수렴적 사고를 통해서 음악적 재료들은 보다 체계적으로 구성되며 다듬어지게 된다. Webster(2002: 29)는 수렴적 사고가 창의적 사고의 마지막 단계에서 일어난다고 보지만, 창의적 사고의 원동력은 확산적 사고이며 수렴적 사고는 한 단계의 확산적 사고를 마무리하는 과정에서 나타난다는 점에서 보조적인 역할에 위치한다고 볼 수도 있다. 수렴적 사고에 이어 다시 다음 단계의 확산적 사고과정으로 이어지면 창의적 사고는 새로운 국면을 맞게 되면서 순환·확장할 수 있게 된다. 이같이 창의적 음악사고 과정의 핵심은 확산적 사고와 수렴적 사고 간의 역동적 상호작용을 이해하는 것이다.

Webster는 확산적 사고와 수렴적 사고 간의 상호작용을 음악활동에서 나타나는 순환적인 과정으로 제시하고 있다. 이 순환적 과정에는 준비(preparation), 해내기(working through), 검증(verification), 그리고 준비와 작업 과정 사이에 시간차를 두고 거치는 관망(time away)의 과정을 두고 있다. 각 과정은 정한 순서에 따라 진행되는 것은 아니며 산출 의도와 주어진 문제의 맥락에 따라 양방향으로 전개될 수 있다고 제시한다. 그리고 이러한 작업 수행의 과정에서 확산적 사고와 수렴적 사고가 변환적으로 교류하게 되는 것으로 설명하고 있다.

창의적 음악사고의 전체적인 흐름 외에 주목하여 살펴보아야 할 요인은 확산적 혹은 수렴적 사고에 영향을 미치는 개인 요인으로 자리 잡고 있는 두 영역, 즉 '실행 가능 기능(enabling skill)'과 '실행 가능 조건

> Webster의 1차 모형(1987)에서는 사고의 순환과정에 Wallas의 '준비-잠복(부화)-조명-증명'의 4단계를 적용하였으나, 2002년 2차 모형에서는 음악적 사고과정에 부합하는 용어로 개선하였다.

(enabling condition)'이다. 개인이 보유하고 있는 음악적 적성, 개념적 이
해도, 기능적 숙련도, 미적 감각 등은 확산적 또는 수렴적 사고를 가능
하게 하는 능력 요인으로 볼 수 있다. 이들 능력적 요인은 음악적 활동
의 수준과 내용을 결정하며, 창의적 산출을 가능하게 하는 내용적 요인
이라고도 볼 수 있다.

Webster(2002)는 자신의 모형이 창의적 음악사고에 대한 논리적 과
정을 제시하고 있지만 실증적으로 검증되지 않았다는 사실을 밝히고
있다. 추후 연구에서는 모형의 검증이 필요하며, 음악적 창의성에 대한
실증적 연구를 위해서는 ① 음악 창의성 측정 방법 개발을 위한 연구,
② 민족지학적 연구, ③ 음악 창작과정을 평가하고 측정할 수 있는 도구
개발을 위한 연구가 필요하다고 제안하였다.

4. 음악교육과 음악 창의성

음악교육적 시각에서 아동들이 시도하는 모든 음악 행동은 창의적
인 의도를 어느 정도 내포하고 있다고 볼 수 있다. 음악교육에서 창의성
을 어떻게 보아야 할지는 음악교육철학적 관점에서도 중요하게 다루어
져 왔다. 창의성에 대한 음악교육에서의 주요 논제는 음악교육적 관점
에서 창의성을 어떻게 정의해야 하는지와 교육을 통해서 음악적 창의
성을 발전시킬 수 있는지, 만일 음악 창의성이 교육을 통해서 발전할 수
있다면 어떤 노력을 해야 하는지에 관한 것이다.

음악교육철학자 B. Reimer(1989)는 '음악을 아는 것(knowing music)'
과 '음악에 대하여 아는 것(knowing about music)'의 차이를 설명하면
서 음악적 창의성의 중요성을 강조하였다. 음악을 아는 것은 작곡, 연
주 또는 즉흥연주, 감상을 통해서 음악을 해석하는 것과 같은 창의적
인 음악활동에 능동적으로 참여하는 과정에서 드러나는 것이며, 음

악에 대해서 아는 것은 음악에 대해서 설명하거나 글로 표현하는 과정에서 나타나는 것이다. 음악교육의 목적은 학생들이 음악을 알도록(knowing music)하는 것인데, Reimer는 창의성이 이 과정의 핵심적인 요인이라고 강조하였다. 그는 학생의 창의성을 기르기 위한 방법으로 ① 교수 · 학습 상황에서 가능한 표현적인 음악을 사용할 것, ② 학생들을 창작, 연주, 듣기와 같은 창의적인 음악활동에 직접 참여시킬 것, ③ 음악을 구성하는 각각의 구성 요소와 요소들 간의 관계를 강조할 것, ④ 음악 외적 특징이나 기능보다는 음악이 내포하고 있는 심미적 질(aesthetic quality)을 지각하는 데 집중할 수 있는 활동에 초점을 둘 것을 제안하였다. Reimer는 또한 심리학적 관점에서 음악적 자각(musical consciousness)의 중요성을 강조하였는데 이를 위해서 자발적 음악표현은 음악 교육의 전 과정에서 중요한 의미를 갖는다고 보았다.

D. Elliott과 M. Silverman(2015)은 음악적 창의성을 음악 실천과 실천을 통한 이해의 연장선상에 놓고 보았다. 음악적으로 창의적이라는 것은 한 개인이 창의성이 있고 없고의 문제라기보다는 누적된 음악적 전통 또는 관습의 기반 위에 음악적 참신함을 부여할 수 있는가의 문제라고 보았다. 이러한 관점에서 음악적 창의성은 유전적인 특성이 아닌 교육을 통해서 계발되고 발전되어야 할 특성이라는 것이 그의 견해이다. 음악적 창의성은 영역 특수적(domain-specific)으로, 음악적으로 창의적인 사람이란 "해당 영역(넓게는 음악 전반이겠지만 좁게는 그가 수행하고 있는 음악 실천 영역)에 대한 실천 특정적인 노하우를 알고 이 노하우를 사용하여 특정 영역의 맥락과 관련하여 상당히 특이한 결과를 도출할 수 있는 능력을 가진 사람"이라고 정의한다(Elliott & Silverman, 2015: 351). 이러한 시각에서 음악적 창의성의 열쇠는 음악적 이해라고 불리는 다차원적인 형태의 작동적(working) 이해의 교육에 있다. 그가 강조하는 실행주의 철학에서 '다차원적인 형태의 작동적 이해교육'이 다양한 관점에서 논의되고 있지만, 핵심은 음악 창의성이 음악적 실행 또는 실천

의 핵심적인 기제라는 것과 이러한 음악 창의성을 학습과 교육을 통해서 성취 가능한 지점에 두고 있다는 것이다. Elliott과 Silverman은 창의성을 촉진하기 위한 교육의 원칙으로 음악교사가 학생들로 하여금 창의적으로 학습하는 기질을 터득하도록 도와야 한다고 강조하고 있다. 창의적으로 음악을 학습하는 것이란 음악적 아이디어들을 창조하고 선택해야 하는 기회를 지속적으로 부여하는 것이며, 이 과정에서 음악적 아이디어의 독창성과 중요성 그리고 창의적 가능성을 탐색하고 성찰하도록 격려하고 이끄는 것이다. 음악적 창의성은 연주, 듣기를 통한 음악의 해석, 즉흥연주, 창작을 포함하는 실천적 음악경험을 통해서 도달할 수 있으며, 이를 통해서 학생은 음악을 이해할 수 있는 능력을 습득하게 된다. 이 과정에서 교사가 학생의 현재 수준과 발전 가능한 한계를 파악하여 적절한 수준의 도전적 목표를 제시하고 성취를 위한 조력을 유의하게 제공할 수 있다면 학생이 음악적 창의성을 지속적으로 발전시킬 수 있다는 의미이다.

이상에서 볼 수 있듯이 음악교육에서는 음악 창의성의 명확한 개념 정의에 앞서 음악 창의성을 경험과 학습을 통해서 계발되고 발전 가능하며 교육될 수 있는 능력 성향으로 본다. 음악 창의성의 발전 가능성은 관점에 따라 여러 가지 논리로 전개될 수 있겠지만, 어떤 경우라도 직접적이고 풍성한 음악경험이 전제되어야 하며 이 과정에서 체계를 가지고 있는 구조물로서 음악을 이해할 수 있는 학습의 과정이 필요하다는 점, 음악적으로 도전적인 과제를 부여해야 하며 그 결과에 대한 음악적 가치 판단을 할 수 있는 기준과 안목을 갖추도록 해야 한다는 점이 공통적으로 강조되고 있음을 알 수 있다.

제10장

특별한 요구의 학습자를 위한 교육

특수아는 크게 영재아와 장애아로 구분할 수 있다. 특수아란 보편적인 교육 방법으로는 충족되기 어려운 교육적 배려를 필요로 하는 대상을 의미한다. 음악 영재아는 일반적인 수준 이상의 음악적 잠재력을 지니고 있기 때문에 음악 능력의 발현이 두드러지며 학습에서의 요구도 다양하다. 속진과 도약적 학습 성향을 보이는 영재아의 특성은 음악 영재의 경우도 동일하게 나타나며, 이들을 위한 교육에서는 학습자의 다양한 특성을 탄력적으로 지원할 수 있는 체계적인 차별화 교육이 필요하다. 음악 영재성은 학습자의 또 다른 특성으로 이에 따른 음악 능력 발달이 이루어질 때 삶의 만족도 또한 높아질 수 있다. 특수교육은 특수 학습자의 개별적인 요구를 충족시키려는 목적을 지닌다. 특수아는 영재아를 포함하지만, 일반적으로 특수교육이란 장애를 가진 학습자를 대상으로 하는 교육을 의미한다. 교육은 역사적으로 일반교육과 특수교육이 이중체제로 분리된 상황에서 발전되어 왔다. 오늘날의 특수교육은 일반교육과 특수교육의 이중체제, 즉 분리교육의 필요성에 대해 의문을 제기하며 전 세계적으로 통합교육을 지향하고 있다. 이 장에서는 영재와 영재교육, 장애학생과 통합교육을 다룬다. 그리고 최근 들어 음악교육 현장에서 관심이 높아지고 있는 음악치료를 음악교육과 비교하여 설명하고 학교교육에서 음악치료의 의미를 살펴본다.

1. 영재와 영재교육

1) 영재의 정의

'영재'란 선천적으로 일반인과 다른 탁월한 소질을 가지고 태어난 사람을 의미한다. 영재와 영재성에 대한 초창기의 연구들은 뛰어난 능력을 보이는 개체 자체에 대한 추적적 연구를 통해 이러한 능력의 근원이 무엇인지를 밝히려는 심리학적 호기심을 중심으로 시작되었다. 그러나 20세기를 지나며 영재성에 대한 이해와 관점이 다양화되면서 영재교육은 영재 개체에 대한 것이 아닌 학습자의 또 다른 특성으로서 영재성 속성에 대한 이해로 접근하고 있다. 영재성은 자아의 발전과 삶의 적응을 위한 또 다른 자아성취 요구로 볼 수 있다. 이러한 특성을 가지고 태어난 사람들이 자신의 재능을 성공적으로 성취하게 된다면 이는 개인의 자아실현은 물론이거니와 사회나 국가적인 차원에서도 큰 공헌을 하는 것이다. 따라서 이러한 탁월한 잠재력을 타고난 인재를 발굴하여 양성하는 것은 교육적 그리고 사회·국가적인 차원에서도 중요한 의미를 갖는다.

영재란 영재성을 지니고 있는 대상인데, 그렇다면 영재성이란 어떤 특성을 의미하는가? 영재성은 선천적으로 타고나는 것이라는 고전적 인식이 아직도 전제되어 있지만 20세기 이후의 심리학적 연구들은 영재성에 대한 구체적인 요인들을 제시하고자 노력해 왔다. 1950년대까지에 해당되는 초창기 영재성 이해는 지능(IQ)으로 알려져 있는 뛰어난 지적 능력을 재능의 근원으로 보았는데, 이는 심리학에서의 IQ 테스트의 출현과 맞물려 있다고 볼 수 있다. 학교제도가 자리를 잡게 되면서 학교체제하에서 '평균 이상의 성취 능력'과 '비범한 사고력'을 보이는 학생들이 나타나기 시작하였고, 이들 '영재아'들의 지적 성취를 극대화시

대부분의 프로그램들은 빠른 성취를 목적으로 하는 속진의 형태로 이루어져 정규교육과정을 1~2년씩 단축하는 형태로 구성 되었다. 영재성은 인구의 특정 비율(일반 지능에서의 상위 1~2%)이나 지능검사의 특정 한계점수 (예: IQ 125 또는 135)와 같이 도구적 방법에 근거한 뛰어난 지능으로 결정되었다 (Passow, 1981).

킬 수 있는 프로그램들이 고안되기 시작하였다.

　영재성 이해에 있어 전통적인 학교수업을 중심으로 하는 지능중심의 접근은 기타 다른 분야에서의 탁월성을 배제하게 되는 우려를 불러일으켰다. 영재성 이해에 있어 학업 이외의 영역에서의 탁월성이 고려되기 시작하면서 영재에 대한 정의는 좀 더 포괄적이 되기 시작하였다. Passow, Goldberg, Tannenbaum과 French(1955)는 '사회적으로 가치 있는 모든 분야에서의 뛰어난 성취 능력'으로 영재성 정의의 범위 확대를 강조하면서 영재성이 발견될 수 있는 분야를 '언어, 사회과학, 자연과학, 수학 등의 학문 분야, 음악, 회화나 조형예술, 행위예술 및 인공적 예술 등의 예술 분야 그리고 인간관계 분야(예: 리더십)'로 제시하였다. 다양한 분야에서의 영재성을 인정하고 이에 대한 교육적 관심이 본격적으로 시작된 것은 1970년대에 들어오면서이다. 현재 보편적으로 적용되고 있는 영재성의 영역 분류는 1972년 최초로 제안되어 1988년 최종 수정된 미국 연방 교육부의 분류 방식이다(〈표 10-1〉 참조).

　영재의 범위가 단지 지적 영역에만 국한되지 않고 예술 및 신체운동, 그리고 리더십 등의 비지적(悲智的)이고 복합적인 영역까지 확장되면서

〈표 10-1〉 **미국 교육부의 영재성 영역 분류 변화표**
(Maryland State Dept. of Education, 1994)

1972년 (6개 영역)	1978년 (5개 영역)	1988년 (5개 영역)
일반적 지적 능력	일반적 지적 능력	인지 능력(명칭 전환)
특정 학업 능력	특정 학업 능력	특정 학업 능력
창의력	창의력	창의력
시각예술 능력	시각예술 능력 (신체운동 능력 포함)	예술성
리더십	리더십	리더십
신체운동 능력		

영재교육은 특정 대상에 대한 집중교육이어야 한다는 관점에서 잠재적 능력의 발굴을 통한 능력 계발 교육으로 전환되었다. 이에 따라 영재성의 요인도 다변화되었고 잠재적 영재의 범위도 초반 영재교육에 비하여 확장되면서 영재성 발굴의 대상은 아동을 포함한 미성취 영재까지 확대되었다.

2) 영재성 요소

영재성의 영역과 대상이 확장되면서 영재성의 정의에는 '잠재적으로 가치 있는' '지속적으로 뛰어난' '사회적으로 의미 있는' 등의 다소 모호한 표현들이 덧붙여지게 되었고, 이는 영재성의 구체성과 의미 측면에서 새로운 문제들을 고려하게 만들었다. 학자들은 영재성이 다양한 재능의 양태를 띠고 발현된다는 것에 동의하면서도 이러한 능력의 다양성을 더욱 뛰어나고 특별하게 만드는 '영재성'에 대한 본질적이면서도 차별적인 속성에 대한 탐색을 지속하게 되었다.

이 과정에서 뛰어난 지능 외에 영재성의 필수 속성으로 포함된 것이 '창의성'이다. 창의성은 E. P. Torrance, C. W. Taylor, J. S. Renzulli 등의 학자들에 의하여 영재성과 재능의 한 요소 또는 한 종류로 다양하게 정의되어 왔으며, 보편적 지능 또는 영역 내적 능력의 우월함을 넘어서 특별하게 의미 있는 결과와 산출물의 생산을 가능하게 하는 영재성의 필수 요소로 인식되면서, 영재성과 창의성은 동일선상에서 다루어지는 양상을 보이게 되었다. 특히 Renzulli는 영재성의 보다 근본적인 규명과 유연한 적용을 위한 모델을 제안하면서, 영재성을 평균 이상의 지능, 높은 창의성 그리고 높은 과제 집착력으로 설명되는 성향적 요인의 세 가지 특성의 상호작용의 결과로 설명하였다([그림 10-1] 참조). 이러한 그의 견해는 영재라는 대상보다는 영재성이라는 능력의 요소에 더욱 중점을 둔 것으로, 이러한 복합적인 성향 특성을 보이는 더 다수의 대상이 잠재적

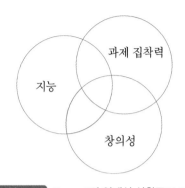

그림 10-1 Renzulli의 영재성 삼환구조 모델

영재가 될 수 있음을 의미하는 것이기도 하였다(Renzulli, 1978).

Renzulli의 모델에서 탁월한 지능이 의미하는 바는 일반적 지능 외에도 특정 분야나 학과의 특수지능도 포함한다. 또한 Renzulli는 IQ 115 이상의 일반지능을 가진 아동이면 영재교육의 대상이 될 수 있다고 보았다. 그런데 이는 많은 업적을 이룬 세계적 인물들 중 지능지수가 그리 높지 않았던 사람들이 다수 있었음을 볼 때 영재성을 성취하기 위한 최소기준이 평균 이상의 지적 능력을 가지면 충분하다는 가설을 증명한 것으로 볼 수 있다. Renzulli의 견해에서 영재는 이러한 통합적 특성을 갖추고 있어 인간 성취의 가치 있는 다양한 분야에 적용할 수 있는 아동이다. Renzulli는 이 세 가지 특성 간의 상호작용을 개발할 수 있는 잠재력을 갖춘 아동은 정규 프로그램에서는 통상적으로 제공되지 않는 다양한 범위의 교육적 서비스를 필요로 한다고 강조하였다(Renzulli, 1978: 261).

F. Gagné(2004)는 영재성과 재능을 선천적으로 타고난 잠재적 가능성과 발현된 재능으로 구분한다. 그는 지적 능력이란 영재아가 타고나는 일반적 능력 요소이지만 이 또한 개인의 적성에 따라 다양한 특성을 띠게 된다는 점에 주목하였다. 아마도 Gagné가 지적하는 잠재된 지적 능력의 특성은 Gardner의 다중지능과 비슷한 맥락에서 이해될 수 있을 것이다. 다중지능이론(Gardner, 1983)은 지능 자체를 다양한 종류

그림 10-2 Gagné의 이론이 제시하는 영재성과 재능의 관계

의 세부 지능의 결합체로 보기 때문에, Gagné는 Renzulli와는 달리 지능을 일반지능과 특수지능으로 구분하기보다는 잠재력으로서의 영재성이 어떻게 특수 분야에서 가시적 재능으로 나타나는가에 관심을 두고 있다. Gagné는 영재성의 영역을 크게 지적·창의적·사회정서적·감각운동적 영역 및 기타 영역으로 나누고, 영재성을 하나 이상의 능력 영역에서 나타나는 평균 이상의 능력으로 정의하면서, 이러한 잠재적 영재성이 성장과 경험의 과정에서 다양한 촉매(catalysts)의 영향을 받아 특수 분야의 구체적 재능으로 나타난다고 설명하고 있다. Gagné의 모델에서 촉매는 가족, 학교 및 기타 경험을 제공하는 외적 환경 요인과 성격과 동기를 포함하는 학습자의 내적 요인을 포함한다([그림 10-2] 참조).

F. Gagné(1985; 2004)는 그의 이론에서 '영재'를 타고난, 그러나 성취시켜야 할 잠재적 능력을 가진 아동으로 정의하고 있다. 영재아는 한 가지 이상의 영역에서 또래 집단보다 뛰어난 적성을 보이며 이러한 적성의 근원은 유전적인 것으로 본다. 유전적 잠재성은 영재아를 둘러싼 환경을 포함한 다양한 촉매의 자극을 받으며 특수 분야의 재능으로 발현된다. 촉매적 요인이나 기회(chances)의 요소들이 존재하지 않는 잠재적 가능성을 만들어 내지는 못하겠지만, 이들 잠재적 가능성이 얼마나

빠르게 그리고 얼마나 높은 수준으로 발달할 수 있을지 혹은 재능으로 인정받지 못한 채로 남아 있을지에는 명백하게 영향을 미치게 될 것이다. Gagné의 모형은 영재성의 다면성을 다시 한번 강조하고 있으며 촉매의 역할로서 교육적 관심과 지원의 중요성을 강조한다. 영재들의 잠재적 가능성이 발현되기 위해서는 그에 필요한 교육적·환경적 조건들을 조성하는 것이 필수적인 것이다.

3) 음악 영재성

음악 영재성은 음악적 재능의 연장선상에 있다. Gagné의 견해에서도 나타났듯이 '재능(talented)'이라는 단어에는 유전적으로 타고난 자질이라는 의미가 담겨 있다. 음악적 영재성이 타고난 것이라는 생각은 음악의 재료인 소리에 대한 민감성, 즉 뛰어난 청감각이 탁월한 음악적 능력에 있어서 필수 조건이라는 인식에 기인한다. 그러나 뛰어난 음악적 재능에는 예민한 청감각 외에도 음악 적성, 음악지능, 음악 표현 기능 등의 다양한 음악 능력 요인이 복합적으로 작용하며, 이에 더하여 음악을 독창적으로 표현하고 해석할 수 있는 음악 창의성도 뛰어난 음악 재능의 주요한 요건이다. 더불어 음악 영재성을 판별할 때 가장 크게 작용하는 능력 요인이 연주 능력의 정교성이다. 어린 연령에서 성인 수준에 못지않은 음악 연주 능력이 발휘된다면 곧바로 '음악 영재'를 연상하게 된다. 물론 또래와 비교할 수 없는 뛰어난 수준의 연주 능력을 발휘한다는 것은 앞서 언급한 음악과 관련된 능력 요인들이 보편적인 수준 이상으로 작용하고 있다는 유력한 증거가 될 수 있다. 그러나 음악 영재성에는 뛰어난 연주 능력 외에 다양한 능력 요인이 작용하기 때문에 잠재적인 음악 영재성을 판별하기 위해서는 관련 능력 요인들이 어떠한 특성으로 나타나고 있는지를 지속적으로 평가해야 한다. 다음은 음악 영재성을 구성하고 있다고 볼 수 있는 관련 능력 요인들이다.

(1) 청각적 변별력

'소리'는 음악에 있어서 의사소통의 통로이다. 따라서 소리의 특성을 잘 구별하여 들을 수 있다는 것은 음악을 하는 데 있어서 매우 중요한 능력이다. 소리의 물리적인 성질은 일반적으로 음고, 길이, 음량 그리고 음색의 소리의 본유적인 특징으로 설명된다. 따라서 소리의 높고 낮음, 길고 짧음, 크고 작음의 차이나 소리의 질적인 차이를 구별하고 변별하는 청각적 변별 능력은 음악 능력의 기본적인 요소이다.

음악적 활동에 필요한 기능 요인 중 청각적 변별력은 모든 음악활동에서 필수적인 능력 요소로서 유전적인 요인으로 결정된다고 믿어지고 있으며 음악 적성과 동일선상에서 이해된다. 청각적 변별력은 E. Gordon이 제시한 '오디에이션(audiation)'과도 밀접하게 연관된다. 오디에이션을 기반으로 하는 그의 음악 적성은 선천적으로 타고나는 유전적 특성 외에 경험과 학습에 의해 영향을 받는 발달적인 속성을 동시에 띠고 있어 출생 후 9세 이전까지 아동들의 음악 적성은 어떤 환경과 경험에 노출되었는지에 따라 변화를 보이며 결정된다고 주장한다(Gordon, 1983). 재능 요소로서 음에 대한 청각적 변별력은 음악 영재성의 기본적인 특성이라고 볼 수 있다.

> 청각적 변별력에는 박, 박자, 리듬에 대한 정확한 감지 및 변별 능력, 음고(pitch)와 음조(intonation)의 정확한 감지 및 변별 능력, 음의 크기와 음색의 변화에 대한 정확한 감지 및 변별 능력, 한번 들은 음들을 정확히 기억하고 재현할 수 있는 능력, 실제로 듣지 않고도 내적으로 상상하거나 정확히 떠올릴 수 있는 능력(inner hearing, audiation)이 포함된다.

(2) 음악지능

음악지능은 음악을 배워 가는 과정에서 확인되는 음악적 사고 능력을 의미한다. C. Seashore는 지능(intelligence)이 그 배경에 음악적 지식, 음악적 흥미, 음악적 과제, 음악적 경험과 반응의 열기로 채워져 있을 때 음악적이 된다고 설명한다(Seashore, 1937). 특히 음악지능의 개념이 H. Gardner의 다중지능이론(Gardner, 1983)을 통해서 독립된 지적 능력으로 제시되면서 모든 사람이 가지고 있는 보편적인 지적 가능성으로 주목을 받고 있다. J. Bamberger는 음악지능을 음악적 문제해결에 필요한 감각/지각/인지 사이에서 탄력 있는 전환을 할 수 있는 능력

음악지능은 독보력, 음계, 화성 등의 음 관계의 이해와 전조 능력, 음악적 개념 및 음악 형식의 이해, 암보 능력, 작곡, 즉흥연주 및 기타 음악 구성 능력, 음악에 대한 시청각적 분석 능력, 음악 구조와 형식의 이해 능력과 관련되어 있다.

이라고 보았는데, 음악적으로 우수한 학생들은 해결해야 할 음악적 과제에 따라서 감각적·지각적·인지적 유형의 사고를 적절하게 변형하며 적용할 수 있다. 음악지능은 음악 지각과 인지를 기반으로 음악의 특징을 이해하고, 분석하며, 음악적 판단을 내리는 원천이 된다.

(3) 연주 능력

음악 재능이 뛰어난 음악 연주 능력으로 확인된다는 것은 음악가들이나 음악을 가르치는 교사들에게는 보편적인 견해이다. 음악 적성은 음악적 잠재력을 측정하지만 음악 재능은 연주 능력을 통해서 나타난다. 연주 능력을 통해 나타나는 음악 재능은 타고나는 소리에 대한 감각 능력과 개인의 음악적 이해를 표현할 수 있는 연주 기능, 즉 기술적 능력의 혼합이라고 보아야 할 것이다. 실상 전문 음악교육기관이나 음악 영재 프로그램을 위한 변별과정에서도 연주 능력은 가장 중요한 변별 근거가 된다. 연주 영역의 영재들은 보통 그들의 또래 수준을 뛰어넘는 근감각적 차원의 기능적 정교함과 음악학습에서 빠른 발전 양상을 보이기 때문에, 뛰어난 연주 능력이란 외현적으로 확인될 수 있는 음악 영재성의 가장 분명하고 신뢰성 있는 능력 지표로 인정되어 왔다. 그러나 뛰어난 연주가로서의 음악 재능을 타고난 경우라고 해도 이 같은 잠재력이 표면화되기 위해서는 학습과 훈련이 필수적이다. 음악 영재가 악기를 배우고 훈련할 기회를 얻지 못한다면 그의 잠재적 영재성은 결코 발견되기 어려운 것이다. 또래와 현저히 구별되는 뛰어난 연주 능력은 음악 영재성의 분명한 지표 중 하나이지만 음악 영재성의 구성 요인 중 정규교육의 빠른 시작과 심도 있는 훈련을 가장 많이 필요로 하는 후천적인 능력 요인이기도 하다. 따라서 잠재적 영재성을 발굴하고 판별하는 데 있어 연주 능력에 어떤 비중을 두고 어떠한 방법으로 판별해야 하는지, 그리고 연주 탁월성이 또래보다 앞선 정교한 능력을 넘어 의미 있는 예술적 도약으로 연결되기 위해서는 어떠한 교육적 지원이 필요한

연주 능력에는 악기의 기본 주법 및 테크닉, 정확하고 정교한 연주 테크닉, 난이도 높은 악곡 연주, 음색 조절 능력 등이 포함된다.

지는 근간 음악 영재 교육에 있어 비판적으로 논의되고 있는 쟁점 중 하나이다.

(4) 음악적 창의성

창의성(creativity)은 어떤 문제의 해결을 통해 유용하고 가치 있는 결과 또는 결과물을 창출해 낼 수 있는 능력을 의미한다. 같은 맥락에서 음악적 창의성은 음악적으로 가치 있고 유용한 결과물을 창출할 수 있는 능력으로 볼 수 있다. 일반적으로 음악적 창의성은 작곡과 즉흥연주와 같이 새로운 음악을 구성하고 조직할 수 있는 능력으로 이해되어 왔지만, 예술적 차원의 음악적 창의성은 음악을 듣고 이해하고 연주하고 창작해 내는 모든 음악활동을 독창적으로 만드는 요인이다.

재능적 차원의 음악적 창의성은 음악을 수용하고 이해하며 다양한 경로를 통해 독창적으로 표현할 수 있는 역동적인 능력이며 기능적 음악 능력을 예술적 표현력으로 차별화시키는 결정적 요인이다(Haroutounian, 2002). 또한 음악적 창의성은 뛰어난 음악적 발전 가능성을 지닌 음악 영재를 새로운 예술적 가치를 창출 해 내는 천재적 예술가로 성장시키는 원동력이기도 하다. 음악 영재가 가지고 있는 청각 변별력, 음악지능, 연주 능력이 음악적 창의성으로 완결될 때 음악 영재가 예술가로 도약할 수 있는 기반이 마련될 것이다. 따라서 음악적 창의성의 발견과 개발의 문제는 향후 음악 영재 교육의 차별화 차원에서 가장 심도 있게 고려되어야 할 핵심적인 요소라고 볼 수 있다.

이상에서 볼 수 있듯이 음악 영재성을 규정하는 세부 요소들은 음악 능력 발달에서 나타나는 일반적인 요인들과 다르지 않음을 알 수 있다([그림 10-3] 참조). 음악 영재성은 능력 요인의 차별성이라기보다는 이러한 능력 요인 발전 양상의 차별성으로 이해해야 하며, 따라서 이들 음악 영재아들이 나타내는 학습 특성과 요구를 이해하여 적절한 교육 방

> 음악적 창의성은 표현 의도에 따라 소리를 조절 · 구성할 수 있는 능력, 작품의 성격에 따라 적절한 음악적 표현을 적용할 수 있는 능력, 긴장-이완을 적절히 조절할 수 있는 연주 능력, 자신의 생각, 감정, 정서를 음악적으로 구성하거나 표현할 수 있는 능력, 음악의 논리적 범위 안에서 자신의 표현을 독창적으로 구성할 수 있는 능력 등과 관련되어 있다.

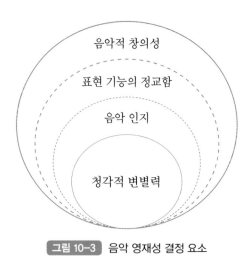

그림 10-3 음악 영재성 결정 요소

법을 모색하는 것이 중요하다.

4) 음악 영재 교육

(1) 음악 영재성 발현

Gagné(2004)는 '영재'를 성취시켜야 할 잠재적 능력을 가진 아동으로 정의하면서 영재성의 본질뿐 아니라 발현과정 이해의 중요성을 강조하고 있다. Gagné가 제시하는 영재성 발현과정에서 다중관계성 모델은 음악 영재 교육에서 고려해야 할 다면적 요인들을 안내해 줄 수 있다. 선천적으로 타고나는 영재성은 어느 정도의 영역 친화적 성향을 띤다고 하더라도 그것이 발현되기 전까지는 모호한 형태의 지적 능력, 창의성, 사회정서적·감각운동적 잠재 능력으로 존재하다가 발달(development) 과정을 거치면서 분명하고 구체적인 재능으로 나타난다. 음악 영역에 적용하여 보자면, 선천적으로 타고나는 음악 적성과 기타 지능 및 성향 적 기질 그리고 근감각적 민첩성이 음악적 경험, 음악 학습과 훈련 등의 교육적 과정을 거치면서 연주, 즉흥연주, 작곡, 지휘 등의 특수하며 구체 적인 음악적 수행성취들로 나타나게 된다고 볼 수 있다.

Gagné의 모델에서 주의를 기울여야 할 부분은 잠재성으로서의 영재성이 바람직한 경험과 학습 훈련 등의 '발달과정'을 거쳐야 재능으로 나타날 수 있다는 점이다. 이는 영재교육에 있어서 영재성의 판별보다는 양성과 교육을 통한 발달과정에 비중을 두어야 하며, 이때 다양하게 작용하는 '촉매' 요인의 중요성에 관심을 가져야 함을 촉구하고 있다. '촉매'는 영재아의 기질적 · 정서적 성향과 관련되는 내적 촉매와 물리적 · 사회적 환경과 관련된 외적 촉매로 나누어진다. 개인 내적 '촉매'에는 지능 요소 외에 동기, 참을성, 자기조절 능력, 성격, 건강 상태 등 개인의 기질, 신체 특징과 같은 유전적 특성과의 관련성이 높다. 외적 촉매에는 환경 외에 부모, 교사, 그 밖에 사회적 환경 등이 속한다. 조기 발견과 오랜 기간에 걸친 뒷바라지가 필요한 음악 영재성의 발현과정에서 부모와 같은 외적 촉매는 매우 중요한 요소이다([그림 10-4] 참조). 제도적 차원에서의 음악적 경험과 교육의 기회가 보편화되지 못한 경우, 아동의 음악적 영재성은 그의 가정환경과 부모의 관심과 능력에 의하여 결정될 소지가 더욱 크다. 음악 영재성은 특히 다른 영역에 비하여 어린 나이에 나타날 수 있다는 점에서 외적 촉매 요인은 영재성 발달에 큰 영향을 미치는 요인이라고 보아야 할 것이다. 또한 유 · 초년기에 겪게 되는 음악과 관련된 강한 인상들은 결정화 경험(cristalizing experience)이 되어 음악적 목적 설정과 학습적 몰입 등, 태도 및 가치화 형성에 결정적인 영향을 미치게 된다(Dai & Schader, 2002).

음악 영재성의 발현에서 유전적으로 타고나는 음악적 성향과 음악 적성은 영재성의 근거라고 볼 수 있지만 이를 발견하여 잠재력으로서의 영재성이 가치 있는 재능으로 발현되기 위해서는 이러한 가능성을 발견해 주고 지속적으로 발달시켜 줄 수 있는 환경과 교육을 제공하는 것이 필수적이다.

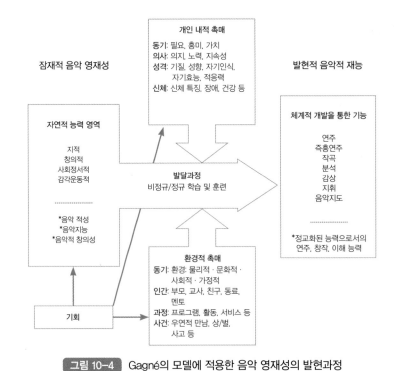

Gagné의 모델에 적용한 음악 영재성의 발현과정

(2) 음악 재능 계발과정

음악 능력의 완성도는 단계적 발전을 거치며 이루어진다. 이 과정에서 개인이 타고난 음악적 잠재력이 여러 가지 형태와 성격의 교육적 혹은 비교육적 경험을 거치게 된다. 그 결과, 어떤 사람은 일반적인 수준의 음악 능력만을 갖게 되지만 어떤 사람은 아마추어 수준을 갖추기도 하고, 소수는 전문가 수준까지 갖추게 되며, 극히 일부는 음악 영역에서 새로운 가치의 장을 여는 창의적 예술가로 성장하게 된다. Lehman, Sloboda와 Woody(2007)는 음악적 전문성의 수준을 네 단계로 제시하면서 상위단계로 발전하기 위한 요인으로 음악적 잠재성 외에 지속적인 학습과 훈련 그리고 집중적 연습 등의 후천적 변인의 중요성을 들고 있다. 상위 단계로 올라갈수록 해당 수준의 음악 능력에 도달할 수 있는 사람의 수는 적어지지만 감당할 수 있는 음악 능력의 범위와 심화 수준

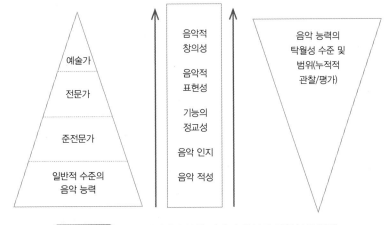

그림 10-5 음악 영재성의 발현 단계와 음악적 탁월성의 확장

및 완성도는 확장된다([그림 10-5] 참조).

음악 능력의 탁월성의 맥락에서 유전적인 소인으로서의 음악 영재성과 후천적 경험 또는 훈련의 상호작용을 분명히 밝히기는 어렵다. 그러나 분명한 것은 음악 영재성은 음악 능력의 발전 선상에서 이해되어야 하며 교육적 지원 역시 일반 음악교육과의 연속선상에서 지원되어야 한다는 것이다. Haroutounian(2002)은 음악 영재성의 판별은 음악 능력의 적극적인 계발을 통해 얻게 되는 누적적 관찰과 평가에 의하여 이루어져야 하며 이를 위해서는 음악 영재성의 각 발달 단계에 필요한 음악적 경험과 학습의 기회가 부여되어야 함을 강조하고 있다. 따라서 음악 영재성이 탁월한 음악 능력으로 성취되기 위해서는 지속적인 관찰과 그에 따른 적절한 지원이 이루어져야 할 것이다.

(3) 음악 영재를 위한 교육과정 구성

일반 수준과 다른 잠재 능력을 지닌 영재아들은 학습의 양상과 속도에서 일반 학생과 다른 양상을 나타낸다. 따라서 영재교육의 기본 원리는 영재의 특성에 맞춘 차별화 교육의 원리이다. 영재아의 특성이 우수

속진이라 함은 일반 학생보다 빠른 속도로 학습할 수 있는 조건을 마련하는 것이고, 심화라 함은 난이도가 높고 심화된 교육 내용을 제공하는 것이다.

한 학습 능력이니만큼 영재교육에서 차별화의 원리에는 속진과 심화로 특징지어지는 '수월성' 측면과 영역 내 지식과 전문성을 단계적으로 구축해 나가는 '체계성' 측면이 함께 고려되어야 한다.

영재아들이 보이는 학습적 수월성은 해당 영역에서 상위 수준의 지식이나 기능을 매우 빠르고 쉽게 마스터할 수 있는 심화와 속진의 양상을 모두 포함한다. 그러나 영재를 위한 심화 교육과정은 영재들의 학습적 수월성을 반영하면서도 영재들이 해당 영역 지식의 주요 분야의 본질을 이해할 수 있도록 일반적인 개념을 탐구하는 것을 돕도록 해야 한다. 따라서 음악 영재를 위한 교육과정 구성에 있어서도 전체 음악적 능력의 발전 양상 안에서 각각의 음악 영재들이 보이는 능력적 특성과 학습적 특성을 적절히 반영할 수 있는 교육과정의 차별화가 중요하다. 그러나 차별화와 함께 고려해야 하는 체계성의 확보를 생각한다면 영재 음악교육과 일반 음악교육 간의 유연성 있는 연계가 필요하다. 더불어 영재성의 요소가 음악교육에서 중요시하는 음악 능력 요소를 공유한다는 것은 영재 음악교육과 일반 음악교육이 별개의 주제가 아님을 시사한다. 일반 음악교육에서 포괄적인 음악 능력 계발이 다양하게 이루어질 때 학습자가 가지고 있는 음악적 잠재력은 자연스럽게 드러나게 되며, 이러한 '특별한' 능력이 발견될 때 그 요구에 맞는 차별화 교육을 제공하는 것으로 영재 음악교육의 방향 설정이 필요하다(정진원, 2012).

일반 음악교육에서도 포괄적인 음악 능력 계발을 위한 다양한 교수·학습 방법과 교육과정, 교육적 지원이 논의되고 있는 상황에서 음악 영재성의 발현은 잠재적인 음악 능력의 최대 발현을 목적으로 두고 구축되어야 할 필요성이 있다. [그림 10-6]은 음악 재능의 단계적 지속적 발전 속성에 따라 음악성의 포괄적인 발전으로부터 영재교육을 연동할 수 있는 음악교육과정 구축 방향을 제시한 것이다(정진원, 2012).

우리나라에서도 2000년 1월 「영재교육법」이 제정되고 2002년 4월 「영재교육진흥법 시행령」이 공포·시행됨에 따라 영재교육을 공교육적

음악 영재성 발현 단계와 지원

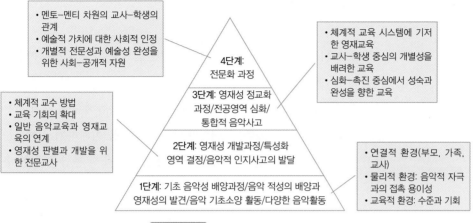

그림 10-6 음악 영재성 계발의 단계

차원에서 실시할 수 있는 계기가 마련되었다. 과학·수학 영역을 중심으로 시작된 영재교육에 대한 관심은 점차 예술 영역으로 확장되고 있으며,「영재교육법」시행 이후 음악 영재 교육도 이전의 예술 중·고등학교제도 외에 영재원, 영재학급 등의 유형이 더해졌고 2011학년도부터는 예술 중점 중·고등학교의 제도까지 도입되면서 예술 영재를 위한 교육의 범위와 방법의 확장이 보다 적극적으로 도모되고 있다고 볼 수 있다. 예술 영재 교육의 제도적 확장은 일차적으로는 대상과 기회의 다변화라는 점에서 긍정적인 의미를 갖는다고 볼 수 있지만 이러한 교육적 시도가 지속적이며 발전적인 음악 영재 교육이 되려면 영재와 영재성에 대한 이해에 바탕을 둔 교육적 목적 수립과 해당 분야에서의 학문적 기반을 전제로 한 체계성의 확보가 필요하다.

2. 장애학생의 통합교육

통합교육(inclusive education)은 기본적으로 일반학생과 장애학생의 '비분리'를 전제로 한 교육 방식을 의미한다. 특수교육은 현재 전 세계적으로 장애학생들을 일반학급에서 일반학생들과 함께 교육받게 하는 통합교육을 지향하고 있다. 장애학생의 통합교육을 이해하기 위해서는 먼저 장애와 통합교육을 이해하고 장애학생의 교육적 통합을 위한 음악교육 방법을 살펴보기로 한다.

1) 장애 구분의 용어와 의미, 장애의 종류

(1) 장애 구분의 용어와 의미

세계보건기구(WHO)는 건강장애(health disorder)를 ① 손상(impairment), ② 무능/무력(disability), ③ 불리함(handicap)이라는 세 가지 범주로 구분한다. 장애의 세 가지 범주에 따라 장애의 의미는 구별된다.

먼저 손상이란 생리적이든 심리적이든 신체나 기능이 일시적으로 또는 영구적으로 이상이 있는 장애를 의미한다. 이에 비해 무능/무력이란 주로 손상으로 인해 정상으로 간주되는 방식이나 범위 내에서 활동을 수행할 수 없는 장애를 의미한다. 마지막으로, 불리함(불리한 조건)이란 손상이나 무능/무력으로 인해 정상으로 여겨지는 역할의 수행을 제한하거나 못하게 하는 장애를 의미한다.

(2) 장애의 종류와 특수교육 대상자

우리나라 「장애인복지법」에서는 장애인이란 '신체적 · 정신적 장애로 오랫동안 일상생활이나 사회생활에서 상당한 제약을 받는 자'로 명시하고 있다. 여기에서 신체적 장애란 주요 외부 신체 기능의 장애, 내부기

〈표 10-2〉 장애의 분류와 종류

대분류	중분류	소분류(번호는 열거된 순서를 나타냄)
신체적 장애	외부 신체 기능의 장애	① 지체장애인, ② 뇌병변장애인, ③ 시각장애인, ④ 청각장애인, ⑤ 언어장애인, ⑬ 안면장애인
	내부기관의 장애	⑨ 신장장애인, ⑩ 심장장애인, ⑫ 간장애인, ⑪ 호흡기장애인, ⑭ 장루·요루장애인, ⑮ 뇌전증장애인
정신적 장애	발달장애	⑥ 지적장애인, ⑦ 자폐성장애인
	정신 질환으로 발생하는 장애	⑧ 정신장애인

관의 장애 등을 말하며, 정신적 장애란 발달장애 또는 정신 질환으로 발생하는 장애를 말한다. 「장애인복지법」의 시행에 필요한 사항을 규정한 「장애인복지법 시행령」 제2조에서는 장애의 종류를 총 열다섯 가지로 구분하고 있다. 이러한 내용을 정리하면 〈표 10-2〉와 같다.

학교교육에서 특수교육을 필요로 하는 '특수교육 대상자'는 장애를 가진 학생을 의미한다. 장애인과 특수교육 대상자의 장애를 분류한 내용은 다소 차이가 있는데, 「장애인 등에 대한 특수교육법」(특수교육법) 제15조에는 특수교육 대상자의 장애를 ① 시각장애, ② 청각장애, ③ 지적장애, ④ 지체장애, ⑤ 정서·행동장애, ⑥ 자폐성장애, ⑦ 의사소통장애, ⑧ 학습장애, ⑨ 건강장애, ⑩ 발달지체, 그리고 ⑪ 그 밖에 대통령령으로 정하는 장애로 구분한다.

2021년 4월 1일 기준 장애 영역별 특수교육 대상자 현황을 보면 [그림 10-7]과 같다. 유형별로는 지적장애(52.8%)가 가장 많고, 그다음은 자폐성장애(15.5%), 지체장애(9.9%) 순이다. 우리나라의 특수교육 대상자는 해마다 증가하는 추세이다.

특수교육의 대상은 학문적으로는 영재학생과 장애학생 모두를 포함하지만 법적으로는 장애학생으로 제한된다.

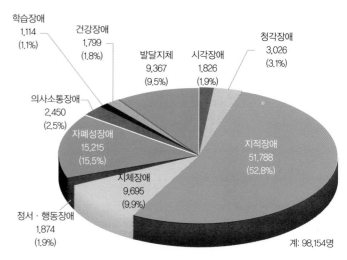

그림 10-7 장애 영역별 특수교육 대상자 현황(교육부, 2021)

2) 통합교육의 이해

통합교육이라는 용어는 특수교육 내에서 복잡한 시대적 문제들을 기반으로 형성된 개념이다. 미국의 경우 통합교육이라는 용어로 초기에는 'integration'을 주로 사용하였으나 최근에는 'inclusion' 또는 'full inclusion'이라는 용어를 선호한다. 'inclusion' 'full inclusion'은 'integration'보다 훨씬 더 강한 의미를 가진다. 영국의 경우에도 지난 10년 동안 완전통합에 대한 관심이 높아졌으며 통합교육을 위한 다각적인 노력을 기울이고 있다(한국통합교육학회 편, 2009: 124-126). 하지만 완전통합과 통합교육의 효과에 대해서는 특수교육 내에서도 관점에 따라 찬반의 논란이 있다.

통합교육은 물리적 통합, 사회적 통합, 정서 및 행동적 통합, 교육 및 학업적 통합이라는 네 가지 단계로 분류할 수 있다. 첫째, 물리적 통합은 장애학생을 일반학생과 함께 일반학교 내 일반학급이나 특수학급에 배치하는 것을 의미한다. 다시 말해서 일반학교 또는 일반학급이라는 장소에 장애학생을 일반학생과 함께 공간적으로 통합하는 것이다. 둘

integration은 '선 분리 후 통합', inclusion은 '선 완전통합 후 필요에 따른 분리'라는 관점이다(한국통합교육학회 편, 2009: 18–19).

째, 사회적 통합은 일반학급에서 장애학생들이 또래들과 교과 시간, 점심시간 등의 시간에 상호작용하고 관계를 형성할 수 있도록 해 주는 것을 의미한다. 셋째, 정서적 통합은 일반학급 내 활동의 목적이나 가치를 공유하고 또래 일반학생들과 감정적으로 연결된 상태를 말하며, 행동적 통합은 일반학생들과 같이 규칙을 준수하고 다른 학생들에게 적절한 행동을 하는 것을 의미한다. 마지막으로 교육 및 학업적 통합이란 모든 교육적 활동에 있어 장애학생이 일반학생과 동일한 수준이나 수행을 하지는 않더라도 유사한 활동이나 일반학생이 받는 교육의 내용과 일관된 수행을 하는 상태를 의미한다(김동일 외, 2019: 81).

2007년 법률 제8483호로 제정·공포된「장애인 등에 대한 특수교육법」은「교육기본법」제18조에 따라 국가 및 지방자치단체가 장애인 및 특별한 교육적 요구가 있는 사람에게 통합된 교육 환경을 제공하고, 장애인의 교육권을 실질적으로 보장하려는 의도를 담고 있다. 구체적으로「장애인 등에 대한 특수교육법」제2조 제6호에서는 "6. '통합교육'이란 특수교육대상자가 일반학교에서 장애유형·장애정도에 따라 차별을 받지 아니하고 또래와 함께 개개인의 교육적 요구에 적합한 교육을 받는 것을 말한다."라고 정의하였고, 제21조 제1항에서는 "각급학교의 장은 교육에 관한 각종 시책을 시행함에 있어서 통합교육의 이념을 실현하기 위하여 노력하여야 한다."라고 명시하였다.

2021년 특수교육통계(교육부, 2021) 자료에 따르면, 전체 특수교육 대상자 9만 8,154명 중 일반학교 내 특수학급에서 교육받는 학생들은 5만 4,266명(55.3%)이며 일반학급(전일제 통합학급)에서 교육받는 학생들은 1만 6,600명(16.9%)으로 조사되었다. 특수학교 및 특수교육지원센터를 다니는 특수교육 대상자 2만 7,288명(27.8%)을 제외하면, 현재 특수교육 대상자 중에 72.2%(총 7만 866명)에 이르는 학생들이 일반학교에서 교육을 받고 있다.

3) 장애학생의 교육적 통합을 위한 음악교육

장애학생의 교육 및 학업적 통합을 위한 통합교육은 ① 통합학급의 모든 학생이 장애 유무나 장애 유형에 관계없이 혜택을 받을 수 있는 보편적 학습 설계(Universal Design for Learning: UDL)를 통해서, ② 일반 학생들을 기준으로 짜인 교육 활동이나 내용 등을 장애학생에게 맞게 일부 조정하는 교수 적합화 또는 교수적 수정(curricular adaptation, instructional adaptation)을 통해서 접근하는 것이 바람직하다. 다음에서 이 두 가지 내용을 살펴보기로 한다.

(1) 보편적 설계와 보편적 학습 설계

① 보편적 설계와 보편적 학습 설계의 이해

건축가 Ronald L. Mace는 1985년 「Designers West」라는 문서에서 "보편적 설계란 쉽게 말해서 추가 비용이 거의 혹은 전혀 없이 건물이나 편의 시설을 설계하는 방법으로, 장애가 있건 없건 모든 사람에게 매력적이고 실용적이도록 설계하는 것"이라고 소개하였으며(Bowe, 2000: v), 1997년에는 "개조의 필요성이나 특별한 설계가 필요 없이, 가능한 한 가장 넓은 범위에까지 모든 사람이 사용할 수 있는 제품과 환경의 설계"라고 정의하였다(Bowe, 2000: 24). 이와 같이 보편적 설계의 개념은 건축학이나 디자인에서 비롯된 것으로 무장애 설계, 통합 설계, 혹은 모든 사람을 위한 설계라고도 한다. 보편적 설계는 다양한 특성과 특별한 요구를 가진 사람들을 처음부터 고려하여 모든 사람의 접근을 용이하게 하고 시설 등을 편리하게 사용하도록 설계하는 것(예를 들어, 휠체어의 접근을 용이하게 하는 경사로나 화장실, 장애인/노약자/임산부 등의 편리를 위한 시설 등)을 의미하며, 이후 접근성과 편리성이 고려된 주방용품, 개인용품 등에도 적용되었다. 실제적으로 보편적 설계는 장애인뿐만 아

미국의 건축가 Mace는 아홉 살 때 소아마비를 앓아 그 자신이 휠체어를 사용하였다.

니라 일반인들에게도 편의와 실용적 기능을 제공한다.

이러한 보편적 설계의 개념은 교육에 도입되어 '보편적 학습 설계'의 개념으로 발전되었다. 보편적 학습 설계는 장애 유무나 장애 유형에 관계없이 모든 학습자가 혜택을 받을 수 있는 교육과정 및 교육 방법을 설계하고자 하는 접근이다. 완성된 후에는 어떠한 수정이나 특별한 개조를 필요로 하지 않는 보편적 설계와 마찬가지로, 보편적 학습 설계란 일반 교육과정이나 수업과정의 처음 계획부터 장애학생을 포함한 모든 학생의 접근을 허용하는 형태로 설계하는 것을 의미한다. 또한 최근 들어 다문화 사회가 형성되고 있는 우리나라의 현재 상황을 고려할 때, 보편적 학습 설계의 개념은 장애학생뿐만 아니라 다문화 가정의 학생, 외국인 학생, 여러 요인으로 특별한 도움이 필요한 학생 등을 모두 고려할 수 있는 교육과정, 교육 방법, 교수 · 학습 자료, 평가 방법 등에 대한 이론과 실제의 기반을 제공하고 그 출발점을 제시한다.

건물의 완공 후나 제품의 생산 후보다는 완공 전이나 생산 전에 장애인을 위한 편의를 제공하는 보편적 설계의 원리와 마찬가지로, 보편적 학습 설계는 일반 교육과정의 개발에서부터 장애학생과 일반학생을 모두 고려한다는 점에서 '사전 조치'라 할 수 있다.

보편적 학습 설계의 두 가지 핵심적인 특징은, ① 다양한 학습자의 접근을 가능하게 하고 이를 위한 자료 제공을 할 수 있는 내장형 도구(built-in tools), ② 개별 학습자의 요구를 충족시킬 수 있도록 일반 교육과정의 유연한 제시(flexible presentation)이다. 또한 보편적 학습 설계는 다음과 같은 세 가지의 특성을 지니는 교육과정으로 정의되기도 한다. 첫째, 정보를 다양한 형식과 매체로 표현한다. 둘째, 학습자의 행동과 표현을 위한 다양한 통로를 제공한다. 셋째, 학습자의 관심과 동기 유발을 돕는 다양한 방법을 제공한다(Council for Exceptional Children, 2005: 4). 이러한 보편적 학습 설계의 핵심적인 특징 또는 특성들은 학습과정에서 교육적 결과를 극대화시키기 위한 주요 개념들로 작용한다.

예를 들어, 경사로는 휠체어를 타는 사람들뿐만 아니라 노약자에게도 유용하며, 텔레비전의 자막은 청각장애가 있는 사람들뿐만 아니라 시끄러운 곳에서는 모든 사람에게 편의를 제공한다.

보편적 학습 설계에서의 '보편성'이란 모든 학생에게 적용 가능한 획일적이거나 한 가지 최선책의 개념이 아니라, 다양한 개인의 특성과 차이를 감안하여 모든 학습자에게 적합하고 학습의 극대화를 위해 '변형이 가능한 유연성'을 의미하는 개념이다.

미국의 응용특수공학센터(CAST)에서는 보편적 학습 설계(UDL)의 필수적인 원리를 ① 복합적인 내용 제시 방법, ② 복합적인 표현 방법, ③ 복합적인 참여로 제안하였다(김동일 외, 2019: 311).

② 보편적 학습 설계의 원리와 음악교육적 적용

Mace의 지도하에 노스캐롤라이나 주립대학의 보편적 설계 센터 (Center for Universal Design: CUD)에서는 보편적 설계의 원리를 다음과 같이 일곱 가지 내용으로 연구·개발하였다. ① 모든 사람이 사용할 수 있고 구매할 수 있는 설계이어야 한다(공평한 사용). ② 다양한 개인의 선호를 구체화하는 설계이어야 한다(사용 시 유연성). ③ 제품 혹은 서비스는 이해하고 사용하기 쉬워야 한다(간단하고 직감적인 사용). ④ 모든 환경에서 유용해야 한다(심지어는 매우 혼잡하거나 시끄러운 상황에서도 그것을 쉽게 이용할 수 있어야 한다; 인식 가능한 정보). ⑤ 실수(오류)에 관대한 설계이어야 한다(실수에 대한 관용). ⑥ 제품 혹은 서비스는 사용에 있어 최소한의 노력을 필요로 해야 한다(적은 신체적 노력). ⑦ 크기와 위치에서 다양한 편의를 도모해야 한다(접근과 사용을 위한 크기와 공간)(Bowe, 2000: 3-4).

보편적 설계의 이들 일곱 가지 원리의 초점은 건축, 디자인, 기계공학에 맞추어져 있지만, 핵심 아이디어는 모두 교육적으로 의미가 있어 각각의 원리들은 보편적 학습 설계 상황에서 재해석되어 적용될 수 있다. 교육에서 '보편적 설계'란 다양한 학생이 쉽고 적절하게 사용할 수 있는 교육과정, 학습자료, 환경을 준비하는 것을 의미하며, 그 조정을 만드는 일에 대한 책임은 교사와 학교에 지운다(Bowe, 2000: 45). 보편적 설계의 원리는 보편적 학습 설계 상황에 매우 유용한 교육적 원리와 방법을 제공한다. 이해하기 쉽게 간결하고 직관적이며 다양한 방법을 사용하여 정보를 전달하고, 학습자의 활동이나 표현을 위해서 글, 그림, 언어, 촉각 등의 다각적인 통로를 사용할 수 있는 기회를 제공하며, 학습자들을 수업에 적극 참여시키기 위해서 선택의 자유를 주는 다양한 방법을 제공하는 것 등은 보편적 학습 설계의 개념으로부터 추출할 수 있는 교육적 원리와 방법들이다(Peterson & Hittie, 2010).

보편적 설계의 일곱 가지 원리는 각 교과교육의 보편적 학습 연구에 기반이 된다. 음악교육에 있어서도 보편적 설계의 원리는 매우 유용하게 적용될 수 있다. 특히 통합학급에서 음악수업이 차지하는 비중과 현실을 고려할 때, 보편적 설계의 원리를 음악교육에 적용하여 구체적인 활용 방안을 제시하는 것은 통합학급에서의 음악수업을 성공적으로 수행하기 위해 매우 중요한 일이다. 〈표 10-3〉은 보편적 설계의 일곱 가지 원리에 따른 교육적인 활용 내용(Council for Exceptional Children, 2005: 23)을 음악교육의 관점에서 이해하고 연계한 적용 내용이다.

통합교육의 실태를 조사한 연구(승윤희, 2011a, 2012)에서는 교사들이 통합교육이 수월한 교과를 예체능 교과 또는 음악교과라고 한 답변이 50%가 넘는다. 하지만 통합학급의 장애학생들이 음악수업에 '접근'하고 음악활동에 '참여'하는 것은 여전히 어려움이 많고 학습 목표에 도달하기 위한 충분한 지원을 받지 못하는 실정이다.

〈표 10-3〉 보편적 설계의 7가지 원리와 교육적 활용 및 음악교육적 적용

원리		교육적 활용	음악교육 관점에서의 적용
1	공평한 사용	공평한 교육과정	▶ 공평한 음악교육과정 • 문서를 포함한 통합학급의 모든 음악교육과정은 모든 학습자를 위해 설계되어야 한다. 즉, 일반학생만을 위한 것이 아니라 장애를 가진 학생, 다문화 가정의 학생 등 모두에게 유용할 수 있도록 설계된 교육과정을 의미한다. • 음악교육과정에 담겨지는 내용은 언어나 문서 중심의 정보뿐만 아니라 동일한 내용을 시각적·청각적인 정보로도 제공할 필요가 있다. • 음악교육과정은 어떠한 학습자도 불필요하게 분리 또는 차별하거나 차이점을 강조하고, 지나친 관심이나 집중을 불러일으키지 않도록 설계되어야 한다. • 통합학급의 모든 학습자는 능력이나 수준에 관계없이 음악수업에 '접근'할 수 있고 음악학습에 '참여'할 수 있어야 하며, 공평한 접근과 참여를 통해 모든 학생이 즐겁고 유의미한 음악적 경험을 할 수 있어야 한다.
2	사용 시 유연성	유연한 교육과정	▶ 유연한 음악교육과정 • 통합학급의 음악교육과정은 다양한 학습자 개인의 음악 능력과 선호를 수용하기 위해서 유연하게 제시될 수 있도록 설계되어야 한다. • 필요한 경우 학습자의 진도에 적응성을 제공하기 위해 음악수업의 목표와 교수·학습 방법은 재설정될 수 있다. • 학습자 개인의 다양한 능력이나 조건의 차이, 음악학습 수준의 차이 등에 따른 음악적 표현 능력의 다양성을 인정하고 표현 매체에 선택권을 허용하거나 표현 방식을 조정하고 배려하는 등 유연성 있게 설계되어야 한다. • 유연한 음악교육과정은, 예를 들어 합주활동 시 청각장애 학생들에게는 편안한 음역이나 음색을 지닌 악기를 선택하게 하고, 악기 연주 능력에 따라 글로켄슈필과 같은 작은 음판악기보다는 연주하기 쉬운 크기의 음판악기를 선택하게 하는 등 연주의 정확성을 높일 수 있도록 사전에 수업활동을 계획한다.

3	간단하고 직감적인 사용	간단하고 직감적인 교수	▶ 간단하고 직감적인 음악 교수 · 학습 내용 및 방법 • 교사는 수업 과제를 바꾸지 않고 단지 과제를 제시하는 방식을 바꿈으로써 과제에 필요한 원리를 제시할 수 있다. • 음악 교수 내용 및 방법은 복잡한 형태의 언어보다는 간단한 교사의 시범으로 제시되고, 학습자가 직감적으로 가장 접근 가능한 양식(mode)으로 제공될 수 있어야 한다. 다시 말해서, 음악활동 과제는 언어나 문자, 상징적인 방식뿐만 아니라 이해하기 쉬운 교사의 음악적 시연으로 제시되는 것이 바람직하다. • 음악수업은 언어, 음악활동, 학습 내용, 과제 제시의 복잡성을 조정하며 학습활동은 학습자의 선택이 가능하도록 설계되어야 한다.
4	인식 가능한 정보	다양한 표현 수단	▶ 음악수업을 위한 다양한 표현 수단의 제공 및 허용 • 음악교육과정은 학습자의 지각 능력, 이해도, 주의집중도에 상관없이 학습자에게 가장 효과적으로 도달할 수 있는 방법으로, 학습자가 가장 잘 이해할 수 있는 방법으로, 다양한 표현 수단을 제공하여야 한다. • 음악수업에서는 필수적인 정보를 풍부하게 제공하기 위해 다양한 방식(글, 그림, 음성, 소리, 영상, 촉감 등)으로, 즉 시각적 음악정보는 청각적으로도, 청각적 음악정보는 시각적으로도 제공하는 등의 다감각적이고 다각적인 표현 방식을 고려한다. • 학습자들로 하여금 필수적인 음악정보를 인식하게 하기 위해서는 이를 효과적으로 전달할 수 있도록 다양한 표현 수단을 제공하여야 하며, 음악수업의 활동 및 표현 방식은 다양한 표현 수단 중에서 학습자가 가장 선호하는 방식으로 선택 가능하도록 설계되어야 한다.
5	실수에 대한 관용	성공 지향적인 교육과정	▶ 성공 지향적인 음악교육과정 • 교사는 음악수업에서 학습자가 당면할 수 있는 불필요한 장애를 최대한 제거하고 실수에 대한 부담감을 최소화하여 음악적 성취감을 가지게 하여야 한다. • 음악학습 활동에 있어 불필요한 장애를 제거하는 예로는 오르프 음판악기의 사용을 들 수 있다. 오르프 음판악기는 음판을 마음대로 조작하여 연주하는 것이 가능하기 때문에, 교사는 연주 시 필요 없는 음판을 미리 제거함으로써 학습자로 하여금 실수에 대한 부담감을 줄이고 음악적 성취감을 가지게 할 수 있다. • 성공 지향적인 음악교육과정은 적절한 목표 수준을 제공하여 학습자들이 음악수업에 적극적으로 참여하게 하며, 학습자의 음악적 성취를 위한 교사의 지속적인 지원과 효과적인 피드백 그리고 충분한 시간을 주어 수업을 보충할 수 있도록 하는 학습 조건의 개선 등으로 가능하다.

6	적은 신체적 노력	학습자의 적절한 노력	▶ 음악수업에서 학습자의 적절한 노력 수준 수용 • 음악활동을 위한 교실 환경은 최소한의 신체적 수고와 적절한 동기를 유발하여 다양한 음악적 경험을 할 수 있게 하여야 한다. 교사는 다양한 학습자의 서로 다른 음악적 반응 수단을 수용함으로써 음악수업에 대한 접근의 용이성을 제공하고 학습자의 음악적 동기를 유발할 수 있어야 한다. • 모든 음악활동은 활동 시 자연스러운 신체적 자세를 유지할 수 있어야 한다. 악기수업의 경우, 채를 잘 쥘 수 없다면 보조적인 도움을 받아 신체적 수고를 최소화하게 함으로써 학습자의 수업 참여를 독려한다. • 통합학급의 음악수업은 일반 음악교육 과정 속에서도 장애학생의 음악 능력이 향상될 수 있도록 돕기 위해 장애학생의 적절한 학습 노력과 음악활동에 대한 평가가 지속적으로 이루어져야 한다.
7	접근과 사용을 위한 크기와 공간	학습을 위한 적절한 환경	▶ 음악학습을 위한 적절한 환경 • 교실 공간은 학습자의 정서를 안정시키고 학습을 독려할 수 있도록 조성되어야 하며, 모든 학습자의 물리적 · 공간적 접근을 허용하는 환경을 갖추어야 한다. • 통합학급의 음악수업은 모든 학습자가 음악활동에 접근하고 참여할 수 있도록 안정적인 교실 환경을 제공하며 이를 위한 교수자료 및 교수 방법의 변화가 필요하다. • 음악적 환경 조성에는 장애학생의 근거리 이동이 가능한 음악수업 시간표의 배정, 이동선을 고려한 교실의 자리 배치 등이 고려되어야 하며, 개인활동과 그룹활동을 위한 시설과 악기가 구비되어야 하고, 학습자의 신체 크기, 자세 혹은 운동성에 상관없이 악기에 접근하고, 악기를 사용하며, 무리한 자세를 취하는 일 없이 악기를 편하게 연주할 수 있도록 필요한 경우에 교실 환경의 변화를 계획하는 것이 필요하다.

(2) 교수 적합화

현실적으로는 보편적 학습 설계와 같은 사전 조치가 되어 있지 않다면, 통합교육의 마지막 단계인 교육 및 학업적 통합에 있어서는 교육적 효과에 한계가 있을 수밖에 없다. 그래서 통합교육의 현장에서는 일반 학생들을 중심으로 설계된 교육과정이나 학습활동을 장애학생에게 적합한 내용으로 수정 또는 조절하여 교육적 지원을 돕는 사후 조치적인 교수 · 학습 자료를 필요로 한다.

① 교수 적합화의 이해

모든 학생을 대상으로 하는 통합학급에서는 일반학생뿐만 아니라 장애학생에게도 유의미한 학습경험을 제공하여야 한다. 이를 위해서는 일반학생을 기준으로 짜인 교육과정이나 교육활동 및 내용 등을 학급의 구성원들에게 맞게 의도적으로 조정할 필요가 있다. 의도적인 조정을 위한 노력은 교수 적합화(instructional adaptation), 교수적 수정 (instructional adaptation 또는 instructional modification), 교육과정 적합화 (curricular adaptation), 교육과정 수정(curriculum modification) 등의 용어로 사용되고 있다.

교수 적합화 또는 교수적 수정의 개념 및 정의를 살펴보면, 이러한 과정에는 '수정'(modification)'과 '조절(accommodation)'이라는 두 가지 기제가 필요한 것을 알 수 있다. 수정이란 '한 학생이 교실 내의 다른 학생들과 동일한 교과 영역을 학습하고 수행하면서 보여 주는 기대 수준을 변화시키는 것'을 의미하며, 조절이란 '정보에 접근하고 지식과 기술을 보여 줄 수 있는 동등한 기회를 학생들에게 제공하기 위해 교수 혹은 평가 절차에 가해지는 변화'를 의미한다.

현재 통합학급에서의 음악수업은 수정과 조절이 이미 내재된 보편적 학습 설계를 위한 단계에서 논의되는 것이 아니라 추가적인 수정과 조절을 필요로 하는 교수 적합화의 단계에서 논의가 이루어져야 한다. 따라서 통합학급에서의 음악수업은 장애학생을 위한 사전 조치보다는 사후 조치에 집중해야 한다.

② 음악교과에서의 교수 적합화

통합학급에서 적합화를 위한 영역으로는 일반적으로 교수 환경, 교수 방법, 교수 내용, 교수 집단, 평가 방법 등을 포함한다(박승희, 2003; 신현기, 2004; 이대식 외, 2011; 정동영 외, 2012; 정주영, 2003). 여기에서 '교수'는 교수와 학습을 분리하여 설명하는 것이 아니라 학습의 개념을 포

이 책에서는 교수 수정, 교수적 수정, 교육과정 적합화, 교육과정 수정 등의 용어를 '교수 적합화'로 통일하여 동일한 의미로 사용하기로 한다.

수정과 조절이라는 기제는 사실 장애학생만을 위한 것으로 볼 수는 없다. 학습 능력이 낮은 일반학생들이나 사회적·문화적·언어적 배경이 다른 다문화 학생들에게도 교수 적합화의 개념은 유용하게 사용될 수 있다. 실제로 교수 적합화는 장애학생만을 위한 교육적 요구로 인식되기 보다는 교육적인 환경 속에서 학습을 위한 지원을 필요로 하는 모든 학생을 위한 교육적 요구로 인식될 필요가 있다.

함하는 개념이다. 특수교육이나 통합교육 관련 문헌들에서는 교수 적
합화 영역에 대한 내용이 모두 유사하게 기술되어 있다. 일반적인 교수
적합화의 구성과 방법들에 관련된 내용을 통합학급의 음악수업 상황에
서 고려하여야 할 내용으로 적용해 살펴보면 다음과 같다.

ⓐ 교수 환경

교수 환경의 수정은 통합학급의 장애학생이 일반 교육과정의 목표에
도달하기 쉽게 사회 · 심리적 환경과 물리적 환경을 수정하고 보완하
는 것을 의미한다. 사회 · 심리적 환경 측면에서는 보이지 않는 교실 내
의 많은 요소가 장애학생에게 영향을 미치기 때문에 교사는 긍정적인
교실 환경과 장애학생에 대한 수용적 분위기를 조성하여야 한다. 물리
적 환경 측면은 조명이나 소음, 음악활동을 위한 자리 배치, 악기의 위
치 및 접근성 등이 해당된다. 자리 배치를 모둠으로 했을 때보다 일렬로
했을 때 학습장애나 행동 문제를 지닌 학생들의 과제 행동이 향상된다
고 하는데(Flick, 2013: 176), 이러한 교수 환경의 수정으로 인한 변화들
은 장애학생을 통합학급의 학습활동에 의미 있게 참여시킬 수 있는 요
인들이 된다.

ⓑ 교수 방법

교수 방법의 수정은 교수 · 학습 활동이 제시되고 전달되는 방식의
수정에서부터 학생들의 학습 수준이나 학습양식을 고려한 교수활동,
교수 전략, 교수자료의 수정 등에 이르기까지 다양하다. 교사는 수업
과제를 바꾸지 않고 단지 과제를 제시하는 방식을 바꿈으로써(Slavin,
2004: 447) 과제에 필요한 원리를 제시할 수 있다. 음악 교수 방법은 복
잡한 형태의 언어보다는 교사의 간단한 시범으로 제시되고, 학습자가
직감적으로 가장 쉽게 접근할 수 있는 방식으로 제공될 수 있어야 한다.
음악수업을 언어적 설명보다는 활동중심의 수업으로 수정하는 것, 연

습 과제의 양을 줄이는 것, 과제를 쉽게 또는 단계적으로 수정하는 것
등이 교수 방법의 적합화에 포함될 수 있다.

ⓒ 교수 내용

교수 내용은 장애학생의 특별한 교육적 요구에 적합하도록 통합학급
의 일반학생들과 동일한 주제를 다루면서 학습할 내용의 수준을 달리
하여 수정할 수 있다. 교육과정의 내용을 수정하는 방법은 ① 내용을 보
충하는 것, ② 내용을 단순화하는 것, ③ 내용을 변화시키는 것으로 구
분할 수 있다. 학습 목표 또한 장애학생에 따라 다양한 수준에서 수정되
며 보조자료가 필요할 수 있다. 음악수업 내용은 장애학생에게 가장 효
과적으로 도달할 수 있는 방법으로, 장애학생이 가장 잘 이해할 수 있는
방법으로, 다양한 표현 수단을 제공하여야 한다. 음악수업에서는 필수
적인 정보를 풍부하게 제공하기 위해 다양한 방식(글, 그림, 음성, 소리,
영상, 촉감 등)으로, 즉 시각적 음악정보는 청각적으로도, 청각적 음악정
보는 시각적으로도 제공하는 등의 다감각적이고 다각적인 표현 방식을
활용하여 음악적인 기억을 돕는 것이 바람직하다.

ⓓ 교수 집단

학습 내용을 가장 적합하게 가르치기 위해서 교수 집단은 적절하게
구성하여 적용하여야 한다. 통합학급의 음악수업에서 활용할 수 있는
교수 집단 형태를 크게 네 가지로 제시하면 ① 개념이나 기술 등의 학
업적 과제에 초점을 두고 교사의 지시에 따라서 학습자에게 학습의 기
회를 보다 많이 제공하고 학습자의 행동을 통제 · 관리하는 교사 주도의
전체학급 교수, ② 교사를 대신하여 일반학생이 같은 또래인 장애학생
에게 일대일의 개별적인 학습활동을 제공하여 또래가 필요한 지식과 기
술을 습득하도록 돕는 또래 교수 집단, ③ 일반학생과 장애학생이 공동
의 학습 목표와 과제를 위해 소집단을 구성하여 활동하는 협력 학습 집

단, ④ 두 명의 교사(예를 들어 일반교사와 특수교사)가 서로의 장점을 살려 통합학급을 공동으로 교육하고 학습지도에 대한 책임을 공유하며 학생들의 교육적 필요를 보다 잘 충족시키고자 하는 협력 교수 집단을 들 수 있다. 이러한 교수 집단 형태는 음악수업의 내용 및 활동에 따라 각각의 장단점을 살려 가장 효과적일 수 있는 방법으로 고려되어야 한다.

ⓒ 평가 방법

통합학급의 장애학생을 평가할 때에는 장애학생이 할 수 있거나 알고 있는 것에 맞추는 평가의 적합화가 필요하다. 평가 적합화의 유형은 과정을 중심으로 평가 전, 평가 중, 평가 후의 단계로 범주화하기도 하고, 평가 운영과 점수 부여에 관한 조절로 구분하기도 하며, 평가의 구성과 운영 방식, 장소의 세 가지로 범주화하기도 한다(신현기, 2004: 145에서 재인용). 일반 음악교육과정 속에서도 장애학생의 음악 능력이 향상될 수 있도록 돕기 위해 음악수업의 평가는 중요하다. 평가는 장애학생의 적절한 학습 노력과 음악활동에 대한 평가가 지속적으로 이루어질 수 있어야 하며, 교육과정에 기초한 평가, 모든 학생에게 공정한 평가가 될 수 있도록 하여야 한다. 장애학생을 위해서는 평가 시 장애학생의 강점을 이용하는 것, 활동 평가를 자주 하는 것, 시간을 길게 주는 것, 시험을 위해 정확한 안내를 해 주는 것 등을 고려할 수 있다.

3. 음악치료와 음악교육

음악은 원시시대부터 인간의 신체와 정신 건강에 영향을 미치는 초자연적인 힘과 연계된 것으로 여겨져 주술과 종교 의식, 치료 의식에서 중요한 부분을 차지하였다. 18~19세기에는 신체적 및 정신적 질병의 의학적 치료에 음악이 사용되었으며, 전통적인 의학적 치료의 보조나

자살시도자를 위한 음악치료콘서트
(순천향대천안병원, 2014)

대체물로서의 치료적 음악이 인정받기 시작하였다. 20세기 들어 음악치료는 많은 병원에서 치료양식의 하나로 받아들여지기 시작하였으며, 과학적이고 객관적인 기반을 토대로 한 체계적인 학문으로 발전하게 되었다(김수지 외, 2002). 치료도구로서의 음악은 여러 영역에 적용되어 왔는데 음악치료가 교육 현장에서 사용되기 시작한 것은 19세기부터이다. 음악의 치료적 가치가 점차 특수교육에서 인정되어 특수교육 현장에서는 다양한 장애를 가진 학생들을 대상으로 음악치료가 교육 프로그램의 하나로 도입되기 시작하였다.

여기에서는 치료와 교육의 관점, 음악치료와 음악교육의 관점을 살펴보고, 음악치료와 음악교육의 공통점과 차이점을 비교한다. 이러한 비교는 음악치료와 음악교육을 이해하는 데 도움이 된다.

1) 치료와 교육

'치료(therapy)'는 전통적으로 '돌보다(attend)' '돕다(help)' 또는 '다루다(treat)'의 의미를 가지는 그리스 어원 *therapeia*에 의해 정의된다. 종합해 보면, 이러한 말들이 분명 치료의 필수 요소들이기는 하지만 치료의 정의는 아니다. 치료를 정의하는 것은 음악을 정의하는 것만큼 어려워 보인다(Bruscia, 2014). 치료의 목적은 내담자(client)의 건강을 증진하는 것이다. 치료의 개념에서 중요한 것은 건강 증진을 목적으로 건강 상태의 '변화'를 유도하는 것이다. 이러한 변화는 계획적이고 지속적으로 일어나게 된다.

'변화'를 유도하는 것은 교육도 마찬가지이다. 교육이란 무엇인가에 대하여 학자들마다 다양한 견해를 보일 수 있지만, 철학적 · 사회적 · 도덕적 · 심리학적 등 교육의 의미와 목적을 어떠한 측면에서 살펴더라도 공통되는 것은 인간을 '변화'시키는 일이라고 할 수 있다. 인간을 변화시킨다는 것은 인간의 내적인 면과 외적인 면, 즉 인간의 심성과 행동을 변화시키는 것을 의미하는데, 교육에서 이러한 변화는 지속적이고 체계적인 계획을 통해 일어나고 발전하게 된다. 치료와 교육의 과정에는 건강과 심성, 행동에 구체적이고 바람직한 변화의 방향이 제시된다. 따라서 변화의 문제에 있어 이 둘은 모두 가치 지향적이라 하겠다.

  그러나 변화의 문제와 관련하여 가치 지향적이라는 공통점이 존재하기는 하지만, 치료와 교육은 많은 면에서 차이점을 가지고 있다. 첫째, 치료와 교육은 구체적으로 지향하는 목적이 다르다. 교육이 변화를 위해 지식과 기술 습득을 주목적으로 여기는 것에 비해 치료는 지식과 기술은 건강을 위한 수단일 뿐이며 치료의 목적은 오직 건강과 관련된 것이 우선이다. 둘째, 교육에서의 학습 주제는 보편적이고 개인에게 특별한 것이 아닌 반면, 치료에서의 주제는 항상 개인적인 것이다. 셋째, 학생-교사 관계와 내담자-치료사 관계는 역할 책임, 친근한 정도, 역동성, 내용 면에서 실질적으로 모두 다르다(Bruscia, 2014). 여러 면에서 차이점을 가지고 있는 치료와 교육이 음악치료와 음악교육에서는 어떤지 다음의 내용에서 살펴보기로 한다.

2) 음악치료와 음악교육

  '음악'과 '치료'라는 두 영역이 융합된 복합적인 개념을 가지고 있는 음악치료는 음악치료학이 하나의 학문으로 체계화되는 과정에서 다양하게 정의되어 왔다. K. E. Bruscia는 그의 저서 『Defining Music Therapy』(1998, 2014)에서, 음악치료는 그 범위가 너무 넓고 복잡해서 하나의 문화, 철학, 치료모델, 임상 세팅, 또는 개인에 의해 정의되거나 어느 한 영역 안에만 포함될 수 없기 때문에 그 정의가 다양할 수밖에 없고, 따라서 보편적이고 최종적인 음악치료에 대한 정의가 공식화되는 일은 가능해 보이지 않는다고 하였다. 그는 문헌에 나오는 다양한 정의를 수용하여 음악치료를 "변화의 역동적 힘으로서의 음악경험과 이를 통해 일어나는 관계들을 이용하여 치료사가 내담자의 건강을 증진시키기 위해 돕는 체계적인 중재(intervention)의 과정"으로 정의하였다.

이러한 음악치료의 정의를 살펴보면 음악치료의 목적을 알 수 있다. 다음은 음악치료와 음악교육의 목적, 대상, 심리학 이론 등을 비교한 것이다.

(1) 목적

문헌에 나오는 음악치료 정의들의 공통점에는, 음악치료의 목적은 내담자의 건강 증진이라는 것, 음악치료는 치료사가 내담자를 돕는 체계적인 중재의 과정이라는 것, 음악치료는 음악경험 안에서 일어난다는 것 등이 포함된다. 음악치료의 정의에 분명하게 드러나 있듯이 음악치료의 목적은 내담자의 건강 증진이다. 이는 치료의 목적이 내담자의 건강 증진에 있는 것과 동일한 목적 진술이다.

음악치료와 마찬가지로 음악교육은 '음악'과 '교육'이라는 두 영역이 함께하는 개념이다. 일반적으로 음악교육의 목적은 음악 자체를 중시하고 학습자의 음악적·심미적 경험을 강조하는 음악교육의 내적 가치와 음악을 통해서 인간과 세상을 가르치고자 하는 음악교육의 외적 가치로 구분될 수 있다. 다시 말해서, 음악교육의 목적은 음악교육의 본질을 중요시하는 음악성 및 음악 능력의 계발이라는 내재적 가치와 사회성·도덕성·감성의 계발, 음악의 생활화 등의 외재적 가치로 기술될 수 있다. 음악교육의 목적을 어떻게 기술하여도 중요한 것은 음악교육은 음악적 심성의 계발과 음악적 행동의 변화에 그 초점을 두게 된다는 것이다.

반면에 음악치료는 음악적 심성과 행동의 변화가 주목적이 아니라 치료받는 대상의 건강 증진에 관심을 가진다. 여기에서 음악적 심성과 음악적 행동의 변화는 건강 증진을 위한 수단으로 사용된다. 그러나 궁극적으로 '인간 삶의 질을 높이기 위함'이라는 면에서는 동일하게 가치 지향적이다.

(2) 대상

음악치료와 음악교육은 모두 인간을 대상으로 한다. 음악치료의 실행 영역은 크게 교육 영역, 심리치료 영역, 의료 영역으로 구분할 수 있는데, 다양한 신체적 · 정신적 장애나 인지적 · 사회적 발달장애를 가지고 있는 사람들, 노화로 인한 질병을 가지고 있는 사람들은 모두 음악치료의 대상이 된다. 이들은 치료를 통해 건강의 증진이나 회복, 재활이 필요한 사람들이다. 이에 비해 음악교육의 대상은 특정한 건강의 증진이나 건강의 회복이 필요한 사람들이 아니라 모든 일반인이나 일반학교의 학생들이다. 음악교육은 음악 전문가와 연주자를 양성하기 위한 전문 연주교육과 학교의 일반 음악교육으로 구분할 수 있으며, 학원교육, 유아교육, 평생교육의 측면에서도 살필 수 있어 음악치료와 마찬가지로 음악교육의 대상은 다양하고 범위도 넓다.

(3) 심리학 이론의 적용

심리학은 인간의 행동과 심리과정을 과학적으로 연구하는 학문으로 정의될 수 있는데, 심리학의 현대적 접근 방법은 크게 다섯 가지(행동주의적 접근, 인지적 접근, 인본주의적 접근, 신경생물학적 접근, 정신분석학적 접근)로 분류될 수 있다. 이 중 일반 음악교육에 실제적인 도움을 주는 접근 방법은 정신분석학적 접근을 제외한 나머지 네 가지 접근 방법이다. 이에 비해 음악치료에서는 정신역동적 음악치료의 근거가 되는 정신분석학적인 접근 방법을 포함하여 심리학의 다양한 영역이 실제적으로 도움이 된다. 음악치료는 심리학의 모든 접근 방법을 고려하여 치료의 과정을 계획하고 분석하고 결과를 해석한다.

(4) 음악경험

음악치료에서 사용하는 음악활동은 즉흥연주, 재창조 연주, 창작 그리고 감상이다. 음악교육에 있어서도 학생들이 경험해야 할 음악활동은 음악치료에서의 활동과 다르지 않지만, 음악교육에서는 재창조 연주라는 표현보다 노래와 연주 또는 가창과 기악이라는 표현이 일반적이다.

Bruscia는 음악경험을 전음악적(premusical), 음악적(musical), 부가음악적(extramusical), 준음악적(paramusical), 비음악적(nonmusical)의 다섯 가지 수준으로 구분하였다. 이 수준은 소리나 활동이 얼마나 음악적인가에 따라서 구분된다. 음악치료에는 이 다섯 가지의 경험이 모두 음악치료를 위한 음악경험에 포함되지만, 음악교육에서는 이 가운데 두 번째로 기술한 음악적 경험을 일반적으로 음악교육에서 이야기하는 음악의 본질과 관련된 경험으로 보며, 더 넓게는 가사, 이야기, 음악으로 묘사하는 드라마 등의 음악적 경험의 음악 외적인 측면으로 부가음악적 경험이 포함된다. 음악치료에 있어서도 미적 경험은 중요하지만 미적 경험을 포함한 모든 음악경험은 음악치료에서 치료적 중재의 방법으로 사용된다. 그러나 음악교육에 있어서 미적 음악경험은 단순한 방법이 아니라 그 자체가 음악교육의 목적과 중요한 관계를 가진다.

(5) 중재의 필요성

음악치료에서 '중재'는 중요한 개념이다. 치료에는 치료사에 의한 중재가 항상 필요하기 때문에 중재가 없는 음악치료는 치료가 될 수 없다. 그러나 음악치료에서는 치료사만이 내담자에게 필요한 유일한 중재인이 아니라 음악도 치료과정에서 중요한 역할을 담당한다. 이것은 치료'로서'의(as therapy) 음악치료와 치료'에서'의(in therapy) 음악치료라는 표현의 구분에서 알 수 있다. 음악이 치료'로서' 사용되면, 음악은 중재에서 일차적 역할을 맡고 음악치료사는 이차적 역할을 맡게 된다. 이에 반해 음악이 치료'에서' 사용되면, 음악치료사는 중재에서 일차적 역할을 맡고 음악은 이차적 역할을 맡게 된다. 음악치료에서는 중재의 과정에서 음악과 음악치료사 모두를 필요로 한다.

음악교육에서도 가르치는 교사의 도움은 중요하다. 학습자는 교사의 도움을 필요로 하지만 이 경우 중재라는 용어는 적절하지 않아 보인다. 음악치료에서는 반드시 중재의 개념이 필요하지만 음악교육에서 중재의 개념은 불필요한 것이다. 음악치료에서는 음악과 치료사의 중재를 모두 필요로 하기 때문에 만약에 치료사 없이 음악만을 중재로 사용하였다면 그것은 음악치료가 아닌 것이 된다. 하지만 음악교육에서는 음악교사의 도움 없이 학습자가 스스로 음악적 경험을 하고 자기주도적인 음악학습이 이루어졌다면, 이 경우에도 학습자의 음악적 경험과 음악학습은 음악교육의 중요한 부분이 된다.

3) 학교교육에서 음악치료의 의미

지금까지 음악치료와 음악교육은 그 목적이나 대상, 기대 효과가 서로 다르다는 것을 비교해 보았다. 그렇다면 학교교육에서 음악치료의 의미는 무엇인지를 살펴보기로 한다. 이를 위해 먼저 치료교육의 의미를 알아보고, 치료적 효과를 기대하는 치료교육으로서의 음악치료의 의미를 설명한다. 그리고 음악치료교육에서 사용되는 20세기 음악 교수법의 내용을 다룬다.

(1) 치료교육

일반적으로 치료의 개념은 장애 또는 결함을 정상으로 회복·재활시키는 것이고, 교육의 개념은 개인의 능력을 신장시키는 것이다. 이러한 치료와 교육의 역할을 수평선상에 나타내어 비유한다면, 마이너스(−)에서 제로(0)까지의 회복활동은 치료라고 할 수 있고, 제로(0)에서 플러스(+)로의 신장활동은 교육이라고 할 수 있다. 이와 같이 치료와 교육의 역할을 연속선상에 존재하는 것으로 보아 이러한 과정에서 나타나는 치료와 교육의 융합적이고 역동적인 작용을 '치료교육'이라고 할 수 있다(윤치연, 이영순, 천성문, 2004: 33).

사실 치료와 교육은 별개의 개념이다. 그러나 특수교육은 '치료'와 '교육'이 '치료교육'이라는 하나의 개념으로 성립될 수 있는 영역이다. 특수교육은 '인간의 존엄성과 평등'의 이념을 구현하기 위해 '특별한 교육적 요구'를 가지는 학습자에게 적절한 교과활동, 특별활동, 치료교육 활동을 보장하며, 궁극적으로 전인적인 성장과 발달을 도모하고 자아실현의 욕구를 충족시키는 것을 목표로 한다(윤치연 외, 2004: 25). 특수교육에서 치료교육의 개념은 시대에 따라 다소 다르기는 하지만 항상 치료와 교육의 두 측면이 융합되어 있다.

(2) 치료교육으로서의 음악치료

음악치료는 특수학교 현장에서 '치료교육'의 형태로 나타나지만, 물리치료, 오락치료, 작업치료 등의 용어와 같이 어떠한 방법으로 치료하는지의 관점에서 기술하자면, 교육으로 장애학생을 치료하는 '교육치료'에 해당한다.

학교교육에서 치료의 개념은 장애학생을 위한 특수교육으로서의 치료교육으로 나타난다. 학교교육에서 음악치료는 언어치료, 심리치료, 놀이치료 등과 마찬가지로 특수교육 활동의 한 분야이다. 음악치료가 실행되고 있는 영역은 크게 교육 영역, 심리치료 영역, 의료 영역으로 나뉘며, 여기에 치유 영역, 오락 영역, 생태 영역이 더해져 여섯 가지의 주요 영역으로 구분되기도 한다(Bruscia, 1998: 158). 이 중 교육적 영역에서 음악치료가 적용되는 곳은 특수교육기관과 장애아동기관들이다.

교육 현장에서 음악이 가장 먼저 사용된 나라는 미국이다. 19세기 초부터 특수교육 현장에서 사용되었던 미국의 음악치료는 20세기 후반 이후 「장애인법(Individuals with Disabilities Act)」이 의회를 통과하면서, 최소제한환경(Least Restrictive Environment: LRE)과 개별화교육계획(Individualized Education Plan: IEP)이라는 규정과 함께 학교 현장에서 장애학생들을 대상으로 치료교육으로서의 음악치료가 제공되기 시작하였다(김수지 외, 2002; 정현주, 2005). 최소제한환경이란 장애학생들에게 일반학생들과 함께 교육받는 시간을 가능한 최대한으로 제공하고 필요한 형태의 교육적 보조를 최대로 지원하는 제도이며, 개별화교육계획이란 각 장애학생에게 어떠한 교육 및 보조 서비스를 제공해야 하는가와 그러한 개입을 어느 장소에서 실행해야 하는가를 기술한 최대한의 적합한 교육 프로그램을 구성한 계획서를 말한다.

최소제한환경은 장애가 없는 일반적인 환경으로부터 장애학생을 가능한 한 최소한으로 분리시켜야 한다는 개념으로 사용되었다.

치료와 교육의 역할을 연속선상에 존재하는 것으로 보아 치료와 교육의 융합적이고 역동적인 작용을 기대하는 치료교육으로서의 음악치료는, 장애학생들이 다양한 음악경험으로 습득한 음악 능력을 건강의 회복과 관련하여 음악 외적 환경에 전이시킬 수 있도록 돕는 데 주력한다. 교육 현장에서 음악경험은 학습에 필요한 기술을 강화시키고 인지적·사회적 활동 등을 향상시킬 수 있는 방법으로 사용된다. 즉, 음악치료는 음악 경험과 활동을 통해 '치료적 효과'를 기대한다.

(3) 음악치료교육에서의 음악 교수법

장애학생들은 그들이 가진 특별한 교육적 요구 때문에 특별하게 더 효과적인 교수 방법을 필요로 한다. 하지만 널리 알려진 20세기 음악 교수법은 음악치료 분야에서도 지속적으로 중요하게 활용되어 왔다(정현주 외, 2006; Darrow, 2006; Luce, 2004). 인간의 자기표현의 보편적 형태인 음악활동을 유도하고 그 능력을 성장시켜 주는 음악 교수법이 일반학생뿐만 아니라 장애학생들에게도 유용하게 활용되고 양질의 음악경험을 제공한다는 것은 음악치료 관련 문헌 및 임상 사례에서도 많이 소개되어 있다.

① 음악 교수법과 음악 교수법의 변형

20세기 음악 교수법(method) 또는 음악교육 접근법(approach)에는 유럽의 음악교육학자인 Emile Jaques-Dalcroze(스위스), Zoltan

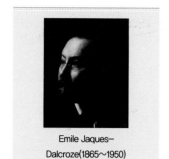

Emile Jaques-
Dalcroze(1865~1950)

Zoltan Kodály(1882~1967)

Carl Orff(1895~1982)

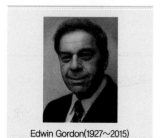

Edwin Gordon(1927~2015)

Kodály(헝가리), Carl Orff(독일)의 교수법 이외에도 미국의 음악교육학자인 Edwin Gordon의 음악학습이론, 일본의 음악교육학자인 Shinichi Suzuki의 재능교육 등이 있다. 이러한 음악 교수법들을 주창한 음악교육학자들에게서 공통적으로 발견되는 철학은 '인간은 누구나 음악적'이며 '음악은 모든 아동을 위한 것'이라는 것이다.

모든 인간이 정도의 차이는 있지만 누구나 음악적이고, 음악이 특별한 음악적 재능을 가진 소수의 아동만을 위한 것이 아니라 음악 능력의 차이와는 무관하게 모든 아동을 위한 것이라는 믿음은 인간의 보편적 능력으로서의 음악 능력을 의미하는 것이다. 여기에서 '모든 아동'이란 일반적으로 장애를 가지지 않은 아동들을 의미한다. 음악 교수법들은 당시에는 모든 일반 아동을 대상으로 음악활동 그 자체를 중요시하거나 음악활동을 통한 교육에 중점을 두었다. 그러나 음악 교수법의 적용은 점차 일반아동뿐만 아니라 장애를 가진 아동과 성인들로 그 대상이 확대되었으며, 교육적인 목적 이외에 치료적인 목적을 지향하는 음악활동에서도 사용되기 시작하였다. Jaques-Dalcroze는 그의 대표적 교수법인 유리드믹스(Eurhythmics)를 일반학생들뿐만 아니라 장애인, 특히 시각장애인들에게 적용하고 스스로 시각장애 학생들을 가르치기도 하였다(Jaques-Dalcroze, 1930). Orff는 그의 교수법을 대표하는 오르프-슐베르크(Orff-Schulwerk)를 장애학생들을 위해 스스로 사용하거나 처음부터 음악치료에 관심을 가지지는 않았지만, 오르프-슐베르크의 원리가 장애학생들에게도 효과적이고 치료적 목적을 달성한다는 점에 대해서는 그 자신도 매우 관심을 보인 것으로 나타난다(Orff, 1975).

Jaques-Dalcroze와 Orff의 음악 교수법 이외에도 음악치료 문헌을 살펴보면, Kodály의 음악 교수법과 Gordon의 오디에이션(audiation) 음악학습이론도 음악치료 분야에서 오래전부터 지속적으로 활용되어 왔음을 알 수 있다(정현주 외, 2006; Darrow, 2006; Luce, 2004). 이러한 음악 교수법들로부터 변형된 음악치료의 방법은 주로 크게 교육 영역, 심리치료 영역, 의료 영역으로 구분되는 음악치료의 실행 영역(Bruscia, 1998) 중에서 주로 교육 영역에서 활용되고 있다.

② Orff 음악 교수법과 Orff 음악치료

추상적인 음악이 아니라 보다 구체적인 음악에 관심을 가진 Orff는 '리듬'을 음악, 언어, 춤, 신체 움직임(신체 동작)에 내재하는 기본적인 요소로 보고 음악교육은 리듬교육에서 시작하여야 한다고 생각하였다. 리듬교육은 아동기에 시작하는 것이 효과적이라는 믿음에서, 그는 음악, 언어, 춤, 신체 움직임을 통합한 접근 방법을 개발하여 아동들이 놀이를 통해 자연스럽게 음악활동을 시작할 수 있게 하였다.

Orff 교수법의 핵심은 기초음악(elementare Musik, elemental music)이라는 개념으로 설명할 수 있다. 그에 의하면, 기초음악이란 원시적인 음악(primitive Musik)이 아니라, 라틴어 *elementarius* 어원을 가지는 원초적이며 근원적인 음악을 의미한다(Orff, 1975: 7). 기초음악은 음악만으로 존재하는 것이 아니라 신체 움직임, 춤, 언어와 서로 분리될 수 없는 통합된 형태로 존재하며, 음악적 요소(elemental music), 악기 요소(elemental instrumentarium), 말과 움직임 요소(elemental word and movement)는 하나의 통일성을 이룬다(G. Orff, 1980). Orff는 기초음악을 자연적이고 신체적이며 경험적인 음악활동으로 설명하였는데, 기초음악에서 즉흥연주는 중요한 부분을 차지한다. 오르프 음악활동을 위한 학습 매체(media)는 말하기, 신체 동작 하기, 노래 부르기, 악기 연주하기의 표현양식으로 분류되며, 다양한 작품이 체계적으로 수록된 악곡 모음집인 다섯 권의 오르프-슐베르크는 Orff의 철학과 지도 방법을 잘 나타내고 있다.

이러한 Orff 교수법은 Gertrud Orff에 의해 Orff 음악치료(Orff music therapy)로 발전되었다. Orff와 일반음악(general music), 작곡을 공부하고 1949년부터 1953년까지 오르프-슐베르크의 발행을 도왔으며 초등

Carl Orff와 구별하기 위해 Gertrud
Orff는 G. Orff로 둔다.

학교에서 음악을 가르쳤던 G. Orff는 Orff 음악 교수법의 기초음악 개념
과 오르프-슐베르크의 원리 및 특성을 특수교육과 치료적 환경에 적용
함으로써 Orff 음악치료를 체계적으로 발전시켰다. G. Orff는 두 권의
음악치료 저서를 남겼는데, 하나는 『The Orff Music Therapy』(1980)이
고 다른 하나는 『Key Concepts in the Orff Music Therapy』(1989)이다.
『The Orff Music Therapy』에서 G. Orff는 Orff 음악치료와 오르프-슐베
르크의 관계, 음악치료의 동인(動因), 장애 유형별 치료 사례 및 치료 방
법 제안 등을 기술하였으며, 『Key Concepts in the Orff Music Therapy』
에서는 음악치료사로서 10년 이상의 경험을 기반으로 음악치료에서 중
요 개념을 77가지로 정리하고 이를 7가지의 범주, 즉 지각(perception),
자극(provocation), 형태(Gestalt), 악기(object), 시공간(space-time), 언어
(language), 소통(communication)의 범주로 소개하였다. G. Orff는 이러
한 개념들을 중심으로 장애아동들로 하여금 자신과 사회, 현실을 음악
을 통해 경험하게 하고 소통하게 하는 방법을 소개하였다.

『The Orff Music Therapy』에 기술된 Orff 음악치료의 특징을 살펴보
면 다음과 같다. 첫째, Orff 음악치료는 음악이 신체 움직임, 춤, 언어와
서로 분리될 수 없는 통합된 형태로 존재한다는 기초음악 개념에 기반
을 두었다. Orff 음악치료는 자발적이고 창의적인 음악 만들기의 아이
디어를 채택하고 오르프-슐베르크를 연주하기 위해 고안된 악기를 이
용한다. 둘째, Orff 음악치료는 다감각치료(multi-sensory therapy)이며,
다양한 음악적 재료(musical material), 즉 음성-리듬적 언어, 자유로운
운율적 리듬, 신체 움직임, 말과 노래 리듬, 악기를 사용한다. 악기의 사
용은 Orff 음악치료에서 중요한 부분을 차지하는데, 악기는 음악치료에
서 촉각적(tactile), 시각적(visual), 음향적(acoustic) 접근에 따른 치료 효
과를 기대하기 위해 활용된다. G. Orff는 악기, 언어, 신체 움직임 등을
다감각적인 음악치료의 동인으로 기술하였다.

Orff는 그의 교수법이 특수교육과 치료적 환경에서 다양하게 적용되

고 있음을 알고 오르프–슐베르크의 치료적 사용에 대하여 다음과 같이
기술하였다.

> 나는 많은 양의 악곡 모음집(Schulwerk)을 제작하였다. 그리고 이를 위하
> 여 적절한 악기들을 개량하게 되었다. 악기들은 의학적 전문 서적에 종종 등
> 장하는데, 이 악기들은 소위 '오르프 악기'라고 불린다. 이 악기들의 명칭은 내
> 가 붙인 것이 아니라, 회사가 붙인 것이다. ……(중략)…… 악곡들과 여기에 필
> 요한 악기들이 특수교육에서 효과적인 교육으로 사용되리라고는 전혀 생각하
> 지 못하였다. 최근 들어 이 악기들이 의학계에서 이렇게까지 넓은 규모로 확
> 장되리라고는 나는 전혀 예상하지 못했다. 나는 종종, 잡지, 책 그리고 연구 보
> 고서들을 통해 지적장애인, 언어장애인, 시각장애인, 더 나아가 뇌전증 환자와
> 관련된 오르프–슐베르크 연구들을 알게 되었다(Orff, 1975: 3–4).

"우리는 음악(기능)을 위한 교육이 아니라 음악을 통한 교육을 원한
다."(Orff, 1975: 9)라고 했던 Orff의 교육 방법은, 오르프–슐베르크의 자
연스러운 확산으로 차츰 장애를 가진 아동이나 성인들을 위한 치료적
환경에서 긍정적인 영향을 주게 되었다. Orff 음악 교수법으로부터 발
전된 Orff 음악치료는 오늘날 특수교육과 다양한 음악치료 현장에서 광
범위하게 활용되고 있다. 음악(기능)을 위한 힘(Kräfte für die Musik)과 음
악을 통한 힘(Kräfte durch die Musik)을 가지고 있는 오르프–슐베르크가
아주 우수한 치료적 수단으로 고려되어야 한다고 했던 그의 주장은, 오
르프–슐베르크가 음악교육 현장뿐만 아니라 특수교육과 다양한 음악
치료 현장에서 활용되고 있음을 확인함으로써 교육적 효과뿐만 아니라
치료적 효과를 기대할 수 있다는 것을 입증한 셈이다.

참고문헌

고선미(2014). 어린이의 노래하는 목소리에 대한 발성학적 고찰. 음악교육연구, 43(4), 1-23.

교육과학기술부(2011). 음악과 교육과정.

교육부(2021). 2021 특수교육통계.

교육부(2020). 2020 특수교육 연차보고서.

권낙원, 김동엽(2006). 교수-학습 이론의 이해. 서울: 문음사.

권덕원 외(2005). 음악교육의 기초. 서울: 교육과학사.

권덕원 외(2017). 음악수업모형의 이론과 실제. 서울: 교육과학사.

김경희(1995). 음악적 사고에 대한 이론적 고찰. 음악교육연구, 제14집, 179-194.

김경희(1995). 정서란 무엇인가. 서울: 민음사.

김동일, 고은영, 고혜정 외(2019). 특수교육의 이해. 서울: 학지사.

김명숙, 최인수(2005). 창의성의 영역 특수성과 영역 일반성의 절충적 대안 탐색: 창의적 잠재력과 창의적 수행을 중심으로. 교육심리연구, 19(4), 1139-1158.

김삼섭(2005). 특수교육의 심리학적 기초. 서울: 시그마프레스.

김수지, 고혜정, 권혜경 공역(2002). 음악치료학 개론: 이론과 실제. 서울: 권혜경 음악치료센터.

김유미(2002). 두뇌 기반 교수-학습의 원리와 적용 방안 탐색. 교육학연구, 40(3), 247-270.

김재은, 홍순정(2012). 창의성과 감성교육. 서울: 창지사.

문용린 외(2010). 창의인성교육 활성화 방안 연구. 서울: 한국과학창의재단 정책연구보고서.

박승희(2003). 한국 장애학생 통합교육: 특수교육과 일반교육의 관계 재정립. 서울: 교육과학사.

박아청(2002). 교육심리학의 이해(개정판). 서울: 교육과학사.

박유미(2004). 음악 심리학. 서울: 음악춘추사.

변영계(2006). 교수·학습이론의 이해. 서울: 학지사.

서울대학교 교육연구소 편(2014). 교육학 용어사전. 서울: 도서출판 하우.

석문주, 권덕원(2016). 음악수업에서 인지적 도제학습이론의 적용. 미래음악교육연구, 1(1), 63-81.

성경희(1988). 음악과교육론. 서울: 갑을출판사.

승윤희(2000a). 감성지능의 이해와 음악교육의 역할. 음악교육연구, 제19집, 109-130.

승윤희(2000b). 신경과학 연구에 근거한 음악교육의 중요성. 연세음악연구, 제7집, 201-225.

승윤희(2001). 음악정보의 처리과정과 창의적 사고의 이해. 음악교육연구, 제21집, 27-51.

승윤희(2002). 음악교육의 심리학적 기반의 중요성에 관한 연구. 음악교육연구, 제23집, 145-179.

승윤희(2006). 학교음악교육에 있어서 음악치료의 의미와 교육적 활용방법. 음악과 민족, 32, 439-464.

승윤희(2010). 통합교육(Inclusive Education)을 위한 음악교과 교육의 학문적 기초에 관한 연구. 음악교육연구, 38, 1-29.

승윤희(2011a). 통합교육의 실태 및 특수/통합학급 교사들의 의견 조사; 광주광역시 초등학교를 중심으로. 교원교육, 27(4), 317-343.

승윤희(2011b). 통합교육(Inclusive Education)의 실천을 위한 음악 수업 연구; 오르프 음악활동을 중심으로. 학습자중심교과교육연구, 11(4), 245-265.

승윤희(2012). 서울시 초등학교 통합교육 실태 및 특수/통합학급 교사들의 의견 조사; 통합학급 음악교육 연구를 위한 기초 자료. 예술교육연구, 10(3), 57-82.

승윤희(2013). 장애학생의 교육적 통합을 위한 통합 학급에서의 보편적 학습 설계. 학습자중심교과교육연구, 13(3), 155-172.

승윤희(2015). 학습동기이론에 기반한 음악 수업 연구. 학습자중심교과교육연구, 15(7), 357-382.

승윤희(2016). 감성교육으로서의 음악교육의 의미 재고(再考). 학습자중심교과교육연구, 16(8), 503-527.

승윤희(2019). 인지양식 검사에 따른 초 · 중등교사의 뇌 선호와 음악 교수스타일의 비교 연구. Brain, Digital, & Learning, 9(3), 271-280.

승윤희, 민경훈, 양종모, 정진원(2013). 초등 음악교육. 서울: 학지사.

승윤희, 민경훈, 양종모, 정진원(2019). 초등 음악교육(제2판). 서울: 학지사.

신지혜(2014). 실행공동체를 활용한 중학교 음악수업에서의 협동학습. 음악교육공학, 18, 19-37.

신현기(2004). 교육과정의 수정과 조절을 통한 통합교육 교수적합화. 서울: 학지사.

안범희(1977). 창의성의 성격적 요인에 관한 연구. 연세대학교 대학원 석사학위논문.

오세진(2013). 심리음향학. 서울: 시그마프레스.

오지향(2010). 어린이들의 그림에 나타난 표제음악의 음악적 이미지 분석 연구. 예술교육연구, 8(1), 21-40.

윤치연, 이영순, 천성문(2004). 특수아 상담 및 치료교육 프로그램. 서울: 학지사.

이대식, 김수연, 이은주, 허승준(2006). 통합교육의 이해과 실제: 통합학급에서의 효과적인 교육방법. 서울: 학지사.

이배환(2019). 감성과학. 서울: 범문에듀케이션.

이석원(1994). 음악심리학. 서울: 심설당.

이석원(2013). 음악인지과학. 서울: 심설당.

이연경(1999). 아동의 가창기술에 영향을 주는 요인에 대한 연구: 문헌적 고찰에 근거하여. 음악교육연구, 18, 115-157.

이혜진(2012). 프로젝트 학습을 적용한 음악 창작 활동이 초등학교 4학년 학생들의 음악적 창의성에 미치는 영향. 예술교육연구, 10(1), 93-110.

이훈구 외(1993). 인간행동의 이해(제2판). 서울: 법문사.

임규혁, 임웅(2009). 학교학습 효과를 위한 교육심리학. 서울: 학지사.

임웅(2009). 통찰! 지각인가 혹은 지식인가?: 인지의 하향처리과정으로서의 통찰. 영재와 영재교육, 8(3), 89-108.

정동영(2008). 통합학급의 장애학생을 위한 차별화 교수전략 탐색. 지적장애연구, 10(4), 163-187.

정동영 외(2012). 장애학생 통합교육론. 서울: 교육과학사.

정종진(2015). 뇌기반 학습의 원리와 실제. 서울: 학지사.

정주영(2003). 초등학교 통합학급의 정신지체아 교수적합화 과정 연구. 단국대학교 대학원 박사학위논문.

정진원(2004). 피아노 연습과정에서 나타나는 자기조절학습(Self-Regulated Learning) 성향에 관한 고찰—중등 피아노 전공자를 대상으로—. 음악교육연구, 27, 197-225.

정진원(2007). 연주연습과정에서 나타나는 문제해결과정의 유형과 자기조절학습(Self-Regulated Learning) 형성에 대한 고찰. 서양음악학, 10(1), 137-157.

정진원(2010). 음악적 창의성: 활동유형별 특성 및 사고과정을 통한 재조명. 예술교육연구, 8(3), 77-94.

정진원(2011). 음악영재교육과정 모형개발을 위한 이론적 기반에 관한 연구. 음악교육연구, 40(1), 1-31.

정진원(2012). 음악영재성의 체계적 개발을 위한 교육과정모형 연구. 한국초등교육, 23(1), 269-291.

정진원, 승윤희(2016). 음악과의 기악학습을 위한 수업모형 탐색. 음악교육공학, 29, 115-133.

정찬섭(1988). 감성과학의 심리학적 측면. 한국감성과학회지, 1(1), 19-24.

정현주(2005). 음악치료학의 이해와 적용. 서울: 이화여자대학교출판부.

정현주 외(2006). 음악치료 기법과 모델. 서울: 학지사.

최현석(2011). 인간의 모든 감정. 경기: 서해문집.

한국교육심리학회 편(2009). 교육심리학 용어사전. 서울: 학지사.

한국통합교육학회 편(2009). 교사를 위한 특수교육입문 통합교육(제2판). 서울: 학지사.

홍정수, 허영한, 오희숙, 이석원(2005). 음악학. 서울: 심설당.

Abeles, H. F., & Chung, J. W. (1996). Responses to music. In D. A. Hodges (Ed.), Handbook of music psychology (2nd ed.)(pp. 285-342). San Antonio: IMR Press.

Adachi, M., & Trehub, S. E. (1999). Children's communication of emotion in song. In S. W. Yi (Ed.), Music, mind and science (pp. 454-465). Seoul: Seoul National University

Press.

Aigen, K. (2005). *Music-centered music therapy*. Gilsum, N. H.: Barcelona Publishers.

Allman, W. F. (1990). The musical brain. *Us. News and World Report (June 11)*, 56–62.

Amabile, T. M. (1983). The social psychology of creativity: A componential conceptualization. *Journal of Personality and Social Psychology, 45*(2), 357–376.

Arbib, M. A., & Hesse, M. B. (1986). *The Construction of Reality*. Cambridge University Press.

Aristotele (1951). *Poetics*. S. H. Butcher(trans.). New York: Dover Publication.

Aristotele (2010). 정치학(천병희 역). 경기: 숲. (원저는 2010년에 출판).

Asmus, E. P. (1986). Student beliefs about the causes of success and failure in music: A study of achievement motivation. *Journal of Research in Music Education, 34*(4), 262–278.

Azzara, C. D. (2002). Improvisation. In R. Colwell & C. Richardson (Eds.), *The New handbook of research in musical teaching and learning* (pp. 171–187). Oxford: Oxford University.

Balkwill, L. L., & Thompson, W. F. (2003). A cross-cultural investigation of the perception of emotion in music: Psychological and cultural cues. *Music Perception 17*, 43–64.

Bamberger, J. (1991). *The mind behind the musical ear: How children develop musical intelligence*. Cambridge: Harvard University Press.

Bamberger, J. (1994). Coming to hear in a new way. In R. Aiello & J. Sloboda (Eds.), *Musical Perceptions* (pp. 131–151). New York: Oxford University Press.

Bamberger, J. (1996). The development of musical and artistic competence. in I. Deliège & J. A. Sloboda(Eds.), *Musical beginnings: Origins and development of musical competence*(pp. 145–170). Oxford: Oxford University Press.

Bamberger, J. (2006). What develops in music development? In G. E. McPherson(Ed.), *The child as musician: A handbook of musical development*(pp. 69–91). Oxford: Oxford

University Press.

Bamford, A. (2007). 예술이 교육에 미치는 놀라운 효과: Wow factor(백령 옮김). 경기: 한길아트.

Bandura, A. (1977). *Social learning theory*. Prentice-Hall.

Bandura, A. (1994). Coming to hear in a new way. In R. Aiello & J. Sloboda (Eds.), *Musical Perceptions* (pp. 131–151). New York: Oxford University Press.

Bandura, A. (1997). *Self-efficacy: The exercise of control*. New York: W. H. Freeman and Company.

Bandura, A. (2002). 사회적 학습이론(변창진, 김경린 공역). 경기: 한국학술정보(주).

Barrett, M. (1997). Invented Notation: A view of young children's musical thinking. *Research Studies in Music Education, 36*(4), 232–249.

Barrett, M. S. (2011). Musical narratives: A study of a young child's identity work in and through music-making. *Psychology of Music, 39*(4), 403–423.

Barron, F., Montuori, A., & Barron, A. (1997). *Creators on Creating: Awakening and Cultivating the Imaginative Mind*. G.P. Putnam's Sons.

Barry, N. H., & Hallam, S. (2002). Practice. In R. Parrancutt & G. E. McPherson (Eds.), *The science and psychology of music performance: Creative strategies for teaching and learning (pp. 151–166)*. Oxford, UK: Oxford University Press.

Bartlett, F. C. (1932). *Remembering*, Cambridge University Press.

Baumann, (1960). Teen-age music preferences. *Journal of Research in Music Education, 8*, 75–84.

Berlyne, D. E. (Ed.). (1974). *Studies in the new experimental aesthetics: Steps toward an objective psychology of aesthetic appreciation*. New York: Halsted Press.

Bever, T, & Chiarello, R. (1974). Cerebral dominance in musicians and non-musicians. *Science, 185*(150), 537–539.

Bigand, E., Parncutt, R., Lerdahl, F. (1996). Perception of musical tension in short chord sequences: The influence of harmonic function, sensory dissonance, horizontal motion, and musical training. *Perception & Psychophysics, 58*(1), 124-41.

Black, S. (1997). The musical mind. *The American School Board Journal, 184*(1), 20-22.

Boardman, E. (1996). *Toward a theory of music instruction: A generative approach to music learning.* Unpublished instructional material, Urbana: University of Illinois.

Bowe, F. G. (2000). *Universal design in education.* Westport, CT: Bergin & Garvey.

Bowe, F. G. (2010). 교육에서의 보편적 설계(김남진, 김용욱 공역). 서울: 시그마프레스.

Bower, G. H., Hilgard, E. R. (1981). *Theories of learning.* NJ: Englewood Cliffs.

Bransford, J. D., Brown, A. L., & Cocking, R. R. (Eds.). (2007). 학습과학: 뇌, 마음, 경험 그리고 교육(신종호, 박종효, 최지영, 김민성 공역). 서울: 학지사.

Breadley, I. L. (1971). Repetition as a factor in the development of musical preferences. *Journal of Research in Music Education 19,* 295-298.

Brennis, N. C. (1970) *Mood differential responses to music as reported by secondary music and non-music students from different socioeconomic groups.* Ph.D. diss., University of Miami.

Brophy, T. S. (1999). The melodic improvisations of ages 6 through 12: a developmental perspective. Doctoral diss., University of Kentucky.

Bruner, J. (1960). *The process of education.* Cambridge, MA: Harvard University Press.

Bruner, J. S. (1966). *Toward a Theory of Instruction.* Cambridge: Harvard University Press.

Bruscia, K. E. (1998). *Defining music therapy* (2nd ed.). Gilsum, N. H.: Barcelona Publishers.

Bruscia, K. E. (2014). *Defining music therapy* (3rd ed.). University Park, IL: Barcelona Publishers.

Bucko, R. L. (1997). Brain basics: Cognitive psychology and its implications for education. *ERS Spectrum* (Summer), 20-25.

Burke, M. J., & Grandly, M. C. (1990). Musical preferences as a function of stimulus complexity and listeners' sophistication. *Perceptual and Motor Skills, 71*(2), 67-90.

Burns, E. M. (1999). Intervals, Scales, and Tuning. (2nd ed.), In D. Deutsch (Ed.), *The Psychology of Music,* San Diego: Academic Press.

Burnsed, V. (1998). The Effects of Expressive Variation in Dynamics on the Musical Preferences of Elementary School Students. *Journal of Research in Music Education, 46*(3), 396-404.

Butler, J. H. (1968). *Personality factors as correlates of receptivity to electronic music.* Ph.D. diss., University of Georgia.

Buzan, T. (1984). *Make the most of your mind.* New York: Linden Press.

Byrne, M. J. R. (2005). *The rational imagination: How people create alternatives to reality.* MIT Press.

Cabanac, M. (2002). What is emotion? *Behavioral Processes, 60,* 69-83.

Campbell, D. G. (1992). *Introduction to the musical brain.* St. Louis: MMB Music, Inc.

Campbell, D. G. (1997). *The Mozart effect.* New York: Avon Books Inc.

Campen, C. (2007). *The Hidden sense; Synesthesia in art and science.* MIT Press.

Cary, E. P. (1987). Music as a prenatal and early childhood impetus to enhancing intelligence and cognitive skills. *Roeper Review, 9*(3), 155-158.

Case, R. (1998). The development of conceptual structures. In W. Damon, D. Kuhn, & R. Siegler (Eds.), *Handbook of child psychology: Vol. 2. Cognition, perception and language* (5th ed., pp. 745-800). New York: Wiley.

Cattell, R. B. & Anderson, J. C. (1953). The measurement of personality and behavior disorders by the IPAT Music Preference Test. *Journal of Applied Psychology, 37,* 446-454.

Chan, A. S., Yim-Chi, Ho., & Mei-Chun, Cheung (1998). Music training improves verbal memory. *Nature, 396,* 128.

Clynes, Manfred (Ed.). (1982). *Music, mind and brain: The Neuropsychology of Music*. New York: Plenum Press.

Cohen, V. (1980). The emergence of musical gestures in kindergarten children. Doctoral diss., University of Illinois at Urbana-Champaign.

Cole, K. (2011). Brain-based-research music advocacy. *Music Educators Journal, 98*(1), 26-29.

Colley, A., Banton, L., Down, J., & Pither, A. (1992). An expert-novice comparison in musical composition. *Psychology of Music, 20*, 124-137.

Colwell, R. (1965). *The theory of expectancy applied to musical listening*. Washington, DC: U.S. Department of Health, Education and Welfare, Office of Education, Bureau of Research.

Connell, J. D. (2005). *Brain-Based Strategies to Reach Every Learner*. New York: Scholastic Inc.

Connell, J. D. (2008). 뇌 기반 교수-학습전략(정종진 공역). 서울: 학지사.

Cooke, D. (1959). *The language of music*. London: Oxford University Press.

Cooke, M., & Morris, R. (1996). Making music in Great Britain. *Journal of the Market Research Society, 28*(2), 123-134.

Cooksey, J. (2000). Voice transformation in male adolescents. In L. Thurman, & G. F. Welch (Eds.), *Bodymind and voice: Foundations of voice education* (revised ed., pp. 718-38). Iowa City, Iowa: National Center for Voice and Speech.

Cooksey, J., & Welch, G. (1998). Adolescence, Singing Development and National Curricula Design. *British Journal of Music Education, 15*(1), 99-119.

Copland, A. (1957). *What to listen for in music*. New York: Penguin Books.

Corbin, B. (2008). *Unleashing potential of the teenage brain: 10 powerful ideas*. Thousand Oaks, CA: Corwin Press.

Cotter, V. W., & Tooms, S. (1966). A procedure for determining the musical preferences of mental retardates. *Journal of Music Therapy 2*, 57-64.

Council for Exceptional Children (2005). *Universal design for learning: A guide for teachers and education professionals*. Upper Saddle River, NJ: Pearson/Merrill Prentice Hall.

Council for Exceptional Children (2006). 보편적 학습 설계: 교사들과 교육전문가들을 위한 지침서(노석준 역). 서울: 아카데미프레스.

Critchley, M., & Henson, R. A. (1977). *Music and the brain: Studies in the neurology of music*. London: W. Heinemann.

Cropley, A. J. (2001). *Creativity in education & learning: A guide for teachers and educators*. New York: Routledge.

Crozier, (1973). *Verbal and exploratory responses to sound sequences of varying complexity*. Ph. D. diss., University of Toronto.

Csíkszentmihályi, M. (1975). *Beyond boredom and anxiety*. Jossey-Bass Publishers.

Csikszentmihalyi, M. (1994). The domain of creativity. In D. Feldman, M. Csikszentmihalyi, & H. Gardner (Eds.), *Changing the world: A framework of the study of creativity* (pp. 135-158). Westport, CT: Praeger.

Csikszentmihalyi, M., & Csikszentmihalyi, I. S. (Eds.). (1988). *Optimal experience: Psychological studies of flow in consciousness*. Cambridge University Press.

Custodero, L. (2010). Meaning and experience: The musical learner. In H. A. Abeles & L. Custodero (Eds.), *Critical Issues in Music Education* (pp. 61-86). NY: Oxford University Press.

Custodero, L. (2011). The call to create: Flow experience in music learning and teaching. In D. Hargreaves, D. Miell, & R. MacDonald(Eds.), Musical Imaginations: *Multidisciplinary perspectives on creativity performance and perception*. *(chapter 23)*, Oxford Scholarship Online.

Dai, D. Y., & Schader, R. M. (2001). Parents' reasons and motivations for supporting their child's music training. *Roeper Review, 24*, 23-26.

Damasio, A. R. (2000). A second chance for emotion. In R. D. Lane and L, Nadel(eds,), *Cognitive neuroscience of emotion(pp. 12-23)*. New York: Oxford University Press.

Darrow, A. A. (Ed.). (2006). 음악치료 접근법(김영신 역). 서울:

학지사.

Dave, R. H. (1970). Psychomotor levels In R. J. Armstrong (Ed.), *Developing and writing behavioral objectives* (pp. 20-21). Tucson, Arizona: Educational Innovators Press.

Davidson, J. W., & Burland, K. (2006). Musician identity formation. In G. E. McPherson (Ed.), *The child as musician: A handbook of musical development* (pp. 475-88). Oxford, England: Oxford University Press.

Davidson, L. (1994). Songsinging by young and old: A developmental approach to music. In R. Aiello & J. Sloboda (Eds.), *Musical perceptions* (pp. 99-130). New York: Oxford University Press.

Davidson, L., & Scripp, L. (1994). Conditions of giftedness: Musical development in the preschool and early elementary years. In R. F. Subotnik & K. D. Arnold (Eds.), *Creativity research Beyond Terman: Contemporary longitudinal studies of giftedness and talent* (pp. 155-185). Ablex Publishing.

Davies, S. (2006). Artistic Expression and the Hard Case of Pure Music, in: Kieran, M. (Ed.), *Contemporary Debates in Aesthetics and the Philosophy of Art(pp. 179-91)*. Australia Victoria: Blackwell Publishing.

Davis, W. B., Gfeller, K. E. & Thaut, M. H. (2002). 음악치료학 개론: 이론과 실제(김수지, 고혜정, 권혜경 공역). 서울: 권혜경 음악치료센터.

Deliege, I., & Sloboda, J. (Eds.). (1996). *Musical beginnings: Origins and development of musical competence.* New York: Oxford University Press.

Deliege, Melen, & Bertrand, (1995). *Development of music perception: An intergrative view.* Paper presented at the Seventh European Conference on Developmental Psychology (pp. 23-27). Krakow, Poland.

Deutsch, D. (Ed.). (1999). *The psychology of music* (2nd ed.). San Diego: Academic Press.

Dickey, M. (1992). A Review of Research on Modeling in Music Teaching and Learning. *Bulletin of the Council for Research in Music Education,* (113), 27-40.

Dowling, W. J. (1988). Tonal structure and children's early learning of music. In J. Sloboda (Ed.), *Generative processes in music* (pp. 113-128). London: Oxford University Press.

Dowling, W. J. (1999). 15-The Development of Music Perception and Cognition, In D. Deutsch (Ed.), *The Psychology of Music* (2nd ed., pp. 603-625). Academic Press.

Dowling, W. J., & Harwood, D. L. (1986). *Musical cognition.* Orlando, FL: Academic Press.

Driscoll, M. (2002). 수업설계를 위한 학습심리학(양용칠 역). 서울: 교육과학사.

Duke, R. A., & Henninger, J. C. (1998). Effects of Verbal Corrections on Student Attitude and Performance. *Journal of Research in Music Education, 46*(4), 482-495.

Eggen, P., & Kauchak, D. (2006). 교육심리학: 교육실제를 보는 창 (신종호 외 공역). 서울: 학지사.

Eijck, K. (2001). Social Differentiation in Musical Taste Patterns. *Social Forces, 79*(3), 1163-1185.

Eisner, E. W. (1987). Educating the whole person: Arts in the curriculum. *Music Educators Journal*, 37-41.

Eisner, E. W. (1994). *Cognition and curriculum reconsidered* (2nd ed.). New York: Teachers College Press.

Elbert, T., Pantev, C, Wienbruch, C, Rockstroh, B, & Taub, E. (1995). Increased cortical representation of the fingers of the left hand in string players. *Science, 270*, 305-307.

Elliott, D. (1993). Musicing, listening and musical understanding. *Contributions to Music Education, 20*, 64-83.

Elliott, D., & Silverman, M. (2015). *Music matters: A philosophy of music education.* (2nd ed.). Oxford University Press.

Emmerson, S. (1989). Composing Strategies and Pedagogy. *Contemporary Music Review, 3*, 133-44.

Erickson, R. (1975). *Sound structure in music.* Berkeley: University of California Press.

Everest, F. A. (2001). *The master handbook of acoustics* (4th ed.). New York: McGraw-Hill Companies, Inc.

Fischbach, G. D. (1992). Mind and brain. *Scientific American, 267*(3), 48-57.

Fisher, S., & Greenberg, R. P. (1972). Selective effects upon women of exciting and calm music. *Perceptual and Motor Skills, 34*, 987-990.

Fitts, P. M. (1964). Perceptual-Motor Skill Learning. *Categories of Human Learning, 47*, 381-391.

Flick, G. L. (2013). 정서행동 장애학생의 성공적인 통합교육을 위한 이해와 실천(박계신, 이상훈, 황순영 공역). 서울: 시그마프레스.

Gabrielle, A., Stromboli, E. (2001). The influence of musical structure on emotional expression. *Music and Emotion: Theory and Research*, 223-243.

Gabrielsson, A. (1999). The performance of music. In D. Deutsch (Ed.), *Academic Press series in cognition and perception: A series of monographs and treatises. The psychology of music* (p. 501-602). Academic Press.

Gabrielsson, A., & Örnkloo, H. (2002). Children's perception and performance of emotion in singing and speech. Paper presented at the ISME Early Childhood Conference, Copenhagen, Denmark.

Gackle, L. (2000). Understanding voice transformation in female adolescents. In L. Thurman, & G. F. Welch (Eds.), *Bodymind and Voice: Foundations of Voice Education* (revised ed., pp. 739-744). Iowa City, Iowa: National Center for Voice and Speech.

Gagne, E. D. (1993). 인지심리와 교수-학습(이용남 외 공역). 서울: 교육과학사.

Gagné, F. (1985). Giftedness and talent: Reexamining a reexamination of the definitions, *Gifted Child Quarterly, 29*, 103-112.

Gagné, F. (1995). From giftedness to talent: A developmental model and its impact on the language of the field. *Roeper Review, 18*(2), 103-111.

Gagné, F. (2004). Transforming gifts into talents: The DMGT as a developmental theory. *High Ability Studies, 15*, 119-147.

Galilei, V. (1581). *Dialogo di Vincentio Galilei ... della musica antica, et della moderna.* published by Giorgio Marescotti.

Gambris, H. (2002). The development of musical abilities. In R. J. Colwell & C. Richardson (Eds.), *The new handbook of research on music teaching and learning: A project of the Music Educator National Conference* (pp.451-465). NY: Schirmer Books.

Gardner, H. (1973). *The arts and human development.* New York, NY: Wiley.

Gardner, H. (1983). *Frames of mind: The theory of multiple intelligences.* New York: Basic Books, Inc.

Gardner, H. (1991). *The unschooled mind.* New York: Basic Books.

Gardner, H. (1993). *Creating Minds: An Anatomy of Creativity Seen Through the Lives of Freud, Einstein, Picasso, Stravinsky, Eliot, Graham, and Gandhi.* New York: Basic Books.

Gardner, H., Phelps, E., & Wolf, D. (1990). The roots of creativity in children's symbolic products. In C. Alexander & E. Langer (Eds.), *Higher stages of human development.* New York, NY: Oxford University Press.

Gardner, Howard. (1994). *The arts and human development: A psychological study of the artistic process.* New York: Basic Books.

Gardner, Howard. (1995). Reflections on multiple intelligences. *Phi Delta Kappan, 77*(3), 200-203, 206-209.

Gates, A., & J. Bradshaw (1977). The role of the cerebral hemispheres in music. *Brain and Language, 4*, 403-431.

Gerard, C., & Auxiette, C. (1992). The processing of musical prosody by musical and non-musical children. *Music Perception, 10*, 93-126.

Geringer, J, M. (1982). Verbal and operant music listening preferences in relationship to age and musical training. *Psychology of Music, Special Issue: Proceedings of the Nineth International Seminar on Research in Music Education*, 47-50.

Geringer, J., & McManus, D. (1979). A survey of musical taste in relationship to age and musical training. *College Music Symposium, 19*, 69-76.

Gilhooly, K. J. (1996). *Thinking: Directed, undirected and creative.* (3rd ed.). San Diego, CA: Academic Press Inc.

Giomo, C. J. (1993). An experimental study of children's sensitivity to mood in music. *Psychology of Music, 21,* 141-162.

Goleman, D. (1995). *Emotional intelligence.* New York: Bantam Books.

Goleman, D. (1998). *Working with emotional intelligence.* London: Bloomsbury.

Goleman, D. (2006). *Social intelligence: The new science of human relationship.* New York: Bantam Books.

Goleman, D., & Boyatzis, R., & McKee, A. (2002). *Primal Leadership: Realizing the Power of Emotional Intelligence.* Harvard Business School Press.

Gordon, E. (1979). *Primary measures of music audiation.* Chicago: GIA.

Gordon, E. (1986). Manual for the Primary Measures of Music Audiation and the Intermediate Measures of Music Audiation. *Bulletin of the Council for Research in Music Education, 87,* 17-25.

Gordon, E. E. (1984). *Learning sequence in music: Skill, content, and patterns.* Chicago: G. I. A. Publisher.

Gordon, E. E. (1987). *The nature, description, measurement, and evaluation of music aptitudes.* Chicago: GIA.

Greer, R. D. (1981). Psychological Foundations of Music Behavior. *Journal of Research in Music Education, 29*(1), 71-72.

Gruber, H. E. (1988). The evolving systems approach to creative work. *Creativity Research Journal, 1,* 27-51.

Guilford, J. P. (1967). *The nature of human intelligence.* New York: McGraw-Hill Book Co.

Gullberg, A-K., & Brädström, S. (2004). Formal and non-formal music learning amongst rock musicians. In J. Davidson (Ed.), *The music practitioner* (pp. 161-174). Aldershot UK: Ashgate.

Guyton, A. C. (1991). *Basic neuroscience* (2nd ed.). Philadelphia: W. B. Saunders Company.

Haith, M. M., & Benson, J. B. (1998). Infant cognition. In D. Kuhn & R. S. Siegler (Eds.), *Handbook of child psychology:* *Vol. 2. Cognition, perception, and language* (5th ed., pp. 199-254). New York: Wiley.

Hall, T. E., Meyer, A., & Rose, D. H. (Eds.). (2012). *Universal design for learning in the classroom.* New York: Guilford Press.

Hallam, S. (1997). What do we know about practice? In H. Jørgensen & A. C. Lehmann(Eds.), *Does practice make perfect?: Current theory and research on instrumental music practice (pp. 179-229).* Oslo Norway: Norges Music Khøgskole.

Hallam, S. (2006). *Music psychology in education.* UK: Institute of Education, University of London.

Hallam, S., & Bautista, A. (2012). Process of instrumental learning: The development of musical expertise. In G. E. McPherson & G. F. Welsch (Eds.), *The Oxford handbook of music education* (pp. 658-676). New York: Oxford University Press.

Hardiman, M. M. (2010). The creative-artistic brain. In D. A. Sousa (Ed.), *Mind, brain & education: Neuroscience implication for the classroom* (pp. 227-246), Bloomington, IN: Solution Tree Press.

Hargreaves, D. (1982). Preference and prejudice in music: A psychological approach. *Psychology of Music, 9,* 15-20.

Hargreaves, D. (1996). The development of artistic and musical competence. In I. Deliege & J. Sloboda (Eds.), *Musical beginnings: Origins and development of musical competence* (pp. 145-171). New York: Oxford University Press.

Hargreaves, D. J. (1986). *The developmental psychology of music.* New York: Cambridge University Press.

Hargreaves, D. J., & Galton, M. (1992). Aesthetic learning: Psychological theory and educational practice. In B. Reimer & R. A. Smith (Eds.), *National Society for the Study of Education yearbook on the arts in education* (pp. 124-150). Chicago, IL: NSSE.

Hargreaves, D., & Lamont, A. (2017). *The psychology of musical development.* New York: Cambridge University

Press.

Hargreaves, D., & Zimmerman, M. (1992). Developmental theories of music learning. In R. Colwell (Ed.), *Handbook of research in music teaching and learning* (pp. 377-391). New York: Schirmer Books.

Harmon-Jones, E,. Gable, P. A., & Price, T. F. (2013). Does negative affect always narrow and positive affect always broaden the mind?: Considering the influence of motivational intensity on cognitive scope. *Psychological Science. 22*(4), 301-307.

Haroutounian, J. (2002). *Kindling the spark*. Oxford: Oxford University Press.

Hart, J. H., & Cogan, R. (1976). Sex and emotional response to classical music. *Perceptual and Motor Skills, 36*, 170-176.

Haydon, G. (1981). 음악학이란 무엇인가(서우석 역). 서울: 청한 문화사.

Heller, K. A. (2007). Scientific ability and creativity, *High Ability Studies, 18*(2), 209-234.

Hepler, L. E. (1986). *The Measurement of Teacher/Student Interaction in Private Music Lessons and its Relation to Teacher Field Dependence/Independence*, Unpublished doctoral dissertation. Cleveland: Case Western Reserve University.

Hepper, P. G. (1991). An examination of fetal learning before and after birth. *Irish Journal of Psychology, 12*, 95-107.

Hepper, P. G., & Shahidullah, B. S. (1994). Develop-ment of fetal hearing. *Arch Dis Child, 71*, 81-87.

Herman, R. (1973). *Dialogo di Vincentio Galilei ... della musica antica, et della moderna: Translation and commmentry*. Doctoral dissertation, North Texas State University.

Herrmann, N. (1991). The creative brain, *The Journal of Creative Behavior, 25*(1), 275-295.

Hevner, K. (1935). The affective character of the major and minor modes in music. *American Journal of Psychology, 29*, 719-723.

Hevner, K. (1936). Experimantal studies of the elements of expression in music. *American Journal of Psychology, 47*, 103-118.

Hevner, K. (1937). The affective value of pitch and tempo in music. *American Journal of Psychology, 49*, 621-630.

Heyduk, R. G. (1975). Rated preference for musical compositions as it relates to complexity and exposure frequency. *Perception and Psychophysics 17*, 84-91.

Hickey, M., & Webster, P. (2001). Creative thinking in music. *Music Educators Journal, 88*(1), 19-23.

Hodges, D. A. (1996). Neuromusical research: A review of the literature. In D. A. Hodges (Ed.), *Handbook of music psychology* (2nd ed. pp. 197-284). San Antonío, TX: IMR Press.

Hogg, M. A., Abrams, D., & Martin, G. N. (2010). Social cognition and attitudes. In G. N. Martin, N. R. Carlson, & W. Buskist (Eds.), *Psychology* (pp. 646-677). Harlow: Pearson Education Limited.

Hounchell, R. F. (1985). A study of creativity and music reading as objectives of music education as contained in statements in the Music Educators Journal from 1914 to 1970, doctoral dissertation, Indiana University.

Howe, M., Davidson, J., Moore, D., & Sloboda, J. (1994). Are there early signs of musical ability? *Psychology of Music, 23*(2), 162-176.

Husain, G., Thompson, W. F., & Schellenberg, E. G. (2002). Effects of musical tempo and mode on arousal, mood, and spatial abilities. *Music Perception, 20*(2), 151-171.

Ilie, G., & Thompson, W. F. (2006). A comparison of acoustic cues in music and speech for three dimensions of affect. *Music Perception, 23*, 319-329.

Ilie, G., & Thompson, W. F. (2011). Experiential and cognitive changes following seven minutes exposure to music and speech. *Music Perception, 28*, 247-264.

Izard, C. E. (1991). *The psychology of emotion*. New York: Plenum Press.

James, W. (1983 [1890]). *The Principles of Psychology, with introduction by George A. Miller*. Cambridge, MA: Harvard University Press.

Jaques-Dalcroze, E. (1930). *Eurhythmics, art and education* (Translated by F. Rothwell). Salem, NH: Ayer Company, Publishers, Inc.

Jensen, E. (2000). *Brain-based learning*. San Diego, CA: The Brain Store.

Jensen, E. (2007). *Introduction to brain-compatible learning* (2nd ed.). Thousand Oaks, CA: Corwin Press.

Jensen, E. (2011). 뇌기반 학습: 새로운 패러다임의 교수법(제2판) (손정락, 이정화 공역). 서울: (주)시그마프레스.

Johnson-Laird, P. N. (1988). Reasoning, imagining and creating. *Bulletin of the Council for Research in Music Education, 95,* 71-87.

Johnstone, T., & Scherer, K. R. (2000). Vocal communication of emotion. In M. Lewis & J. M. Haviland-Jones (Eds.), *Handbook of emotions* (pp. 220-35). New York: The Guildford Press.

Joseph, R. (1988). The right cerebral hemisphere: Emotion, music, visual-spatial kills, body-image, dreams and awareness. *Journal of Clinical Psychology, 44*(5), 630-673.

Joyce, B., Weil, M., & Calhoun, E. (2005). 교수모형(제7판)(박인우 외 공역). 서울: 아카데미프레스.

Juslin, P. N., & Laukka, P. (2003). Communication of emotions in vocal expression and music performance: Different channels, same code? *Psychological Bulletin, 129,* 770-814.

Juslin, P. N., & Västfjäll. D. (2008). Emotional responses to music: The need to consider underlying mechanisms. Behavioral and Brain Sciences, 31, 559-621.

Juslin, P. N., Liljeström, S., Västfjäll, D., & Lundqvist, L.-O. (2010). How does music evoke emotions? Exploring the underlying mechanisms. In P. N. Juslin & J. A. Sloboda (Eds.), *Handbook of music and emotion: Theory, research, applications (pp. 605-642)*. Oxford University Press.

Kaufman, J. C. & Beghetto, R. A. (2009). Beyond big and little: The four c model of creativity. Review of General Psychology, 13(1), 1-12.

Killian, J. N., & Wayman, J. B. (2010). A Descriptive Study of Vocal Maturation Among Male Adolescent Vocalists and Instrumentalists. *Journal of Research in Music Education, 58*(1), 5-19.

Koelsch, S., Gunter, T. C., van Cramon, D. Y., Zysset, S., Lohmann, G., Friederici, A. D. (2002). Bach speaks: A cortical "language-network" serves the processing of music. *NeuroImage, 17*(2), 956-966.

Koh, S. D. (1967). Time-error in comparisons of preferences for musical excerpts. *Achieves of General Psychiatry, 21,* 717-721.

Koh, S. D., & Hedlund, C. D. (1969). Paired comparisons of musical excerpts. *Achieves of General Psychiatry, 21,* 717-721.

Koopman, C. (1995). Stage theories of musical development. *The Journal of Aesthetic Education, 29*(2), 49-66.

Kostka, M. J. (1984). An Investigation of Reinforcements, Time Use, and Student Attentiveness in Piano Lessons. *Journal of Research in Music Education, 32*(2), 113-122.

Kratus, J. (1989). A time analysis of the compositional processes used by children ages 7 to 11. *Journal of Research in Music Education, 37*(1), 5-20.

Kratus, J. (1995). A developmental approach to teaching music improvisation. *International Journal of Music Education, 26,* 27-38.

Krumhansl, C. L., & Jusczyk, P. W. (1990). Infants' perception of phrase structure in music. *Pychological Science, 1,* 70-73.

Kuhn, T. L. (1976). Reliability of a technique for assessing musical preference in young in young children. Paper presented at Music Educators National Conference, March, Atlantic City.

Lamont, A. (1998). Music, Education, and the Development of Pitch Perception: The Role of Context, Age and Musical Experience. *Psychology of Music, 26*(1), 7-25.

Langmeyer, A., Gughor-Rudan, A., & Tarnai, C. (2012). What do music preference reveal about personality? *Journal of Individual Differences, 33*(2), 119-30.

LeBlanc, A., Jin, Y. C., Stamou, L. & McCrary, J. (1999). Effect of age, country, and gender on music listening preferences.

Bulletin of the Council for Research in Music Education, 141, 72-76.

Lecanuet, J-P., Granier-Deferre, C., Jacquet, A-Y., & Busnel, M-C. (1992). Decelerative cardiac responsiveness to acoustical stimulation in the near term fetus, *The Quarterly Journal of Experimental Psychology Section B, 44,* 3-4, 279-303.

LeDoux,]. E. (1993). Emotional networks in the brain. In In M. Lewis & J. M. Haviland (Eds.), *Handbook of emotions.* New York: The Guilford Press.

Lehdahl, F. (1988). Cognitive constraints on compositional system. In J. Sloboda (Ed.), *Generative processes in music* (pp. 231-259). Oxford: Clarendon Press.

Lehmann, A. C., Sloboda, J. A., & Woody, R. H. (2007). Science and musical skills. In A. C. Lehmann, J. A. Sloboda, & R. H. Woody(Eds.), Psychology for Musicians: Understanding and Acquiring the Skills(pp. 5-24). Oxford: Oxford University Press.

Lipscomb, Scott D., & Hodges, D. A. (1996). Hearing and Music Perception. In In D. A. Hodges (Ed.), *Handbook of Music Psychology,* (2nd ed.). San Antonio, TX: IMR Press.

Long, N. H. (1971). Establishment of standards for the Indiana-Oregon Music Discrimination Tests based on cross-section of elementary and secondary students with an analysis of elements of environment, intelligence and musical experience and training in relation to musical discrimination. *Council for Research in Music Education Bulletin 25,* 26-32.

Luce, D. W. (2004). Music learning theory and audiation: Implications for music therapy clinical practice. *Music Therapy Perspectives, 22*(1), 26-33.

Lynch, M. P., Eilers, R. E., Oller, D. K., & Urbano, R. C. (1990). Innateness, Experience, and Music Perception. *Psychological Science, 1*(4), 272-276.

Lynch, M. P., Eilers, R. E., Oller, D. K., Urbano, R. C., & Wilson, P. (1991). Influences of acculturation and musical sophistication on perception of musical interval patterns. *Journal of Experimental Psychology: Human Perception and Performance, 17*(4), 967-975.

Lyons, W. (1980). *Emotion.* Cambridge: Cambridge University Press.

MacLean, P. D. (1978). A Mind of three minds: Educating the triune brain. *The 77th yearbook of the national society for the study of education* (pp. 308-342). Chicago: University of Chicago Press.

Madsen, C. K. (1981). Music Lessons and Books as Reinforcement Alternatives for an Academic Task. *Journal of Research in Music Education, 29*(2), 103-110

Madsen, C. K., & Duke, R. A. (1985). Perception of approval/disapproval in music. *Council for Research in Music Education Bulletin, 85,* 119-130.

Maehr, M. L., Pintrich, P. R., & Linnenbrink, E. A. (2002). Motivation and achievement. In R. Colwell & C. Richardson (Eds.), *The new handbook of research of music teaching and learning* (pp. 348-372). New York: Oxford University Press.

Maess, B., Koelsch, S., Gunter, T. C., & Friederici, A. D. (2001). Musical syntax is processed in Broca's area: An MEG study. *Nature Neuroscience, 4,* 540-545.

Mandler, G. (1984). Mind and Body: Psychology of Emotion and Stress. New York: Norton.

Mandler, J. M. (1998). Representaion. In W. Damon, D. Khun & R. S. Siegler (Eds.), *Handbook of children psychology* (5th ed.), Vol. 2, (pp. 255-268). New York: John & Wiley & Sons, Inc.

Mang, E. (2005). The referent of children's early songs. *Music Education Research, 7*(1), 3-20.

Mashkiv, K., & Volgy, T. (1975). Socio-political attitudes and musical preferences. *Social Science Quarterly, 56,* 450-456.

Maslow, A. H. (1954). *Motivation and personality.* Harpers.

Massumi, B. (1997). Deleuze, Guttari, and the philosophy of expression. *Canadian Review of Comparative Literature, 24*(3), 745-787.

Matthews, G., Zeider, M., & Roberts, R. D. (2010). 정서지능: 그 오해와 진실 (*Emotional intelligence: Science and myth*). (문

용린, 곽윤정, 강민수, 최경아 공역). 서울: 학지사. (원저는 2002년에 출판).

Mayer, J. D., & Salovey, P. (1993). The intelligence of emotional intelligence. *Intelligence, 17*, 433-442.

Mayer, J. D., & Salovey P. (1996). 새로운 지능의 개념: 감성지능. (*Emotional intelligence*) (pp. 183-229). 서울: 삼성생명 사회 정신건강연구소, 서울대학교 교육연구소.

Mayer, J. D., & Salovey, P. (1997). What emotional intelligence? In P. Salovey & D. Sluyter (Eds.), *Emotional development and emotional intelligence: Educational implications* (pp. 3-31). New York: Basic Books.

Mayer, J. D., Caruso, D. R., & Salovey, P. (2000). Emotional intelligence meets traditional standards for an intelligence. *Intelligence, 27*(4), 267-298.

Mayer, J. D., Salovey, P., & Caruso, D. R. (2000). Emotional intelligence as zeitgeist, as personality, and as a mental ability. In R. Bar-On & J. A. Parker (Eds.), *The handbook of emotional intelligence* (pp. 92-117). San Francisco: Jossey-Bass Inc.

Mayer, J. D., Salovey, P., & Caruso, D. R. (2004). Emotional intelligence: Theory, findings, and implications. *Psychological Inquiry, 15*(3), 197-215.

Mayer, J. D., Salovey, P., & Caruso, D. R. (2008). Emotional intelligence: New ability or eclectic traits? *American Psychologist, 63*(6), 503-517.

McCrae, R. R. (2000). Emotional intelligence from the perspective of the five-factor model of personality. In R. Bar-On & J. A. Parker (Eds.), *The handbook of emotional intelligence* (pp. 263-276). San Francisco: Jossey-Bass Inc.

McMullen, P. T. (1974). Influence of complexity in pitch sequences on preference responses of college-age subjects. *Journal of Music Therapy, 11*, 226-233.

McPherson, G. E., & McCormick, J. (1999). Motivation and self-regulated learning components of musical practice. *Bulletin of the Council for Research in Music Education, 141*, 98-102.

McPherson, G. E., & O'Neill, S. A. (2010). Students' motivation to study music as compared to other school subjects: A comparison of eight countries. *Research Studies in Music Education, 32*(2), 101-137.

McPherson, G. E., & Renwick, J. M. (2011). Self-regulation and mastery of musical skills. In B. J. Zimmerman & D. H. Schunk (Eds.), *Educational psychology handbook series. Handbook of self-regulation of learning and performance* (pp. 234-248). Routledge/Taylor & Francis Group.

McPherson, G., & Zimmerman, B. (2011). Self-Regulation of Musical Learning. In R. Colwell & P. Webster (Eds.), *MENC handbook of research on music teaching and learning* (pp. 130-175). NY: Oxford University Press.

Meadow, W. S. (1970). *The relationship of music preference to certain cultural determiners*. Ph.D. diss., Michigan State University.

Meltzoff, A. N., Kuhl, P. K., & Moore, M. K. (1991). Perception, representation, and the control of action in newborns and young infants: Toward a new synthesis. In M. J. S. Weiss & P. R. Zelazo (Eds.), *Newborn attention: Biological constraints and the influence of experience* (pp. 377-411). Ablex Publishing.

Meyer, L. B. (1956). *Emotion and meaning in music*. Chicago: University of Chicago Press.

Meyer, L. B. (1957). Meaning in music and information theory. *Journal of Aesthetics and Art Criticism, 15*(4), 412-424.

Moog, H. (1976). *The musical experience of the pre-school child*. London: Schott Co. Ltd.

Moore, J. (1990). Strategies for fostering creative thinking. *Music Educators Journal, 76*(9), 38-42.

Moorhead, E., & Pond, D. (1978). *Music of young children: Pillsbury foundation studies*. Santa Barbara, CA: Pillsbury Foundation for Advancement of Music Education.

Nelson, D. (1987). An interpretation of the Piagetian model in light of the theories of Case. *Council for Research in Music Education, Bull, 92*, 23-34.

Nielzen, S., & Cesarec, Z. (1982). Emotional experience as function of music structure. *Psychology of Music, 10*(2),

7-17.

Nix, J., Terström, S., & Jers, H. (2012). Group anf ensemble vocal music. In G. E. McPherson & G. F. Welch(Eds.), *The Oxford handbook of music education vol. 1.* Oxford: Oxford University Press.

Nolen-Hoeksema, S. Fredrickson, B. L., Loftus, G. R., & Wagenaar, W. A. (2011). 애트킨슨과 힐가드의 심리학 원론(제15판, 이진환 외 공역). 서울: 박학사.

Nolen-Hoeksema, S., Fredrickson, B. L., Loftus, G. R., & Lutz, C. (2017). 앳킨슨과 힐가드의 심리학 원론(정영숙, 심현정, 정봉교, 이광오, 양윤, 고재종, 이재식, 심은정 공역). 서울: 박학사.

Nowak, R. (1995). Brain center linked to perfect pitch. *Science, 267*, 616.

Noy, P. (1966). The psychodynamic meaning of music-part 1. *Journal of Music Therapy, 3*, 126-134.

Noy, P. (1967a). The psychodynamic meaning of music-part 2. *Journal of Music Therapy, 4*, 7-23.

Noy, P. (1967b). The psychodynamic meaning of music-part 3. *Journal of Music Therapy, 4*, 45-51.

Noy, P. (1967c). The psychodynamic meaning of music-part 2. *Journal of Music Therapy, 4*, 81-94.

Noy, P. (1967d). The psychodynamic meaning of music-part 2. *Journal of Music Therapy, 4*, 117-125.

Noy, P. (1982). A revision of psychoanalytic: Theory of affect. *Annal of Psychoanalysis, 10*, 139-185.

O'Neill, S. A. (2001). *Young people and music participation project: Practitioner report and summary of findings.* Unit for the Study of Musical Skill and Development, Keele University.

O'Neill, S. A., & McPherson, G. E. (2002). Motivation. In R. Parncutt & G. McPherson (Eds.), *The science & psychology of music performance: Creative strategies for teaching and learning.* New York: Oxford University Press.

Odena, O. (2012). Perspectives on musical creativity: where next? In O. Odena (Ed.), *Musical Creativity: Insights from Music Education Research. Series: SEMPRE studies in the psychology of music* (pp. 201-213). VT: Ashgate.

Odena, O. (2018). *Musical Creativity Revisited: Educational Foundations, Practices and Research.* Abingdon: Routledge.

Orff, C. (1975). Orff-Schulwerk in der Heilpädagogik und Medizin. In H. Wolfgart (Ed.), *Orff-Schulwerk und Therapie.* Carl Marhold Verlagsbuchhandlung.

Osgood, C. E., Suci, G. J., & Tannenbaum, P. H. (1957). *The measurement of meaning.* University of Illinois Press.

Ott, D. (1996). Effects of musical context on the improvisation of children as a function of age, training and exposure to music. Doctoral dessertation, University of Alabama.

Overy, K., & Molnar-Szakacs, I. (2009). Being together in time: Musical experience and the mirror neuron system. *Music Perception, 26*(5), 489-504.

Papoušek, H. (1996). Musicality in infancy research: Biological and cultural origins of early musicality. In E. Deliege & J. Sloboda (Eds.), *Musical Beginnings: Origins and development of musical competences* (pp. 37-55). Oxford, England: Oxford University Press.

Papoušek, M., & Papoušek, H. (1986). Structure and dynamics of human communication at the beginning of life. *European Archives of Psychiatry and Neurological Science, 236*(1), 21-25.

Passow A. H. (1981). The Nature of Giftedness and Talent. *Gifted Child Quarterly, 25(1)*, 5-10.

Passow, A. H., Goldberg, M., Tannenbaum, A. J., & French, W. (1955). Planning for talented youth. Bureau of Publications, Teachers Co.

Patel, A. D. (2008). *Music, language, and the brain.* Oxford University Press.

Pavlov, I. P. (1927). *Conditioned reflexes: an investigation of the physiological activity of the cerebral cortex.* Oxford Univ. Press.

Perkins, D. (1981). *The mind's best work.* Harvard University Press.

Peterson, J. M., & Hittie, M. M. (2010). *Inclusive teaching: The journey towards effective schools for all learners* (2nd ed.).

Upper Saddle River, NJ: Pearson Education, Inc.

Petrides, K. V., & Furnham, A. (2001). Trait emotional intelligence: Psychometric investigation with reference to established trait taxonomies. *European Journal of Personality, 15*, 425-448.

Petrides, K. V., Pita, R., & Kokkinaki, F. (2007). The location of trait emotional intelligence in personality factor space. *The British Psychological Society, 98*, 273-289.

Piaget, J. (1928). *Judgment and reasoning in the child.* Harcourt, Brace.

Piaget, J. (1952). *The origins of intelligence in children* (M. Cook, Trans.). W W Norton & Co.

Piaget, J. (1972). *The psychology of the child* (2nd ed.). New York: Basic Books.

Plato (2007). *The republic.* Translated by Desmond Lee with an introduction by Melissa Lane (2nd ed.). London: Penguin Books.

Plutchik, R. (2004). 정서심리학(박권생 역). 서울: 학지사.

Poincare, H. (1902-1908). Creation of mathematics. In G. B. Halsted (trans.), *The foundations of science* (pp. 46-48). New York: The Science Press.

Pouthas, V. (1996). The development of perception of time and temporal regulation of action in infants and children. In A. Deli'ge & J. Sloboda (Eds.), *Musical beginnings: Origins and development of musical competence* (pp. 115-141). Oxford University Press.

Pressing, J. (1988). Improvisation, methods and models. In J. Sloboda (Ed.), *Generative processes in music: the Psychology of performance, improvisation, and composition* (pp. 129-278). Oxford: Clarendon Press.

Radford, C. (1989). Emotions and music: A reply to the cognitivists. *The Journal of Aesthetics and Art Criticism. 47*(1), 69-76.

Radocy, R. E., & Boyle, J. D. (1997). *Psychological foundations of musical behavior* (3rd ed.). Charles C Thomas, Publisher.

Radocy, R. E., & Boyle, J. D. (2012). *Psychological foundations of musical behavior* (5th ed.). Springfield: Charles Thomas

Publisher, Ltd.

Rainbow, E. L. (1980). A final report on a three-year investigation of the rhythm abilities of preschool aged children. *Council for Research in Music Education, Bull. 59*, 69-73.

Rainbow, E. L., & Herrick, C. (1982). An investigation of hemispheric specialization for the pitch and rhythmic aspects of melody. *Psychology of Music, 10*, 96-100.

Rainbow, E. L., & Owen, D. (1979). A progress report on a three year investigation of the rhythmic ability of pre-school aged children. *Bulletin of the Council for Research in Music Education, 59*, 84-86.

Ramsey, J. H. (1983). The Effects of Age, Singing Ability, and Instrumental Experiences on Preschool Children's Melodic Perception. *Journal of Research in Music Education, 31*(2), 133-145.

Rasch, R. A. (1981). *Psychology of creation.* Netherlands: Mouton.

Rauh, H. (1995). Frühe kindheit. In R. Oerter & L. Montada(Eds.), *Entwicklungspsychologie(3rd ed.)*(pp. 167-309). Weinheim, Germany: Psychologie Verlags Union.

Rauscher, F. H, Shaw, G. L., & Ky, K. N. (1993). Music and spatial task performance. *Nature, 365*, 611.

Rauscher, F. H., Shaw, G. L., Levine, L. Wright, E. L., Dennis, W. R., & Newcomb, R. L. (1997). Music training causes long-term enhancement of preschool children's spatial-temporal reasoning. *Neurological Research, 19*, 2-8.

Regelski, T. (2004). *Teaching general music in grades 4-8: A musicianship approach.* Oxford University Press.

Reimer, B. (1962). Leonard Meyer's thepry of value and greatness in music. *Journal of Research in Music Education, 10*, 87-99.

Reimer, B. (1989). *A Philosophy of Music Education.* Englewood Cliff, NJ: Prentice-Hall.

Reimer, B. (2009). *Seeking the significance of music education: Essays and reflections.* Lanham: MENC.

Renzulli, J. S. (1978). What Makes Giftedness? Reexamining a

Definition. *Phi Delta Kappan, 60*, 180-184.

Robinson, J. (2005). *Deeper than reason; Emotion and its role in literature, music and art.* Oxford: Clarendon Press.

Roederer, J. G. (1974). The psychophysics of musical perception. *Music Educators Journal, 60*, 20-30.

Rogers, C. (1959). A Theory of Therapy, Personality and Interpersonal Relationships as Developed in the Client-centered Framework. In S. Koch (Ed.), Psychology: *A Study of a Science. Vol. 3: Formulations of the Person and the Social Context.* New York: McGraw Hill.

Rogers, C. (1969). *Freedom to Learn: A View of What Education Might Become* (1st ed.). Columbus, Ohio: Charles Merill.

Rose, D. H., Meyer, A., & Hitchcock, C. (Eds.). (2010). 보편적 학습 설계: 접근 가능한 교육과정과 디지털 테크놀로지(안미리, 노석준, 김성남 공역). 서울: 한양대학교출판부.

Rubin, L. (1951). *The effect of music experience on musical discrimination and musical preferences.* Ph.D. diss., University of California.

Runco, M. A. (2004). Creativity. *Annual Review of Psychology, 55*, 657-687.

Russell, P. (1979). *The Brain book.* New York: Hawthorn Books, Inc.

Rutkowski, J. (1997). The nature of children's singing voices: Characteristics and assessment. In B. A. Roberts (Ed.), *The phenomenon of singing* (pp. 201-209). NF: Memorial University Press.

Ryan, R. M., & Deci, E. L. (2000). Intrinsic and extrinsic motivations: Classic definitions and new directions. *Contemporary Educational Psychology, 25*, 54-67.

Saarni, C. (2000). Emotional competence: A developmental perspective. In R. Bar-On & J. A. Parker (Eds.), *The handbook of emotional intelligence* (pp. 68-91). San Francisco: Jossey-Bass Inc.

Salovey, P., & Grewal, D. (2005). The science of emotional intelligence. *American Psychological Society, 14*(6), 281-285.

Salovey, P., & Mayer, J. D. (1990). Emotional intelligence. *Imagination, Cognition, and Personality, 9*, 185-211.

Salovey, P., & Mayer, J. D. (1996). 새로운 지능의 개념: 감성지능 (*What is Emotion Intelligence?*) (pp. 103-153). (피터 샐로비 교수 초청 강연회). 서울: 삼성생명 사회정신건강연구소, 서울대학교 교육연구소.

Scherer, K. R., & Zentner, M. R. (2001). Emotional effects of music: production rules. *Music and Emotion: Theory and Research*, 361-387.

Schlaug, G., Jancke, L., Huang, Y., & Steinmetz, H. (1995). In Vivo Evidence of Structural Brain Asymmetry in Musicians. *Science, 267*, 699-701.

Schwarzer, G. (1997). Analytic and Holistic Modes in the Development of Melody Perception. *Psychology of Music, 25*(1), 35-56.

Seashore, C. E. (1919). *The psychology of musical talent.* Silver, Burdett & Company.

Seashore, C. E. (1938a). The Psychology of music. *Music Educators Journal, 25*(3), 23-23.

Seashore, C. E. (1938b). *Psychology of music.* New York: McGraw-Hill Book Company, Inc.

Serafine, M. L. (1988). *Music as Cognition: The Development of Thought in Sound.* Columbia University Press.

Seung, Y., Kyong, J., Woo, S., Lee, B., & Lee, K. (2005). Brain activation during music listening in individuals with or without prior music training, *Neuroscience Research, 52*, 323-329.

Shehan, P. (1986). Major Approaches to Music Education: An Account of Method. *Music Educators Journal, 72*(6), 26-31.

Shuter-Dyson, R. (2006). Personality characteristics and the attitude to religion of church musicians. *Psychology of Music, 34*, 391-398.

Shuter-Dyson, R., & Gabriel, C. (1968). *The psychology of musical ability.* London: Methuen.

Shuter-Dyson, R., & Gabriel, C. (1981). *The psychology of musical ability* (2nd. ed.). London: Methuen.

Simonton, D. K. (1988). Creativity, leadership, and chance. In

R. J. Sternberg (Ed.), *The nature of creativity: Contemporary psychological perspectives* (pp. 386-426). Cambridge University Press.

Simpson, E. J. (1972). *The classification of educational objectives in the psychomotor domain.* Washington, DC: Gryphon House.

Skinner, B. F. (1938). *The behavior of organisms: an experimental analysis.* Oxford, England: Appleton-Century.

Skinner, B. F. (1948). 'Superstition' in the pigeon. *Journal of Experimental Psychology, 38*(2), 168-172.

Skinner, B. F. (1968). *The technology of teaching.* Appleton-Century-Crofts.

Skinner, B. F. (1971). *Beyond freedom and dignity.* Knopf/Random House.

Skipper, J. K. (1975). Musical tastes of Canadian and American college students: An examination of the massification and Americanization theses. *Canadian Journal of Sociology, 16,* 227-238.

Slavin, R. E. (2006). 교육심리학(제7판)(강갑원, 김정희, 김종백, 박희순, 이경화, 장인실 공역). 서울: (주)시그마프레스.

Sloboda, J. A. (1983). The communication of musical metre in piano performance. *The Quarterly Journal of Experimental Psychology A: Human Experimental Psychology, 35A*(2), 377-396.

Sloboda, J. A. (1985). *The musical mind: The cognitive psychology of music.* Oxford: Clarendon Press.

Sloboda, J. A. (1994). Music performance: Expression and the development of excellence. In R. Aiello & J. A. Sloboda (Eds.), *Musical perceptions* (pp. 152-169). Oxford University Press.

Sloboda, J. A. (1999). Everyday uses of music listening. *Music, Mind, and Science, 1*(1), 359-69.

Sloboda, J. A. (Ed.). (1988). *Generative processes in music: The psychology of performance, improvisation, and composition.* Clarendon Press/Oxford University Press.

Sloboda, J. A., Davidson, J. W., Howe, M. J. A., & Moore, D. G. (1996). The role of practice in the development of

performing musicians. *British Journal of Psychology, 87*(2), 287-309.

Sloboda, J., & Juslin, P. (2001). Psychological perspectives on music and emotion. In P. N. Juslin and J. Sloboda(Eds.), *Music and emotion: Theory and research*(pp. 71-104). Oxford University Press.

Snelbecker, G. E. (1974). *Learning theory, instructional theory, and psychoeducational design.* McGraw-Hill.

Sousa, D. A. (Ed.) (2010). *Mind, Brain, & Education: Neuroscience implications for the classroom.* Bloomington, IN: Solution Tree Press.

Sousa, D. A. (Ed.). (2014). 21세기 교수 · 학습과학의 새 패러다임: 마음, 뇌, 교육(이찬승, 김미선 옮김). 서울: 한국뇌기반교육연구소.

Sparshott, F. (1994). Music and feeling. *The Journal of Aesthetics and Art Criticism, 52*(1), 23-35.

Sperry, Roger W. (1975). Left-brain, right-brain. *Saturday Review, 2,* 30-33.

Spiegler, D. M. (1967). *Factors involved in the development of prenatal rhythmic sensitivity.* Unpublished dissertation, West Virginia University.

Springer. S., & Deutsch, G. (1993). *Left brain, right brain,* (4th ed.). New York: W. H. Freeman and Company.

Standifer, J. A. (1970). Effect of aesthetic sensitivity of developing perception of musical expressiveness. *Journal of Research in Music Education, 18,* 112-125.

Stein, D. (2007). *Cognitive schemas and core beliefs in psychological problems.* Chicago: American Psychology Association.

Steinfield, E., & Maisel, J. L. (2012). *Universal design: Creating inclusive environments.* NJ: John Wiley & Sons, Inc.

Sternberg, R. J. (1985). *Beyond I.Q.* New York: Cambridge University Press.

Sternberg, R. J. (1997). *Thinking styles.* New York: Cambridge University Press.

Sternberg, R. J. (2003). *Cognitive psychology* (3rd ed.). Belmont: Wadsworth/Thomson Learning.

Sternberg, R. J. (Ed.). (1988). *The nature of creativity: Contemporary psychological perspectives.* Cambridge University Press.

Sternberg, R. J., & Lubart, T. I. (1995). *Defying the crowd: Cultivating creativity in a culture of conformity.* New York: Free Press.

Sternberg, R. J., & Lubart, T. I. (1996). Investing in creativity. *American Psychologist, 51*(7), 677-688.

Storr, A. (1992). *Music and the mind.* New York: The Free Press.

Swanwick, K. (1985). *A basis for music education.* Phildelphia, PA: Taylor and Francis, Inc.

Swanwick, K. (1988). *Music, mind and education.* New York: Chapman and Hall, Inc.

Swanwick, K. (1994). *Musical knowledge.* London: Routledge.

Swanwick, K., & Tillman J. (1986). The sequence of musical development: a study of children's composition. *British Journal of Music Education, 3,* 05-39.

Sylwester, R. (1995). *A celebration of neurons: An educator's guide to the human brain.* Alexandria: Association for Supervision and Curriculum Development.

Taetle, L., & Cutietta, R. (2002). Learning theories as roots of current musical practice and research. In R. Colwell & C. Richardson (Eds.), *The New Handbook of Research on Music Teaching and Learning* (pp. 279-298). Oxford University Press.

Taylor, C. W. (1984). *Metaphors of education.* London: Heinemann.

Taylor, C. W. (1988). Various approaches to and definitions of creativity. In R. J. Sternberg (Ed.), *The Nature of Creativity: Contemporary Psychological Perspectives* (pp. 99-124). Cambridge University Press.

Taylor, I. A. (1959). The nature of the creative process. In Smith, P. (Ed.), *Creativity: An Examination of the Creative Process* (pp. 51-82). New York: Hastings.

Thompson, W. F., & Balkwill, L. L. (2010). Cross-cultural similarities and differences. In P. Juslin & J. Sloboda (Eds.), *Handbook of Music and Emotion: Theory, Research, Applications(pp. 755-88).* Oxford: Oxford University Press.

Thompson, W. F., & Balkwill, L.-L. (2010). Cross-cultural similarities and differences. In P. Juslin & J. Sloboda (Eds.), *Handbook of Music and Emotion: Theory, Research, Applications* (pp. 755-788). Oxford: Oxford University Press.

Thoms, H. (1987). Encouraging musical imagination though composition. *Music Educators Journal, 73*(5), 27-30.

Tileston, D. W. (2005). *10 best teaching practices* (2nd ed.). Thousand Oaks, CA: Corwin Press.

Titze, I. R. (1994). *Principles of voice production.* Englewood Cliffs, NJ: Prentice Hall.

Torrance, E. P. (1962). *Guiding Creative Talent.* Englewood Cliffs, NJ: Prentice-Hall.

Trainor, L. (1996). Infants preferences for infant-directed versus noninfant-directed playsongs and lullabies. *Infant Behavior and Development, 19*(1), 83-92.

Trainor, L. J., & Heinmiller, B. M. (1998). The development of evaluative responses to music: Infants prefer to listen to consonance over dissonance. *Infants Behavior and Development, 21,* 77-88.

Trainor, L. J., & Trehub, S. E. (1992). The development of referential meaning in music. *Music Perception, 9*(4), 455-470.

Treffinger, D. J., Isaksen, S. G., & Firestein, R. L. (1982). *Handbook of creative learning.* Honeoye, NY: Center for Creative Learning.

Trehub, S. E. (2001). Musical predispositions in infancy. In R. J. Zatorre & I. Peretz (Eds.), *The biological foundations of music* (Vol. 930, pp. 1-16). New York: Annals of the New York Academy of Sciences.

Trehub, S. E., & Gudmundsdottir, H. R. (2014). Mothers as singing mentors for infants. In G. F. Welch, D. M. Howard, & J. Nix. (Eds.), *Oxford handbook of singing.* New York: Oxford University Press.

Trehub, S. E., Schellenberg, E. G., & Hill, D. S. (1997). The origins of music perception and cognition: A developmental perspective. In I. Deliège & J. Sloboda (Eds.), *Perception and cognition of music* (pp. 103-128), UK: Psychology Press.

Valentine, C. W. (1962) *The Experimental Psychology of Beauty*. London: Methuen.

Vaughan, M. M. (1973). Cultivating creative behavior: Energy levels and the process of creativity. *Music Educators Journal, 59*(8), 34-37.

Vieillard, S., Peretz, I., Gosselin, N., & Khalfa, S. (2008). Happy, sad, scary, and peaceful musical excerpts for research on emotions. *Cognition and Emotion, 22,* 218-237.

Vihman, M. M. (1996). *Phonological development*. Oxford: Blackwell.

Vitz, P. C. (1966). Affect as function of stimulus variation. *Journal of Experimental Psychology, 71,* 74-49.

Vygotsky, L. (1978). *Mind in society: The development of higher psychological processes*. Cambridge, MA: Harvard University Press.

Vygotsky, L. S. (1962). *Thought and language*. Cambridge, MA: MIT Press.

Wagner, M., & Hannon, R. (1981). Hemispheric asymmetries in faculty and student musicians and non-musicians during melody recognition tasks. *Brain and Language, 13,* 379-388.

Wakefield, J. (1992). *Creative thinking: Problem-solving skills and the arts orientation*. Norwood. NJ: Ablex.

Wallas, G. (1926). *The art of thought*. London: Jonathan Cape.

Webster, P. (1987). Refinement of a measure of creative thinking in music. In C. K. Madsen & C. A. Prickett. (Eds.), *Applications of research in music behavior*. Tuscaloosa, AL: University of Alabama Press.

Webster, P. R. (2002). Creative thinking in music: Advancing a model. In T. Sullivan & L. Willingham (Eds.), *Creative and music education* (pp. 16-34), Toronto: Britannia Printers.

Wedin, L. (1972). A. multidimensional study of perceptual emotional qualities in music. *Scandinavian Journal of Psychology, 13,* 241-257.

Welch, G. F. (1979). Proof pitch singing: a review of the literature. *Psychology of Music, 7,* 50-58.

Welch, G. F. (1998). Early childhood musical development. *Research Studies in Music Education, 11*(1), 27-41.

Welch, G. F. (2002). Early childhood musical development. In L. Bresler & C. Thompson (Eds.), *The arts in children's lives: Context, culture and curriculum* (pp. 113-128). Dordrecht, NL: Kluwer.

Welch, G. F. (2005). Singing as communication. In D. Miell, R. MacDonald, & D. J. Hargreaves (Eds.), *Musical communication (pp. 239-259)*. New York: Oxford University Press.

Welch, G. F. (2011). Culture and gender in a cathedral music context: An activity theory exploration. In M. Barrett (Ed.), *A cultural psychology of music education* (pp. 225-258). New York: Oxford University Press.

Welch, G. F. (2016). Singing and vocal development. In G. McPherson (Ed.), *The child as musician* (pp. 562-579). UK: Oxford University Press.

West, C. (2013). Motivating music students: A Review of the literature. *Update, 31*(2), 11-19.

Wheeler, B. (1985). Relationship of personal characteristics to mood and enjoiment after hearing live and recorded music and to music taste. *Psychology of Music, 13,* 81-92.

Wheeler, B. L. (Ed.). (2004). 음악치료연구(정현주 외 공역). 서울: 학지사.

William, S. (1948). On teaching the literature and materials of music. *Musical Quarterly, 34*(2), 155-168.

Williams, R. O. (1972). Effect of music aptitude, instruction, and social status on attitude toward music. *Journal of Research in Music Education, 20,* 362-360.

Willis, E., & Kenny, D. T. (2008). Relationship between weight, speaking fundamental frequency, and the appearance of phonational gaps in the adolescent male changing voice. *Journal of Voice , 22*(4), 451-471.

Woolfolk, A. E. (2003). 교육심리학(김아영 외 공역). 서울: 학문사.

Young, S. (2003). Time-space structuring in spontaneous play on educational percussion instrument among three- and four-year olds. *British Journal in Music Education, 20,* 45-59.

Zajonc, R. B. (1980). Feeling and thinking: Preferences need no inferences. *American Psychologist, 35,* 151-175.

Zajonc, R. B. (1984). On the primacy of affect. *American Psychologist, 39,* 117-123.

Zenatti, A. (1993). Children's musical cognition and taste. In T. J. Tighe & W. J. Dowling (Eds.), *Psychology and music: The understanding of melody and rhythm* (pp. 177-196). Hillsdale, NJ: Erlbaum.

Zentner, M. R., & Kagan, J. (1996). Perception of music by infants. *Nature, 383,* 29.

Zimmerman, B. J. (2000). Attaining self-regulation: A social cognitive perspective. In M. Boekaerts, P. R. Pintrich, & M. Zeidner (Eds.), *Handbook of self-regulation* (pp. 13-39). Academic Press.

Zimmerman, M. P. (1982). Developmental processes in music learning. In R. Colwell (Ed.), *Symposium in music education: A festschrift for Charles Leonerd.* Urbana, IL: University of Illinois.

Zimmerman, M. P. (1986). Musical Development in middle childhood. A summary of selected research studies. *Bulletin of the Council for Research in Music Education, 86,* 18-35.

Zimmerman, M. P., & Hargreaves, D. J. (1992). Developmental theories of music learning. In R. Colwell (Ed.), *Handbook pf research on music teaching and learning* (pp. 377-291). New York: Schirmer Book.

Zins, J. E., Bloodworth, M. R., Weissberg, R. P., & Walberg, H. J. (2004). The scientific base linking social and emotional learning to school success. In J. E. Zins, R. P. Weissberg, M. C. Wang, & H. J. Walberg (Eds.), *Building academic success on social and emotional learning. What does the research say?* (pp. 3-22). New York: Teachers College Press.

/ 찾아보기 /

인명

성경희 31, 40

오지향 74

Adler, G. 15
Aristotle 20, 91, 92
Atkinson, J. W. 176, 205, 207, 212

Bahle 278
Bamberger, J. 69, 70, 71, 72, 128, 321
Bandura, A. 173, 174, 179, 203, 205, 211
Barrett, M. 301
Bautista, A. 248
Bever, T. 47
Boardman, E. 178, 264, 352
Bradshaw, J. 60
Bruner, J. 173, 178, 179
Bruner, J. S. 172
Bruscia, K. E. 345, 348
Buzan, T. 190

Chiarello, R. 47
Cohen, V. 300
Cooke, D. 100
Csikszentmihalyi, M. 183, 289

Damasio, A. 97
Dave, R. H. 250
Dowling, J. 66

Eisner, E. W. 79, 80
Ekman 214
Elliott, D. 311
Emmerson, S. 274

Faeth, M. 190
Fletcher, H. 34
French, W. 316

Gagné, F. 318, 319, 320, 324
Galilei, V. 92
Galton, M. 151
Gardner, H. 154

Gates, A. 60
Goldberg, M. 316
Goleman, D. 118
Gordon, E. 126, 321, 352
Guilford, J. P. 286
Gardner, H. 128, 178, 321

Hallam, S. 248
Hannon, R. 47
Hargreaves, D. 151, 178
Haroutounian, J. 327
Herrick, C. 47
Hevner, K. 105

Immording-Yang, M. H. 190
Izard, C. E. 214

James 214
Jaques-Dalcroze, E. 351, 352
Jensen, E. 192

Kodály, Z. 351, 352

내용

저자 소개

승윤희(Seung, Yunhee)
연세대학교 기악과 졸업
미국 보스턴 대학교 음악교육학 박사
현 한국교원대학교 초등교육과 교수

〈주요 저서 및 역서〉
초등 음악교육(2판, 공저, 학지사, 2019)
세계 여러 나라 학교 음악 교육과정(공저, 교육과학사, 2019)
음악교육학 총론(3판, 공저, 학지사, 2017)
음악수업 모형의 이론과 실제(공저, 교육과학사, 2017)
실천주의 음악교육 철학(공역, 교육과학사, 2021)

정진원(Chung, Jin-Won)
서울대학교 기악과 졸업
미국 컬럼비아 대학교 음악교육학 박사
현 춘천교육대학교 음악교육과 교수

〈주요 저서 및 역서〉
음악교육의 기초(5판, 공저, 교육과학사, 2021)
초등 음악교육(2판, 공저, 학지사, 2019)
세계 여러 나라 학교 음악 교육과정(공저, 교육과학사, 2019)
실천주의 음악교육 철학(공역, 교육과학사, 2021)
음악교육의 주요 이슈(공역, 음악세계, 2017)

음악교육심리학
Psychology of Music Education

2021년 8월 25일 1판 1쇄 인쇄
2021년 8월 31일 1판 1쇄 발행

지은이 • 승윤희 · 정진원
펴낸이 • 김진환
펴낸곳 • ㈜ 학지사

04031 서울특별시 마포구 양화로 15길 20 마인드월드빌딩
대표전화 • 02-330-5114   팩스 • 02-324-2345
등록번호 • 제313-2006-000265호

홈페이지 • http://www.hakjisa.co.kr
페이스북 • https://www.facebook.com/hakjisa

ISBN 978-89-997-2250-9 93370

정가 21,000원

출판 · 교육 · 미디어기업 학지사

간호보건의학출판 **학지사메디컬** www.hakjisamd.co.kr
심리검사연구소 **인싸이트** www.inpsyt.co.kr
학술논문서비스 **뉴논문** www.newnonmun.com
교육연수원 **카운피아** www.counpia.com